2014

中国消防年鉴

CHINA FIRE SERVICES

公安部消防局 编

云南出版集团
云南人民出版社

图书在版编目（CIP）数据

中国消防年鉴. 2014 / 公安部消防局编. -- 昆明 :云南人民出版社, 2014.11

ISBN 978-7-222-12412-7

Ⅰ. ①中… Ⅱ. ①公… Ⅲ. ①消防 - 工作 - 中国 - 2014 - 年鉴 Ⅳ. ①D631.6-54

中国版本图书馆CIP数据核字（2014）第256065号

责任编辑：王　韬　刀保厚
责任校对：刀保厚
责任印制：洪中丽
装帧设计：高　伟

书　名	中国消防年鉴（2014）
作　者	公安部消防局　编
出　版	云南出版集团 云南人民出版社
发　行	云南人民出版社
社　址	昆明市环城西路609号
邮　编	650034
网　址	www.ynpph.com.cn
E-mail	ynrms@sina.com
开　本	787mm × 1092mm　1/16
印　张	27
字　数	510千字
版　次	2014年12月第1版第1次印刷
印　刷	云南宏乾印刷有限公司
书　号	ISBN 978-7-222-12412-7
定　价	70.00元

《中国消防年鉴》（2014）编委会

《中国消防年鉴》（2014）编写组

编写说明

2013年，在党中央、国务院的正确领导下，各地区、各部门认真贯彻落实党的十八大和习近平总书记系列重要讲话精神，按照《消防法》《国务院关于加强和改进消防工作的意见》（国发〔2011〕46号）和《国务院办公厅关于印发消防工作考核办法的通知》（国办发〔2013〕16号）的部署要求，坚持预防为主、防消结合，健全消防安全责任制，排查整治火灾隐患，创新消防安全治理，夯实消防工作基础，提升公共消防安全水平，有效维护了全国消防安全形势的总体稳定。为全面、客观、准确地记载2013年消防工作和队伍建设发展进程及取得的成绩，并为今后工作提供借鉴和参考，公安部消防局编撰出版了这部《中国消防年鉴》（2014）。本书收录了2013年全国及各省、自治区、直辖市消防工作和队伍建设情况，相关行业系统消防工作综述，公安部、有关部委印发的重要文件，火灾案例，灭火救援战例，全国消防业务统计资料和消防大事记等内容。在此谨向为本书提供文字资料和统计数据的有关单位和同志表示衷心的感谢！

由于编者水平有限，书中疏漏和不足之处在所难免，恳请读者提出宝贵意见。

公安部消防局

2014年9月8日

目 录

第一篇 全国消防工作概述

第二篇 各省、自治区、直辖市消防工作和队伍建设情况

第三篇　相关行业系统消防工作综述

第四篇　消防社团、产品评定、科研教学等机构工作综述

第五篇 有关消防工作的重要文件资料

第六篇 火灾案例

第七篇 灭火救援战例

第八篇　全国消防业务统计资料

第九篇　大事记

第一篇

全国消防工作概述

2013年全国消防工作概述

2013年，各地区、各部门认真贯彻落实党的十八大和习近平总书记系列重要讲话精神，按照《消防法》《国务院关于加强和改进消防工作的意见》（国发〔2011〕46号）和《国务院办公厅关于印发消防工作考核办法的通知》（国办发〔2013〕16号）的部署要求，坚持预防为主、防消结合，健全消防安全责任制，排查整治火灾隐患，创新消防安全治理，夯实消防工作基础，提升公共消防安全水平，有效维护了全国消防安全形势的总体稳定。

一、坚持党政主导，消防安全责任制进一步落实

地方党委、政府认真贯彻落实党中央、国务院关于消防安全工作的重要部署，尤其是习近平总书记三次主持中央政治局会议研究安全生产工作和考察青岛中石化东黄输油管道泄漏爆炸事故抢险工作时的一系列重要讲话精神，把消防工作作为事关发展稳定的大事，纳入当地经济社会发展规划，坚持党政同责、一岗双责、齐抓共管，强化领导，明确责任，严格考评，有效推动落实消防安全责任。各级政府主要领导主持党委常委会或政府常务会，研究解决重大消防问题；分管领导定期组织分析消防安全形势，带队开展检查；其他领导就分管领域消防工作进行检查督导。全国省、市、县级政府全部成立消防安全委员会或建立消防联席会议制度，建立健全消防工作部门会商、信息互通和联合执法机制，定期研究解决重大消防安全问题。各地将消防工作纳入政府目标责任管理、社会管理综合治理和平安建设、文明创建内容，对公共消防设施建设、重大隐患整改等重大事项定期组织督察。31个省（区、市）全部制定《消防工作考核办法》，建立年初有部署、年中有督察、年底有考核的考评机制，推动落实消防安全责任。

二、加强消防安全基础建设，城市抗御火灾能力进一步提升

各地在城乡一体化和新型城镇化建设中，结合实际贯彻财政部《地方消防经费管理办法》（财防〔2011〕330号），不断加大消防投入，统筹城乡公共消防基础建设，确保与经济社会协调发展。重视编制消防规划，31个省（区、市）均出台“十二五”消防规划，地级市全部编制消防专项规划，明确消防建设目标和落实年度任务。加强公共消防设施建设，结合城乡发展，统筹消防站、消防供水等公共消防设施建设，快补欠账，不欠新账，全国共新建消防站495个，新增市政消火栓8万余个。发展政府专职消防队，目前全国有政府专职消防队6374个，政府专职消防队员11.58万人，消防文员3.5万人，成为现役消防力量的重要补充。深化全民消防宣传教育，落实《全民消防安全宣传教育纲要（2011～2015年）》，深入开展消防宣传进学校、进社区、进企业、进农村、进家庭活动，利用各种媒体，广泛普及消防安全常识。内蒙古、辽宁、山东、河南、重庆、西藏等省级党委宣传部门或政府多部门联合部署消防宣传教育工作，各地普遍将消防知识纳入义务、科普和普法教育，以及公务员和各类职业培训内容。

三、创新社会消防安全治理，消防安全环境进一步改善

各地把消防安全纳入创新社会治理范畴，不断提高消防治理水平。强化依法治理、加强法制保障，出台消防条例或《消防法》实施办法，制定火灾高危单位和政府专职消防队管理规定等法规。北京、上海、重庆、广州、深圳、大连等大城市，在超高层、综合性、大型地下公共建筑和建筑外保温材料等方面，制定高于国家标准的地方消防标准。强化综合治理、源头治理，各地建立健全工程消防设计、施工质量和消防审核验收终身负责制，综治、住建、文化、民政、工商、质监、安检等部门建立常态化联合检查机制，共同严把消防安全源头关。上海市把为社区消防工作站配备消防器材、宁夏回族自治区把乡镇消防队站建设、广西壮族自治区把少数民族村寨防火改造工程列入为民办实事项目。强化依法监管、排查整治隐患，落实国务院安全生产大检查部署，按照“全覆盖、零容忍，严执法、重实效”的总要求，深入开展消防安全专项整治。公安消防部门共检查单位511.6万家，督促整改隐患659.5万处，挂牌重大隐患6884家。广东省连续6年挂牌督办134个火灾隐患重点镇（街）；浙江省温岭市汲取大东鞋厂重大火灾教训，关停4500余家隐患单位，拆除违章建筑61万平方米；湖北省武汉市对存在重大隐患的汉正街批发市场进行搬迁改造。

四、加强应急管理工作，公安消防队伍骨干力量作用进一步凸显

各地认真贯彻《国务院办公厅关于加强基层应急队伍建设的意见》，全国省、市、县三级政府全部依托公安消防队组建了综合性应急救援队，有的结合当地灾害特点组建了地震、山岳、核生化、潜水等专业救援队。依托消防部队组建的6个国家陆地搜寻与救护基地已建成并投入使用。全国消防部队立足灭大火、救大灾，打造现代化铁军，强化基地化、模拟化、实战化训练，整体作战能力显著提高。公安部会同民政部、外交部成功举办“救援协作·2013”上合组织联合救灾演练，展示了我国消防部队救援水平。2013年，全国公安消防部队共接警出动101.4万起，抢救遇险群众17.4万人，抢救和保护财产价值610亿元，成功处置了四川芦山、甘肃岷县地震和东三省洪灾、青岛中石化东黄输油管道泄漏爆炸等重特大灾害事故。

当前消防形势总体稳定，群死群伤火灾事故得到有效遏制，但较大以上火灾事故仍时有发生，防灾依然严峻。有的地方重视经济发展指标，而对包括消防安全在内的安全生产重视不够，在招商引资过程中要求先开工后补手续；部分行业部门对本行业、本系统单位的消防安全疏于监管；一些单位消防安全主体责任不落实，违章用火用电、疏散通道和安全出口锁闭堵塞及消防设施故障、防火检查巡查流于形式等现象较为普遍。同时，随着城市规模快速扩张，高层地下建筑、轨道交通以及“城中村”、“棚户区”火灾隐患突出，消防队（站）达不到国家标准要求，新建城区的消防供水等公共消防设施未同步建设，不少已编制的消防规划未能有效落实，大多数乡镇没有专业消防力量。总的来看，当前公共消防安全基础建设同经济社会发展不相适应、消防安全保障能力同人民群众的安全需求不相适应、公众消防安全意识同现代社会治理要求不相适应的问题依然没有得到根本的改变。

2014年，以党的十八大、十八届三中全会精神和中央领导关于加强安全生产工作的重要讲话为指导，以预防重大火灾事故、维护消防形势稳定为目标，坚持依法治理、系统治理、综合治理和源头治理，深入贯彻落实《国务院关于加强和改进消防工作的意见》（国发〔2011〕46号）和《国务院办公厅关于印发消防工作考核办法的通知》（国办发〔2013〕16号），大力提升公共消防安全水平，为全面深化改革创造良好的消防环境。

第二篇

各省、自治区、直辖市消防工作和队伍建设情况

第一章　北京市消防工作和队伍建设情况

2013年，北京市消防工作在市委、市政府的坚强领导下，紧紧围绕“建设最安全城市”的战略目标，坚持求真务实、开拓创新、稳步推进，为全国“两会”、党的十八届三中全会的圆满召开和园博会等重大活动的成功举办创造了良好的消防安全环境。全市共发生火灾4119起，死53人，伤18人，直接财产损失5265.9万元。

一、立足源头治理，坚持顶层设计，消防责任有效落实

国务院办公厅《消防工作考核办法》出台后，北京市政府专门成立落实领导小组，制定出台《北京市消防工作考核办法》和任务分解账单，将责任制落实情况与党政主要领导年度政绩评价和干部晋职任免挂钩。市委、市政府领导亲自组织研究、带队督导消防工作，先后召开4次全市消防工作联席会议和20余次专题会，与各区县逐一签订了责任状。编制《消防安全重点单位标准化管理指导手册》，在133家市级消防安全重点单位先行推广消防安全组织制度规范化、标准管理统一化、设施器材标识化、重点部位警示化、培训演练经常化、检查巡查常态化的“六位一体”标准化管理模式。出台《北京市消防安全网格化管理工作规范（试行）》，大力推广西城、海淀、大兴最小防灭火单元创建经验，系统整合消防监督员驻街制，“五到位”工作法，街、乡消防工作站等创新机制。建立“三公布”制度，全市18万余家社会单位通过互联网实名制公布自查自纠情况。制定《公布消防安全不良行为信息工作规定》，在互联网专栏公布消防不良行为信息2400条。对167家重点单位安装运行物联网消防安全远程监控系统。

二、立足现实斗争，坚持打防结合，全民消防成效凸显

市公安消防总队建立市、区县、街乡镇三级全数据火灾预警分析体系，研判评估34个火灾高风险区和63个中风险区，对116个治安重点地区开展消防安全专项评估。建立日分析、周总结、月研判、季通报制度，基层火灾隐患搜集平台和隐患抄告制度，创新推行火灾隐患情报信息员工作机制。制定发布商市场、高层建筑、易燃易爆场所等十类重点单位排查整治标准，出台彩钢板建筑“三个严查”管控措施、易燃易爆化危场所“十项治理重点”、商市场“五个严禁”、“十项工作措施”和专项整治“八项重点”。全市集中开展“除火患、保平安”、“打基础、除隐患、创平安”、“大排查大整治”、夏秋火灾防控攻坚战、“铁拳”行动等系列围剿行动以及城乡接合部、“合用场所”、出租房、消防产品等专项治理。集中整治31类重点场所、区域和薄弱环节，建立连锁企业负责人、基层政府主管领导约谈机制。全年，市区两级政府挂牌督办重大（突出）火灾隐患176件，消除火灾隐患54.1万余件、查封6166处、“三停”4834家，“96119”受理举报32448个。开设北京电视台《消防直播》《橙色警戒线》等电视品牌节目，开通“北京消防”、“三微一信”，并在巴黎“城市消防安全的挑战与创新”论坛做典型经验介绍。持续开展“认识火灾，学会逃生”119宣传周、“开学第一课”、“百队百车进人员密集场所”、“生命通道体验”、“新青年城市体验营”等一系列互动性、参与性强的宣传活动。建立公交车消防公益宣传长效机制，在地铁站台设立600块消防公益宣传广告牌和LED显示屏。组织开展星级宾馆和农村地区消防应急疏散演练、培训活动，在东城建成全市首家市民消防培训学校，启动运行全国首个群防群治公益消防协理志愿协会。

三、立足敢打必胜，坚持训战一致，立体作战基本形成

市公安消防总队完成对全市消防安全重点单位、地标性建筑、重点地区灭火救援拉网式调研，建立以17类灾害事故类型预案为核心的三级预案体系。组织开展春季比武对抗赛和执勤岗位练兵比武竞赛，完成5000余名官兵基地轮训和108个攻坚组、432名攻坚队员集中培训。大力开展地震和防汛应急救援等实战拉动、地铁化学恐怖袭击等桌面推演以及随机设置灾情的无预案演练。深入推进战区“七个一”工作制度，将区内指挥员和灭火、抢险、举高、防化、供水、保障6类战斗车辆进行作战模块编成，实现“五大战区”联勤联动、信息共享、协同处置。加强对全市警情数据的阶段性综合研判，建立火灾预警、电台通播、3G视频点名常态化预警机制；固化规模灾害总队指挥前置模式，对核心重点单位实行“一键式”调度。建立市政府、市公安局、消防总队三个层面消防安全指挥体系，充分发挥110、119、122和120四台联动优势，同步共享市局巡控、道路监控、高点监控、基层单位监控及火场3G图像；重要活动安保期间坚持早晚会商机制，全市18个警种，216支多种形式消防队实时调度，全时段响应。

四、立足服务大局，坚持机制创新，基础保障日益夯实

出台《市级消防业务经费定额保障标准》，建立区县消防业务经费保障达标考核机制，业务经费预算增长110%，区县达标率由78%上升至94%。完成首都“十二五”消防规划中期评估，“十二五”规划确定的具备建设条件的32座消防站项目整体打捆入库，各区县完成《建制镇消防专项发展规划》。消防总队战勤保障基地建成并投入使用，训练基地二期工程即将开工，启动了轨道交通“六站一中心”建设。根据地域特点，为基层部队针对性地配备具有城市主战车功能的小型雷诺消防车34辆、多功能抢险救援车20辆、器材保障车20辆以及雪地灭火救援消防车、现场勤务车等特种车辆26辆，90%的执勤消防中队装备已达到或部分超过部颁标准，50个特勤和一级普通消防站达到“四个一”基本作战单元配备要求。出台《轨道交通地上地下一体化消防工作意见》，整合轨道交通消防支队与全市地铁沿线12个消防支队、66个消防中队，形成全局一体化、上下一体化、建设运营一体化工作机制。完成市“119消防综合应急救援图像信息管理系统”建设、“119接处警系统一体化”升级改造以及物联网建筑消防设施远程监控系统二期工程立项。消防总队全年共产生创新成果30项，26人在市局青年民警科技创新评选中获奖，昌平支队永安中队孙中伟研发的戒指切割器申请了国家专利并在全国推广应用，多功能救援器材运载投送装备及其应用研究、新型消防防护服等重点工程分别列入公安部和北京市重点科研项目。

五、立足队伍根本，坚持群众路线，部队作风更加过硬

市公安消防总队将党的群众路线教育实践活动贯穿全年工作始终，组织党委中心组集中学习、第一党支部学习讨论、专家讲座、参观学习、民主生活会、领导干部当兵锻炼、向基层及社会单位征求意见建议等活动，制定出台精简文会、公车管理、厉行节约等加强作风建设的规定和21件爱警便民实事举措。建立总队、支队两级廉政警示教育基地，出台《消防执法人员“七个不准”》，梳理出风险岗位40类、风险点49个，部署开展5次教育整顿活动，全员签订《廉政责任书》、承诺表。全年督察查纠问题1890件，受理群众信访举报24件。

第二章 天津市消防工作和队伍建设情况

2013年，天津市消防工作坚持以党的十八大和十八届三中全会以及天津市委十届二次、三次会议精神为指导，紧紧围绕“平安天津”建设，紧紧依靠全市人民，认真贯彻落实《国务院关于加强和改进消防工作的意见》（国发〔2011〕46号），大力推进消防责任落实、火灾隐患治理、灭火应急救援等工作，保持了全市火灾形势的总体平稳。全市共发生火灾4195起，死亡43人，受伤39人，直接财产损失5048万元，未发生重特大火灾事故。

一、政府主导，落实责任，消防工作社会化进一步推进

中央政治局委员、市委书记孙春兰，市委副书记、市长黄兴国，分管消防工作的副市长王宏江，市公安局副局长顾玉健等领导，先后多次就加强消防工作做出批示、指示，并亲临一线检查工作、慰问官兵。各级政府加强对消防工作的领导，经常召开会议部署、通报消防工作，研究解决消防重大问题。成立了市、区（县）消防安全委员会，组织实施消防安全责任制考评，挂牌督办火灾高危区域和重大火灾隐患，对重大隐患整改情况实施政务督查。市公安局研究出台了《公安消防工作六项机制》，修订了《公安派出所消防监督检查规定》，编发了《公安派出所消防工作手册》和《火灾警示录》，严格落实公安派出所消防监督工作绩效考核，推动各警种、公安分局及派出所落实消防工作责任。消防安全“户籍化”、“网格化”建设成效明显，9163家重点单位纳入“户籍化”管理，属于人员密集场所的一般单位“四个能力”建设基本达标，全市81%的街道、乡镇完成消防安全“网格化”建设，53%的社区、行政村成立了治安联防消防队。推动行业自管、单位自治，各行业系统组织所属30余万家单位开展自查自纠，市建交、教育、文广、卫生、粮食、民政、旅游、国资8个重点行业开展火灾隐患交叉互查，消防安全责任得到进一步落实。

二、创新管理，便民服务，消防工作群众满意度进一步提升

研究出台了《天津市消防工作考核办法》《高层建筑消防安全管理规定》《火灾高危单位消防安全管理办法》《消防产品监督管理办法》《学校消防安全管理》《单位消防安全管理评估》《公共交通工具消防器材配置规范》《大型石油化工生产储存企业消防安全技术管理规范》等规章制度和地方标准，将消防安全纳入全市旧楼区居住功能综合提升改造工程，年内改造的481个小区全部通过消防验收。市公安消防总队深化“开门受理，联合审批，集中会

审”服务举措，实行“一窗式受理”、“一站式服务”、“上门服务”等制度，开辟重点项目绿色通道，审核建设工程项目1883项、消防设计备案2043项，受理验收项目1368项，验收备案抽查项目1611项；通过“96119”平台受理群众火灾隐患举报投诉2568 件，实施奖励562件，全市消防安全管理水平和群众消防安全满意度进一步提升。

三、规范执法，严防严治，消防安全环境进一步净化

围绕加强消防执法规范化建设，市公安消防总队部署开展消防监督岗位“履职尽责、爱岗敬业”大讨论和消防行政许可案卷“回头看”活动，制定出台《执法质量考核评议工作实施方案》《火灾事故执法责任倒查规定》《建设工程消防质量终身负责制实施办法》和《消防监督档案管理规定》，成立消防监督岗位师资库、火灾调查专家库、建审专家库、消防科技管理专家库。全市统一组织开展了“平安津门”、“春防战役”、“大排查大整治”、“今冬明春火灾防控战役”4个专项行动及高层建筑消防车道、建筑消防设施等6个专项治理，全年共督促整改火灾隐患22.6万件，公布消防安全不良行为信息411条。加强消防宣传教育培训，开通“天津消防”新浪、腾讯官方微博和微信公众平台，成立“校园119消防团”，组织开展媒体记者“生命通道体验”活动。在蓟县莱德商厦重大火灾一周年之际，举办了“火灾警示教育宣传月”活动。将“119消防日”拓展为历时5个月、涉及5大主题、面向5大群体的“消防季”，集中开展系列消防宣传教育活动，进一步增强了社会单位和群众的消防安全意识和自防自救能力，提升了社会火灾防控整体水平。

四、瞄准实战，打造铁军，灭火应急救援能力进一步增强

围绕灭火应急救援实战需要，依托公安消防部队进一步加强全市灭火应急救援能力建设。市和区（县）两级政府将消防经费纳入财政预算，市政府在每年1亿元装备专项经费的基础上，由市财政一次性投资5亿元购置急需特种消防车辆和新建消防站装备。滨海新区政府决定投资3.53亿元解决19辆特种消防车购置和23个消防站建设的经费问题。年内，全市建成9个消防站和1个二级指挥中心、在建12个消防队站项目；购置举高车、压缩空气泡沫车、抢险救援车等各类消防车66辆和装备器材4.8万余件（套）。加强公安消防铁军建设，建设十层训练塔9座、攀爬横渡设施10套、基层指挥员比武设施14套。投资300余万元加强消防搜救犬队伍建设，在全国消防搜救犬第二届技术比武竞赛中获第2名。组织地震、防汛等大型实战拉动4次，开展重点单位实战演习、演练8713次。完成消防GIS与PGIS平台对接，实现了平台之间基础地图资源及警种间业务图层数据共享应用。全年处置各类警情3.7万起，抢救被困群众1778人、财产价值13亿余元。

五、加强管理，转变作风，公安消防部队凝聚力、战斗力进一步提高

市公安消防总队深入开展党的群众路线教育实践活动，出台《总队机关改进工作作风“十项规定”》《正风肃纪

“十个不准”》《服务社会和群众“十项承诺”》《服务基层和官兵“十项举措”》《严守党纪党规加强作风建设十二个严禁》《公务用车配备使用管理规定》等制度和规定，组织开展了党委成员走访基层调研帮扶、团以上领导干部当兵锻炼、“学习十八大、实现中国梦、消防怎么办”大讨论等活动。推进“双考”选拔领导干部工作，择优配强部队各级领导班子。坚持从严治警，层层签订《内部安全管理责任书》，通过远程监控、电子岗哨系统等技术手段，加强营区、车辆、人员监管。积极培树典型，4个单位荣立集体二等功，222名官兵获三等功以上奖励。

第三章　河北省消防工作和队伍建设情况

2013年，河北省消防工作坚持以党的十八届三中全会精神和习近平总书记系列重要讲话精神为指导，以党的群众路线教育实践活动和解放思想大讨论活动为驱动，以贯彻落实《国务院关于加强和改进消防工作的意见》（国发〔2011〕46号）为主线，深入推进平安消防、法治消防和铁军队伍建设，保持了全省消防安全形势稳定。全省共发生火灾12571起，死85人，伤49人，直接财产损失2亿余元。

一、消防责任体系进一步健全

省领导同志多次针对消防工作做出批示并带队检查。省政府出台《河北省消防工作考核办法》《河北省常态化火灾隐患整治办法》《河北省消防安全不良行为公布实施办法》等规范性文件，全省11个设区市出台市级《消防工作考核办法》。省、市、县政府和各行业主管部门逐级签订《消防安全责任状》，纳入社会治安综合治理和领导干部实绩考核范畴。各级消防安全委员会充分发挥协调作用，定期召开联席会议研究解决消防安全重大问题。

二、消防安全环境进一步优化

深入推进消防安全管理创新，全省279个街道、1658个乡镇“网格化”管理达标，达标率67.2%；全省1.4万余家消防安全重点单位逐一建立了“户籍化”档案，实施“红、黄、绿”三色预警动态监管；全面开展“四个能力”达标复验工作，复验单位7.8万余家，重点单位及派出所列管的一般单位基本达标。全省部署开展“除火患、保平安”冬春专项行动、消防安全大排查大整治、第二次“清剿火患”战役等“三大行动”，综合考评两次获评“优秀”等级。2013年，全省共检查单位23.2万余家（次），排查火灾隐患39.9万余处，整改隐患39.1万多处，省政府挂牌督办的58件重大火灾隐患全部销案。

三、消防宣传教育进一步普及

省委宣传部、公安厅等8部门联合出台《2013年〈全民消防安全宣传教育纲要〉工作计划》，多维度开展以“认识火灾，学会逃生”为主题的消防宣传教育。全省先后举办防灾减灾宣传周，《全民消防安全宣传教育纲要》宣传周，省直机关、媒体记者“行走生命通道”，国际减灾日，“119消防日”宣传周等大型宣传活动，组织举行“消防志愿者百千万发展计划”、“消防达人PK战”、“火灾隐患随手拍”、“讲文明、树新风”公益广告和“消防安全常识二十条”微电影征集展播等主题活动，社会广泛关注。全省各设区市全部开通“96119”消防举报投诉电话，建成消防安全教育示范学校1233所，市级以上媒体开设消防宣传专栏36个，组织社会消防宣传教育、消防演练活动近10万次，培训消防安全重点单位消防安全责任人1.4万余人、一般单位消防安全责任人10.98万余人。

四、灭火救援能力进一步提高

加强综合应急救援体系建设，省民政厅与省公安消防总队签订《应急救援物资供给绿色通道协议书》，实现跨部门应急物资共存共享；省级地震搜救队扩充至150人，全省社会专业处置力量开展联合实战演练280余次。全省消防部队加强消防水源调查和防护排烟装备实际测试，制（修）订灭火和应急救援预案3100余份，消防安全重点单位预案修订完善率达100%；组织各类业务培训班20期，开展实战演练12750次。加强专业攻坚力量建设，42个消防中队通过二星级铁军中队考评，16个消防中队通过一星级铁军中队考评。深入推进信息化深度建设和应用，在全国率先建设省公安消防总队级信息化运维中心。2013年，全省消防部队共接警出动32496次（含增援）、出动消防车63273辆次、消防官兵346918人次，抢救被困人员6950人，疏散人员22528人，抢救财产价值12.6亿元，成功处置了唐山市永新造纸厂火灾等事故。

五、基层基础建设进一步巩固

各级政府认真落实《河北省地方消防经费保障指导标准》，全省共投入消防业务经费12.16亿元，同比2012年增长14.3%。省本级落实消防经费连续4年突破亿元大关，总量达1.34亿元。各设区市、县（市）将消防专项规划纳入城镇控制性详细规划和总体规划，推动消防基础设施与城镇化建设同规划、同建设、同发展。国家陆地搜寻与救护（华北）基地二期工程和培训基地综合楼改造装修工程竣工；唐山市新建指挥中心、衡水市扩建指挥中心竣工执勤，邢台市、保定市、廊坊市新建指挥中心进入装修阶段，沧州市新建指挥中心启动基础施工。全省新建、改建、续建消防站14个，总量达275个；重点乡镇新建政府专职消防队35个，征召政府专职消防队员1369人，总数达6298人；新招消防文员789人，总数达2485人；新建市政消火栓2716个，消防水鹤107座，市政消火栓总量突破4.3万个；新购消防车215辆，执勤车总量达1706辆；新购装备器材3.2万套（件），总量达42.7万套（件）。

六、队伍建设水平进一步提升

全省公安消防部队深入开展党的群众路线教育实践活动和“坚定信念、铸牢警魂”主题教育活动，出台党委改进工作作风“十项规定”、“一线工作法”指导意见和“一句话课堂”教育活动实施意见，消防总队党委常委做出克服“四风”公开承诺。大力加强消防总队、支队两级领导班子标准化、规范化建设，召开消防总队第一次党代会，选举产生新一届总队领导班子，明确今后五年的发展目标和前进方向。“双考”提任正团职干部9名、副团职干部66名，配齐配强各级领导班子。制定《廉政风险预警暂行办法》等规范性文件，加强权力运行监控机制建设，深入开展“五无”创建活动，全年未发生违法违纪事件。

第四章　山西省消防工作和队伍建设情况

2013年，山西省消防工作和队伍建设以党的十八大和十八届三中全会精神为指导，全面贯彻落实党中央、国务院及公安部关于加强消防工作的一系列决策部署，狠抓消防安全责任制落实，深化消防安全管理创新，全省火灾形势持续平稳，连续30年未发生群死群伤恶性火灾事故。全省共发生火灾8153起，死亡24人，受伤43人，直接财产损失1.6亿元。

一、消防安全责任制有效落实

省领导多次就消防工作做出批示指示，省政府先后6次召开专题会议研究、推进消防工作，出台了《山西省消防工作考核办法》，将消防工作考核结果作为领导干部政绩考评的重要内容；建立了《消防安全领导小组会议制度》，明确了行业、部门消防安全责任；省政府常务会审议通过了《专职消防队伍建设管理办法》。全省11个设区市、119个县（市、区）全部建立了政府消防安全责任体系，健全了消防安全领导小组、消防工作联席会议等工作机制，各级党政领导定期听取汇报、定期调查研究、定期带队督导检查消防工作。

二、社会火灾防控水平显著提升

先后组织开展了“除火患、保平安”冬春专项行动、燃气安全隐患专项整治、消防安全大排查大整治活动、“畅通生命通道，构建平安小区”专项行动、今冬明春“清剿火患”战役等20余次消防专项治理，共检查社会单位12万家（次），督促整改火灾隐患13.7万条。针对区域性火灾特点，制定了《关于开展全省区域性火灾隐患综合治理工作的指导意见》，指导各地做好城乡接合部、城市老街区、“三合一”场所等火灾隐患治理工作。省、市、县三级政府对重大火灾隐患实行挂牌督办、限期整改，2013年全省共挂牌督办重大火灾隐患单位121家。全面推行“网格化”、“户籍化”管理，建立85210个网格，落实5500余个网格管理员，各乡、镇、街道全部建立相应的消防安全组织，实现了消防安全在基层有人管、有人抓。建设消防物联网一级、二级平台，实现了试点单位消防监督动态化、智能化；建成“山西公安消防便民服务在线”平台，5项消防业务实现了网上预办理。

三、全民消防安全意识不断增强

认真开展消防宣传进学校、进社区、进企业、进农村、进家庭、进文物建筑工作，普及消防安全知识。组织民政、教育、文化、消防等部门对弱势群体聚集场所全面摸底，加强对弱势群体监护人、看护人等的消防安全培训教育。在“119消防日”宣传活动中，深入太原市聋人学校，完善聋人学校的消防安全设施，成立首批聋人消防志愿者队伍，编创首套消防手语操。省委宣传部、消防总队等联合开展“百名媒体记者联手百名村官体验行走生命通道活动”，组织新闻记者、村官成立生命通道体验活动特色队伍，开展有针对性的宣传活动。省委宣传部、省科协、省广电总局共同开展消防微电影、公益广告片海选展播活动，通过网络、院线、电视播映，增强了全民消防关注度。2013年以来，全省各地开展应急疏散演练及消防安全救助演练活动2000余次，累计举办宣传教育活动2479次，发放消防宣传资料385万余份。各地广播、电视台播发消防公益广告、消防安全提示等内容510万余次。

四、部队灭火救援能力有效提高

强化灭火救援专家队伍建设，成立灭火救援专家组，针对不同类型灾害事故进行深入研究，战时为现场指挥部提供强有力的技术支撑。组织了5次跨区域综合演练，举办了全省消防部队“迎春杯”基层指挥员比武竞赛活动和全员执勤岗位练兵比武竞赛。省劳动竞赛委员会联合消防总队举办了首届专职消防队伍职业技能大赛，并为参赛专职消防队员记功。在朔州“6·19”、临汾“7·1”等重要灭火救援行动中，消防部队战斗力经受了检验，各级指挥员靠前指挥，参战官兵英勇奋战，赢得了党委、政府和人民群众的高度赞誉。2013年，全省消防部队共接警出动15567起，出动消防车辆26829辆次，出动消防官兵156958人次，抢救被困人员4294人，抢救财产价值近8.1亿元。

五、队伍建设效能取得新提升

全省公安消防部队认真贯彻中央“八项规定”，深化党的群众路线教育实践活动，开展了“坚定信念、铸牢警魂”、“为何从警、如何做警、为谁用警”等专题教育和大讨论活动；完善了党委议事规则和决策程序；落实了支队级以下单位政治主官任书记制度；推行了消防执法领域突出问题专项整治、公开述职述廉等活动；召开了11个支队级单位第一次党员代表大会。13家单位、82人先后受到中央政法委、公安部消防局等表彰奖励，阳军同志入选“特别关注消防员”和“感动山西十大人物”，刘胡兰女子消防队、太钢消防大队、雷振瑛荣获全国首届“119消防奖”。

六、基层基础建设强劲发展

认真贯彻落实财政部《地方消防经费管理办法》（财防〔2011〕330号）和《山西省消防业务经费保障标准》，全省地方消防经费达到8.89亿元，增幅达17%，其中太原、大同、临汾年内消防业务经费突破了亿元。省财政厅专门安排500万元经费用于支持贫困地区消防事业发展。全省共新增消防车辆总数达200辆，新增个人防护及抢险救援器材73151件（套）；完成了18个危旧营房改造任务；投资1579.8万元修建了总面积为8378.9平方米的山西省应急物资储备太原中心库。

第五章　内蒙古自治区消防工作和队伍建设情况

2013年，内蒙古自治区消防工作在自治区党委、政府和公安部的正确领导下，紧紧围绕自治区“8337”战略部署，深入贯彻党的十八大和十八届三中全会精神，以更高的标准、更严的要求、更实的举措，着力夯实消防安全基础，不断提升火灾防控能力、灭火救援能力和执法服务水平，确保了火灾形势的持续稳定。全自治区共发生火灾11749起，死亡40人，受伤16人，直接财产损失1.3亿元，未发生重特大尤其是群死群伤火灾事故。

一、以落实责任为基础，提升消防事业发展后劲

自治区政府第十九年与各盟市政府和大型企业签订《消防工作责任状》，年终组织考核表彰，奖励先进单位100余万元。自治区政府在大幅减少考核评比项目的情况下，出台《消防工作考核办法》等一系列政策性文件，进一步强化政府消防工作责任；各地普遍建立完善消防工作例会、联席会议制度、党政领导听取汇报制度，及时解决重点、难点问题，形成了常议常抓的良好态势。全年，盟市级以上政府召开会议研究消防工作146次，盟市级以上党政领导带队检查消防工作319次，切实帮助解决了一大批影响消防事业发展的瓶颈性问题。自治区防火安全委员会多次召开联席会议，研究解决消防安全重大问题，推动部门落实消防安全监管责任。教育、民政、建设、商务、卫生、文化、工商、安监等部门部署开展火灾隐患排查整治，进一步加强人员密集、易燃易爆等场所的消防安全管理。自治区公安厅、商务厅、质监局、安监局联合对全区成品油经营企业开展联合执法检查，排查整治了67座成品油库、3672座加油站的遗留隐患。

二、以硬件建设为重点，提升公共消防安全水平

全区各级政府以落实《内蒙古自治区地方消防经费保障标准》为契机，加大地方消防经费投入力度。全年，消防业务经费突破6.2亿元，包头、赤峰、巴彦淖尔等地区消防经费同比增长36.9%、33.2%、20.2%，经费保障能力进一步增强。加大高、精、尖装备的配备比重，投入资金1.4亿元，新增执勤车辆103辆、器材装备31499件（套），器材装备建设迈上新台阶。依据城镇区域经济发展特点，完成城镇消防规划，投资1.6亿元，新改扩建消防站25个，新增公共消火栓1741个，建成训练基地二期工程，消防站点布局更趋合理，训练设施更加完善。

三、以服务发展为目标，维护火灾形势持续稳定

大力推进消防法制建设，出台《建筑电气防火检验技术规程》等地方标准，修订《执法质量考核评议实施办法》《建设工程消防质量终身负责制实施办法》等6个规范性文件，启动行政审批与技术审查分离试点工作，进一步完善执法标准责任体系。创新消防安全治理模式，扎实推进“户籍化”排查和“网格化”管理达标创建活动，建立健全火灾隐患常态化排查整治机制。大力推广消防安全评估制度和标准化管理，从严管控电力、化工等火灾高危单位，深入推进“草原119”防控体系建设，社会单位消防安全管理水平和城乡抗御火灾能力进一步提升。深化警务公开、网上执法，全面推出“一窗式受理”、“一站式服务”等20余项便民措施，跟进解决满洲里万达广场、巴彦淖尔机场等重点民生工程消防技术难题，为社会单位和群众提供高效便捷服务。自治区政府制定《区域性火灾隐患整治规划》，开展“除火患、保平安”、“守护生命安全、清除火灾隐患”和“消防安全大排查大整治”等一系列专项整治工作，始终保持整治隐患高压态势，圆满完成了重大活动、重大节日的消防安保任务。全年，累计出动警力31万余人次，检查单位14.4万家，整改火灾隐患23.3万处，责令“三停”单位2082家，有效净化了消防安全环境。

四、以宣传教育为载体，提高全民消防安全素质

紧紧围绕“人人参与消防、守护生命安全”这个主题，深入贯彻《全民消防安全宣传教育纲要》，组织开展“领导干部消防观摩体验日”和“生命通道体验”等消防宣传教育活动，形成了“人人参与、人人关注”的良好氛围。推广中小学生消防疏散救生操法，拍摄3部消防题材微电影，其中《因为爱你》入围首届中国大学生微电影大赛，并在中央电视台6套播出，增强了消防宣传的趣味性，提升了消防宣传工作的文化内涵。重点打造消防博物馆、消防宣传流动服务队、“草原119”消防动漫创作基地、“草原119”志愿者服务站等具有民族特色的宣传载体，公安消防官方微博被央视网评为2013年度“最受欢迎十大政务微博”。全区创建6所消防教育基地，20所中小学校被公安部、教育部评为“全国消防安全教育示范学校”创建活动先进单位。加强社会化消防安全培训，全年，772万人接受消防安全教育培训，80%的消防控制室值班操作人员、100%的消防从业人员实现持证上岗。全年，在中央级媒体刊播稿件347条，在自治区媒体刊播稿件3252条。

五、以面向实战为导向，提升部队攻坚打赢能力

加强应急救援力量建设，自治区政府召开旗县综合应急救援工作现场会，组建警务航空队，应急救援工作取得显著成效。推进多种形式消防队伍建设，新增政府专职消防队12个、事业编制专职消防队员87人、合同制消防队员348人投入执勤，多种形式消防队伍建设实现可持续发展。深入推进“消防信息化、作战规范化、管理正规化”工作，建成卫星通信、3G无线图传系统、移动接入平台和7个卫星地面站，组织开展水源调查和防护排烟装备测试专项活动，举行3次跨区域地震救援实战拉动演练，组织多部门、多警种大型商场夜间无预案随机拉动灭火救援实战演练4385余次，测试项目3110项，部队实战攻坚能力显著增强。2013年，全区消防部队共接警出动1.6万次，抢救疏散群众2.2万余人，保护财产价值11.9亿元，圆满完成了抗洪抗旱、排涝除险等一系列应急救援任务，成功处置了呼和浩特市闵兴建材城火灾、赤峰市唯美品格小区地下车库火灾等一系列灾害事故，最大限度保护了人民群众的生命财产安全。

第六章　辽宁省消防工作和队伍建设情况

2013年，在公安部和当地党委、政府及公安机关的领导下，辽宁省消防工作和部队建设取得明显进步，为建设富庶文明幸福新辽宁提供了良好的消防安全环境。据统计，全省共发生火灾31655起，死亡94人，受伤50人，直接财产损失2.1亿元，未发生重大及以上火灾事故，火灾形势总体平稳。

一、消防工作社会化进程快速推进

省政府召开3次消防工作会议，研究部署消防工作，出台了《辽宁省专职消防队伍管理规定》《辽宁省消防工作考核办法》。市、县两级政府召开消防工作会议60余次，协调解决重大问题200余项。省委、省政府领导多次听取汇报、研究对策，带队督导检查消防工作，及时调整了省消防安全委员会成员单位，进一步完善议事、协调、联动机制，指导督促相关行业部门加强消防监管，形成了有效工作合力。公安消防部门出台了4类场所火灾隐患排查整治标准和“三公布”实施办法，与工商、质监等部门联合开展消防产品专项检查。

二、社会面火灾防控能力显著增强

全省公安机关相继开展了“除火患保平安”、大排查大整治、“清剿火患”战役，石油化工、人员密集场所等火灾高危单位隐患排查整治成效显著，在公安部历次考评中取得了良好成绩。全省累计检查单位158万余家（次），整改隐患89万余项，对179项重大火灾隐患实施政府挂牌督办，建立“96119”火灾隐患举报中心134个，确保了十八届三中全会、第十二届全国运动会等重大活动、赛事消防安全保卫任务圆满完成。

三、社会化宣传教育培训广泛开展

深入贯彻落实《全民消防安全宣传教育纲要》，出台了消防科普教育基地建设标准和宣传车标准，发起了“行走生命通道”、“中国梦想·橙色力量”主题图片展等大型活动，举办了首届消防微电影评选展映、火灾隐患随手拍等活动，引起了社会各界的强烈反响。全年，在省级以上媒体刊稿2652篇（条），播放公益广告39万余次，发放宣传品130万余份，开展志愿者活动2万余场，培训45万余人，公众消防安全素质进一步增强。

四、消防执法规范化建设深入推进

省公安厅出台了《辽宁省公安派出所消防监督工作若干规定》等规范性文件，制定了《建筑消防安全技术规范》等高于国家标准的地方标准，下发了《消防法律审核和集体议案工作实施办法》，深化智能裁量系统应用，综合运用网上网下手段，定期开展消防执法质量专项考评，有力地规范了消防行政执法工作。牢固树立民生主导警务理念导向，出台《辽宁省公安消防部队行政审批窗口建设标准》，着力打造规范化服务窗口，人民群众对消防工作的满意度进一步提升。

五、基层消防治理能力优化创新

省消防安全委员会出台了《街道乡镇消防安全网格化管理十条基本标准》，指导全省600个街道、928个乡镇消防委开展“网格化”管理，达标率超过50%，落实专兼职消防管理人员7万余名。全省35万家单位开展火灾隐患自查自纠，统一张贴《消防安全责任告知书》，签订《消防安全承诺书》，1.8万家重点单位在互联网上公布查纠情况。统筹编制城乡消防规划，稳步推进“三制”试点工作，深化政务公开，落实简政放权。

六、灭火和应急救援水平明显提升

省公安消防总队以消防信息化、作战规范化建设为重点，编写了《灭火作战现场行动规程》等6个规范并被公安部消防局推广，出台了执勤中队指挥员指挥能力等级评定办法和标准，试行持证上岗制度，开展了消防水源集中整治和装备性能测试、操法创新评比等活动，继续深化攻坚组建设成功经验，组织集中强化培训，分别在沈阳、丹东、锦州等地组织了4次跨区域灭火救援实战演练，有效提升了部队协同作战能力。依托各地消防特勤力量组建的灭火救援专业队伍初见成效，沈阳启工中队、大连开发区二中队等29个星级铁军中队达标，数量居全国首位。

七、综合应急保障能力大幅增强

全年，落实地方消防经费15.44亿元，投入3.25亿元购置消防车辆105辆、器材7.76万件（套）、泡沫1150吨。新建政府专职消防队22个，征招合同制消防队员765名、消防文员396名。完成了地级以上城市装备建设评估论证，制定了中长期规划和年度计划。东北（沈阳）进口消防车辆装备区域维修中心投入使用。

第七章　吉林省消防工作和队伍建设情况

2013年，吉林省消防工作和队伍建设在党委、政府和公安机关的正确领导下，以党的十八大精神为统领，深入贯彻落实《国务院关于加强和改进消防工作的意见》（国发〔2011〕46号），全面加强班子和队伍建设，强力打造吉林消防铁军，全力提升火灾防控、灭火应急救援、部队正规化建设和后勤综合保障水平，确保了全省火灾形势的持续平稳，为地方经济发展和人民安居乐业做出了积极贡献。全省共发生火灾12370起，死亡138人，受伤85人，直接财产损失2.4亿元。

一、狠抓社会面火灾防控，公共消防安全水平全面提升

一是消防安全责任制得到有效落实。省政府召开全省消防工作会议，与各市州政府签订《消防工作责任书》，全年组织两次检查验收，并采取全省交叉互检的方式，有力促进各项消防工作任务的落实。省政府制定出台《消防工作考核办法》，建立健全消防工作考核评价体系，全面推动消防安全责任落实，积极推动全省消防工作持续、健康发展。省公安厅制定出台《关于深入推进派出所消防监督工作的意见》，进一步明确派出所消防执法工作权限范围和职责任务，加强公安派出所消防监督工作。二是火灾隐患排查整治工作全面加强。全省部署开展火灾隐患集中清查整治行动，分先清查、后清除两个阶段，成立清查组173个，采取集中清查、分类梳理、上报政府、行业函告、监管通报、主体告知、依法整治、建档成卷、户籍管理、分析评估等十项措施，对辖区所有列管重点单位逐一进行火灾隐患集中清查和清除。省政府召开今冬明春第二次“清剿火患”战役动员部署会，下发推进方案，省公安厅下发实施方案，统一组织全省开展圣诞节“零点”夜查行动，全面排查整治火灾隐患，确保全省火灾形势总体平稳。省委书记王儒林、省长巴音朝鲁、副省长黄关春等领导对此项工作都给予了批示肯定。2013年，全省各级公安消防部门共检查社会单位84740家（次），督促整改火灾隐患58082处，责令“三停”722 家，临时查封1073处。三是消防宣传教育水平明显提高。在吉林卫视黄金时段加大消防安全提示力度，最大限度提升人民群众消防安全知晓率。民政厅部署开展“百所社区消防科普教育馆”创建活动，在社区之中建立起与居民群众密切联系的宣传阵地，通过社区群众相互传递消防安全信息，共享消防安全资源，达到互动教育、共同提高的宣传目的。教育厅开展消防安全“暑期夏令营”和“开学第一课”活动，举办“认识火灾，学会逃生”消防宣传进校园主题活动，全面提高校园消防安全。2013年，在省级以上媒体发稿3555篇（条），利用电视台、广播电台、广场大屏幕等播放消防宣传公益广告50万余条（次），开通官方微博22个，发布各类信息12100余条，关注人数突破33万人。四是服务社会单位能力不断增强。大力推进软环境建设“服务企业年”活动，开辟消防审批“绿色通道”，各消防服务窗口建立“全天候”工作机制，实行“首问负责制”，对隐患较多、解决难度较大的民营企业，帮助研究制定切实可行的火灾隐患整改方案。成立省、市两级消防监督服务队，对企业进行巡视检查，跟踪服务，现场指导，避免出现先天性火灾隐患。

二、狠抓现代化消防铁军建设，灭火救援实战能力大幅跃升

一是加强灭火救援实战演练。省公安消防总队开展了4次省级跨区域临机拉动实战演练，特别是选择暴雨、冰雹和严寒等极端天气，在吉林、延边、长白山地区开展地震山岳救援临机拉动实战演练。各地也开展了辖区重点单位实战演练5028次，部队临机应变能力和协同作战能力切实得到有效提升。二是加强基层指挥员能力培育。开设业务大讲堂开展视频授课，分两批对全省319名基层指挥员进行集中封闭式培训；深入指导各地开展器材装备知识“一口清”示范现场会和比武竞赛；举办全省基层中队干部指挥能力达标考评，并在全省通报成绩，引起极大反响。三是加强灭火救援基础工作。推行灭火救援责任预案，采取社会单位、辖区防火监督员、中队指挥员三方联合制作预案，大队长、中队长、防火监督员三人联合审核预案的方式，确保预案的针对性、准确性和可操作性。四是全面强化“六熟悉”工作。修订完善《重点单位熟悉标准》，开通战训工作信息平台，将重点单位熟悉和演练情况实时上网公布。五是全面开展市政消防水源普查和测试工作。针对全省市政消防水源欠账多、管理乱等现象，采取“户籍化”管理方式，对每个水源进行身份认证，时刻掌握水源运行状态，实现现有水源作战效能的最大化。

三、狠抓班子队伍建设，部队正规化水平稳步提升

一是坚持从严治警。省公安消防总队大力推进部队正规化建设，制定了三年工作规划，并在长春召开试点推进会，梳理制定各类人员岗位职责122项，规章制度150项，工作程序234项，印刷100余万字的指导手册下发部队。二是坚持政治建警。深入开展党的群众路线教育实践活动，积极参加“感恩吉林人民、奉献第二故乡”主题实践活动，通过扶贫帮困、捐资助学、绿化植树等爱民、助民实际举措，积极构建和谐警民关系。三是坚持典型带动。王洪伟同志成功当选吉林省首届“我最喜爱的十大优秀人民警察”和全国“最美消防员”，省委宣传部举办了王洪伟同志巡回事迹报告会；大力宣传革命烈士迟强同志先进事迹；吉林支队党委被中组部授予“防汛抗洪先进基层党组织”；梁雪同志被共青团中央授予“最美青工”，在部队和社会上引起强烈的积极反响。

四、狠抓基层基础建设，部队可持续发展势头更加强劲

一是各项经费持续增长。省财政厅制定出台《吉林省地方消防经费保障标准》，全省消防部队基本支出经费保障能力较以前翻了一番，保证部队发展建设需要。二是装备建设显著增强。2013年，为基层部队购置10辆消防车、3.3万件（套）装备器材，有力提升部队效能。三是营房“两证”办理工作成效明显。圆满完成省公安消防总队机关办公大楼、培训基地、万龙宾馆等营房“两证”办理工作，为维护部队权益，避免资产流失，确保部队建设科学发展奠定更加坚实的基础。

第八章　黑龙江省消防工作和队伍建设情况

2013年，黑龙江省消防工作坚持以党的十八大和十八届三中全会精神为指导，深入贯彻落实《国务院关于加强和改进消防工作的意见》（国发〔2011〕46号）和国务院办公厅《消防工作考核办法》，持续推进构筑社会消防安全“防火墙”工程和现代化公安消防铁军建设，大力加强部队正规化建设，不断加强和改进工作作风，全面提升消防综合保障实力，取得了明显成效。全省共发生火灾15395起，死亡45人，受伤54人，直接财产损失14342.7万元。

一、消防安全责任制有效落实

政府主导、部门监管、单位自主的消防安全责任体系逐步形成，省政府消防安全委员会联席会议制度和督导检查机制进一步发挥作用，消防法制体系和责任制考核评价体系逐步完善。《消防工作考核办法》《火灾高危单位消防安全管理规定》《专职消防队和志愿消防队管理办法》制定出台，《黑龙江省公安派出所消防工作考评细则》《黑龙江省社会消防技术服务机构行业自律管理暂行规定》《黑龙江省社会管理综合治理消防工作检查考核标准及考核细则》等部门规章和《粮食储存场所消防安全管理技术规范》等地方标准发布执行。各级政府逐级签订《消防安全责任书》，将消防工作纳入本地“十二五”规划，以及“平安龙江”建设重要考核内容，相关部门依法履行消防安全职责，形成“党政同责、齐抓共管”的工作格局。

二、隐患排查整治扎实推进

公安部大排查大整治、“除火患、保平安”冬春专项行动等消防专项行动扎实开展，综合考评排名前列。建立实行“捆绑式监督管理”、“交叉式检查执法”、“归零式清剿隐患”、“零距离式宣传教育和培训”四项机制和十个号别专项治理行动的常态化模式，人员密集场所、易燃易爆单位、地下商场、高层建筑、建设工程施工工地、粮食场所等火灾隐患排查督改有力。第九批政府挂牌督办的重大火灾隐患单位全部整改销案，第十批政府挂牌督办的重大火灾隐患整改销案率达到82%。200支综合执法救援服务队落实城乡火灾防控“巡逻检查，高点瞭望，抵近执勤，一线监护”十六字要诀，适时开展“错时检查”、“零点行动”，确保十八届三中全会、春冬季防火期、哈洽会等重大活动消防安全保卫任务圆满完成。哈尔滨市政府彻底拆除了国务院安委会挂牌督办的双城市曼哈顿大世界特卖场，开展的地下商业场所“六清六建”专项行动取得实效。

三、社会消防管理优化创新

消防“网格化”、“户籍化”管

理全面铺开，建设工程消防设计技术审查与行政审批分离、消防设计施工质量和消防审核验收终身负责制、不良行为公布制度和注册消防工程师等制度试点推行。公安、发改等部门提前介入建设项目办理土地、环评、规划等阶段，省新农村办统筹推进《美丽乡村消防规划》及消防基础建设，质监、工商、消防、经侦等部门联合加强消防产品监督管理。34项重点建设工程项目技术服务工作有效开展，优化发展环境消防管理便民利民措施高效运行，开发区（园区）、哈尔滨地铁等消防安全管理服务靠前跟进。

四、社会消防安全氛围愈发浓厚

省委办公厅、省政府办公厅联合下发《全民消防安全宣传教育纲要实施方案》，省文明办、团省委将消防志愿服务纳入“黑龙江省志愿服务活动组织注册管理系统”，初步实现志愿者网上注册、志愿活动网上发布。“中小学消防日”、“生命通道体验活动”、“119消防宣传周”和“百城百街百台看消防，消防知识普及千万人”等宣传教育活动取得实效，消防队站对外开放，消防宣讲团宣讲活动有序组织开展。消防宣传报道精心策划、滚动刊发，火灾预警信息不间断提示，黑龙江电视台、《黑龙江日报》等6家媒体组成记者采风团，开辟专版深度报道消防工作亮点。省公安消防总队、新华社黑龙江分社联合开发推出“龙江消防”手机客户端，建立“龙江消防”官方微博，网络影响力超过200万人，荣膺新浪、腾讯两大网站2013年黑龙江十佳政务微博奖。

五、消防安全基础进一步夯实

《黑龙江省消防事业发展“十二五”规划》有效落实，新增消防车74台，器材9万余件（套），建设应急救援综合保障基地和搜救犬基地，新建（市）地级培训基地1个、水上消防队站1个、（普通）消防队站7个、寒区室内体能技能综合训练用房2个，扩建消防队（站）6个，维修消防队站42个。林业、农垦、油田、石化等消防力量统筹整合，建成专职消防队437支、志愿消防队5275支，配备专业消防车577台、简易消防车1317台、手抬机动泵1.2万余台，初步形成以公安现役队伍为核心、以专职消防队伍为支撑、以志愿消防队伍为补充的多元消防力量体系。

六、部队灭火救援实力不断增强

省公安消防总队强化攻坚组建设，扎实推进铁军中队建设，106个中队被公安部消防局命名为一星、二星级铁军中队，在哈尔滨市试点组建供水、排烟、破拆分队，召开了训练观摩会，推动全省各地完成了专业分队和专班建设任务；修订完善各类灭火救援预案1.6万份，排查测试消防水源1300处，开展了演练周、演练日和冬季执勤岗位练兵、战区业务技能比武、灭火救援理论授课评比、消防水源调查、防护排烟装备测试等活动，创新编制实战操法63种，研发模块化水带携行器材；出台《灭火救援专家组工作制度》，吸纳9个领域的专家1187名；认真落实城市火灾灭火救援工作要则，强化灭火救援出动编成，坚持多点启动、重兵投入，确保第一时间调集优势警力和有效装备处置灾情；全面推广灭火救援指挥系统建设，建立了扁平化指挥体系，立项改造研发了公安消防数字无线指挥调度系统和寒冷条件下的卫星便携站。全省公安消防部队共接警出动24743起，出动车辆56843辆次，出动警力264737人次，抢救被困人员3994人，疏散被困人员11277人，抢救财产价值187856.78万元，成功处置了哈尔滨国润家饰城火灾、黑龙江天有为电子（绥化）有限公司成品库火灾、鸡西市鸡冠区居民楼燃气爆炸和全省50年一遇的特大洪水抢险救援工作。

七、部队综合保障能力全面提升

依据《黑龙江省地方消防经费保障办法》，加大经费争取力度。2013年，全省公安消防部队地方基本支出保障标准达到3.6亿元，同比增长55%。全省落实地方消防经费基本支出指标2.6亿元，综合落实到位率达73%。全省落实专项经费2.42亿元。利用省政府匹配资金1.25亿元，集中采购消防车74辆，器材装备9万余件（套）。投入资金2.2亿元，新建培训基地1个、水上消防队站1个、普通消防队站7个、公寓住房99套、寒区室内训练用房2个，扩建、维修消防站48个。争取国家、省发改部门专项资金8100万元，建设省应急救援综合保障基地和警犬基地。东北4省跨区域应急医疗救护队建设取得新进展，医护人员及医疗设备全部配备到位。

第九章　上海市消防工作和队伍建设情况

2013年，上海市消防工作在各级党委、政府的正确领导和社会各界的大力支持下，全面推进平安建设、法治建设、队伍建设，有效确保了火灾形势稳定，为城市创新驱动发展、经济转型升级和市民群众安居乐业提供了有力的消防安全保障。据统计，全市共发生火灾9031起，造成73人死亡、79人受伤，直接财产损失1.2亿元，未发生重大及以上火灾事故。

一、消防工作机制逐步完善

市消防安全委员会、消防多警联勤联席会议、重点行业消防联席会议等机制平台进一步发挥作用，政府各部门、公安机关各警种和行业系统的信息共享、隐患抄告、联合执法不断加强，居（村）委消防工作站、社区消防网格管理队伍组建成立并发挥实效。《消防工作考核办法》《火灾高危单位消防安全管理规定》制定出台，《社会消防组织建设管理规定》进入审批阶段，《地铁车辆基地上盖综合开发建筑消防设计规定》《合同制消防员经费保障标准》等地方消防技术标准制发执行。

二、消防专项行动扎实推进

公安部大排查大整治、市公安局“打防严保”等消防专项行动扎实开展，综合考评排名前列。人员密集场所、易燃易爆物品、高层建筑、老式居民小区等火灾隐患排查督改有力，252家市、区两级政府挂牌重大火灾隐患成功销案，累计检查单位60多万家，发现督改火灾隐患或消防违法行为138万多处，查封、“三停”（责令停止施工、停止使用或者停产停业）单位1700多家，行政拘留1300多人，确保十八届三中全会、中俄青少年运动会、上海国际旅游节等重大活动、赛事消防安全保卫任务圆满完成。

三、政府实事项目如期完成

市政府连续第三年将消防安全纳入实事项目，分级筹措、集中投入1.2亿元专项经费，为1000个社区（农村）消防工作站配备手抬机动消防泵等基础消防装备。组织4.2万多名消防安全网格管理人员分批开展消防业务培训，指导全市1万多个居民小区、94.6万多名群众开展疏散演练，城市火灾防控基础得到夯实，人民群众评议满意度提升。

四、瓶颈难点问题有效解决

浦东三林、普陀桃浦、闵行浦江、宝山大场、嘉定马陆、奉贤南桥、松江泗泾、青浦徐泾8个重点区域火灾隐患综合治理成效凸显，拆除违章搭建54万平方米，搬离社会单位450家，清退“三合一”违规住宿5000多人，一批久治不愈、久拖不决的顽症彻底解决。消防站建设专题协调、专项督导、专班推进机制完善落实，恒丰、延安等10个落地较难的中心城区站点建设有序推进。

五、社会消防管理优化创新

消防“网格化”、“户籍化”管理

全面铺开，建设工程消防设计技术审查与行政审批分离、消防设计施工质量和消防审核验收终身负责制、不良行为公布制度和注册消防工程师等制度试点推行。公安与工商、民政、文广等部门行政审批合作机制有效运作，上海迪士尼乐园、虹桥国家会展中心等重大项目“个性化”消防服务保障靠前跟进。公安机关消防“多警联勤”驻所作业、分级培训、信息互通、双向考核等机制不断深化，多警联查、联治、联宣的实战功效显现，齐抓共管消防安全格局基本构建。

六、消防安全文化深入人心

“119消防周”群众性消防体验活动、第十届上海国际消防保安技术设备展览会取得良好效果。消防安全教育纳入基础教育、职业培训和弱势关爱体系，消防夏令营、知识竞赛、技能展示活动轮番推出，消防博物馆、培训基地、流动宣传车等阵地巩固做强，警媒互动、随警作战机制不断强化，消防宣传报道精心策划、滚动刊发，火灾预警信息不间断提示，消防违法行为曝光震慑明显，“网诉直通”、微博互动、“生命通道体验活动”、社区消防体验反响热烈，“96119”、“12345”热线回应关切、开展监督引导，消防人文环境继续优化。

七、公共消防基础建设得到加强

老港、唐镇、光华、杨行、徐镇、洪庙、搜救犬队7个新建消防站相继建成，堡镇、陈家镇迁建消防站项目按期交付，春潮、西工一、金汇、嘉定新城4个新建消防站和纬六、朱家角2个迁建消防站开工建设，长宁、静安、闸北、闵行等区消防专项规划编制完成。“小、灵、巧”和“高、精、尖”消防装备配发一线。全年，市、区县两级消防经费同比增长13.3%，城市消防安全综合实力进一步增强。

八、灭火救援能力不断提升

由市政府领导牵头，市应急办、市应急联动中心、市应急救援总队为主，市政、安监、卫生、水务、电力、民防等40余家单位参与的“3+X”综合应急救援联动联勤联训联保机制有效运作；高层建筑、地铁、化工等类型预案修订完善；空勤、水域、搜救犬等专业队巩固加强；合同制、“三类”场所专职人员等多种形式力量发展壮大；“智慧消防”项目建设扩容升级；公安消防“铁军中队”达标创建扎实推进；上合组织联合救灾演练、“第五届海峡论坛”排爆任务、建设工程和危险化学品事故等应急处置综合演练圆满完成；铁军精神、攻坚能力在处置“6·5”市中心大面积停电、“6·23”华谊丙烯酸爆燃和抗击强台风“菲特”等9万多起急难险重任务中得到体现和磨砺。

九、消防部队建设全面加强

党的群众路线教育实践活动、“坚定信念、铸牢警魂”主题教育深入开展，35项便民利民、即知即改措施出台落地，“军徽映夕阳”等警民共建牵手平安。部队正规化建设、内部安全狠抓不放，执法领域廉政预警防控机制和廉政文化建设试点初见成效，令出督随、责任倒查力度持续加大，即战即奖、典型宣传等措施跟进保障，大教育、大培训体系完备，党的建设科学化水平明显提升，队伍始终斗志昂扬、高度稳定。

第十章　江苏省消防工作和队伍建设情况

2013年，江苏省消防工作在省委、省政府和公安部消防局、省公安厅的领导下，以党的十八大和十八届三中全会精神为指导，深入贯彻落实《国务院关于加强和改进消防工作的意见》（国发〔2011〕46号）和国务院办公厅《消防工作考核办法》，各项工作有序推进，持续保持了火灾形势总体平稳。全省共发生火灾3.1万起，死亡165人，受伤167人，直接财产损失2.9亿元，连续14年未发生群死群伤的恶性火灾事故。

一、社会火灾防范水平进一步提升

健全消防安全责任体系，在省消防联席会议的基础上，成立省、市、县三级消防安全委员会，修订完善《江苏基本现代化消防安全指标体系》，省政府出台《消防工作考核办法》《火灾高危单位消防安全管理规定》，推动落实政府领导责任、部门监管责任和单位主体责任。创新消防安全管理，培育发展社会消防专业技术力量，推动政府投资建设消防设施联网监测系统，开展社区警务平台消防模块二期研发和试点应用，推进消防职业技能培训鉴定和培育技术服务中介机构，全年消防职业技能鉴定培训14850人、鉴定14532人。

二、消防安全环境进一步优化

推进消防安全“网格化”管理，按期完成59%的乡镇（街道）达标创建任务；完善“96119”火灾隐患举报投诉平台，开展“生命通道体验”等主题活动，发动群众积极参与消防工作。持续开展“除火患，保平安”专项行动、非法建筑专项治理、消防安全大排查大整治等专项行动，继续实施省、市、县三级政府重大火灾隐患挂牌督改和区域性火灾隐患整治工作。全年查处消防违法行为18964起，挂牌督办整改重大火灾隐患331家，消防安全专项行动成绩位居全国前列。

三、多元消防力量体系初步建立

积极推进乡镇消防机构实体化运作，加强多种形式消防力量建设，安排“以奖代补”资金2000万元专项补助全省经济欠发达地区乡镇保安消防队装备建设，将政府专职消防队和乡镇保安消防队纳入统一指挥调度体系。全省现有政府专职消防队172个，消防车辆481辆；企业专职消防队125个，消防车辆306辆；乡镇保安消防队654个，消防车辆681辆；共有专职消防员11572名，其中政府专职消防队员2782名，在公安消防机构相关岗位工作的专职队员425名，企业单位专职消防队员2247名，乡镇保安专职消防队员3829名，消防文员2289名；58个化工园区消防队全部通过验收并投入执勤。全年多种形式消防队伍灭火救援出动数约占全国统计数据的30%。

四、综合应急救援能力明显提升

全省公安消防总队持续加强核心战斗力建设，深入推进消防信息化、作战规范化、管理正规化，开展铁军中队创建活动，探索执勤训练机制改革。建立执勤中队战斗力考核评价机制，规范灾害事故力量调度标准和程序，修订全省17类灭火救援预案，开展4次跨区域实战拉动演练，推进单兵作战向协同作战转变。建成高空、地下、化工等23支专业救援队，组建搜救犬比武集训队参加全国比武竞赛，组建高空表演队圆满完成上合组织联合救灾演练任务。全省消防队伍共接警出动8.7万次，出动车辆17.1万辆次、警力93.2万人次，救出人员7147人，抢救财产价值约6.9亿元，成功处置“6・11”苏州横山储罐场燃气爆炸坍塌、“9・8”无锡海力士火灾等影响较大的灾害事故。

五、消防信息化建设成效显著

初步构建信息化工作齐抓共管格局，圆满完成信息化建设重点项目。全省消防接处警系统全部按时切割上线运行，13个区域指挥中心、50个独立接警大队全部按照火灾报警“消防主接、公安监听、协同处置”运作模式投入运行，所有公安执勤中队、104个政府专职队纳入系统统一调度；省、市两级消防部门全面完成图像、语音综合集成；消防地理信息系统建设逐步深化，高分辨率影像图、公安道路治安监控等业务图层数据逐步加载。信息化应用取得初步成效，消防设施联网监测巡防系统、防消结合、社区警务平台二期建设等软件项目推进顺利，部队主动应用彩信、微博、微信、3G视频、移动智驾等互联网资源，挖掘“一体化”信息数据的意识明显提升。

六、综合保障实力全面加强

在全国经济发达地区率先出台地方消防业务经费计领标准，消防经费基本支出人均保障水平达12.5万～16.8万元/年。完成全省13个地级市消防装备评估论证工作，研究制定符合江苏省情特点的消防装备优化配置方案。全省累计投入消防经费总量达24亿元，比上年增长20%。投入装备建设经费约5.1亿元，新购消防车辆126辆、器材装备4.19万件（套）。投入基础设施建设经费约5.6亿元，落实专项资金1.6亿元用于消防模拟训练设施建设，落实土地经费8941.1万元新建消防指挥中心。全力开展消防部队土地房屋专项治理工作，全省已有99.32万平方米土地新办理国有土地使用权证，91.1万平方米公共用房办理房屋所有权证，1.56万平方米住宅办理房屋所有权证，被公安部消防局评为土地房屋专项治理工作先进单位。

第十一章 浙江省消防工作和队伍建设情况

2013年，浙江省消防工作紧紧围绕贯彻落实党的十八大精神和省委干好“一三五”、实现“四翻番”的重大决策部署，紧盯“两个稳定、一个提升”总目标，化挑战为机遇、转压力为动力，奋力拼搏、攻坚克难，展现出良好的发展态势，火灾形势保持总体平稳。全省共发生火灾46141起，死亡163人，受伤136人，直接经济损失5.7亿元，未发生重特大火灾事故。

一、消防安全责任体系逐步完善

省委、省政府领导高度重视消防安全工作，多次做出批示指示、带队检查指导。省政府专题研究部署消防工作，先后3次召开视频会、现场会，明确各级、各部门工作任务。年初，省政府与各地市签订了2013年度《消防安全目标管理责任书》，明确了工作目标和考核指标，规范了考核期限和方法。8月1日，省政府办公厅在广泛调研的基础上，正式印发了《浙江省消防工作考核办法》（浙政办发〔2013〕102号）。12月下旬，省消防安全委员会结合全省年度安全生产目标管理责任制考核，一并对各市政府组织了年度消防工作考核，考核结果通报全省。有关部门将消防工作纳入社会管理综合治理、平安浙江建设、安全生产目标管理责任制考核内容，形成了较为完善的消防安全责任体系，有效推动了消防安全各项工作的落实。

二、社会防控火灾基础有力夯实

始终围绕服务保障地方经济建设，建立健全重点领域火灾事故防范体系，推动落实消防安全“网格化”、“户籍化”管理，积极探索消防行政审批制度改革。6月初，省综治办、省消安委在温州市联合召开了全省强化消防基层基础、深化“网格化”管理工作现场会，交流推广各地经验，积极推进乡镇消防安全委员会领导下的“五位一体”消防管理组织体系建设，并印发了“网格化”管理指导手册，规范了各基层力量职责、流程。目前，全省1346个乡镇街道全部成立了消防安全委员会，建有消防工作站1262个，明确网格员17.9万余名。作为全国试点，牵头组织了全国“户籍化”管理系统软件试点评审会，推动社会单位特别是消防安全重点单位落实主体责任，开展自查评估和三项报备工作，强化内部消防安全管理。目前，全省21326家消防安全重点单位已完成了数据录入工作。9月中旬，省政府召开全省建设工程消防行政审批制度改革试点工作协调会并下发了《浙江省人民政府专题会议纪要》，明确了消防行政审批制度改革试点工作的地区及范围、施工图审查机构和消防设施检测机构的规范管理、施工图审查收费标准和费用来源、地方法规修订等问题。省公安厅印发了《关于建立建设工程消防质量终身负责制的指导意见》，在全省范围内规范建立建设工程消防质量终身负责制档案，目前杭州、宁波、温州、衢州已完成84个建设工程项目的试点工作。消防总队印发了《浙江省消防安全不良行为公布制度实施办法（试行）》，网上公布不良行为单位、个人298起。

三、火灾隐患排查整治扎实推动

紧盯元旦、春节、“两会”、中秋、国庆等重要时段和合用场所、居住出租房屋、商场市场等重点领域，相继开展了“除火患、保平安”、重点领域“五查两加强”、消防安全大排查大整治活动等一系列专项行动，全面排查整治火灾隐患，始终保持打击消防违法行为的高压态势。3月份，以人员密集场所、“三合一”场所、出租房屋、高层地下建筑、企业厂房等为重点对象，开展了6项集中行动。4月至6月，以公共娱乐场所、宾馆饭店、商场市场等三类对象和“五一”、端午两个节日为重点，开展了消防安全重点领域“五查两加强”专项行动，推动行业、系统组织消防安全检查。6月至10月，省政府将消防安全纳入全省安全生产大排查大整治工作部署，统筹强调推进。消防总队制发了12类单位、场所火灾隐患排查整治标准，认真排查涉及消防安全的生产经营单位，督促所有单位开展消防安全自查自纠。入冬后，省消防安全委员会专门印发方案，以非法违法建筑、企业厂房仓库、居住出租房、物流仓储、商贸市场、“三合一”场所等集中区域为重点，部署开展今冬明春火灾防控工作；省公安厅2次召开动员部署会，严密组织，集中打响了今冬明春第二次“清剿火患”战役。全年，全省公安消防部门检查社会单位19.5万家，发现、督改火灾隐患18.4万处。省、市、县三级政府挂牌督办了重大火灾隐患308处，目前已全部完成整改。

四、部队服务经济社会的能力有效提升

消防总队召开了第二次党代会和总队党委二届一次全会，全面部署今后5年工作任务，选举产生新一届总队党的委员会和纪律检查委员会，强化党委对部队建设的领导。历经半年准备，成功举办了“救援协作·2013”上海合作组织联合救灾演练，实现了“安全、圆满、精彩”的工作目标，消防总队被省政府荣记集体一等功。注重部队战斗力生成模式的转变，先后出台了《铁军中队建设推进措施》和《进一步加强灭火救援能力建设的意见》等文件，创新了“五三”灭火救援训练模式，公安部消防局新评定二星级铁军中队15个、一星级铁军中队68个，全省60%执勤中队已完成星级中队评定，部队灭火救援能力明显增强。加大消防信息化建设力度，承办了全国消防GIS和PGIS对接与共享现场会，并召开了全省119大集中接处警系统推广现场会，全省消防部队同步开展警用地理信息应用和专职消防队联网调度试点工作，应急通信保障水平显著提高。2013年，全省消防部队共接处警57.6万起，出动车辆95.7万辆次、警力604.8万人次，抢救被困人员53466人，疏散86539人，保护财产价值145.2亿元。

五、基础设施建设继续推进

深入贯彻落实财政部《地方消防经费

管理办法》（财防〔2011〕330号），各级政府加大消防经费投入，对消防业务经费基本支出、政府专职消防员人员经费、官兵福利费实行“分级分类”保障，组织开展了新一轮地方消防经费达标活动。2013年，各地累计落实消防部队伙食、装备等专项补助6.52亿元，投入业务经费19.55亿元，同比增长13.3%。推动各级政府落实《浙江省消防事业发展“十二五”规划》，累计投入5.28亿元，新购各类消防车183辆，其中进口车38辆、进口底盘135辆、国产车10辆，更新配备了各类器材11.1万件；完成了8个地级市、23个经济发达县级市的消防装备评估工作；新建成消防站10个，主体竣工10个、开工建设项目8个、征地8个、立项21个，新增营房面积11.6万平方米。部署了石油化工行业重特大事故风险和应急救援能力评估工作，全力推进全省石化行业消防安全评估。召开了全省多种形式消防队伍建设管理工作现场会，大力推广湖州市德清县乡镇级消防综合应急救援队的经验做法；省发改委、省财政厅、省人力社保厅等部门出台了《关于进一步加强乡镇专职消防队伍建设的指导意见》等文件，规范专职消防队伍建设；省政府应急办举办了全省乡镇综合应急队伍骨干暨灭火救援员技能鉴定培训班，全省300名专职消防队队长、指导员实现持证上岗。据统计，全省共新建专职消防队59支，升级53支，征召队员1500余名。

六、消防宣传教育培训不断深入

不断深化消防宣传“六进”工作，全方位开展《全民消防安全宣传教育纲要（2011～2015）》颁布两周年宣传活动，目前已建立宣贯示范单位1474家。省公安厅、省教育厅联合命名“浙江省消防安全教育示范学校”86所，杭州、温州、嘉兴等地6个消防教育馆被教育部、公安部确定为首批全国中小学消防安全教育社会实践基地。举行了“首届全国119消防奖”颁奖典礼（浙江区）暨“生命通道体验活动”集中行动月启动仪式，开展了以“保障生命通道·消防自救进市场”、“生命通道堵塞随手拍”有奖举报活动为载体的“生命通道体验活动”，全省共组织面对面宣传教育2596次、消防逃生演习3179次、生命通道堵塞消防巡查11286次。开展了“防灾减灾宣传周”、“119宣传月”等活动，3次召开新闻发布会和通气会，制作了公共场所、厂矿企业等6部火灾案例警示片在各级媒体广泛播放，收到了良好的社会效应。省、市级主流媒体开设消防宣传专栏61个，开通官方微信平台，建立“浙江消防微媒体联盟”，每天播放消防公益广告和安全提示，参与消防行动，现场曝光火灾隐患，跟踪报道重点工作情况。认证开通消防总队官方微博，目前粉丝达20.3万人，被省委宣传部、腾讯·大浙网评为“浙江十大政务微博”。绍兴支队诸暨城东中队副中队长陶国杰同志被评为“2013年浙江杰出青年”，田思嘉烈士当选为全国“最美消防员”，杭州萧山“1·1”灭火英雄群体被追授中国青年“五四”奖章，受到党政领导和人民群众高度赞扬。

第十二章　安徽省消防工作和队伍建设情况

2013年，安徽省按照国务院部署要求，在公安部和部消防局的指导下，推动落实消防工作责任，筑牢社会消防安全屏障，夯实消防事业发展基础，全省消防工作呈现持续良好发展态势。全年共发生火灾11671起，死61人，伤56人，直接财产损失16320.2万元，连续30年未发生重大以上火灾事故。

一、坚持政府主导，落实消防工作责任

省委、省政府高度重视、大力支持消防事业，省领导先后6次深入基层调研指导消防工作，带队开展消防检查。省政府召开3次专题会议研究部署消防工作，出台《消防工作考核办法》《火灾高危单位消防安全管理规定》《关于进一步加强政府专职消防队建设的意见》等一系列文件，全面细化各级政府、部门消防工作职责，健全考核及责任追究体系，推动全省消防工作的改革和发展。充分发挥消防安全委员会的作用，组织2000余名省、市、县领导集中开展消防工作视频培训，对2012年消防工作责任书落实情况进行综合评定；建立健全信息互通、联合执法监管机制，全省45个厅、局联合部署开展火灾隐患排查整治活动，住建、文化、教育等部门定期向消委会报告消防工作情况。各市及县（区）级党委、政府认真贯彻《国务院关于加强和改进消防工作的意见》（国发〔2011〕46号），落实“党政同责、一岗双责”，普遍把消防工作纳入了国民经济和社会发展总体规划。各地市党政领导经常带队检查、召开会议、研究部署消防工作，在推动解决制约消防工作和部队建设的体制性、机制性和保障性问题上取得重大进展，进一步夯实了消防事业发展根基。

二、严把防范关口，筑牢消防安全屏障

省消防安全委员会分类制定12类单位场所火灾隐患排查整治标准，持续组织开展“除火患、保平安”、“江淮安宁”、消防安全大排查大整治、“守护平安——冬季行动”、“清剿火患”战役等6次专项行动。各级政府挂牌督办276件重大火灾隐患，督促整改火灾隐患19万余件，临时查封单位2497家，责令“三停”1616家，及时消除了一大批火灾隐患和消防违法违规行为，人民群众消防安全感明显增强。省公安厅、综治办、民政厅等5部门联合出台《消防工作考核办法》，将“网格化”纳入社会管理综合治理考评内容，完善“网格化”管理保障机制，运用信息技术推动全省102591个大、中、小网格消防安全管理经验在全国推广。强化社会单位“户籍化”管理，11365家消防安全重点单位逐一建立电子档案，实现实时监管，推动主体责任落实。完善“96119”

火灾隐患举报投诉机制，加强火灾隐患情报信息资源采集整合，广泛发动群众力量参与火灾隐患整治。在安徽电视台开设《119时刻》，扩大宣传覆盖面，生命通道体验、消防夏令营、“消防好标语”、“119进社区”系列活动反响强烈，消防宣传影响力、渗透力不断增强。

三、打造铁军队伍，提升保驾护航能力

成功举行全省“5·12”综合应急救援演练，动用1架警用直升机、80多辆专勤车辆装备和25个省级部门1000余人，全面展示以消防为主体的综合应急救援队伍建设成果。以公安消防部队战训参谋业务、政府专职消防员等4次比武竞赛和远程视频拉动、安保重点单位、跨区域灭火救援等5轮实战演练为载体，全面历练部队综合打赢能力，消防总队在全国搜救犬技能比武中获得第5名。坚持信息主导警务，基本建成消防接处警系统，全面完成图像、语音综合管理平台建设，扩充3个卫星站、5套短波电台、400路营区监控资源，灭火救援应急通信保障能力得到极大提升。加强多元化消防力量建设，新招1621名政府专职消防员、新建369支乡镇消防队投入灭火执勤，初步建立覆盖城乡的灭火救援力量体系。完善消防部队作战指挥信息化、规范化体系，工作经验在全国推广。公安消防部队成功处置巢湖皖维集团火灾、合肥火车东站储罐车脱轨化危品泄漏、沪陕高速合六叶段特大交通事故等2.5万余起火灾及各类灾害事故，营救遇险被困人员4.2万余人，抢救和保护财产价值8.1亿余元。

四、强化基础建设，夯实科学发展根基

各级政府立足防火、灭火和抢险救援现实斗争需要，加大经费投入力度，加快装备转型优化，改善消防基础设施建设。各级消防业务经费投入总量达到10.92亿元，增长3.78亿元。完成全省、县、区消防装备评估并深化成果运用，安排省、市财政消防装备专项资金1.2亿元，集中采购灭火和应急救援车辆140辆、器材7.5万余件（套），战勤保障体系不断完善，城市主战消防车、大功率大吨位水罐（泡沫）车等一大批高效实用的装备器材配备部队，装备水平实现质的飞跃。全省新、改、扩建44个基建项目，初步形成规划合理、点面结合的消防安全力量布局。

五、坚持从严治警，提高履行使命能力

全省公安消防部队深入开展党的群众路线教育实践活动，出台改进工作作风五条规定和四项便民利民措施。以学习贯彻十八大精神为主线，加强和改进部队思想政治建设，召开全省警营文化建设现场会，为消防部队建设注入新的活力。认真落实部队正规化建设标准，以“五无”创建活动为主线，出台《重大案（事）件责任倒查追究暂行办法》，重点规范执勤、训练和工作秩序，实现全年零事故、零案件。加强执法规范化建设，创新实施消防监督管理“实名工作制”，建立“权责明晰、制度完备、协同高效、奖惩有据、责任可溯”的工作机制，全面推行网上执法、网上考评，最大限度公开消防执法依据、执法程序、执法进度和结果，人民群众满意度明显提升。

第十三章　福建省消防工作和队伍建设情况

2013年，福建省消防工作以党的十八大精神为指导，以深化“清剿火患”战役和打造现代化海西消防铁军为抓手，大力推进消防工作社会化和灭火救援战斗力建设，为海西经济社会发展创造了良好的消防安全环境。全年全省共发生火灾11972起，死95人，伤68人，直接财产损失1.7亿元，火灾形势持续平稳。

一、政府主导、部门联动，消防工作社会化不断推进

一是党委、政府高度重视。省领导多次调研消防工作，做出批示指示，各级党委、政府层层签订《消防工作目标责任书》，认真履行第一责任，研究解决消防重大事项。省政府颁布施行新修订的《福建省消防条例》，出台《福建省消防工作考核办法》，将消防工作纳入安全生产责任考核和日常政务督察内容，作为领导班子和个人年度考评的重要依据。省政府常务会、省长办公会、安全生产例会定期研究消防工作，先后下发《全省继续深入开展清剿火患战役工作方案的通知》《关于切实加强今冬明春消防安全工作的通知》等文件，颁布实施《福建省火灾高危单位消防安全管理规定》《福建省消防安全重点单位界定标准》等规范性文件及配套规定。二是政府部门密切配合。各行业系统主管部门认真履行“一岗双责”，省综治委发布排查整治标准，推动行业、系统加强对所管、直管单位的消防安全检查指导，省直机关治安综治委、省政府机关事务管理局联合抓好省直各单位的消防安全管理；住建部门将在建施工工地、违章彩钢板建筑、易燃可燃保温装修材料使用纳入监管视线；工商、城管等部门加大力度整顿影响灭火救援的户外广告牌、临时搭建物；教育、民政、安监、工商、旅游等有关部门分别开展中小学幼儿园、社会福利机构、危化品企业、消防产品、假日旅游等消防安全专项整治，有效凝聚了工作合力。三是社会各界积极参与。各地按照“一厂出事故、万厂受教育，一地有隐患、全国受警示”的要求，依托报纸、电视、广播、网络以及微博、微信等新媒体平台开展经常性消防宣传，曝光重大火灾隐患，通报火灾案例，普及消防常识。公安消防部门以消防宣传“五进”为载体，组织开展“社区平安使者”、“家庭消防安全”、“消防教育进教材”等活动。福建义工总群将消防宣传纳入义工日常宣传服务活动内容，发动志愿者团队组建公益消防宣传团队，开展形式多样的宣传活动。2013年，全省共举办各类培训班2000余期，发放宣传资料462万余份，组建消防志愿者队伍1200余支，受理群众举报火灾隐患1541件，公民参与消防工作的氛围渐浓。

二、依法治火、创新管理，消防安全治理水平不断提升

一是加强隐患整治。将“清剿火患”战役升格为长期系统工程，连续3年在全省开展“清剿火患”战役。省政府办公厅发文通报全省48处重大火灾隐患和突出消防安全问题，并将各地督办整改情况列入当地政府年度消防工作目标责任考核范畴，各级政府挂牌督办重大火灾隐患单位180家，整改率、销案率均达到100%。充分发挥省、市、县（市、区）三级消防工作联席会议作用，健全消防工作议事、信息共享、执法协作等工作机制，部门联动全力推进“清剿火患”战役和消防安全大排查大整治活动，检查社会单位13万余家，督促整改火灾隐患26万余件，临时查封1322家，责令“三停”单位1452家，拘留288人。二是创新消防管理。推行消防安全“网格化”管理，出台《福建省实施消防安全网格化管理指导意见》，建立县（市、区）“大网格”86个，街道、乡镇“中网格”1160个，农村、社区“小网格”16615个，落实专项经费保障500余万元，80%的网格设立工作办公室，聘用消防专（兼）职管理人员2355人，基层、末端消防安全责任得到进一步落实。推进社会单位消防安全“户籍化”、“标准化”管理，10926家重点单位和9741座建筑录入“户籍化”系统，10926家重点单位完成“四个能力”达标创建回头看工作。三是引导单位自治。建立在闽大型连锁企业消防联席工作会议制度，发布《福建省大型跨区域连锁企业消防安全管理公约》，推动在闽央企、大型商业连锁、房地产等大型企业统一实施“线型”消防安全管理模式。建立消防安全不良行为公布制度，分批公布消防安全不良行为325个，协调消防、工商、质监、建设等部门加强信用挂钩和结果运用。

三、精武强能、锻造铁军，消防部队服务经济社会能力不断增强

一是建设过硬消防队伍。省公安消防总队坚持政治建警，从严治警，全面推行党代会制度，选优配强各级领导班子，扎实开展党的群众路线教育实践、“坚定信念、铸牢警魂”主题教育、“整风肃纪”等活动，制定出台改进作风的多项制度规定，印发消防部队《兵员管理十条铁规》，党建科学化水平和正规化管理水平明显提升，涌现出莆田“8·14”劫车案英雄集体、“感动福建”的见义勇为女兵林橦等一批先进典型。二是强化实战练兵。健全完善以公安消防部队为主体的应急救援队伍和工作机制，以“打造海西消防铁军”为目标，持续开展执勤岗位练兵，大力推进训练改革，强化联勤联训和实战演练，加强信息化建设与应用，提升全省灭火应急救援能力。2013年共处置各类警情30337起，疏散抢救被困人员21560人，抢救财产价值7.24亿元，成功处置福州建筑坍塌、厦门BRT公交车爆炸等灾害事故。三是优化执法服务。省消防总队出台8项便民利民新举措，建立重点项目数据库，推行消防审验“绿色通道”和重大疑难问题“面对面”技术服务，为100余个重点建设工程提供优质消防服务。各级消防部门大力实施“一窗式”受理、“一站式”服务、网络民生警务等工作模式，网上公示办事流程，窗口入住市政务服务中心。全省22个市、县（区）消防行政服务窗口被评为“先进窗口”，15名窗口服务人员被评为当地先进个人。

四、强化保障、夯实基础，消防持续发展后劲不断加大

一是加强消防经费和装备保障。出台《福建省地方消防经费管理办法》，健全消防经费保障长效机制。2013年，全省地方消防经费投入总额11.4亿元，其中地方消防业务基本支出经费4.5亿元，同比增长24%。从2011年起全省3年内投入资金13.79亿元配置了482辆消防车，2013年投入资金 6000 万元更新了消防员个人防护装备 8万件（套），全省普通消防站车辆配备及消防员个人防护装备配备基本达标。二是加强多元消防力量建设。将多种形式消防队伍建设纳入省《消防工作考核办法》，出台《福建省专职消防队伍建设管理办法》，划拨专项经费1.07亿元，保障政府专职消防员和消防文员队伍建设。招录政府专职消防员3210人、消防文员724人，新增政府专职消防队7支，各地新增社会单位、群众组织志愿消防队近千支。三是完善公共消防设施。各级不断加大经费投入，认真贯彻落实“十二五”消防规划，城镇消防规划和公共消防设施建设与新型城镇化建设同步推进。2013年，所有建制镇全部完成消防规划编制与审批，全省县级以上城市建成区和建制镇建成区建设市政消火栓30764个，所有县级以上城市、重点镇、中心镇、一般建制镇的市政消火栓建设基本达标。

第十四章　江西省消防工作和队伍建设情况

2013年，江西省深入贯彻落实《国务院关于加强和改进消防工作的意见》（国发〔2011〕46号），着力健全完善消防安全责任体系，全面夯实社会火灾防控基础，切实加强消防安全源头管控，大力开展火灾隐患排查整治，消防工作继续保持了良好发展态势。全省共发生火灾7207起，死亡61人，受伤22人，直接财产损失近2亿元，连续6年未发生重大以上和有影响的火灾，火灾形势保持总体平稳。

一、认真落实消防安全责任制，消防社会化进程明显加快

一是党委、政府高位推进。省人大开展《江西省消防条例》执法检查；省政府召开年度消防工作会议，出台《消防工作考核办法》《合用场所消防安全治理规定》等规范性文件，组织对冬春专项行动、全国“两会”消防安保开展督导。省领导多次专题听取消防工作汇报，作出批示指示，并带队对社会单位开展检查。全省各市、县级政府先后召开消防工作会议、联席会议、动员部署会448次，提请党委、政府和公安机关主要领导专题听取工作情况汇报520余次，印发工作方案335个。二是行业部门合力推进。省公安厅印发《江西省建设工程质量终身负责制指导意见》，联合工商、质检部门开展消防产品质量专项整治行动；联合省人力资源和社会保障厅出台有关注册消防工程师资格考试实施办法和考核认定办法的通知；联合住建部门推动消防规划编制和市政消火栓建设；联合省教育厅部署开展全省中小学校长消防安全培训教育工作。发动26个行业、部门合力开展消防安全大排查大整治以及“清剿火患”战役等活动。三是社会单位自查自纠。省公安厅发布了《关于开展消防安全大排查大整治活动的通告》，制定了《江西省消防安全大排查大整治场所排查整治标准》，推动全省7739家人员密集场所和高层、地下场所完成自查自纠，在互联网上实名公布了自查自纠情况，并要求社会单位在内部醒目位置张贴《消防安全承诺书》。

二、着力强化隐患排查整治，社会消防安全环境明显改善

一是狠抓专项整治。强力推进火灾隐患排查整治，扎实开展消防安全大排查大整治、人员密集场所、电动自行车火灾等专项行动和“清剿火患”战役，保持对火灾隐患的高压清剿态势。优化行业系统、部门单位、市民群众自查自改火灾隐患工作模式，着力构建全局消防、全警消防、全员消防工作格局。年内，全省共检查社会单位17.6余万家（次），发现火灾隐患17.04万余条，整改16.5万余条，临时查封1216家，责令“三停”单位1283家。二是突出日常监管。完善执法机制和工作制度，全面落实“两公开”，执法业务基础不断夯实。开展建筑消防设施管理达标创建、消防产品执法规范化建设示范创建和消防产品质量专项整治等活动，建筑消防设施管理和产品管理力度进一步加大。加强“户籍化”管理信息系统的部署应用，消防安全“户籍化”、“网格化”管理稳步推进。规范公安派出所消防办公室软硬件建设标准，公安派出所消防监督管理工作更加规范、有效。三是深化宣传教育。推进消防科普教育基地、宣传阵地建设和社会化消防宣传活动，开展《全民消防安全宣传教育纲要》颁布两周年宣传活动。在全省开展消防微电影编排、创作、摄制等工作，以及“火灾警示大讲堂进社区”和“千名村官进红门”活动，部署中小学校长和“乡镇、村两委”负责人培训工作，在人民网江西频道、大江网建立消防宣传专栏，组织志愿者参与“畅通生命通道，增强自救技能”主题活动，社会消防安全意识明显增强。

三、聚焦打造江西消防铁军，队伍灭火救援能力明显增强

一是加强队伍建设。省公安消防总队深入开展第一批党的群众路线教育实践活动，召开了全省消防部队第一次党代会，规范了党务工作。扎实开展“坚定信念、铸牢警魂”主题教育、“正警风、促规范、提素质、树形象”队伍教育整顿和领导干部违规收送现金、有价证券、支付凭证专项治理活动，持续深化“五无”创建和正规化建设达标创建活动，强力整改“四风”突出问题，确保了部队高度稳定和集中统一。成立江西公安消防文联，省公安消防总队被国家体育总局表彰为“全国群众体育先进单位”，涌现出了“全国青年文明号”南昌特勤大队、“江西十大法治人物”井冈山大队、中央电视台“特别关注消防员”胡庆松、全省“十大爱民警察”肖斌、全省道德模范许晓光等一大批先进集体和个人。二是提升实战能力。出台灭火救援行动安全“三个三”规定，开展消防全员岗位练兵竞赛，推进铁军中队达标创建，开展供水、防护和排烟装备实战应用训练和性能测试，组织800余名中队长助理、班长骨干异地当兵锻炼。建立灭火应急救援社会联动机制，组建成立了11支突击分队、26个突击小组、810名队员的跨区域抗洪抢险救援突击队。2013年，全省消防部队共接警出动14797起，出动车辆20383辆次，出动警力133222人次，抢救疏散被困人员35194人，抢救财产价值11. 1亿元。成功处置了“6·21”抚州崇岗镇金山进出口烟花爆竹厂爆炸、“10·17”南昌抚生路雷达家具厂仓库火灾等急难险重任务。荣获全国第二届搜救犬技术比武竞赛团体总分第十名。三是推进应急救援队伍建设。省政府召开应急救援工作推进会，举行综合应急救援实战演习，推进《江西省综合性应急救援队伍建设三年规划》的贯彻落实，全省所有市、县（区）全部建立了综合应急救援队伍，出台《合同制消防员招聘管理暂行办法》，举办全省首届多种形式消防队伍比武竞赛。开展专职消防队建设评估认定工作，狠抓江西星火有机硅厂企业专职消防队示范点建设，全省新建乡镇政府专职消防队13支，征招合同制消防员288人。

四、不断夯实基层基础建设，消防持续发展能力明显提升

一是加强消防经费保障。省公安消防总队、财政厅、公安厅联合出台《江西省地方消防经费管理实施办法》，首次将政府专职队经费、营房设施维护费纳入保障范围，全面提高分类保障标准，人员基本支出保障标准翻了一番。全省投入消防经费6.97亿元，总队本级经费4832万元，同比分别增长40.7%和112%。二是改善基础设施建设。全省投入5.89亿元实施37个建设项目，新增土地706.56亩。省级消防基础建设强力推进，总投资1.57亿元、建筑面积2.28万平方米的省应急救援指挥中心竣工投入使用。省国土资源厅开辟“两证”办理“绿色通道”，办理土地证45宗、住宅用房房产证99套、部队产权公共用房186栋，“两证”办理率达69%。三是提升器材装备质量。转化装备评估论证成果，科学制定年度装备配备计划，加强了“四个一”灭火救援基本作战单元和个人防护装备建设。全省全年投入1.38余亿元购置消防车辆87台、各类器材装备3.3万件（套），装备建设质量明显提升。

第十五章 山东省消防工作和队伍建设情况

2013年，山东省消防工作和队伍建设坚持以党的十八大精神为指针，深入推进消防责任体系、社会管理创新、队伍作风能力、部队基层基础“四项建设”，保持了消防工作和队伍建设科学发展的良好态势。全省共发生火灾32353起，死亡75人，受伤54人，直接财产损失2.7亿元；全省公安消防部队共接警出动65119次，出动车辆10.7万辆次，出动警力67万余人次，抢救被困人员9308人，抢救和保护财产价值35亿元。先后成功处置了青州“3·29”油罐火灾、章丘“5·20”爆炸事故、青岛“11·22”泄漏爆炸事故等重大灾害事故。国务委员、公安部部长郭声琨签署命令对全省消防官兵通令嘉奖。

一、党委、政府领导高度重视，消防责任体系进一步健全

一是落实政府主导机制。省政府部署开展了消防安全“基层基础提升年”活动，将消防工作列入政府年度工作目标和社会管理综合治理内容，省、市、县、乡四级政府逐级签订责任状。省政府先后召开全省消防工作会议、冬季防火工作会议等5次会议，出台了《山东省火灾高危单位消防安全管理规定》和《山东省公共消防设施管理办法》，省委书记姜异康、省长郭树清等领导多次做出批示指示，及时研究解决消防安全重大问题。二是健全部门联动机制。定期召开消防工作联席会议，落实部门信息沟通和联合执法制度，联合开展火灾隐患排查整治活动。省直39个部门出台方案、召开会议部署消防工作，各部门、行业负责人亲自带队检查消防安全，先后吊销152家消防安全不合格单位的经营许可证件，形成了部门联动、齐抓共管的消防工作合力。三是完善考评奖惩机制。省政府出台了《山东省消防工作考核实施办法》，每年对各设区市政府消防安全责任、火灾预防、消防组织、消防基础建设等工作情况进行考核，考核结果作为政府主要负责人和领导班子综合考核评价的重要依据。先后组织开展了半年督导和年终考评，各市、县、乡层层开展了检查考评和总结表彰。

二、狠抓社会消防安全管理，火灾防控基础进一步夯实

一是强力推进火灾隐患排查整治。组织开展了“除火患、保平安”冬春专项行动、消防安全大排查大整治活动、“全警全力，平安十艺”、涉氨企业检查、消防产品专项整治、建筑消防设施维修保养、冬春火灾防控等12个专项行动，集中开展了9次“零点夜查”活动，发现、整改火灾隐患27万余处。“除火患、保平安”冬春专项行动、消防安全大排查大整治专项行动和社会管理综合治理检查考核综合排名均位居全国第一名。二是大力推行消防安全“网格化”管理。深化“消防进社区”工作，省综治办、公安厅、民政厅、工商局、安监局5部门印发了《山东省街道乡镇消防安全网格化管理达标验收标准》，先后召开现场会、推进会，典型示范、强力推进，已有80%的街道乡镇达标，10998个城乡社区全部达标。三是积极创新社会单位消防监管机制。推行消防安全“户籍化”管理，对所有消防安全重点单位全部建立管理档案，落实“三项报告备案”。推进“九小场所”标准化建设，按照组织制度、场所设置、管理措施、消防标识、培训演练的“五规范”要求，全省30%的“九小场所”达标。加强消防远程监控系统平台建设，全省累计接入联网用户3400家，有效前移了火灾防范关口。试点推行建设工程消防行政审批制度改革，有序发展社会消防技术服务。

三、深入开展消防宣传教育，群众消防素质进一步提升

一是政府部门强力推进。省委宣传部等8部门部署开展全省消防安全宣传月系列活动，省政府举行了“消防进社区”大型宣传教育活动启动仪式，省公安厅部署开展了家庭社区消防安全“五自查四应会三提示”宣传教育活动，营造了浓厚的消防宣传氛围。二是新闻媒体联动助阵。召开全省消防安全大排查大整治暨“生命通道体验活动”新闻通报会，在4家省级主流媒体开设消防宣传专栏，组织中央、省级主流媒体记者6次赴基层采访，与《齐鲁晚报》联合开展“消防进万家”、“防患未然”等系列主题宣传活动。开通“山东消防”新浪微博和微信交流平台，在互联网公布消防安全不良行为380条，在全社会形成了较大声势。三是社会各界广泛参与。举行了首届“消防微电影”评选、“百姓身边的消防卫士”评选、“最美消防员”主题摄影大赛；省公安厅、民政厅等5部门部署推动志愿消防队伍建设；省科协、山东消防协会联合评选消防科普教育基地69个；建设消防文化主题公园44个；依托社会消防培训机构，培训消防从业人员9000余人，组织10000余人进行消防安保职业技能鉴定。

四、全力打造现代化公安消防铁军，不断提升队伍建设水平和实战打赢能力

一是着力加强队伍建设。积极为公安消防部队建设提供政治、经费和物资保障，推动各级公安消防部队加强队伍建设。省公安消防总队部署开展了党的群众路线教育实践活动、“坚定信念、铸牢警魂”等系列主题教育活动，加强党风廉政建设，大力推进责任、制度、表率、承诺、口碑“五大工程”，严格落实领导干部经济责任审计工作“先审后提、先审后离”等制度。二是着力加强机制建设。省政府应急办、省公安消防总队先后完善了应急救援作战指挥联席值班、灭火救援应急响应、灭火救援跨区域调度指挥、多种形式消防队伍联勤联训、典型战例战评和灭火救援大讲堂“五项制度”，有效提高了全省灭火救援指挥决策水平和重特大灾害事故处置能力。三是着力加强能力建设。省政府办公厅、省公安消防总队先后开展了城乡消防水源专项整治、特种装备专项测试、石油化工灭火救援准备“三大行动”；组织开展了消防车驾驶员、新任攻坚组队员、高空山岳救助、水域搜索救援等实战应用“四大培训”；开展了大练兵、大培训、大熟悉、大演练、大比武等全员练兵“五大活动”；全省公安消防部队实战打赢能力明显增强，在全国公安消防部队搜救犬技术比武竞赛中夺得第一名。同时，积极开展消防铁军中队创建工作，全省评定一星级铁军中队75个，二星级铁军中队18个。

五、大力加强基层基础建设，公安消防部队发展实力进一步增强

一是加快经费保障制度化建设。省财政厅出台了《基本支出保障标准实施意见》，全省17市全部出台《基本支出保障标准》，政府专职消防队人员经费保障标准和消防员高危补贴已列入财政预算项目。二是加强消防装备科学化配备。省政府召开常务会议专题研究消防装备建设，下发了《关于进一步加强全省消防装备建设的通知》，明确今后3年全省投入17亿元集中加强消防装备建设，采取经费配套方式为171个特勤中队和在编大队配备城市主战消防车，为52个贫困县每年解决30万～50万元的专项经费。2013年，全省共投入装备建设经费约3亿元，新购消防车135部、器材1.5万件（套），更新个人防护装备2.7万件（套）。三是健全战勤保障综合化体系。加快省陆地搜寻与救护基地、搜救犬基地、山岳水上救援训练基地建设。全省共投入战勤保障经费4亿元，新建、改建营房7.6万余平方米，配置战勤保障车辆125辆，集中储备器材装备5.9万件（套）、灭火药剂200余吨，签订社会联动协议250余份。四是加快专职队伍职业化进程。省政府令第271号公布出台了《山东省专职消防队伍管理办法》，明确政府专职消防队进行事业单位法人登记，实行劳动合同制度，破解了机构属性、人员身份等瓶颈难题。2013年，全省新增政府专职消防员2370名，达到9066人；人年均经费达到5.7万元，同比2012年上升70%。

第十六章　河南省消防工作和队伍建设情况

2013年，河南省各级、各部门以贯彻落实《消防法》《国务院关于加强和改进消防工作的意见》（国发〔2011〕46号）、国务院办公厅《消防工作考核办法》为主线，以遏制亡人火灾，尤其是群死群伤火灾事故为目标，全面实施消防安全“网格化”管理、规范化建设、社会化防控“三化”发展战略，着力构筑具有河南特色的消防安全“防火墙”工程，保持了火灾形势总体稳定。全省连续8年未发生重大以上火灾事故。

一、持续推进消防安全责任制落实，着力构建社会化火灾防控格局

省委、省政府主要领导多次做出批示指示，就消防工作提出具体要求；省人大修订《河南省消防条例》，增加社会单位不履行主体责任处罚罚则，规范中介机构资质审批和管理，对建筑消防设施维护保养、年度检测等做出具体规定；省政府出台《消防工作考核办法》《火灾高危单位消防安全管理规定》，将消防工作纳入平安建设、政府综合目标管理、社会管理综合治理和文明创建以及领导干部政绩评价体系，实行消防安全目标管理。省、市、县、乡各级政府层层召开消防工作会议，安排部署工作任务，从省长、市长、县（区）长到乡（镇）长，以及政府职能部门和各行业系统，逐级签订《消防安全责任书》，实行半年督导检查、年终考评通报制度。实体运作防火安全委员会，每季度召开消防工作联席会议，研究解决公共消防设施建设、多种形式消防队伍建设、重大火灾隐患整改和消防经费保障等瓶颈难题285个。组织18个省直厅局分包18个省辖市，先后3次深入基层集中督导检查工作落实到位情况。安监、质监、住建、教育、民政、工商等职能部门，每季度交换执法信息，并针对行业系统特点，相继开展在建工程施工工地、电动自行车、易燃易爆单位和粮食储存场所专项检查，做到了“管行业必须管安全、管业务必须管安全、管生产经营必须管安全”。

二、持续推进火灾隐患排查整治，着力提高人民群众安全感和满意度

按照“全覆盖、零容忍、严执法、重实效”的总体要求，实行常态排查与集中清查相结合，全省高标准完成了“除火患、保平安”冬春专项行动、消防安全大排查大整治活动和今冬明春“清剿火患”战役等“规定动作”。紧紧围绕重要节点，针对不同保卫对象，先后部署开展了“平安护航”系列、“平安万家”、“平安2013”、“平安冬春”系列和餐饮场所、消防控制室、城中村专项治理等12次专项行动。加强各地“96119”火灾隐患举报投诉中心建设，健全完善火灾隐患举报、受理、移交、查处、反馈、奖励等机制，积极营造全民除患的良好氛围。以“四个能力”建设和消防控制室专项治理为抓手，将消防安全重点单位由2.2万家调整至3.4万家，全面实行消防监督网格管理，确保不漏管、管到位。大力推行消防控制室“一卡两证”制度（自动消防设施维护保养单位责任卡、建筑消防设施年度检测合格证和消防行业特有工种职业资格证书），全省3325个消防控制室建设达标3171个，达标率95.5%。严格落实重点单位“户籍化”管理，全面落实消防安全管理人员、消防设施维护保养、消防安全自我评估三项报告备案制度。2013年，全省公安机关和消防部门共检查社会单位349万个次，整改火灾隐患371.4万件，责令“三停”单位5137家，临时查封2502处。省辖市和县两级政府挂牌督办重大火灾隐患单位604家、重大火灾隐患区域19处，有效净化了消防安全环境。

三、持续推进消防安全“网格化”管理，着力提升基层火灾防控能力

出台《关于加强街道乡镇消防安全“网格化”管理工作的意见》，推行消防安全“网格化”管理人员备案登记制度，18个省辖市全部完成首次备案登记工作。推行乡镇街道消防专管员制度，1621个乡镇街道配备消防专管员，研制开发“网格化”消防安全管理平台系统。推进政府专职队建设，全省共建成县级政府专职队57个、乡镇政府专职队221个、志愿消防队508个。实施逐级分包制度，632名消防文员、1621名消防专管员、5.3万余名基层管理人员分包各级网格，担负基层消防管理职责。推进巡消、保消一体化，全省18万巡防、保安人员承担查改火灾隐患、宣传教育群众、处置初起火灾等职能。公安机关派出所消防经费纳入公安经费计划，在派出所设置消防工作办公室，配备专兼职民警，严格落实派出所消防监督量化检查、工作例会、宣传教育、责任告知和指导服务等“五项制度”，健全完善业务培训、联系指导等工作机制，派出所消防工作日趋规范化、效能化。

四、持续推进消防宣传教育培训，着力加强公众消防安全素质建设

以贯彻落实《全民消防安全宣传教育纲要》为重点，将消防宣传教育纳入文明城市（单位）创建范畴，推动消防宣传教育常态化、社会化。围绕“五进”宣传活动，组建河南省消防宣传艺术团，开展消防宣传活动9300余场次。在“双节”、“两会”、中小学生安全教育日、防灾减灾日、《纲要》宣贯周、国际减灾日等节点，组织大型消防宣传活动16次。在河南电视台举办“全民消防员”打擂竞赛活动，组织“生命通道体验活动”3114场次，开展“消防安全教育示范学校”创建活动。在省、市主流媒体开设消防专栏46个，首创“网上消防教育馆”，开通消防官方微博36个、微信19个，建成灯箱式消防宣传橱窗2.8万余个、消防宣传示范街168条、消防科普教育场所21处，充分利用沿街门店电子显示屏、楼宇电视、分众传媒终端等常态播发《消防安全常识二十条》，及时反映工作动态，普及消防安全常识，全面提升社会公众消防安全常识知晓率。分批组织培训县（市）长、乡（镇）长、村“两委”等消防管理人员4.1万人次。建成河南消防培训学校、特有工种职业鉴定站，举办社会单位责任人、管理人和消防控制室人员等培训班11期，分期培训消防安全管理“明白人”2.7万余人、特有工种人员4617人，其中2191人通过考核取得从业资格。

五、持续推进基层基础建设，着力增强全省消防事业长远发展后劲

认真贯彻落实财政部《地方消防经费管理办法》（财防〔2011〕330号），省财政厅出台《地方消防经费管理办法》，全省共投入地方消防经费15.63亿元，同比增长19.78%。省财政每年投入6000万元专项经费，省、市、县（区）财政按1∶2∶1配套保障，用于补助消防部队营房装备建设。2013年，全省共启动消防营房队站建设项目121个，在人员高度密集、交通拥堵严重、火灾风险较大的商业集聚区等重点要害部位建成小型消防执勤站（点）26个。实施装备建设系列达标升级工程，全省18个地市全部完成装备评估，新购各类消防车144辆、装备器材13万余件（套）。加强消防信息化建设，消防总队、支队全部建成信息中心和指挥中心，配备20辆“动中通”、“静中通”和3G图传通信指挥车，15套卫星便携站和短波电台。全面构建日常办公管理体系、社会公众服务体系等“七大体系”，有力提升消防工作和部队建设整体水平。

六、持续推进战斗力生成模式转变，着力打造现代化中原消防铁军

依托公安消防部队加强综合应急救援队和专业救援队建设，将全省划分为4个灭火应急救援协作区，每个协作区依托消防特勤中队组建高层地下、危险化学品、交通、水域灾害处置、地震救援等专业队。为消防部队配发风力灭火机、割灌机等装备1.8万余件，各省辖市共建成森林火灾扑救专业队17支。建成1个搜救犬大队、4个搜救犬中队和13个搜救犬分队。针对基层指挥员队伍年轻、带兵打仗能力偏弱的现状，省消防总队大力开展“会管理部队、会组织训练、会作战指挥、会做思想工作、会用信息技术”的“五会型”基层中队干部队伍建设，着力增强基层指挥员综合能力素质和全部队灭火应急救援打赢能力。2013年，全省公安消防部队开展熟悉训练1.5万余次、实战演练9980次，举行大型跨区域拉动演练6次。接警出动4.4万起，出动消防车7.6万辆次、警力 44.3万人次，抢救遇险群众6194人，疏散被困人员3.2万人，保护财产价值19.9亿元，成功处置南阳液化石油气罐车泄漏燃烧、三门峡连霍高速义昌大桥垮塌等事故。

第十七章　湖北省消防工作和队伍建设情况

2013年，湖北省认真贯彻落实《消防法》和《国务院关于加强和改进消防工作的意见》（国发〔2011〕46号），坚持以人为本、安全发展的理念，扎实做好各项消防工作，全省消防安全形势持续稳定好转。全省共发生火灾11263起，死亡66人，受伤91人，直接财产损失8020.8万元。

一、坚持“党政同责”，切实加强消防工作的领导

一是突出党委、政府的主导作用。省委专题研究 “党政同责、一岗双责”安全工作实施意见，将消防工作由“副职分管负责”调整为“正职主要负责、副职共同负责”。省委、省政府主要领导先后10余次对消防工作做出批示指示、带队检查、现场办公。省消防安全委员会成员单位增至48个，加强了对消防工作的集体领导。省政府将消防工作写入工作报告，组织召开全省消防工作会议，与各市州政府和职能部门签订《消防安全责任书》。省人大定期对《湖北省消防条例》贯彻落实情况组织调研、检查。二是强化行业部门的主业意识。按照“管行业必须管安全、管业务必须管安全、管生产经营必须管安全”的要求，省政府进一步明确行业部门消防工作责任，确定了行业部门3大类11项共同职责，以及48部门的专项职责；民政、教育、卫生、文化、粮食等10多个部门部署开展了消防安全专项行动；省消防安全委员会增设5个专业委员会，在归口行业部门领导下开展工作，自上而下建立健全消防安全责任“链条”，切实做到将消防工作与行业系统工作“同部署、同推进、同督办、同考核、同落实”。三是推动落实单位的主体责任。省政府将消防安全纳入平安创建、文明创建内容，推动2.8万家社会单位实行“户籍化”消防管理，定期向监管部门报告备案管理情况。按照“简政放权”要求，积极探索改革消防行政管理方式，将消防审核、验收等行政审批项目的技术审查交由社会中介组织机构承担，发挥全省42家建筑消防设施检测维护技术服务机构的作用，让社会管消防的事，让专业的人干专业事。在全国率先建立建设工程消防质量诚信平台，实行重大消防安全行为“黑名单”制，公布了104条企业不良行为记录。

二、优化“顶层设计”，保障消防事业科学发展

一是将消防法规纳入法治建设体系。在制定政府法治建设指标体系时，将消防工作同步考虑，做到既突出专业，又注重整合，确保消防法规与其他法规的衔接、渗透。出台《消防工作考核办法》，将考核结果作为政府、部门主要负责人和领导班子政绩考评的重要内容。针对影响消防安全的瓶颈性难题，省政府出台了《加强消防工作的意见》《火灾高危单位管理规定》《专职消防队伍管理办法》等多份规范性文件。组织8类行业部门制定了《消防安全地方标准》，督促武汉市制定《武汉市消防管理若干规定》，实行更加严格的消防安全标准。二是将消防规划纳入城乡总体规划。将消防工作纳入湖北省经济和社会发展第十二个五年规划纲要，编制消防发展规划，并结合实际制定年度实施方案，量化细化工作目标，对实施情况进行检查督办。各地在制定城市总体规划中，同步规划消防内容，对涉及消防队站、消防水源等布局、指标，在各层次规划中进行了严格规定，对没有消防规划内容的城乡规划不予批准实施。全省13个市州、64个县市、745个建制镇全部完成消防规划编修，鄂州市政府率先编制了全国首个全域消防规划。省政府督促各地将区域性火灾隐患整治纳入城中村、棚户区改造规划，做到彻底整治、一步到位。在新型城镇化和新农村建设中，将消防规划纳入路改、房改、电改、水改、气改等民心工程，同推进、同落实，进一步优化了城镇消防安全环境。三是将消防设施纳入公共基础设施建设。将公共消防设施建设纳入城市建设改造计划以及市政公共设施、固定资产投资计划，同施工、同建设、同验收、同投用。全省新、改、扩建1个省级、4个市级、17个县级应急救援指挥中心，3个市级消防培训基地，18个消防站，新增市政消火栓2000余个。省政府支持省级应急救援指挥中心建设，并依托省公安消防总队特勤训练基地，成立应急管理培训基地，完善了教育培训、模拟训练、物资保障等功能，在全国处于领先水平。出台《消防经费管理办法》，足额将地方消防经费纳入本级财政预算。2013年，全省落实地方消防经费12亿元，同比增长42%，经费投入全国排名第五。四是将消防管理纳入社会管理综合治理。省综治委出台《加强和创新社会消防安全管理的意见》，将消防管理嵌入社会综合管理服务网格，全省以社区、村为单元划分网格3.1万个，以基层群干为主体，确定网格员6万名。省综治、民政、公安、工商、安监等5个部门联合出台了《消防安全网格化管理指导意见》，将消防安全管理和服务纳入网格员工作范畴，确定了“两类对象、四项职责”，配备必要的车辆、器材、装备，做到网格同建设、职责同明确、保障同落实、工作同推进。武汉、宜昌“网格化”管理经验多次受到中央领导同志的高度肯定，省政府专门召开现场会，总结推广社会消防安全管理“四联全覆盖”经验。

三、突出“防控重点”，全面提高抗御火灾能力

一是挂牌整治火灾隐患。按照公安消防保“点”、行业部门管“线”、基层网格控“面”的模式，实行“分类排查、分段整治、分批销案”，在全省集中开展了“打通生命通道、拆除致命材料、隔离易燃易爆危险源”的“平安一号”，“重大火灾隐患、区域性火灾隐患、多产权多业主建筑火灾隐患整治攻坚”的“平安二号”，“消防安全管理人操作人定岗定责、建筑固定消防设施实操实测、灭火疏散逃生全员全练”的“平安三号”行动，有计划、有步骤地解决全省消防安全突出问题。省、市、县三级政府对738处重大火灾隐患实行挂牌督办，探索区域性火灾隐患整治模式，采取将隐患整治与经营模式转变、区域改造、居住环境改善相结合，做到标本兼治。二是分类组织消防宣传。围绕《全民消防安全宣传教育纲要》，以提升国民消防安全素质为切入点，注重在重点领域、重点人群、重点时段开展针对性消防宣传。省教育厅将消防安全纳入学校基础教育内容，出台《学校消防安全教育规程》，编写专门的消防安全教材，全省1.7万所中小学校分级实施消防安全教育。省人社厅在全国率先建立消防行业特有工种职业技能鉴定站，在5所大专院校设置与消防相关的专业和课程，在全省设立14个消防培训机构，形成了“一站五校十四点”的消防培训网络，累计培训鉴定10.8万人，数量位居全国前列。省公安厅在全国率先组织开展消防宣传“三提示”，工作要求写进《湖北省消防条例》。省委宣传部定期向媒体记者发送宣传指令，组织开展了人员密集、在建工地等场所的隐患集中曝光行动。三是整合联动应急力量。省政府将消防安全纳入应急管理重要领域，依托公安消防部队，建设省、市、县三级应急救援指挥平台，建立基层应急救援“轮流执勤、混编执勤、分点执勤”三种模式，完善了指挥、力量、装备、保障和训练“五大体系”。全省建成了以152支综合应急救援队伍为骨干、1200支部门专业应急队伍为辅助、3.2万支社会单位志愿应急队伍为补充的应急力量体系。省政府按照灾害事故响应类型，组织修订防汛抗旱、抢险救灾、火灾扑救等综合应急救援预案2.5万余份，组织地震救援紧急拉动，高层建筑火灾救援、石油化工灾害处置等跨区域应急救援联合演练，提高队伍协同作战和攻坚克难能力。

四、强化“跟踪问效”，保障消防工作执行落地

一是强化政务督办。省政府对消防工作责任目标落实情况进行专项检查，省消防安全委员会每季度召开一次联席会议，掌握消防工作进展情况，研究、协调、解决重大问题，督促有关部门和地区落实消防安全责任制。对涉及公共基础设施建设、重大火灾隐患整改等问题，及时组织召开现场办公会和督办会。凡是工作不落实、推进难度大的，由省政府政务督查室进行现场督办、政务通报。2013年，先后两次对21处省级挂牌重大火灾隐患进行现场督办。同时，将安全工作纳入全省治庸问责专项行动，对不履职、不尽责、不作为、慢作为的进行问责追究。对发生较大以上火灾责任事故的，按权限开展责任倒查，共对19个部门、34名个人，分别给予取消评先资格、责令做出书面检查、诫免谈话、警告、降职、撤职等处理。二是强化行业督办。省政府明确，凡是政府挂牌督办的重大火灾隐患，必须由归口行业牵头组织督办整改。省卫生厅、商务厅、民政厅等7个主管部门对169处重大火灾隐患进行专题督办。各部门结合行业特点，按照“谁摸底，谁负责”、“谁检查，谁负责”、

"谁发证，谁负责"的原则，组织对行业系统行政审批项目及法律文书进行清理。省住建厅、公安厅组织开展在建工程消防普查整治，共检查建设工程项目19340个，实现了在建工程 "零火灾"。省工商局、质监局、公安厅联合成立消防产品打假队，共查封、扣押、没收假冒伪劣产品11000件（套），办理消防产品案件563起。三是强化执法督办。全省公安消防部门坚持依法从严治火，共检查单位20.1万家，督促整改隐患23.6万处，办理行政案件1.2万起，临时查封4176处，责令"三停"2369家。对每起火灾事故进行法律调查，该通报的通报，该警告的警告，对触犯法律的，依法追究法律责任，2013年，全省3起较大以上火灾事故有16人被追究刑事责任。同时，省政府坚持将重大火灾隐患整改、重大消防项目建设、重大火灾事故案例进行公示，接受群众监督。"4·14"火灾事故调查、处理情况在《湖北日报》全文刊发，形成强大的舆论监督和警示作用。

第十八章　湖南省消防工作和队伍建设情况

2013年，湖南省坚持以党的十八大和十八届三中全会精神为指导，深入贯彻落实《国务院关于加强和改进消防工作的意见》（国发〔2011〕46号）和国务院办公厅《消防工作考核办法》，狠抓消防安全责任制落实，加快推进消防工作社会化，不断提升火灾防控能力，取得了明显成效。全省共发生火灾15611起，死亡80人，受伤59人，直接财产损失2.8亿元，未发生重大以上火灾事故。

一、以贯彻《消防工作考核办法》为主线，不断健全消防安全责任体系

一是巩固党政同责格局。省领导多次听取消防工作汇报，做出重要批示指示，研究解决重大问题。省、市两级政府出台了《消防工作考核办法》，将消防工作纳入了政府绩效考核内容，并完成了年度消防工作考核。省、市、县三级政府召开年度消防工作会议，层层签订消防工作责任状。省委督查室、省政府督查室联合对怀化市农村消防工作进行专项督查。建立政府约谈工作机制，省政府和部分市州政府就区域性重大消防安全隐患整改，约谈了相关政府的主要负责人。二是强化部门监管合力。省、市、县三级消防安全委员会定期召开成员单位联席会议，相关职能部门落实“谁主管、谁负责”原则，将消防工作与业务工作同部署、同督导、同落实。省发改委加强项目建设的消防安全管理，在棚户区、市政基础设施等项目的审核过程中充分征求消防部门意见；省住建厅推进安全质量标准化，督促房屋建筑工程设计单位及施工图审查机构严格执行消防设计标准和规范，凡涉及消防安全的事项，相关职能部门都严格审批，对消防违法违规行为依法联查联办；省文化厅在文化经营单位审批、重新审核登记以及演出项目的许可和演出场所备案等方面严格落实消防前置审批；各级公安消防部门定期分析评估消防工作形势，提请当地政府研究制定针对性措施。三是突出单位主体责任。省公安消防部门在全国率先制订了“户籍化”管理系统应用考评办法，每季度对各市州“户籍化”管理系统应用进行考评，加强火灾高危单位的源头把关和日常监管，促进了单位主体责任落实。全省1.3万家重点单位完成“户籍化”管理达标创建工作，重点单位“户籍化”管理率达到了98.5%。省公安厅将公安派出所消防工作纳入日常警务督查内容和派出所所长必训内容，在全省所有公安派出所全面推行网上消防执法，加强了对小单位、小场所的消防监督检查。

二、以消防安全专项治理为抓手，着力净化社会消防安全环境

一是深化行业整治。省消防安全委

员会部署开展了消防安全“打非治违”夏季集中行动，各成员单位结合实际开展了本部门、本行业的专项整治。省公安厅、省工商局、省质监局联合开展了消防产品质量专项整治；省住建厅结合每季度建筑工程质量安全督查开展建筑施工现场消防安全集中整治，并组织开展市政公用行业、公园等风景区消防安全隐患排查整治；省安监局重点开展了烟花爆竹以及易燃易爆场所专项整治；省民政厅在全省民政系统开展火灾隐患大排查大整治、“绿色清明”祭扫活动；省文化厅、省旅游局开展了文物古建筑、旅游景点的消防安全专项治理；各级公安、交通、工商、质监和安监部门依法加强对危险化学品、压力容器的安全监管。二是突出重点整治。省公安消防总队先后部署开展了“除火患、保平安”冬春专项行动、火灾隐患大排查大整治、“清剿火患”战役等专项行动，制订出台3大类18条刚性执法措施，紧紧围绕元旦、春节、元宵、清明、“五一”、端午以及全国、全省“两会”等重点时段，针对宾馆饭店、商场市场、公共娱乐场所和庆典活动举办场所开展“错时”检查、“零点”夜查、专项检查及执勤保卫工作。年内，全省公安消防部门检查单位10.4万余家，整改火灾隐患或违法行为9.2万余处。三是推进区域整治。在大湘西地区大力推广农村消防路改、水改、电改、灶改、寨改“五改”工程，将农村消防工作纳入扶贫攻坚内容，组织开展了农村大屋场消防安全改造试点工作。加大了对区域性消防安全问题的督办力度，使株洲芦淞市场群、湘西凤凰古城、长沙黎托片区物流仓储场所等区域性重大火灾隐患整改取得了明显成效。

三、以宣贯《全民消防安全宣传教育纲要》为载体，大力普及全民消防安全常识

一是深入开展全民消防安全宣传。全省集中开展千家农村消防宣传服务站创建、优秀消防微电影大展播、社区家庭消防安全万人大走访、消防大篷车巡回宣传以及“畅通生命通道，增强自救技能”等系列宣传活动，共举行群众性互动活动2400余场，参与人数60余万人次。各级人防、民政、工商、安监和消防部门结合“应急知识宣传”和“国际减灾日”活动，将消防宣传纳入了整体宣传计划，以进城务工人员、农村留守人员、鳏寡孤独等弱势群体为重点，深入城中村、城乡接合部开展消防演练3000余场。二是创新消防宣传模式。省消防安全委员会部署开展了“五彩消防”情满三湘“119消防宣传月”系列活动，省公安消防部门和新华社湖南分社共同研发推出了全国首个“掌上消防”APP移动客户端。制作了全国首档明星体验消防的真人秀节目《热血真男儿之烈火雄心》，在山东卫视首播，社会反响非常强烈。开通了湖南消防官方微信、新浪和腾讯官方微博，网友关注人数达130余万。湖南消防腾讯微博荣获湖南十大政府机构微博奖，湖南消防新浪微博荣获湖南最佳政务微博案例奖。省公安消防部门新闻工作站、省教育电视台和国防教育办联合打造全国首档国防频道消防宣传平台，并荣获“十佳通联记者站”称号。三是强化消防培训教育。将消防知识作为乡镇、村“两委”负责人岗前任职培训的重点内容，每年组织1次轮训。鼓励发展了16家社会消防职业培训学校，培训人员7000多人，2000多人通过了消防职业技能鉴定。部分地方还通过政府购买公共服务的方式，出资组织社区居民进行消防安全培训。

四、以创新社会消防管理为契机，加快推进消防工作社会化进程

一是完善消防法制体系建设。省政府出台了《湖南省火灾高危单位消防安全管理规定》《湖南省火灾高危单位界定标准》《湖南省多种形式消防队伍管理规定》，省公安厅制定了《湖南省建设工程消防质量终身负责制实施办法》和《湖南省消防安全不良行为公布制度》，修订了《湖南省消防安全重点单位界定标准》，省质监局出台了地方标准《建设工程消防设施检测评定规则》，进一步完善了地方消防法制体系。二是加快推进“三制”改革。积极推进消防安全不良行为公布制度和建设工程消防质量终身负责制，在互联网上公布了317家单位的消防安全不良行为，建立全省审核验收和备案抽查案卷终身负责制档案。省住建厅、物价局、省公安消防等部门联合部署在长沙、株洲和郴州开展消防行政审批改革试点。三是全面规范消防检测机构管理。实施消防检测机构备案审查制度和计分管理制度，组织开发湖南省消防安全检测评价管理系统，加强对34家检测机构的规范管理。省政府金融办、保监会湖南监管局组织在长沙、衡阳、娄底等8个市州开展火灾公众责任保险试点，引导公众聚集、易燃易爆场所先行投保。

五、以加强公共消防基础设施建设为重点，着力提高城乡火灾防控整体水平

一是加强消防经费保障。省财政厅修订出台了《湖南省地方消防经费管理办法》，人员基本支出标准有了较大幅度增加。2013年，全省各级政府投入消防经费总量同比增长10%。二是推进消防队站和装备建设。各级政府强化建站主体责任，积极开展“交钥匙”工程。2013年度全省计划建成消防站7个，实际建成14个。全省消防部队共有各类消防车辆1085辆，个人防护装备17.1万件（套），抢险救援器材2.6万（件、套）及大批常规灭火器材。三是加强基层基础建设。各级政府积极编制落实城镇、农村消防规划，加强消防水源、消防通道等城乡公共消防基础设施建设。全省2.2万余个市政消火栓完好率达到96.8%，1096个建制镇全部完成消防专项规划。各地积极发展政府专职消防队伍，全省现有政府专职消防队259个、队员5247人，其中2013年新增队员1215人，是近年来增幅最大的一年。

六、以打造现代化消防铁军为目标，不断提升公安消防部队服务经济社会的能力

一是着力加强队伍建设。各级政府积极为公安现役队伍建设提供政治保障、经费保障和物资保障，大力实施政治建警、科技强警战略。省公安消防部门深入开展第一批党的群众路线教育实践活动，得到了省委巡视组的高度评价。省公安消防部门狠抓党风廉政建设，深化消防执法规范化建设，公安部在长沙召开公安现役部队（消防）党风廉政建设经验交流会。全省公安消防部队涌现出“学雷锋模范消防大队”望城大队、全国“特别关注消防员”杨水福等一批先进集体和个人。二是着力提升行政效能。省公安消防部门在过去27项便民利民措施的基础上，新出台了8项便民利民措施，积极开辟消防行政审批“绿色通道”，深入开展“为民服务创先争优”公开承诺活动，推行消防政务窗口“一次性告知”、“一站式办理”，方便了企业和群众，消防行政效能得到了进一步提升，群众总体评价满意率为98.06%。三是着力提高实战能力。省公安消防总队深化消防铁军建设，大力推进训练改革，加快转变部队战斗力生成模式，坚持从严、从难、从实战出发开展全员岗位练兵，应急救援工作机制不断健全完善，攻坚克难能力显著提升。2013年，全省公安消防部队共接警出动28976次，抢救被困人员7506人，成功处置了邵阳“8·7”宏志化工厂爆炸火灾等急难险重任务。

第十九章　广东省消防工作和队伍建设情况

2013年，在党中央、国务院的正确领导和公安部等有关部委的支持指导下，广东消防工作紧密围绕“三个定位、两个率先”总目标，紧紧依靠全省人民，上下同心，全力推进“平安广东、法治消防、铁军队伍”三大建设，圆满完成了各项任务，全省消防形势总体保持平稳。

一、重拳出击治理隐患，全力推进“平安广东”建设

全面贯彻《国务院关于加强和改进消防工作的意见》（国发〔2011〕46号），紧抓消防安全责任落实和政策法规落地不放松。省委、省政府主要领导专题听取消防工作汇报，安排部署消防工作，省政府召开4次会议、印发3个文件、与各市签订目标责任书，推动落实消防工作，省市两级出台消防工作考核办法和实施细则，政府主导的消防工作考核评价体系初步形成。加强消防安全委员会建设，对火灾多发地区实施专项督办、诫勉约谈，落实部门信息沟通和联合执法制度，省直29个部门均部署开展消防安全排查整治，经信、住建、工商等部门派出专人参与违规住人专项整治，教育、民政、卫计委等部门全面推进学校、福利机构、医院消防安全标准化管理，政府和部门依法履职得到有效落实。全面推进“网格化”、“户籍化”管理，织密基层乡镇、重点单位火灾防控网络，全省70%以上镇街落实消防安全“网格化”管理，建立三级网格15万多个，落实网格管理人员19.7万余人，投入保障经费约1.3亿元。深入推进重点单位“户籍化”管理，强化“户籍化”管理系统运用，开展重点单位消防监管试点，提高单位“四个能力”建设水平。夯实城乡消防工作基础，县级以上城市、重点镇、中心镇和火灾隐患重点镇（街）全部编制完成消防规划，新增市政消火栓8527个。持续推进消防宣传“五进”和各类主题宣传活动，建立“南粤消防”微博和微信群，打造全省消防“微媒体联盟”，集中开展“平民化、群众化、草根化”“119消防安全宣传月”活动，全面改版升级“广东消防网”、“聚焦119”，制作《火痛》《喜羊羊与灰太狼》《宝贝女儿好妈妈》等系列警示教育片，指导制作3D消防电影《逃出生天》获国庆票房亚军、大型舞台杂剧《守卫平安》获文化部“第九届全国戏剧文化奖·现实题材创新剧目大奖”，消防宣传公益广告在中央、省级和各地电视台播放。全力推进违规住人专项整治，部署开展生产储存经营场所违规住人、违章搭建彩钢板临时建筑及人员密集场所门窗设置影响逃生灭火障碍物等专项整治行动；强势推进以违

章既有建筑、高层地下建筑、违规住人“回潮”、老城区和城中村等为主要内容的冬春火灾隐患排查整治“利剑”行动和“清剿火患”战役；省政府挂牌督办第五批21个省级火灾隐患重点街镇，带动17个地市挂牌督办95个市级重点地区，投入整治资金4.6亿多元，整改火灾隐患近16万处。

二、把握大势创新管理，“法治消防”紧跟时代步伐

主动贯彻“简政放权”要求，在全国率先推开“三制”改革，积极推进中介服务组织建设，实现消防设计技术审查与行政审批分离，公安部消防局还在东莞市召开现场会。加强消防标准化建设，成立省消防安全标准化技术委员会，建立广东省消防安全技术专家库。强化法治理念和手段，开展消防法治文化示范点创建、消防监督执法示范单位建设、优秀法制员评选、监督执法“大比武”等活动，改进执法质量考评，强化结果运用，依法执法水平明显提升。全面实施“法治惠民”工程，深化政务公开，推出便民利民措施，简化审批程序，缩短审批时限，通过广东“民声热线”积极回应群众消防安全诉求。消防执法工作连续3年入选“全省法治惠民实事工程”，获评全省依法治省工作先进，群众对消防工作更加满意。

三、聚焦实战锻造铁军，完成了一系列急难险重任务

加快推进公安消防部队战斗力生成模式转型升级，推行基地模拟和日常实战化训练，编制烟热室训练等20类120个科目的基地模拟训练规程及考核标准，利用基地模拟训练设施先后轮训各级指挥员350人次。改革训练任务、方法和考评方式，探索运行全程模拟实战、组训简便易行、全员普训普考的日常实战化训练模式，开展水源调查、防护和排烟专项测试，依托消防总队特勤大队和广州消防支队特勤大队组建国家级专业救援队伍，承担华南六省跨区应急救援重任。出台《贯彻公安部等五部委〈关于积极促进志愿消防队发展的指导意见〉实施意见》，下发《全省政府专职消防员建设发展规划（2013～2015年）》，开展政府专职消防队“抓建统训”、“创新志愿消防队建队模式”和志愿消防员“智能快速接收警情（IQR）系统”试点和政府专职消防员等级评定。强化政府专职消防队长（拟提队长）、乡镇（企事业）专职消防队长培训，全年培训新入职队员2500多人，组织跟班轮训1.3万人，开展联勤联训5.7万次。依托企事业专职消防队组建飞机火灾扑救专业队4支，石油化工灭火专业队7支，水上、地铁、高速等其他专业救援队33支。建立火灾防控研判机制和灾情、警情预警分析制度，及时发布预警信息，健全消防总队、支队两级网络舆情监控机制，搭建灭火应急救援辅助平台，实现消防部门与其他防灾减灾部门的信息共享和应急联动，依托全国消防卫星网和全省消防卫星网建成2个地面站、2台动中通和9台静中通及23个便携站，信息化技术和作战指挥体系在灭火救援实战中发挥了重要辅助决策作用。2013年，全省消防部队接警出动8.8万次，抢救疏散人员14万余人，保护财产价值160亿余元，尤其是在连续抗击一系列强台风等抢险救援战斗中，赢得了人民群众的高度赞誉。

四、围绕中心夯实保障，消防发展后劲持续增强

深入贯彻落实财政部《地方消防经费管理办法》（财防〔2011〕330号），全省地方消防经费突破25亿元，同比增长15%，实现经费总量和正常业务经费稳步增长。完成县级消防装备评估论证，制定政府规划和年度实施计划，建立消防装备建设长效保障机制，年内落实装备建设经费近8亿元，推动装备结构优化升级，新增消防车167辆，其中多功能城市主战消防车36辆，新增器材10.1万件（套），全省一级普通消防站配备率达到85%。全面建成战勤保障体系，区域性战勤保障中心建立运行维护长效机制，7个区域性战勤保障中心全面建成投入使用，落实运行专项经费1035万元，储备应急救援装备物资12万件（套），各类灭火药剂500余吨，各级战勤保障机构实现实战化运作，在抗击台风“尤特”、“天兔”等重大救援行动中发挥了重大作用。

五、转变作风真抓实干，聚合了强劲发展的正能量

严格落实中央“八项规定”，全省公安消防部队扎实开展党的群众路线教育实践活动，组织开展“庸懒散奢”治理、纪律作风大检查、执法领域违法违纪突出问题专项整治，动真碰硬，立说立行，有效解决了“四风”上的一些突出问题。选优配强消防队伍各级领导班子，改进干部选拔任用“双考”机制，深化推进绩效考核，推进消防部队正规化达标创建，所有消防支队机关，70%以上消防大、中队实现达标。加大关爱消防官兵、从优待警力度，引导推进消防人才队伍建设、先进典型培树等工作，消防队伍团结和谐、纯洁稳定、风清气正，涌现出一大批先进单位和个人，省消防总队获评省直机关文明单位，汕头、汕尾、揭阳、潮州、湛江、韶关、梅州7个支队被地市政府荣记集体二等功，一批官兵获评各地市“十佳道德模范”、“十大杰出青年”、“十佳卫士”、“感动人物”等系列荣誉。

第二十章　广西壮族自治区消防工作和队伍建设情况

2013年，广西壮族自治区消防工作全面贯彻落实《国务院关于加强和改进消防工作的意见》（国发〔2011〕46号），深入推进构筑“防火墙”工程，着力打造现代化公安消防铁军，实现了社会火灾防控水平和灭火救援能力“双提升”。全自治区共发生火灾3710起，死83人，伤45人，直接财产损失1.1亿元，未发生重大以上和有影响的火灾，连续14年未发生群死群伤恶性火灾事故。

一、党委、政府主导推动，强化消防责任目标落实

自治区领导多次听取消防工作汇报、做出批示指示、视察慰问部队，召开3次政府常务会议、4次全区性消防工作会议研究部署消防工作。各级党委、政府深入贯彻落实国务院46号文件，出台广西消防工作考核实施办法、农村消防规定等政策法规，连续第6年将村寨防火改造纳入为民办实事项目，投入350万元启动“北部湾经济区消防发展规划”编制工作，投入1.16亿元进行30～50户桂西北少数民族村寨防火改造，组织开展三年消防重点建设目标和2013年度消防工作考评验收。将消防工作纳入“平安创建”、社会治安综合治理内容和自治区各职能部门工作考核范围，考核结果与干部提拔任用挂钩。各级政府共印发消防工作文件1580余份，召开会议1300余次，研究解决消防建设、隐患整治等重大问题680余件。

二、创新消防安全管理，提升社会火灾防控水平

在全区部署冬季防火“百日大攻坚”行动，开展少数民族村寨、城市老街区等区域性火灾隐患整治。在全国首创“一村一警”消防警务模式，全区14357个行政村村警覆盖率达100%。创新实施“6111消防示范工程”建设，7万余家重点单位和人员密集场所消防安全“四个能力”建设达标。创新实行六项实名制、“两天半”工作法，落实“八个一律”等硬措施。推行消防安全不良行为公布制度和建设工程消防质量终身负责制，全年公布不良行为88个，建立终身制档案477个。启动行政审批与技术审查分离工作制试点工作。全年检查单位数同比上升15%，消除隐患数上升23%，实现了“不发生重特大火灾、重大活动和重要区域不发生较大火灾和有影响火灾”的防控目标，连续第10年确保中国—东盟博览会场馆零火灾。

三、实战引领打造铁军，增强灭火应急救援能力

提前超额完成合同制消防员年度招收任务。维护保养市政消火栓10997个，维修受损市政消火栓3162个，新增市政消火栓795个。消防总队投入8000余万元加强消防信息化建设，投入300万元加强搜救犬队伍建设，完成230个灭火攻坚组、58个抢险救援攻坚组和5个化学救援攻坚组共计293个各类攻坚组和1172名攻坚组队员的编配与组训工作。全年，全区消防部队共处置各类警情10223起，出动消防车17391辆次、警力100430人次，抢救遇险人员5314人，抢救保护财产价值15.4亿余元，在抗击强台风“海燕”等多项急难险重任务中发挥了重要作用。

四、立足实际夯实基础，加大消防综合保障力度

2013年，全区地方消防经费预算7.23亿元，同比增长83.5%，43%的地市消防经费实现翻番；实际到位8.29亿元，同比增长15.1%；装备建设经费4.6亿元，同比增长70.4%，均创历史新高。完成所有市县消防装备评估论证工作，新购消防车206辆，同比增长56.1%，新购器材装备总量同比增长38.9%。全区100%的特勤消防站、60%的一级普通消防站完成“四个一”灭火救援基本作战单元的配备，举高、专勤、保障类消防车配备比例分别达到19%、25%、14%。新建消防指挥中心、训练基地及消防站47个。落实南宁市1.84亿元国外贷款购置消防装备项目，购置广西首架消防直升机、首台灭火机器人和首套远程供水系统。投入1000余万元在北海、梧州市建造消防船。投入2.88亿元建设广西首个消防训练基地。

五、贯彻纲要辐射全区，提高全民消防安全素质

印发《关于加强消防安全宣传工作的通知》《全民消防安全宣传教育纲要》及考评细则等文件，组织开展全民消防知识竞赛、首届消防微电影征集评选等活动。印发《关于进一步加强中小学消防安全宣传教育工作的通知》，1～9年级学生安全教材均增加消防教育内容，在全区中小学校推广消防广播体操，公开选聘680名消防官兵担任学校消防辅导员，42所学校被评为全国、全区消防安全宣传教育达标示范学校。建设完成280个覆盖市县的消防宣传实体阵地。1个集体、3名个人荣获全国首届“119消防奖”。

第二十一章　海南省消防工作和队伍建设情况

2013年，在党中央、国务院的正确领导和公安部、公安部消防局的大力支持下，海南省认真贯彻落实《国务院关于加强和改进消防工作的意见》（国发〔2011〕46号），将消防工作纳入国民经济和社会发展计划以及国际旅游岛建设总体规划，坚持政府部门齐抓共管、社会各界广泛参与，实现了消防安全形势持续平稳。全省共发生火灾1285起，死13人，伤21人，直接财产损失2520.6万元，未发生重特大和群死群伤火灾事故。

一、落实“一岗双责”，消防工作社会化进一步推进

省委、省政府高度重视消防工作，省领导多次做出批示指示，研究部署消防工作，带队检查消防安全。省政府召开常务会议专题研究部署火灾防控工作，将消防工作纳入政府目标责任考评、领导干部政绩考评、社会综合治理和“平安海南”创建活动内容，出台《海南省消防工作考核办法》。省政府派出15个督导组3次开展消防工作专项督察检查，组织年度消防工作目标责任落实情况检查考评，省政府与各市县政府，各市县政府与本级职能部门、乡镇政府、农场之间，均签订消防工作目标责任书，逐级明确消防队站、消防装备、经费投入、排查整治、宣传培训、多种形式消防队伍以及农村社区消防工作等任务指标。省和市县两级政府均成立了消防安全委员会，建立了联席会议机制，实施“四项报告”制度，即各市县政府每年向省政府专题报告消防工作，职能部门每年向同级消防委员会报告消防工作，公安消防部门每半年对消防安全形势进行分析研判并报告当地政府，社会单位自我评估报告备案。同时，邀请各级人大、政协不定期对政府及相关部门履行消防责任等情况进行检查督促，提交议案督办重大消防安全问题。

二、加大保障力度，基层基础建设进一步完善

认真贯彻财政部《地方消防经费管理办法》（财防〔2011〕330号），出台《海南省地方消防经费管理办法》，建立政府专职消防队经费保障机制、消防设施装备专项保障机制和贫困市县消防事业扶持机制，明确要求各市县从城市基础设施配套费中按不低于10%的比例统筹安排资金，专项用于公共消防设施和消防装备建设。全省落实地方消防经费4.13亿元，人均基本支出标准从3.79万元提升至8.92万元，增长135%。全省有43个乡镇、开发区和291个行政村编制实施消防专项规划，新增市政消火栓438个，建成2个消防支队指挥中心和4个消防队站，启动2个消防队站建设项目，全省首座海陆消防站——洋浦海陆消防站投入执勤。全省共投入消防装备建设经费1.61亿元，新增消防车52辆、器材装备3.2万件（套），一批进口举高车和大功率消防车装备部队，排水量850吨消防船正在招标设计。改善基层消防安全管理，将“网格化”纳入社会综合治理平台，全省222个街镇、2561个农村、462个社区建立“网格化”管理组织，落实专兼职网格员2.8万人。3065家消防安全重点单位落实“户籍化”管理，采取“红、黄、绿”三色预警动态监管。推行社区警务消防工作机制，实行消防机构和派出所“双向派驻”。推动多种形式消防队伍建设，出台《加强多种形式消防队伍建设和管理的意见》，在重点乡镇、特色旅游小镇、开发区新建政府专职消防队19个，新增政府专职队员328人，招收消防文员528人。各市县拨付专项资金866万元，为农村、社区建设消火栓，配置消防摩托车59辆、手抬机动泵50个、灭火器材1620件（套）。

三、强力整治隐患，消防安全环境进一步改善

全省先后部署开展“除火患、保平安”、公众聚集场所、石油化工、建设工程施工现场、违章搭建彩钢板临时建筑、大排查大整治、冬春火灾防控、“清剿火患”战役等8大专项整治。省政府挂牌督办16家重大隐患单位和8个火灾隐患集中区域，各市县挂牌督办67个重大和区域性隐患，各级旅游、工商、住建、文体、教育、安监、公安等部门建立完善联合检查、联合执法、源头防控、信息互通、资源共享和应急联动机制，将消防安全纳入行政许可、评星评级、信用等级评定和年度考评内容，实行“一票否决”。安监、发改、住建、工信、质监、交通、商务、农业、旅游、消防等部门联合开展消防安全隐患和消防违法违纪行为专项治理，对未办理消防行政许可、不符合消防技术规范、不满足消防安全条件的场所、单位，依法予以关停并督促整改，在“海南消防在线”曝光消防安全不良行为198件。研发消防产品流向信息服务平台，加强消防产品源头管控和流向跟踪，办理消防产品行政案件数88宗，刑事立案2宗。出台利民便民服务措施，在海口、三亚、洋浦、澄迈推行消防行政审批制度改革试点，施行重大建设工程消防联审联验制度，出台《海南省建设工程消防管理规定》《石油化工可燃液体储存场所消防安全技术规范》《海南省火灾高危单位消防管理规定》《社会单位消防安全四个能力建设与评定》等地方标准。

四、拓展宣传教育，消防安全素质进一步提高

全面贯彻《全民消防安全宣传教育纲要》，省公安消防总队策划组织“防灾减灾日”、“安全生产月”、“119消防宣传月”3个主题宣传，举办“生命通道体验”、中小学生消防主题作品展、“千万要安全”万名消防志愿者服务和“消防一小时”有奖竞答活动。将消防安全渗透到游客住、行、游、娱、购等各个旅游环节，实施“五个一”宣传，即通信运营企业免费为进岛旅客发送1条消防提示短信；导游对旅客开展1分钟的消防安全知识宣讲；旅游大巴、公交车、出租车等交通工具播放1部消防宣传短片；宾馆、酒店等旅游接待场所播放1条消防安全提示。全省33个3A以上旅游景区借助电子导游牌、广播、门票、电瓶车等载体宣传防火知识，在12处重点旅游度假区建立区域消防协作组织，落实消防共建、资源共享、隐患共查的区域协作机制。开办“百姓消防”、“消防时空”两个固定消防宣传阵地，在主要媒体开设消防专版专栏50个。各市县实施“三个一”工程，即1处消防教育实践基地、1个固定媒体宣传阵地、1处大型户外宣传栏。支持社会力量开展消防培训，将消防知识纳入党政领导干部及公务员培训、社会培训、职业培训、学校教育、员工普训、科普和普法教育。中小学校开设消防课程，32所学校被评为消防安全教育示范学校。

五、加强海岛型立体化灭火救援机制建设，应急救援能力进一步增强

建立以公安消防部队为主体，驻琼部队、武警、行业应急救援队伍和相关职能部门、社会单位参加的综合应急救援体系。依托海口、三亚、洋浦、琼海4个消防战勤保障大队，分别建设琼北、琼南、琼西、琼东4个片区应急物资储备保障中心，打造全省“1小时战勤保障圈”。针对自然灾害频发和石油化工产业现状，研究制定台风、地震等自然灾害和石油化工事故等应急处置预案，消防部队、专职消防队、社会联动单位联合开展全省跨区域应急救援演练。省消防总队加强灾害事故处置技战术研究，组织开展岗位练兵、铁军比武、实战化训练，狠抓熟悉演练，落实辖区重点对象调查率、情况熟悉率、预案制定率、实地演练率、装备测试率“五个100%”。年内，全省消防部队成功处置洋浦金海浆纸厂火灾、海口液化石油气槽罐车侧翻、东方中海油化工厂甲醇槽罐车泄漏等事故，在抗击台风“海燕”、冬季强降雨等自然灾害和博鳌亚洲论坛年会、海南岛欢乐节、环岛自行车赛等重大活动安保任务中发挥了重要作用。

第二十二章　重庆市消防工作和队伍建设情况

2013年，重庆市消防工作和队伍建设坚持以党的十八大精神为指导，深入贯彻落实《国务院关于加强和改进消防工作的意见》（国发〔2011〕46号），积极推动消防安全责任落实，全面开展火灾隐患排查整治，大力夯实公共消防安全基础，有效提升综合应急救援能力，火灾形势持续平稳。全市共发生火灾6049起，死亡52人，伤47人，直接财产损失5644万元，未发生群死群伤火灾事故，有力服务了改革发展稳定大局。

一、深化多元责任体系建设，提高社会消防管理水平

一是落实政府消防安全责任。市委、市政府高度重视消防工作，多次召开会议研究消防安全重大问题，从组织、政策和经费等方面给予保障，其中市级财政消防经费预算保持了10%以上增长。修编《重庆市城乡消防规划》，把消防工作纳入经济社会发展规划同步推动。健全市、区县（自治县）、乡镇（街道）三级消防安全委员会等机构，明确各级各部门消防安全职责。出台《重庆市消防工作考核办法》，与区县（自治县）人民政府签订消防工作目标管理责任书，将消防工作纳入政府安全生产、综合治理目标考评和领导任期政绩考核内容，消防工作责任体系不断健全。二是强化行业部门监管责任。细化政府职能部门消防工作职责和建立消防执法联动机制，督促各级行业主管部门健全消防安全监管制度。加大行业主管部门对行业单位消防安全监管力度，将消防安全“四个能力”建设纳入民政、教育、旅游、卫生、银监等部门评价体系，建立等级评定、绩效考评等长效机制。健全消防工作信息互通和联动执法机制，完善违法行为通报移送制度，共同督促整改火灾隐患，形成群防群治的整体合力。三是深化社会单位主体责任。创立主管部门、监管部门、行业协会和经营业主“四位一体”的联动管理机制，全市18757家单位“四个能力”建设达标，其中A、B级达标率为100%。推广应用消防安全“户籍化”管理系统，8346家消防安全重点单位全面建立电子档案。建立完善社会单位消防安全不良行为公布和“黑名单”制度，落实“三项报告备案”制度，施行三色预警机制。大力培育学校、医院等9大行业消防安全示范典型，督促机关、团体、企事业单位定期维护保养消防设施，逐步形成安全自查、隐患自除、责任自负的工作格局。

二、强化消防安全综合治理，优化公共消防安全环境

一是健全消防法律法规体系。加强《消防法》衔接配套，颁布实施《重

庆市消防条例修正案》，强化消防产品检验、消防技术服务机构准入、火灾高危单位公众责任险等工作。加快推进《火灾高危单位消防安全管理规定》《社会消防技术服务管理规定》等政府规章立法，编制完成《民用建筑电线电缆设计防火规范》等地方标准，颁布实施《消防疏散引导箱》等地方标准。针对重庆商业建筑体量大、高层建筑密集等特点，编制出台《大型商业建筑设计防火规范》《坡地高层民用建筑设计防火规范》等高于国家标准和行业标准的消防技术规范，着力构建高效权威的地方消防法规体系。二是创新社会消防安全管理。深化行政审批制度改革，落实建设工程消防质量终身负责制，推行消防设计审核、消防验收技术审查与行政审批分离制度。全面下放消防行政审批权限，开通消防网上办事直通车、网上消防安全提示平台，落实便民利民措施，人民群众满意度不断提高。严格执行《重庆市建筑消防设施维护保养管理规定（试行）》，依托物联网技术研发的高层建筑水压测试系统在全市推广应用，建筑消防设施完好率进一步提升。三是突出火灾隐患排查整治。出台消防安全重点单位及派出所列管单位界定标准，强化建设工程源头管控、属地管理、市场管理和社会管理，完善消防安全分级监管体系。制定《消防安全形势分析评估方法》，定期对全市消防安全形势开展评估。紧贴重庆实际开展“三合一”场所整治、危爆物品专项检查和消防车通道专项治理；出台《区域性火灾隐患整治规划》，进行区域性火灾隐患专项攻坚，开展消防违章建筑、重大火灾隐患专项督办。2013年，共检查社会单位近60万家，整改火灾隐患70余万处，重大火灾隐患销案162件，全市消防安全环境持续改善。

三、强化公共消防安全基础，增强城乡火灾防控能力

一是健全消防基层监管网络。深化消防安全“网格化”管理，全市1010个乡镇（街道）均成立消防安全管理办公室，明确3877名乡镇（街道）消防专管员。加强乡镇（街道）消防安全网格化规划管理，规范建立三级网格组织，完善隐患抄告制度，全市网格化管理达标乡镇（街道）已达90%。开展消防文员派驻乡镇（街道）试点工作，创新“三员”工作机制，聘任社区消防督导员、小区消防管理员、高层居住建筑楼栋宣传员近11万人，覆盖城乡的消防监管网络不断健全。二是完善公共消防设施建设。修订完善《重庆市城乡消防规划》，落实39个县级以上城市、601个建制镇的消防规划编制，规范新农村建设专项消防规划，着力构建市、区县、乡镇和村（社区）四级消防规划体系。加强消防队（站）建设，国家（重庆）陆地搜寻与救护基地四期工程、三峡库区综合应急救援中心建设进展顺利，新增1个消防指挥中心、8个消防站，消防站总数达到112个，较“十一五”末增长23%。建成市政消火栓17491个，建有率、完好率分别达到95.1%和99.8%。利用长江、嘉陵江等水系，统筹布局主城沿江消防应急取水设施54处，规划合理、点面结合的城乡消防基础建设更加优化。三是建设一专多能的社会消防力量。制定出台《重庆市政府专职消防队伍暂行管理办法》和《志愿消防队伍实施意见》，不断健全职业资格、准入退出、培训管理、经费投入等保障制度。积极探索公安现役人员与合同制消防员混编执勤模式，建立消防文员辅助执法等工作机制，新建政府专职消防队40支，招聘合同制消防员400名，发展消防文员120名，以现役力量为主体、专职消防队伍为骨干、志愿消防队等为补充的消防力量体系日臻完善。

四、加强综合应急保障建设，提升队伍应急处置能力

一是不断壮大应急救援力量。完成全市38个区县综合应急救援支队建设，健全市、区县、乡镇、村（社区）四级综合应急救援队伍。紧贴重庆实际，将市级优势应急队伍与公安消防部队等主体救援力量进行整合，建成市级专业应急救援队伍8支、应急保障队伍12支，区县级专业应急救援队和综合保障队414支，覆盖城乡的综合应急救援网络不断健全。优化装备器材建设，新购消防车111辆，全市消防车总数达到819辆，较“十一五”末增长44%，全市所有区县（自治县）配备了举高消防车，供气消防车全部达到《城市消防站建设标准》，以消防为主体的综合应急救援保障能力进一步提升。二是建立健全集约联动机制。先后投入3500余万元，完成消防接处警系统、信息化综合集成、指挥调度网络扩容等建设，实现应急查询、动态监控和快速调度一体化。完善泛西南地区消防警务重大灾害事件预警处突协作办法和联合处突工作预案，健全调度指挥、应急响应和执勤备战运行机制。各专业应急救援队集中常驻人员9名、兼职人员27名，实现了日常管理和战备执勤的高效统一。三是大力开展队伍实战训练。高标准完成陆搜基地轮值轮训工作，健全联储联供和应急筹措机制，率先开展长江三峡库区、成渝经济走廊、武陵山区等典型灾害处置课题研讨和联合演练，推动各级应急队伍开展拉动演练4次，检验和提高了协调配合与快速处置能力。全年消防部队共出动官兵36万余人次，营救疏散遇险群众2万余人，抢救财产价值5.73亿元，圆满完成四川芦山抗震救灾、重庆潼南等特大洪涝灾害等急难险重任务。

五、加大消防宣教培训力度，提高全民消防综合素质

一是增强消防宣传的影响力。市级主流媒体开辟消防专栏4个，推出消防日播节目。在重庆卫视播出的公安部《走近中国消防》栏目宣传影响力不断加大。拓展新型宣传媒介，开通消防官方微博和微信，在人员密集场所安装“119信息在线”显示屏近4000块，在主城80%的公交车移动视频上开设消防专版，播放消防知识、消防资讯和消防公益广告，确保了舆论引导效果。二是扩大消防宣传的覆盖面。以消防宣传“五进”为突破口，开展中小学校课堂、课外、家庭三种消防教育，构建学校消防宣传教育新格局。整合地域文化资源，在綦江区创建全国首个消防版画素材库，在南岸区打造中西部唯一的消防游乐馆“洋人街119号”，在忠县建设辐射三峡库区5县的生命通道体验中心。加强消防宣传基础性建设，全市75%的区县建成市级消防科普教育基地，市级消防安全教育示范学校覆盖率达100%，群众消防安全感知率与消防知识知晓率达80%以上，消防知识普及面和宣传影响力进一步扩大。三是拓展教育培训的受众面。编撰出版社会消防安全教育培训系列教材，加强消防社会化培训。建立以复盛鉴定站为主体，九龙坡、万州鉴定点为辅助，5个区域性培训点为补充的鉴定培训网络，11260人通过全市理论及技能鉴定考核，7707人已取得职业资格证书。共开展消防教育培训6000余次，组织逃生演练3000余次，培训责任人、管理人及消防从业人员11万余人，受教育群众近40余万人次，全社会关注、支持、参与消防的氛围进一步形成。

第二十三章　四川省消防工作和队伍建设情况

2013年，四川省消防工作和消防部队建设紧紧围绕创建“平安四川”战略部署，狠抓火灾隐患整治，积极创新社会消防安全治理，强化公共消防设施建设，加大消防宣传教育力度，全省火灾形势持续稳定。全省共发生火灾19765起，死51人，伤62人，直接财产损失1.2亿元，连续12年未发生重大以上火灾事故。

一、消防安全责任得到有效落实

省政府高规格召开全省消防工作会议，由市级政府“一把手”签订《年度消防工作目标责任书》，并派出10个组考核落实情况。省政府常务会4次专题研究消防工作，批复立项投入2.9亿元建设省综合应急救援训练基地，颁布出台《四川省消防工作考核办法》《四川省消防产品监督管理办法》等5个政府规章或规范性文件，以及商店、宾馆、医院、学校等4个地方标准，是近年来出台政策标准最多的一年。省人大首次开展消防执法检查，将5大类10个方面51项问题通报各地政府，限期督促整改。省消防安全委员会首次集体约谈180名驻川央企和省级大型企业负责人，并派出21个厅局“一把手”检查消防工作。市、县两级政府逐级召开消防工作会议并下达年度目标责任。

二、全省消防安全环境明显改善

始终保持整治火灾隐患的高压态势，部署开展了“除火患·保平安”、消防安全大排查大整治、今冬明春“清剿火患”战役等8个专项行动。教育、工商、体育、文化等部门组织开展本行业系统消防安全检查，公安、安监、质监、住建、民政等部门联合部署建筑施工现场、消防产品、彩钢板建筑、敬老院、养老院等5个消防安全专项治理。狠抓芦山地震灾区火灾防控，创新实施7户联防、分级预警，抽调319名消防官兵24小时驻守巡防，地震灾区安置点至今未发生一起亡人火灾事故。狠抓藏区寺庙消防安全，推进建立党政主导、部门联动、综合治理工作机制，着力维护藏区社会稳定。全省公安消防机构共检查社会单位18.4万家，整改火灾隐患或消防违法行为12.8万处，各级政府挂牌督办重大火灾隐患84处，消防安全环境明显改善，圆满完成了“两节”、“两会”、全球财富论坛、世界华商大会、阿坝州建州60周年庆典、中国科技城科技博览会、第十四届中国西部博览会等一系列重大政治经济活动的消防保卫任务。

三、消防安全治理水平明显提升

始终坚持创新社会消防安全治理模式，着力提升消防工作社会化水平。深入推进“网格化”、“户籍化”管理，50%的街道、乡镇和社区、村庄网格化达标，100%的重点单位建立户籍化档案。深化建设工程消防质量终身负责制、消防安全不良行为公布制和技术审查与行政审批分离制等“三制”试点，省公安厅、省住房和城乡建设厅联合出台《关于改革建设工程消防行政审批的指导意见》，分三批推进建设工程消防设计审核、消防验收技术审查检测与行政审批分离制度。6个地级城市出台实施方案。狠抓消防产品监督管理，公安、工商、质检等部门联合开展了为期3年的消防产品质量专项整治。全年，公安机关移交消防产品刑事案件99件、法院宣判2件，工作经验被公安部消防局向全国推广。

四、全民消防安全意识明显增强

各地认真贯彻实施《全民消防安全宣传教育纲要》，深入推进消防安全宣传教育“六进”（进学校、进社区、进企业、进农村、进家庭、进景区）工作。部署开展了家庭消防安全“五自查四应会”和“生命通道大体验”、“消防夏令营”、“开学第一课”、“橙袖标·正能量”消防志愿者服务等5个专项宣传行动，消防宣传覆盖面和群众消防常识知晓率大幅提升。积极拓宽消防宣传阵地，建立消防宣传教育中心21个、消防安全实践基地18个、消防安全示范学校83所，发展消防志愿服务者63.9万名。同时，强化行业系统消防安全、特有工种职业技能培训工作，共培训社会单位从业人员6643名，1711人取得消防国家职业资格证书。

五、灭火和应急救援能力显著增强

始终把“能打仗、打胜仗”作为根本目标，着力提升公安消防部队灭火和应急救援能力。一是狠抓消防力量建设。创建消防星级铁军中队91个，组建攻坚班组462个、专业救援队伍59支，新征招政府专职消防员1069名、消防文员321名。二是深化消防部队执勤训练改革。全省公安消防部队开展水源、防护和排烟装备测试2万余套（次），修订17类预案8000余份，举办“战训大讲堂”4期和战例研讨350余次，推广创新训练操法和装备革新技术52项，成功举办了首次全省专职消防队伍大比武，开展实战演练1.8万次。三是狠抓消防指挥能力建设。全省公安消防部队175名执勤中队干部通过指挥能力考评，840人次官兵参加基层指挥员和接警员培训。四是加强信息通信建设。出台了消防部队信息化建设“三年规划”，全省累计投入近6000万元建设通信系统，在芦山地震救援中，第一时间实现了前、后方指挥部和部消防局指挥中心三方互通。全年，全省公安消防部队共接警出动7.89万起，抢救被困人员1.23万人，疏散群众5.65万人，保护财产价值7.2亿元。先后成功处置了成都“8·25”汽配仓库火灾和泸州“12·26”摩尔商城爆炸燃烧等重大事故。特别是坚决打赢了“4·20”芦山强烈地震抗震救灾、“7·9”特大暴雨抗洪抢险两场硬仗。

六、消防队伍建设水平明显提高

全省公安消防部队始终坚持政治建警、从严治警，狠抓各级党组织建设。出台“四项制度”和“145”工程实施意见，全面落实政治主官任书记制度，以“五个更加注重”和“四个更加突出”改进领导班子考评方式，进一步激发了各级班子创先争优的活力。创新实施

“片区教育”模式和“四五教育法”，扎实开展“坚定信念，铸牢警魂”和“实现伟大中国梦、建设美丽繁荣和谐四川”主题教育，打造出“东坡廉政文化”等一批特色警营文化品牌。全面实施干部竞争选拔、士官公推公选和“先审后提、先审后离”工作机制。狠抓部队风气建设，扎实开展群众路线教育实践活动，4次征求官兵和群众意见125条，制定改进措施50项和配套制度8个。全面推行执法交叉检查、执法质量回执、公开述职述廉、执法离任审核等机制；强力整治“文山会海”和“舌尖腐败”。文件会议同比下降35%，公务接待下降61%。大力开展“安全建设夺旗争先”活动，狠抓职业精神建设，深化“五无”创建，全省重大抢险救援无一人员伤亡。全省共有39个集体、33名官兵受到省部级以上表彰，752名官兵立功受奖，涌现出全国“最美消防员”刘亚光、“特别关注消防员”吴小波等一批先进典型。总队机关继续保持“全国文明单位”称号。

第二十四章　贵州省消防工作和队伍建设情况

2013年，贵州省消防工作坚持以党的十八大和十八届三中全会精神为指导，紧紧围绕“固本强基、提速进位”、“全警领先、西部一流”的总基调、总目标，最大限度确保了火灾形势和队伍稳定，为“平安贵州”建设、百姓安居乐业提供了有力的消防安全保障。据统计，全省共发生火灾2900起，死66人，伤41人，直接财产损失1.1亿元，未发生重大及以上火灾事故。

一、社会化消防工作从点到面，火灾防范基础进一步夯实

（一）完善消防责任体系，明确职责创平安。省政府出台《贵州省消防工作考核办法》，成立省消防安全委员会，明确37个政府职能部门的职责任务，建立政府主导的消防工作考核评价体系。完善消防法制建设，修订颁布《贵州省农村消防管理规定》等一系列规定，推进实施“5个100”工程消防专项规划编制工作，工业园区、小城镇全部编制消防专项规划。

（二）完善消防管理体系，强化监管保平安。探索新型社区消防安全管理模式，全省9466家消防安全重点单位全部实行“户籍化”管理，对1556个“大网格”、1.8万个“中网格”和8.2万个“小网格”开展常态化消防安全管理。省消防总队健全部门联合执法、隐患排查整治等长效机制。省政府对33家重大火灾隐患单位实施挂牌督办整改。

（三）完善消防宣传体系，全民参与促平安。省委组织部建立党员干部群众消防培训工作长效机制，定期开展消防教育培训；组织拍摄消防微电影21部，开设《消防在行动》《消防之声》专栏以及官方微博，通过电视、网络等媒体曝光118家单位和79名个人的消防安全不良行为。

二、应急救援力量从单一到多元，实战打赢能力进一步提升

（一）壮大队伍强联动。加强综合应急救援队伍建设，新增政府专职队51支、乡镇志愿队545支，招录执勤中队专职消防员1139人、消防文员452人；举办专职消防员培训和岗位练兵大比武，15支政府专职消防队和50名个人受到表彰，省政府对遵义乌江镇政府专职消防队记集体一等功。

（二）深化练兵强攻坚。全力打造现代化消防铁军，举行高速公路隧道交通事故应急救援大型演练，完成“11·26”中石化西南成品油输油管道泄漏抢险救援等急难险重任务。

（三）规范制度强管理。全省公安消防部队推行精细化管理，举办“基层部队每月管理夜校”，开展“支队主官谈安全”和安全文化“四项主题”创建活动，基层大（中）队精细化管理均达标，“三化”建设经验做法在全国现场会上交流。

（四）应用科技强保障。新建6个卫星移动站，配备265套3G图传设备、385台POC手机，统一建设10套短波通信系统，二、三级网全部扩容至155兆、10兆。全省落实信息化经费8681万元，超过“十一五”期间投入总额。

三、基层基础建设从量变到质变，战勤保障力度进一步加大

（一）经费投入增长迅速。全省共投入地方消防经费12.89亿元（其中应急救援经费5235.57万元、高危补贴1447.47万元），经费总量和正常业务经费保障水平稳步提升。

（二）基本建设步伐加快。落实地方政府专项建设经费3亿余元，启动40个功能性改造、16个新建消防队（站）和10个消防培训基地等重点建设项目，完成9个消防支队及50%消防大队食宿点改造建设，新增土地面积38.5万平方米，新改建营房面积2.2万平方米，消防部队营房功能和设施全面优化升级。

（三）装备建设优化升级。各级各界投入经费3.7亿元，采购各类消防车75辆、装备器材5.7万余件（套）、车辆维修工具124套。配发基层消防部队8辆主战消防车、2辆抢险救援车、50台皮卡车和600余件（套）装备。省消防总队与詹阳重工联合研制的全地形履带式抢险救援车被列为科研计划重点攻关项目，全国首辆全地形履带式抢险救援消防车投入执勤。

四、思想政治工作从无形到有形，队伍能力素质进一步增强

（一）抓住主线强化班子和队伍建设。省公安消防总队推行干部公开选拔制度，树立公平公正、有为有位的用人导向；推进部队领导干部兼任地方职务，9个消防支队军政主官兼任市委委员、公安局副局长等地方职务，94个消防大队军政主官兼任政府应急办副主任、公安局副局长等地方职务。

（二）把握主旨打牢思想政治教育。全省公安消防部队扎实开展党的群众路线教育实践活动和“坚定信念、铸牢警魂”主题教育，加强“实体化政工”建设。推进“一家一吧一馆一网”建设，所有执勤中队建成“影视吧”和政工之家。开展“多彩警营文化”建设，营造和谐警营文化氛围，消防微电影《喊寨人》获贵州专业文艺奖一等奖。

（三）紧扣主题培树“最美”先进典型。全省“我最喜爱的人民警察”评选中，参选消防官兵以最高支持率当选。省委宣传部主办的“贵人善行”最美系列评选活动中，一批消防官兵获评“最美政法干警”、“最美劳动者”、“最美奉献青年”、“最美青年”等荣誉称号。

第二十五章　云南省消防工作和队伍建设情况

2013年，云南省深入贯彻《国务院关于加强和改进消防工作的意见》（国发〔2011〕46号）和国务院办公厅《消防工作考核办法》，狠抓消防安全责任制落实，加强消防安全管理，着力提升社会抗御火灾能力，为全省经济社会发展提供了坚实的消防安全保障。全省共发生火灾8502起，死亡85人，受伤33人，直接财产损失1.5亿余元，未发生重特大和一次死亡5人以上火灾事故。

一、全面加强消防工作组织领导

一是健全完善消防工作议事协调机制。省委书记秦光荣，省长李纪恒，省委常委、政法委书记孟苏铁，副省长尹建业等领导多次做出批示指示，各级政府按照习近平总书记提出的“管行业必须管安全，管业务必须管安全，管生产必须管安全”的要求，把消防工作列入重要议事日程，把消防工作纳入国民经济和社会发展计划，纳入全省综合考核检查和社会管理综合治理内容。先后3次召开全省消防工作会议，分析研判形势，研究部署工作，着力研究解决重大消防安全事项。二是落实消防安全工作责任。制定出台《云南省消防工作考核办法》，与16个州（市）政府和69家省直行业主管部门、部分国有大型企业签订了《2013年度消防工作目标管理责任状》，以定期督导、考核奖惩等方式强化工作落实。三是优化消防工作格局。始终坚持消防工作与经济社会协调发展，建立了领导调研帮扶、部门分片包干、“约谈”督导等工作机制。及时调整充实省消防安全委员会组织机构，定期召开消防安全委员会联席会议，强化主要领导负总责、分管领导具体负责、其他领导对分管领域负责、各部门齐抓共管的工作机制。构建了“政府统一领导、部门依法监管、单位全面负责、公民积极参与”的消防工作格局。

二、着力夯实火灾防控工作基础

一是完善消防法律法规体系。制定实施《云南省专职消防队伍管理办法》和《云南省火灾高危单位消防安全管理规定》等政府规章，修订7项地方性消防标准规范，健全完善了符合省情的消防法规标准体系。二是加快完善公共消防设施建设。把消防基层基础建设主要指标纳入消防工作责任状考评内容，全省县级以上城市、所有乡镇全部编制消防规划，新建市政消火栓8743个，总数达42087个。新增社区、农村消防器材点1214个，公共消防基础设施建设进一步夯实。三是加快消防力量体系建设。充实加强基层消防力量，落实公安派出所消防监督管理职责，2653名公安派出所民警取得执法资格，下派826名消防文员充实派出所，壮大基层消防警力，赋予3

万余名新农村指导员消防工作职责。加强多种形式消防队伍建设，新建专兼职消防队343支，新招录政府专职消防队员200余人，组建志愿消防队伍1094支1.5万人，招录消防文员1588人。四是加大消防经费保障力度。推动各地贯彻落实《云南省消防部队地方消防经费保障标准》，全省共投入消防工作经费10.9亿元，比2012年增长18.5%。五是努力提升消防工作社会化水平。把消防工作纳入基层社会管理综合治理和平安创建内容，持续开展“零火灾”乡镇（社区、村寨）创建活动。扎实推进消防安全“四个能力”创建，推行乡镇、街道网格化和消防安全重点单位“户籍化”管理。全省13443家社会单位完成了消防创建任务，9327家重点单位实行了“户籍化”管理，网格化达标率89.4%，“户籍化”管理达标率100%。全省公众聚集和易燃易爆场所普遍购买火灾公众责任保险，农村房屋财产保险实现全覆盖。

三、狠抓火灾隐患排查整治

一是完善火灾隐患排查整治长效机制。制定区域性火灾隐患整治规划，把“三合一”、“多合一”场所消防安全专项整治纳入省政府20项重点督办工作内容，将3月份作为全省重大火灾隐患政府集中挂牌整治月，完善了常态化火灾隐患排查整治工作机制。二是不断增强排查整治力度。明确了13类单位（场所）隐患排查整治标准，开展社会单位自查自纠活动。公安、教育、住建等部门密切配合，强化工作措施，加强消防安全联合监管，有效确保了行业系统的消防安全。三是部署开展系列专项行动。连续开展旱季防火、消防安全大排查大整治、今冬明春火灾防控和第二次“清剿火患”战役行动，部署开展“平安云岭”和“冬春平安”消防系列专项行动，始终保持整治火灾隐患和消防违法行为的高压态势。圆满完成“两节”、“两会”、“南博会”以及十八届三中全会等重大消防安全保卫任务。2013年，行业部门共排查社会单位7.5万家，22.5万余家社会单位开展消防安全自查自纠，整改火灾隐患31万余条，挂牌整治重大火灾隐患700处，受理核查群众举报投诉2486起，公布消防安全不良行为1209家单位和个人，曝光隐患单位7860家，查处消防产品行政违法案件256起，及时消除了一大批消防安全隐患。

四、深入开展消防安全宣传教育

以贯彻落实《全民消防安全宣传教育纲要》为主线，制定下发《云南省全民消防安全宣传教育实施细则》和《关于进一步加强全省消防宣传工作的通知》。先后组织开展“‘滇’‘烽’时刻、‘消’勇一族”、“生命通道体验”等“119消防日”系列宣传活动。建立公益宣传联盟、消防宣传智囊团、网络监控平台，加大消防公益广告播发力度，狠抓《消防安全常识二十条》宣传普及，在各级新闻媒体开设消防专栏、专版83个，播出消防公益广告、消防安全提示2160余万次。将消防法律法规和消防知识纳入党政领导干部及公务员培训、农民工教育、职业培训、科普和普法教育、义务教育内容。全省9583名消防安全重点单位责任人、管理人及14110名乡镇长、村“两委”负责人均轮训一遍以上，3638名消防控制室值班操作人员培训合格持证上岗，培训农民工1.2万余人，营造了消防工作的良好氛围。

五、着力提升灭火和应急救援能力

始终把公安消防部队作为应急救援的主要力量，加快推进省应急救援指挥中心、消防训练基地综合训练楼、烟热训练室等建设。加大消防基层基础建设投入力度，新改扩建消防队站34个，强化滇中、滇南、滇西3个片区战勤保障大队建设，在866个乡镇组建应急救援分队，配备车辆929辆，新购消防车93辆，车辆总数达1220辆。积极推动“云岭消防铁军”创建工作，全省建成4个二星级和32个一星级铁军中队。强化消防战勤保障能力建设，建立了5点辐射、覆盖全省的战勤保障体系。组织开展城市消防装备建设评估论证工作，充分掌握各地城市消防装备建设的基础数据。组建应对不同类别事故灾害的专业救援队，开展了3次野外实战条件下的跨区域地震救援拉动训练和4次大型商贸城灭火救援实战演练。2013年，全省公安消防部队先后出动14.26万人次、车辆2.66万辆次，扑救火灾和处置灾害事故1.8万起，营救遇险人员6964人，抢救和保护财产价值14.7亿元，完成了大理“2·6”森林火灾和洱源“3·3”、迪庆“8·31”地震等急难险重任务。

第二十六章　西藏自治区消防工作和队伍建设情况

2013年，西藏自治区党委、政府从保护人民群众生命财产安全、促进经济持续健康发展、保障社会和谐稳定的高度，部署落实消防安全工作，切实做到消防安全组织领导到位、责任目标到位、工作落实到位、督促检查到位、群众动员到位、考核奖惩到位。全区共发生火灾112起，死亡4人，直接财产损失817.3万元，未发生重特大火灾事故。

一、构建落实消防安全责任体系

一是党委、政府狠抓落实。自治区人民政府将消防安全纳入政府工作报告，召开全区消防工作会议与各地（市）政府签订消防安全目标管理责任书，组织开展消防工作专项考评，推动落实年度消防工作任务。2013年，自治区党政主要领导就消防工作做出批示18次，全区各级政府专题召开消防工作会议260次，挂牌督办重大火灾隐患45个。二是职能部门各司其职。落实消防安全管理责任，积极加强重点行业领域消防安全管理，严厉打击销售假冒伪劣消防产品的单位和个人，因地制宜开展消防宣传“八进”（进机关、进乡村、进学校、进社区、进企业、进部队、进寺庙、进家庭）工作。三是公安机关及消防部门多警联勤消防工作。区、地、县公安机关积极协调解决消防事业发展重大问题，公安机关各警种认真做好职责范围内的消防工作。全区公安消防部队充分发挥专业优势，细分建（构）筑物、工业设备装置、能源、交通枢纽、文物古建筑、消防设施装备、违法违规行为等7个方面，组织排查整治火灾隐患，督改火灾隐患4.2万余处，查处16个批次假冒伪劣消防产品326件。四是社会单位严格管理。加强单位消防安全“四个能力”建设，落实消防安全管理人员、消防设施维护保养、消防安全自我评估等“三项报告备案”制度，组织员工加强巡逻巡查，实现了地（市）、县（市、区）两级2706家消防安全重点单位“零火灾”。五是干部群众积极参与。社会各界及广大群众自查自改并通过“96119”举报投诉火灾隐患和涉油涉气违法违规行为。20余万人次参加消防宣传教育和应急疏散演习，119名热心消防事业的群众受到自治区政府表彰奖励。

二、创新实施社会消防安全管理

一是划分“五个类区”，实施网格管理。结合当地特点，划分城区、农牧区、寺庙区、边境口岸区、林区“五个类区”，依托全区便民警务站，结合驻村驻寺和“双联户”等工作，把消防安全网格化管理落实到最基层。二是评估“五大风险”，科学高效应对。分析研判全区消防安全形势，准确评估全区县城以上老城区消防安全风险、寺庙及文物建筑消防安全风险、国家级边境口岸火灾风险、以藏东地区为重点的地质灾害应急抢险救援风险、公共交通枢纽、交通运输工具及易燃易爆品存储、运输、销售、使用、管控等环节的突发性安全问题等消防勤务“五大风险”，有针对性地加强安全防范，努力把风险漏洞消灭在萌芽状态。完成了西藏老城区最大的火灾隐患——拉萨市八廓街老城区重大火灾隐患的综合整治工作。三是常态排查整治，确保消防安全。根据国务院的统一部署和公安部的总体安排，结合西藏实际，由自治区党委、政府统筹，1月至2月份开展了以确保节日安全祥和为主要目标的消防安全“除火患、保平安”行动；3月份开展了以确保维稳敏感期安全稳定为主要目标的消防安全“保稳定、促稳定”行动；4月至5月份开展了针对农牧区生产大忙季节、旅游旺季、建筑施工领域的消防安全突出问题集中整治行动；6月至9月份深入开展了全方位的消防安全大检查活动；10月至11月份扎实开展了消防安全大检查“回头看”活动；12月份部署开展了冬春“清剿火患”行动，保持了火灾隐患排查整治的高压态势。

三、全力夯实消防安全基础

一是加强公共消防设施建设。加强消防水源建设，积极整合市政给水、天然水源、水利工程、绿化和灌溉工具等资源，加强消防水源建设。新建消防水鹤9个，设置取水码头195处。加强消防队站和装备建设，落实地方消防业务经费保障机制，完善西藏公安消防部队业务装备配备标准，新增消防车10辆、消防装备器材7806件（套），全年投入消防业务经费2.34亿元，同比增长15.24%。二是加强高原火灾科学应用领域研究。建设西藏自治区高原火灾安全重点实验室，完成了以布达拉宫为代表的高原古建筑火灾安全技术和高原环境下火灾燃烧特性和机理、火灾动力学演化基础、火灾防治关键技术研究，“西藏古建筑灭火技术及装置研究”成果推广应用获得自治区科学技术一等奖。三是加强多种形式消防队伍建设。招录消防辅警、消防文员177人，新增社会单位、群众组织专职、志愿消防队97支、队员377人，专职、志愿消防队达到525支、队员2644人。四是建立综合高效的消防安全指挥体系。自治区、公安厅、公安消防总队指挥中心互联互通，同步调用社会图像监控资源，协同调度指挥作战，为圆满完成“3・29”拉萨特大地质灾害救援、“8・12”昌都地震等重大自然灾害救援和灭火应急救援提供了有力的保障。

四、不断提高公安消防部队能打仗、打胜仗的能力

全区公安消防部队充分发挥维稳处突机动队、应急救援突击队、防火灭火专业队、为民助民服务队、农牧区和寺庙社会工作队、边境口岸守护队等“六队”职能作用，牢记使命、敢于担当、

连续奋战，先后投入警力3.8万人次、车辆6743辆次，圆满完成各个敏感节点、重大活动消防安保任务，高效处置117起火灾，完成197起急难险重救援任务。特别是在“3·29”拉萨甲玛矿区特大山体滑坡灾害、“4·9”堆龙德庆县城油罐车重大泄漏事故、“8·12”昌都左贡地震等灾害事故救援中，精确指挥、敢打头阵，发挥了关键作用，展示了良好形象。在党的群众路线教育实践活动中，着力破解“四风”方面存在的突出问题，改进文风会风，深入调查研究，严控公务接待，落实强基惠民等举措，取得阶段性成果。自治区主要领导和公安部主管领导先后39次批示表扬西藏公安消防部队。

第二十七章　陕西省消防工作和队伍建设情况

2013年，陕西省消防工作和队伍建设坚持以党的十八大和十八届三中全会精神为统领，深入贯彻落实《国务院关于加强和改进消防工作的意见》（国发〔2011〕46号）和《陕西省“十二五”社会消防事业发展规划》，不断强化消防安全责任，落实火灾预防措施，夯实消防工作基础，火灾防控体系建设有效完善，城乡抗御火灾能力全面提升。全省共发生火灾11871起，死亡51人，伤23人，直接财产损失1.6亿元，未发生较大以上火灾事故。

一、消防安全责任制有效落实

省领导多次就加强消防安全工作提出明确要求，先后召开全省消防工作会议和冬春火灾防控工作会议，安排部署消防安全工作。省政府与各市（区）政府签订《消防工作责任书》，出台《全省消防工作考核办法》。省委政法委将消防安全纳入维稳督察范畴，成立10个督导组、5个暗访组，对各地消防安全工作进行了3轮督导，全省130余名党政领导带队检查消防工作，推动了各级消防安全责任落实。省消防安全委员会推动行业部门开展消防安全大排查、大整治，发动社会单位开展火灾隐患自查自纠，全省221603家社会单位和个体工商户自查整改取得实效。

二、消防安全管理创新深入推进

全省231个街道、1279个乡镇完善了消防安全“网格化”管理组织，建立大、中、小网格46260个，落实网格管理人员9万余人，组织街道安监办、派出所等基层力量联合开展隐患排查，夯实基层火灾防控基础。全省15951家消防安全重点单位完善了“户籍化”管理，建成动态管理共享数据库，落实单位“三项报告”备案制度。严格落实消防安全不良行为公布制度，依托互联网社会公众服务平台曝光消防安全不良行为326起。认真开展消防安全形势分析评估，解决工作难题140多个。落实消防重点岗位持证上岗工作制度，举办技能培训班11期，培训人员2700余人。组织消防设施施工企业建造师、技术人员业务培训，培训各类人员4150人。

三、社会消防安全环境显著改善

扎实开展“除火患、保平安”、“2013·平安三秦”、违章搭建彩钢板临时建筑和人员密集场所门窗设置障碍物专项整治、消防安全大排查大整治和第二次“清剿火患”战役等5次大规模消防专项行动，火灾隐患排查整治取得显著成效。全年共检查单位38.35万家，整改隐患81.37万处，挂牌督办重大火灾隐患单位218家，“三停”单位2203家，临时查封2467家，行政拘留510人，拆除临时建筑8.4万平方米、障碍物2.5万平方米、门窗栅栏和广告牌218处，进一步净化了社会消防安全环境。

四、执法规范化建设水平明显提升

出台了地方性规章《陕西省火灾高危单位消防安全管理规定》，并将《陕西省消防技术服务机构管理规定》列入立法计划。省住房城乡建设厅正在审定的《彩钢夹芯板建筑防火技术规程》，填补了这一领域的地方技术标准空白。省公安厅出台《关于建立建设工程消防质量终身负责制的指导意见》，在西安、榆林、安康3市试点建设工程消防行政审批制度改革，推动建立建设工程消防审核、验收终身负责制。省公安、工商、质监部门联合开展消防产品质量专项整治，制定3年整治规划和监管考评办法。积极开展消防执法案卷评查、交叉督查、跟踪回访等活动，解决执法疑难问题，保证执法透明公正。

五、消防安全科普宣教有效开展

以落实《全民消防安全宣传教育纲要》为主线，开展了“讲文明、树新风”消防公益广告短片制作、评选、展播活动。建设“陕西消防”政务微博，名列全省近4000个政务微博第15名、全省公安类政务微博第3名，被“腾讯·大秦网”评为“优秀政务微信”。组织开展“生命通道体验活动”等7次大型宣传活动，发放宣传资料350余万份，发送短信260余万条。全省3个消防科普教育基地被命名为首批“全国中小学消防安全教育社会实践基地”，对全省“消防安全教育示范学校”进行复查，149所国家级和省级学校验收合格。培训基层组织负责人和重点单位消防安全责任人、管理人10余万人次，强化了各级消防安全意识。

六、消防综合保障能力大幅提高

全省一半以上县区提前两年落实了《陕西省地方消防经费管理办法》经费保障标准，地方消防经费总量全年达到5.4亿元，较2012年增长40%。投入1.04亿元购置消防车61辆，配备消防员基本防护装备13647件（套）、特种防护装备5734件（套）、抢险救援和铁军中队器材3885件（套）。保留原有97亩消防培训基地，并在西咸新区落实消防训练基地二期工程用地316.6亩。投入基础建设资金约1.4亿元，翻建、迁建、新建消防队站19个，新建营房面积约7万平方米。全省消防队站布局更加科学、设施更加完善、功能更加齐全。

七、消防灭火救援能力有效提升

组建省、市、县三级应急救援指挥系统，11个119指挥中心实现大集中接警；全省配备动中通、静中通指挥车，卫星便携站等应急通信设备，实现全方位、全天候指挥网络覆盖。依托消防总队建立全省应急救援常驻办公机构，与西北五省公安消防部队签订灭火救援协作框架协议；省、市两级政府先后专题研究应急救援工作37次，带队检查调研10余次，组织实施演练20余次。全省公安消防部队扎实推进消防水源调查和防护排烟装备测试，修订完善消防预案10122份，重点单位预案熟悉率达100%。开展秦岭山脉跨区域地震救援等实战演练170多次，组织比武竞赛15次，出色完成榆林“3·21”煤焦油储罐群火灾、商洛“6·1”延长石油氟化氢气体泄漏、延安城乡泥石流洪涝灾害、陕南胡蜂围剿等多起急难险重任务。全年公安消防部队共接警出动20857次，扑救火灾12010起，抢救遇险群众4320人，保护财产价值12.93亿元。

八、队伍建设水平明显提高

全省公安消防部队深入开展党的群众路线教育实践活动和“坚定信念，铸牢警魂”主题教育、建党92周年纪念等系列活动。积极发掘培树先进典型，1人当选全国“特别关注消防员”，11人被评为“全省杰出（优秀）消防卫士”、36人被评为全省“优秀消防女警官（警嫂）”。深入推进消防部队正规化建设和安全“五无”建设活动，部队未发生责任事故。狠抓部队党风廉政建设，消防总队聘请50名全国和省级人大代表、政协委员为警风警纪监督员，积极参加政风行风评议活动，有效拓宽了监督渠道。

第二十八章　甘肃省消防工作和队伍建设情况

2013年，甘肃省消防工作坚持以党的十八大和习近平总书记系列重要讲话精神为指导，不断强化消防法规体系建设，狠抓消防安全责任落实，加大火灾隐患排查整治力度，夯实消防基层工作基础，全省火灾形势保持总体稳定。全省共发生火灾6455起，死22人，伤35人，直接财产损失7654.1万元，未发生重大及以上火灾事故。

一、消防安全责任制全面落实

一是消防工作机制进一步健全。省、市、县三级政府逐级成立消防安全委员会，细化消防安全职责，明确消防安全责任机制。各级党政主要领导、分管领导经常听取消防工作汇报，专题研究部署消防工作，带队检查消防安全，协调解决消防工作中的困难和问题。各有关部门积极履行监管职责，建立消防工作联动机制，严格依法审批消防安全事项，对危害公共安全的消防违规行为依法联查联办。二是消防法制体系进一步强化。省政府出台了《甘肃省消防工作考核实施办法》《火灾高危单位消防安全管理规定》《建筑消防设施管理规定》《市政消火栓管理办法》《专职消防队建设管理办法》等规章，制定《机关、团体、企业、事业单位消防安全管理规范》，有效推进消防工作法制化进程。三是目标管理体系进一步完善。省政府连续11年与各市、州政府签订《消防目标责任书》，不断完善责任追究机制，严格工作目标考核、奖惩，进一步推动各地落实消防工作责任。组织发改、公安、财政和建设等部门组成工作组，完成对各地落实目标责任书情况的督导考核工作。

二、火灾隐患得到有效整治

一是强化建设工程源头管理。成立甘肃省建设工程消防专家委员会，完成40余项国家、省级重点建设工程项目审查工作，消除工程设计中存在的火灾隐患。印发《关于切实加强彩钢夹芯板建筑消防安全监督管理工作的意见》和《关于规范我省外墙保温材料燃烧性能的通知》，规范彩钢板建筑和外墙保温材料管理。二是实行消防安全不良行为公布制度。制定《甘肃省建设工程消防质量终身负责制实施办法（试行）》和《甘肃省消防安全不良行为公布制度（试行）》，公布474家违法主体责任单位消防安全不良行为。三是扎实开展专项治理。全省部署开展“平安陇原”、大排查大整治、消防产品、今冬明春火灾防控和“清剿火患”战役等消防安全专项整治行动，采取“4455”工作措施，将消防总队、支队80%的警力充实到一线，成立5个方面16个督察组，全力做好火灾防控工作。

三、消防安全管理水平不断提升

一是加强消防规划编制修订。按照省政府办公厅《关于加强村镇消防规划编制工作的意见》，各地、各有关部门坚持科学规划、配套建设、因地制宜的原则，将消防工作与城镇建设统筹推进，努力实现经济、社会效益和消防安全的有机统一。全省14个市州、86个县市区以及466个建制镇编制完成消防规划或规划专篇。二是逐步推进执法规范化建设。组织66名公安民警和260名防火监督干部举办派出所消防监督业务师资力量和消防监督业务培训。工商、质监、公安、消防等部门联合开展消防产品专项治理，排查社会单位12.5万余家，督促整改消防违法行为和火灾隐患31.8万余件，临时查封单位2761家，行政拘留788人，实施“三停”1812家。三是夯实农村消防工作基础。省政府部署开展为期三年的“千村万户”消防安全扶持行动，重点扶持1200个人口密集、消防基础薄弱的行政村，建立健全各项消防工作制度，配置消防设施器材，设置消防用水取水点，成立义务专（兼）职消防队伍，实现了“有消防水源、有防火灭火器材、有防火灭火队伍”的目标，农村抗御火灾的能力得到较大提升。

四、灭火救援能力显著增强

一是打造“陇原消防铁军”。全省14个市州、86个县市区政府均成立了综合应急救援队，组建灭火、抢险、化学救援攻坚组131个，完成20个铁军中队建设。组织开展各类灾害事故灭火救援演练7000余次，针对甘肃地震频发、石油化工企业多的特点，先后开展地震、石油化工、大跨度大空间建筑等跨区域联合灭火救援实战演练9次。二是提升消防业务素质。省公安消防总队举办全省消防工作战例研讨班，召开消防水源调查暨防护排烟装备实战性能测试示范会，积极开展战训课题攻关。部署开展灭火救援和训练器材革新创新活动，确定33个重点研发项目。其中，“一种灭火脚手架装置”、“一种防火门”、“一种正压式空气呼吸器”等项目获国家实用新型专利。三是规范专职消防队伍管理。制定《甘肃省政府专职消防队抢险救援勤务规程》等7项制度，举办全省第二届专职消防队消防业务培训班，开展政府专职消防队伍执勤管理专项整顿行动、正规化达标试点建设和三级消防员业务技术等级达标评定工作。2013年，全省消防部队共接警出动9363起，出动消防车13944辆次，出动警力91261人次，抢救疏散被困人员41008人，抢救财产价值2.14亿元，在兰州国际马拉松赛、兰洽会、公祭伏羲大典等重大活动安保以及岷县、漳县6.6级地震救援任务中发挥了重要作用。

五、部队全面建设扎实有效

一是强化部队思想政治工作。省公安消防总队严格落实中央“八项规定”，深入开展党的群众路线教育实践活动和纪律作风大检查、执法领域违法违纪突出问题专项整治，出台思想政治教育和主题教育两个实施意见、消防执法“四项”便民利民和改进工作作风“九项”措施，广泛征求部队内外对总队党委和班子成员在“四风”方面的意见建议。二是选优配强各级领导班子。改进干部选拔任用“双考”机制，深化推进绩效考核，推进消防部队正规化达标创建，在公安部组织的班子考核中，消防总队党委被评定为“优秀班子”。引导推进消防人才队伍建设、先进典型培树工作，表彰2个“一对好主官”、9名优秀军政主官、24名优秀团职干部，有效盘活班子和干部工作活力。三是加大惠民惠警力度。投入43万元为“双联”帮扶点金家埡村建设饮水改造、道路亮化、路面硬化、文化启智“四大公益项目”。坚持倾斜基层、服务一线原则，积极为基层办实事、解难事，落实艰苦地区官兵休假疗养、就诊医疗等从优待警措施。

六、消防保障力度不断加大

一是加强经费保障。严格落实财政部《关于印发中央部门基本支出预算管理试行办法》和《甘肃省地方消防经费管理办法》，全省消防业务经费预算首次突破1亿元，地方消防经费总量达4.59亿元。二是加快消防队站建设。2012年以来，全省各级政府划拨土地900余亩，投资4.57亿元新建、改建、扩建消防队站41个，新建支队级指挥中心4个，实现了历史性突破。投资1.9亿元在兰州新区建设占地375亩的消防培训基地，一、二期工程土建全部完成。三是优化车辆器材装备。制定《全省消防部队装备建设评估论证方案》，完成全省13个市州的消防装备评估论证工作，全年累计投入经费6560万元，新购各类消防车29辆、各类器材装备5.12万件（套）。截至2013年底，全省共配备各类消防车477辆、基本防护装备4.39万件（套）、特种防护装备2.34万件（套）、灭火救援器材2.47万件（套）。

七、全民消防安全意识明显提高

一是开展消防宣传进村入户。在社区、学校等人员密集场所，建立消防宣传示范单位1118家。围绕消防法规知识普及、教育，分时段组织开展消防宣传进人员密集场所、宗教场所、公交车、长途车等系列主题宣传活动。针对全省季节火灾特点，组织开展“关注西部留守儿童消防安全活动”、“大学生消防体验活动”、“媒体记者暗访消防活动”，在中小学校开设“快乐消防课”。针对甘南、临夏等少数民族地区农村火灾突出的特点，印制并免费发放《大火警示录》光盘10万张，《我是消防安全卫士》宣传册30万册。二是强化消防教育培训。将消防知识纳入各类教育及职业培训内容，组织开展消防部门的专业培训、中介机构的社会培训、社会单位的全员培训和农村社区的专门培训，累计培训单位消防安全管理人员和自动消防设施操作人员10万余人次，培训乡镇长、村“两委”成员5万余人次。举办消防职业技能培训21期，培训人员3520人次。三是打造“消防公益宣传视频覆盖工程”。持续推进“千里陇原”大型消防广告牌和消防公益宣传视频覆盖工程，累计设置6000余块大型消防广告牌，新安装楼宇电视2000部，总数达1.4万部，在机场、BRT快速公交站点设置消防宣传视频，免费向公交车、长途车等公共交通工具发放60000张消防宣传车载光盘。四是开展全民消防安全演练。开展以“全民生命通道体验宣传活动”为主题的全民消防安全大演练活动，组织消防安全重点单位600余万人次参加灭火疏散逃生演练，进一步提升了全民消防安全素质。

第二十九章 青海省消防工作和队伍建设情况

2013年，青海省消防工作坚持以党的十八大精神为指导，在全省各级各界的共同努力下，政府宏观领导、部门依法监管、社会单位主体“三种责任”体系建设得到全面加强；消防工作社会化、消防安全“网格化”管理、公共消防基础设施建设、基层基础建设和装备建设“五种水平”稳步提升；部队综合保障能力、官兵综合业务素质、部队灭火救援“三种能力”全面加强；全省消防安全形势、部队安全管理、玉树重建消防安全“三大重点领域”持续稳定。

一、强化领导，全面提升消防工作管理水平

一是政府主导地位不断凸显。省、市、县三级政府均组织召开消防工作会议，部署落实全年消防工作，省政府第18次常务会议专题研究部署消防工作。省委、省政府将消防工作纳入州、地、市和省直机关年度目标责任（绩效）考核，并继续纳入省综治委综治考核项目。省政府办公厅印发《青海省人民政府消防工作考核办法》，明确火灾预防、消防安全基础等3大项47小项考核内容，并首次以省政府名义对2012年度全省消防工作先进单位和个人进行了表彰。二是各级领导抓消防工作形成常态。年内，省委、省政府、省政法委、省公安厅及各州、市近百名党政领导带队检查消防工作，协调解决消防安全重大问题。三是责任体系建设成效显著。省政府多次组织召开全省消防工作联席会议，全力推动政府及相关职能部门加强消防安全工作；省安委会先后2次召开专题会议，专题部署全省涉油涉气和易燃易爆场所消防安全大检查；省公安消防总队首次对消防安全不良行为进行公布，全力督促隐患整改。年内，省住建、民政、文化等19个行业主管部门对消防安全工作进行专项部署，各厅、局、委主要负责人带队开展行业消防安全专项检查，累计检查单位6553家，发现并整改隐患1.2万余处。

二、多措并举，全面提升火灾预警防控能力

一是执法规范化建设不断深化。全年清理各级各类消防执法规范性文件26个、地方性消防法规和规章2个，开展消防执法质量交叉考评4次，对9类19种1080个执法案卷逐一进行网上执法案卷交叉考评，评选展评28份优秀案卷，全面提高执法质量。二是专项整治活动不断深化。圆满完成元旦、春节、国庆节等10个不同等级和“清食展”、“青洽会”、“环湖赛”等12个大型活动的消防安保任务。按照“三个100%”的目标，开展“除火患、保平安”、消防安全大排查大整治及第二次“清剿火患”等10类消防安全专项治理活动，全年全省共检查单位51011家，发现隐患91995处，整改隐患90430处，下发《责令改正通知书》29429份，临时查封642家，责令“三停”522家。三是工程质量监督不断强化。严抓重点建设工程质量监督源头关，对31项国家级、省级重点建设工程进行会审，与1000余家建设单位签订《消防安全责任书》，组织召开全省“重点建设工程消防监督管理工作恳谈会”，加强“两未工程”治理，建立健全建设工程消防质量终身负责制档案，及时从源头上消除火灾隐患。四是消防宣传阵地不断深化。在省级媒体开设固定专栏，同时，建立青海消防官方微博、微信等大众化信息平台，不断拓展媒体宣传阵地。开展“坚瑞杯”、“中国梦·消防情”主题消防公益视频广告大赛和有奖征文活动。全年在各类媒体刊发稿件4820篇，其中在中央级媒体发稿106篇；举办各类消防知识专题讲座1500余场（次）；展出宣传展板6200余块，悬挂宣传标语12000余条，设立各类消防公益广告牌164块；播放和发送各类消防安全提示信息323万余次，播放消防公益广告和宣传广播16.9万余次。

三、砥兵砺伍，全面提升部队作战攻坚能力

一是全面开展比武竞赛活动。举办全省首届消防体育竞赛和公安消防部队基层指挥员暨初任攻坚队员培训班，完成基层指挥员100%、士官骨干50%的受训任务。二是全面加强实战演练和装备应用。各级公安消防部队统一规范初战指挥、增援配合、攻坚灭火等关键环节，突出“六熟悉”训练和实兵、实地、实装演练，开展省级规范性实战演练3次，市、县级演练2200余次。举办装备应用竞赛和预案展评等活动，装备器材应用水平大幅提升。三是全面加强消防信息化建设，不断加强灭火救援指挥系统建设。年内，海北、玉树和格尔木消防指挥中心投入使用，西宁、海东、海西和黄南消防指挥中心正在建设。规范通信设备操作流程，制定了卫星动中通、卫星便携站、3G图传等设备训练操法，投入专项资金，购置方舱卫星动中通通信指挥车辆，消防信息保障能力全面提升。

四、强化意识，全面提升部队建设综合实力

一是组织建设水平进一步提升。组织召开了全省公安消防部队政治工作现场会。全省公安消防部队54名同志当选或补选驻地人大代表、政协委员、公安局党委、纪委委员等，4人当选为共青团青海省第十三次代表大会代表。二是队伍建设水平进一步提升。省公安厅政治部开展“双考”选拔团职干部工作，调配艰苦地区干部交流到西宁任职，选拔优秀干部到灾后恢复重建一线工作。三是消防影响力进一步扩大。杜仕海成功当选全国“最美消防员”并荣获全国道德模范提名奖。积极开展联点帮扶和金秋助学活动，累计捐款捐物近70万元，筹措30万元专项资金，在毛玉村开展“党政军企共建示范村”活动。年内，17名女同志分获全国公安消防部队“优秀女警官”等省级以上表彰奖励。

五、狠抓落实，全面提升部队建设保障能力

一是基础设施建设稳步提升。年内，各项重点工程先后开工建设，着力改善官兵生活环境。协调西宁市国土资源局下达了《关于武警青海消防总队共和南路营区规划住宅用地公开转让的批复》，目前已完成全部施工图设计和“两证一书”办理工作，培训基地、警官和高级士官公寓楼和共和南路片区改造全部开工建设。二是装备结构逐步优化。大力推动装备结构转型，全面提高装备建设水平。采购78米登高平台消防车，全力提升高层火灾扑救能力，不断加大城市多功能主战消防车、举高消防车等现代化装备的配备率，加快新型高精尖装备的更新换代，全力推动装备结构逐步由能够扑救一般火灾向打恶仗、打大仗转变。

第三十章　宁夏回族自治区消防工作和队伍建设情况

2013年，宁夏消防工作坚持以党的十八大精神为指导，以落实《国务院关于加强和改进消防工作的意见》（国发〔2011〕46号）和《宁夏消防事业“十二五”发展规划》为抓手，全面推动落实消防安全责任制，扎实开展火灾隐患排查整治，打造素质过硬的铁军队伍，圆满完成了各项任务，为推动经济转型升级、城乡一体化进程和“两区”建设提供了有力的消防安全保障。全区共发生火灾4161起，死亡9人，直接财产损失2149.6万元，火灾形势保持平稳。全年共接警出动6851次，出动警力62794人次，抢救和疏散群众7281人，抢救财产价值2.5亿元。

一、消防安全责任制深入落实

各级党委、政府把公共消防安全纳入政府效能目标建设、社会治安综合治理和文明城市创建等考评内容。自治区政府出台了《消防工作考核办法》等政策性文件，先后7次召开消防安全工作会议和消防安全监管厅际联席会议，并组织开展了为期4个月的消防安全大排查大整治活动。自治区10余位党政领导多次带队检查消防工作，市、县两级政府50余次召开会议，全面推动了消防安全责任制落实。

二、火灾隐患排查整治工作取得实效

坚持“政府主导、部门联动”的工作原则，组织开展了“除火患、保平安”冬春专项行动、消防产品专项治理、消防安全大排查大整治等消防安全专项治理活动。教育、文化等行业系统组织开展了商品市场、校园周边和交通运输领域的消防安全专项整治。全区共组织排查单位场所12.57万家（次），发现火灾隐患7.6万处，督促整改重大火灾隐患29处，关停单位场所848家，集中销毁假冒伪劣产品527件。大力普及消防安全知识，在主流媒体开办消防宣传专栏15个，举办各类培训班583期，培训党政领导、社会单位负责人15.81万人次。圆满完成了中阿博览会、房车博览会等“六大节会”和其他大型活动的消防安保工作任务。

三、消防安全管理服务能力有效提升

推行“网格化”、“户籍化”管理模式，推动各地划分消防安全管理大、中、小网格29206个，明确网格管理人员4796人。组织召开了全区消防监督信息化管理工作现场会，推动2373家消防安全重点单位和75家火灾高危单位建立“户籍化”管理台账。研发了消防产品流向信息跟踪管理平台、消防设施数字化综合监管系统，建立完善了消防安全不良行为公布等工作机制，制定实施了《小微企业和小场所消防监督管理服务措施》和《消防行政审批便民利民“三项措施”》，组建了消防职业技能培训学校和消防职业技能鉴定站，累计培训人员2000余名，鉴定职业技能人才485人。推进建筑消防设施免费检测，共检测面积400余万平方米，免除企业检测费867万元，全面提升消防安全管理服务效能。

四、公共消防基础建设更加夯实

各级规划、建设等部门加快消防规划的编制和批转实施工作，全区市、县、重点镇和82个建制镇的消防规划全部编制完成并有效落实，城市和建制镇建成区的市政消火栓总数达到4756个，各地新增农村消防水池或取水点122处。将农村消防队建设纳入2013年“10项民生计划”为民办30件实事，依托乡镇派出所再建了20支农村消防队。协调三级财政投入经费1010万元，确保农村消防队伍建设经费足额拨付到位。经过3年的努力，新建农村消防队76支，完成了9个消防队站的建设、翻修和4个综合训练馆的建设任务。

五、消防应急救援作战能力稳步提升

坚持“实战化”练兵。组织举办了五市公安消防部门业务比武竞赛；大力推进基地化、模拟化训练，组织开展真火训练和烟热、轰燃模拟训练。扎实开展消防水源调查、防护排烟装备、消防车水泵、市政消火栓等各类测试2000余次。坚持“多样化”建队。采取“分散培训、跟班实践”的方式，加强对专职消防队业务指导，实现乡镇消防员新训复训率100%；组织对全区消防铁军中队攻坚组编配进行调整，对13个一星级铁军中队进行了年度复评；加强水上救援队伍建设力度，充实完善7支地震搜救队的人员和装备配备；围绕力量集结、机动投送等6个科目开展了7次野外拉动演练；全区各级财政累计投入1.4亿元用于加强装备建设，逐步实现车辆装备从数量规模型向质量效能型的转变，进一步提升部队攻坚克难能力。坚持“信息化”牵引。全省累计投入3000余万元完成消防指挥调度网和各级指挥中心等11个重点项目建设，形成全区高效快捷的信息化应用和综合指挥体系，全面提升部队适时处警作战能力。

第三十一章　新疆维吾尔自治区消防工作和队伍建设情况

2013年，新疆消防工作和队伍建设坚持以党的十八大精神为指导，牢固树立居安思危理念，着力推进《国务院关于加强和改进消防工作的意见》（国发〔2011〕46号）和自治区“十二五”消防规划的贯彻落实，强化消防安全责任制落实和社会消防管理创新工作，不断提升火灾防控能力，有效地确保了全区火灾形势和队伍持续稳定。全区共发生火灾11895起，死亡32人，受伤 26人，直接财产损失8685.7万元。

一、全力维护消防安全形势稳定

一是坚持依法治火。自治区政府出台《消防工作考核办法》《火灾高危单位消防安全管理暂行规定》，建立消防工作考评体系，明确高危单位界定标准和管理要求。全区新编制审批城镇和工业园区消防规划20个，新增消火栓、水鹤2419个。公安机关、司法部门联合制定出台《监管场所消防安全管理规定》，规范和加强监管场所消防管理工作。乌鲁木齐市研究制定《乌鲁木齐市消防安全管理条例》，已通过市人大第一次审议。二是坚持专项整治。自治区安委会、公安厅部署开展“除火患、保平安”、综合性建筑场所大排查大整治、消防安全“三项行动”等专项治理，持续推进建筑消防设施“三化”建设。集中治理油气和粮棉储存加工场所、液氨使用场所突出问题，共检查单位14万余个，督促整改隐患18万余处，拆除违规装修材料和彩钢板建筑14万余平方米，查封、“三停”3198家，重点单位连续4年未发生亡人火灾事故，确保了火灾形势持续稳定。三是坚持重点保卫。自治区公安消防总队出台《第三届中国—亚欧博览会消防安保工作总体方案》《“迎亚博、保平安”消防安全专项整治工作方案》，成立消防安保指挥部及8个职能小组，从5月至9月开展消防安全系列专项行动，圆满完成亚博会消防安保任务。四是坚持管理创新。自治区公安消防总队组织开展建筑消防设施“三化”建设达标验收活动，设有自动消防设施的单位“三化”建设100%达标；出台《网格化管理工作规范》《户籍化管理系统推广部署方案》，88.1%的农村社区达到“网格化”建设要求，98%的重点单位实施“户籍化”管理；自治区公安、住建、发改等部门联合出台《建设工程消防质量终身负责制实施办法》《消防安全不良行为公布制度》《建设工程消防设计审核技术审查与行政审批分离制度试点工作方案》，扎实推进“三制”工作；自治区公安厅出台《派出所消防监督管理规定》《派出所消防监督工作规范》，持续开展“争先创优”活动，提升派出所消防监管水平；推进科技强警工作，确定6个科研项目，完成了高压细水雾灭火系统项目的实验室建设工作，其中1个项目被公安部消防局确定为全国试点项目。五是坚持宣传先行。开展第二届“聚焦新疆消防”宣传作品征集评选、《全民消防安全宣传教育纲要》颁布两周年宣传周、119消防宣传周等系列活动；创建自治区消防安全教育示范学校和消防科普教育基地69个；在主流媒体开设专栏，及时刊播消防工作动态和消防安全提示信息。

二、全面提升灭火救援实战水平

一是深化灭火救援力量体系建设。制定《国家（新疆）陆地搜寻与救护基地轮执轮训实施方案和训练计划》，从全区公安消防部队抽调83名官兵开展轮执轮训工作，推进基地规范化运行。全面开展星级铁军中队达标创建活动，全区60%以上的执勤中队达到铁军中队标准。加强地震救援能力建设，组建重型地震救援队9支、轻型地震救援队8支，开展实地跨区域地震救援拉动演练3次。在基层单位广泛组建处突护卫组，配合公安机关处置了多起暴力恐怖事件，全年执行各类执勤保卫任务604起。二是深化岗位练兵活动。组织基层指挥员考核评比活动，分批举办基层指挥员集中培训班，稳步提升指战员基本功。加强搜救犬队伍建设，精心组织搜救犬比武集训，在全国公安消防部队第二届消防搜救犬技术比武中获团体第三名。三是深化扁平化指挥效能。依托一体化灭火救援业务管理系统，建立完善8类信息数据库，推行指挥中心作战室、作战值班室、战备资料室和指挥器材库“三室一库”建设工作，完善全勤指挥部应急响应等工作制度，推进联勤联动工作机制，强化实地拉动演练，提升跨区域合成指挥作战能力。四是深化信息化建设。新建总队信息中心存储系统，对综合业务平台及消防监督系统数据库利用集群软件进行部署，解决单点故障，实现负荷均衡，提高数据访问效率；完成支队级图像综合集成建设工作，推动建立“可视化”消防指挥调度体系；配合公安部消防局对一体化消防业务信息系统及13个部队管理子系统进行了56次的升级更新工作，通过武警部队“十一五”信息化建设项目验收，在2013年公安部消防局信息化建设考核中，取得全国公安消防部队第二名的成绩，总队连续5年被公安部消防局评为“信息化建设先进总队”。五是深化多种形式消防队伍建设。组织全区专职消防队伍150名基层指战员开展了为期40天的集中培训，与武警学院消防指挥系沟通协调，组织45名专职队指挥员在武警学院举办一期消防指挥培训班，联合自治区安委会开展专职消防队应急救援比武竞赛活动，激发专职消防队伍练兵热情。

三、稳步提升战勤保障能力

一是实现经费投入新突破。2013年，全区消防部队（含总队本级）纳入财政预算经费2.21亿元，较上年增长51.37%，消防业务经费保障水平得到大幅提升。总队本级消防业务经费纳入财政预算5299万元，比2012年增加749万元，增长了16.5%。二是实现基础建设新突破。2013年，全区新建竣工消防站11个，年内投入执勤消防站5个，新批准开工建设消防站7个，新增市政消火栓1327座。全区投入执勤现役消防站共99个，在建消防站36个，全区市政消火栓总数达到11159座。三是实现装备效能新突破。完成《新疆消防部队2012～2015年灭火救援装备建设规划》年度任务和消防装备评估论证工作，全区50%的执勤中队配备达到《城市消防站建设标准》。2013年，全区共投入8363万元购置灭火救援车辆39台，各类消防装备5.5万件（套）。四是实现战勤保障格局新突破。根据区域灾害事故特点，有针对性地加强战勤保障大队建设，按照“属地为主、分级负责、遂行保障、纵向调度、横向协调”的原则，建立健全分级响应、指挥调动和社会联动机制，制定社会化保障协议和模块化保障预案，组织开展了贴近实战的联勤保障演练。

四、确保队伍纯洁稳定

一是加强思想政治建设。全区公安消防部队深入学习贯彻党的十八大精神，扎实开展党的群众路线教育实践活动，在昌吉召开“全区消防部队政治工作暨廉政建设现场会”，推广思想政治教育暨廉政建设成果。深入开展先进典型培树工作，自治区公安消防总队机关和14个支队级单位被评为自治区级“文明单位”。二是加强班子队伍建设。自治区公安消防总队召开首次党代会，推行党委研究决定重大事项票决制和党务公开，提高民主科学决策水平。深入落实中央“八项规定”和公安部“三项纪律”，加强监督防范，对各类违纪行为实行“零容忍”，完善了自律机制、防范机制和惩戒机制。三是加强部队正规化建设。结合新疆维稳形势，完成58个执勤中队营区管控系统、837台车辆GPS监控系统的安装，基层单位安装红外幕墙、指纹识别系统和电子门禁系统等安全设施，全面启动“武器信息管理系统”，部队安全防控能力明显提升。为有效缓解基层一线警力严重不足的矛盾，自治区公安消防总队积极协调自治区编办、人力和社会资源保障厅等单位，推动200名消防文员编制的落实，首批公开招聘116名消防文员的报名、资格审查工作已完成。

第三十二章　新疆生产建设兵团消防工作综述

2013年以来，新疆生产建设兵团公安局消防局紧紧围绕“平安兵团、法治兵团”建设，坚持讲法治、讲规范、重基层、出实招、抓业务、强基础，着力推动各师落实《国务院关于加强和改进消防工作的意见》（国发〔2011〕46号）和《兵团消防工作“十二五”规划》，进一步深化了构筑社会单位消防安全“防火墙”工程建设，有效维护了兵团消防安全形势持续稳定。据统计，全兵团共发生火灾152起，死亡6人，伤4人，直接财产损失833.49万元。

一、开展“除火患、保平安”冬春专项行动

依据公安部“除火患、保平安”冬春专项行动的要求，兵团公安局从1月6日起至全国“两会”结束，组织开展“除火患、保平安”冬春专项行动，共检查各类社会单位850家（其中人员密集场所489家，企事业单位35家，宾馆、旅馆166家，网吧30家，加油站17家，其他消防安全重点单位284家），发现火灾隐患834处，当场整改隐患523处，督促整改火灾隐患153处，下发《责令立即改正通知书》25份、《责令限期改正通知书》52份、《临时查封决定书》1份，临时查封2家，取缔1家。期间，开展宣传活动4次，张贴消防安全知识宣传画30张、宣传标语120条，发放消防安全知识宣传单4130余份，营造了浓厚的防火安全舆论氛围。

二、开展重点场所火灾隐患排查整治

为深刻汲取吉林省等地化工企业爆炸事件的教训，经兵团防火委同意，6月8日至8月8日，部署在各师开展了为期60天的重点场所火灾隐患排查整治专项行动，共排查工业园区37个，企业单位377家，其中105个在建企业，216个生产企业，9家停产企业，未审未验的违法违规企业47家；粮食、可燃物资库114个，其中国储粮库13个、企业储库10个、地方储库3个、师团储库10个；农资储库千吨以上8个、棉花储库千吨以上10个、酒类储库千吨以上4个、煤焦油储库千吨以上3个；排查易燃易爆危险品生产、经营、储存、使用场所274个，共发现一般火灾隐患1511处，重大火灾隐患51处，当场整改火灾隐患314处，下发《责令立即改正通知书》588份，《责令限期改正通知书》523份，临时查封35处。

三、开展消防安全大排查大整治活动

按照公安部《深入开展消防安全大排查大整治活动工作方案》和兵团《关于集中开展安全生产大检查工作的实施方案》，防火委办公室结合地区消防安全突出问题，研究制定《深入开展消防安全大排查大整治专项方案》，从6月25日至10月10日开展大排查大整治专项行动，各师累计有1945家单位进行了自查

评估，并就自查发现的问题及时整改；公安消防部门和派出所对辖区1033个消防安全重点单位进行了督导和检查，建立检查台账，并对691家自查评估合格单位进行了消防安全抽查验收。

四、政府挂牌督办重大消防安全违法违规项目

经消防局普查和兵团同意，对辖区内177个违法违规项目进行了政府挂牌督办。目前，有18个项目完成验收程序，合法使用；81个项目正在履行审核、验收程序；9家企业属于长期停工状态；69家企业还在督办中。

五、加强兵团消防工作规划和组织领导

兵团防火委办公室历经2年调研撰稿，于2013年5月2日正式颁布实施兵团《消防工作“十二五”规划》。根据国务院办公厅《消防工作考核办法》和兵团领导批示精神，结合兵团实际，起草了《兵团消防工作考核办法》和《兵团消防安全职责》，并经防火委领导同意，送兵团有关单位征求意见。完成《兵团城镇化建设公共消防基础设施建设的思考》课题研究，主要分析了兵团确定“以城镇化为载体、新型工业化为支撑、农业现代化为基础”的发展目标以来，公共消防基础设施欠账、落后的现实，重点阐述了当前制约各师、团投资公共消防基础设施建设的主要原因，收集整理了兵团工业建设、城镇高层建设等相关数据，归纳总结了兵团目前消防安全公共服务所承载的压力。

六、加强消防安全教育示范学校培育

根据国务院《关于进一步加强和改进消防工作意见》和《全民消防安全宣传教育纲要（2011～2015）》，结合全国开展的“消防安全教育示范学校”创建活动，按照兵团“消防安全教育示范学校”考核评选细则和公安局、教委联合印发的《关于开展“兵团消防安全教育示范学校”创建活动的通知》，在兵团辖区全面开展“消防安全教育示范学校”培育工作，评审出30所“兵团级消防安全教育示范学校”。

七、推动加强兵团消防基础工作

2013年，兵团各师新增消防车辆35辆，全兵团消防车辆达到142辆；成立专职消防队58支，271人；兼职消防队539支，5740人；志愿消防队213支，3132人。2013年，各师共投资消防公共基础设施及器材、装备、技术改造资金9933.97万元，与去年相比增加1884.17万元，各师用于消防安全的投资比例上升19%。兵团公安局消防局历时2年开发了综合业务信息系统，并于2013年10月30日正式上线运行，2014年1月兵团辖区消防行政审批服务将实现互联网上申报办理，缩短建设项目消防设计审核、验收受理时限，进一步方便辖区企业和群众。

第三篇

相关行业系统消防工作综述

第一章　森林消防工作综述

受高温少雨、极端天气等不利因素的影响，2013年，我国西南、西北、华北部分地区旱情严重，云南、四川南部甚至出现了4年冬春连旱，森林火险居高不下的情况。针对严峻的森林防火形势，党中央、国务院高度重视，国家森防指、国家林业局专题部署，各地党政领导亲自督促检查，确保工作部署落实到位。据统计，全国共发生森林火灾3929起，受灾森林面积1.37万公顷，人员伤亡55人（其中死亡38人），与前三年（2010～2012年）同期均值相比，分别下降31.6%、52.5%和25%，未发生特大森林火灾和重大伤亡事故，森林防火工作实现了连续5年火灾次数、受害森林面积呈下降趋势。

一、坚持高位推动，抓好部署落实

调整充实国家森防指领导和成员，新增国家旅游局、总后基建营房部、空军司令部为成员单位，国家森防指成员单位由19家增加到22家。国务院组织召开了全国森林草原防火和造林绿化工作电视电话会议，副总理汪洋出席会议并做重要讲话。国家森防指坚决贯彻落实党中央、国务院领导重要批示指示精神，多次召开党组会议研究部署森林防火工作，组织工作组深入林区督促检查、会商火情、指导扑救。春、秋防期间，先后组织由局领导和有关司局、部门领导带队的20个森林防火工作组深入基层开展检查活动。在清明、“五一”、国庆长假等关键防火时期，国家森防指还通过召开视频调度会议、下发紧急通知、派出督察工作组等形式，有针对性地对高火险地区森林防火工作做出部署、提出要求，实现了森林防火工作高层推动、层层落实。

二、强化火险分析，科学预警监测

密切关注气候、物候和旱情的变化趋势，严密监测天气、可燃物、火源状况，及时制作发布高火险天气警报和高森林火险预警信号。积极与国家气象中心、国家气候中心进行会商，及时交换各类预报、实况信息，适时调整预报等级和发布模式，满足实际工作需要。组织召开春、夏和秋冬季三次全国森林火险形势会商会，为各地森林火险预防、扑救工作提供科学依据。启动卫星林火监测系统和林火监测热点反馈与统计升级项目，对卫星林火监测系统的图像处理软件、成果发布、热点反馈情况统计等功能进行优化，提高预测预报的精度。维护管理VSAT卫星通信系统，实现了扑火前指与局指挥中心的视频联通和数据传输。对“一键对星”VSAT应用卫星通信系统设备进行技术培训和测试，为全国森林防火应急卫星通信网组建设备选型提供依据。加强森林火险预警系统建设，强化省级预警系统作用，实现统一管理、分级运行、资源共享，最大限度发挥系统作用。开展预警系统、预警模型升级完善，编制系统二期建设可研报告。全年制作发布《森林火险气象等级预报》305期、《未来一周全国森林火险预测》42期、《高森林火险天气警报》129期、《重大森林火灾火场气象服务》25期；《高森林火险预警信号》37次；制作发布监测图像9420余幅，监测热点9100多个，其中反馈为林火682起，与上年同期相比，热点增加45%，林火下降9%。

三、做好基础保障，提高扑火能力

以《国家森林火灾应急预案》的发布为契机，开展系列贯彻落实工作，完善基层预案体系。完成了《国家林业局森林火灾应急预案》和《国家森防指办公室森林火灾应急处置细则》的修订，制作《森林火灾应急预案手册》《森林火灾应急处置简明操作指南》，下发《国家森防指国家林业局关于认真贯彻落实〈预案〉的通知》，对各地相关工作进行部署。举办省级林业厅（局）主管领导预案专题培训班，邀请国务院应急办、清华大学等单位专家就预案相关内容进行专题授课。制定下发《国家森林防火指挥部关于进一步加强森林消防队伍建设的意见》，从指导思想、基本原则、队伍分类、建设标准、管理机制和保障机制等5个方面为队伍建设工作指明方向。在江西省举办森林消防队伍建设现场会，重点推广先进地区队伍建设经验做法。各地区按照《意见》要求，积极制定出台相关政策规定，有力促进了我国森林消防队伍建设质量和水平的显著提升。目前，我国森林消防专业、半专业队已基本覆盖整个林区，全国有防火任务的2532个县级单位中2531个建设了专业（半专业）森林消防队；全国现建有专业森林消防队3038支，10.6万人；半专业森林消防队18300支，53.5万人；应急森林消防队4848支，23.5万人；群众森林消防队13万支，278.3万人。为提升扑火指挥员业务技能，先后围绕政策法规、林火原理、技术装备、灭火战术、组织指挥和队伍建设等方面举办5期专题培训班。积极协调、配合财政部开展森林防火经费保障工作调研，并在国家财力紧张的情况下仍大幅提高2014年森林防火预算资金。提前下达2013年12亿元中央预算内森林防火基本建设投资计划，启动实施各类建设项目124个。协调国家发改委开展《全国森林防火中长期发展规划》中期调整工作，对“十三五”规划课题开展前期研究。加强项目储备，初审各类建设项目200多个，配合计财司新批复防火项目63个，批复中央投资近8亿元，使中央投资储备达到21亿元。编写完成3年中央投资10亿元的试点方案，国有林区森林防火应急道路建设取得突破性进展。向财政部、国家税务总局申请1034个森林消防专用车辆免税指标。评选发布首批15个全国森林防火基本建设示范项目区，推动全国森林防火项目建设水平的提升。修改《全国森林消防标准化技术委员会章程》《全国森林消防标准化技术委员会秘书处工作细则》《全国森林消防标准化技术委员会五年工作计划》，完善标准体系框架。制定下发《全国森林防火通信与信息指挥系统建设指导意见》，起草《全国森林防火通信与信息指挥系统建设技术指南》和《森林防火体系认证工作方案》，进一步规范森林防火通信和认证工作。密切关注火险形势，及时应对突发火情，先后向云南、四川等10余个高火险省区和火灾多发区调拨扑火物资10000余件（台、套），妥善处置了云南楚雄“4·23”、湖南冷水江“8·10”、陕西安康旬阳“10·12”等森林火灾，最大限度减少了火灾损失。派团赴俄罗斯、蒙古、澳大利亚等国进行森林防火考察交流和联防会晤，参加海关总署及哈萨克斯坦、越南考察团座谈会，协调外事部门落实边境森林防火联防工作。

四、加强航空消防，构建综合防控体系

在北京、河北、山西等16个省（区、市）开展了森林航空消防工作，航护面积265万平方千米，占国土总面积的27.6%。指导、协调北方、南方航空护林总站提前落实机源，确保航护工作的正常进行。全年共租用飞机196架次，其中直升机118架次，固定翼飞机67架次。截至11月20日，累计飞行3110架次、7071小时36分，空中发现和参与处置林火125起，对其中57起林火实施了吊桶灭火，吊灭飞行144架次248小时28分，洒水4908吨；机降飞行76架次83小时2分，运送扑火队员752人；运送扑火物资4.6吨；配合地方森林防火部门开展了防火宣传，投撒防火传单21万份。在处置云南楚雄“4·23”森林火灾中，紧急调动3架直升机（1架小松鼠、2架卡-32）支援火灾扑救工作，共计飞行31架次46小时，提供火场侦察报告7份、火场态势图7份、航拍图片62份、空视图片110份、火场视频30分钟，吊桶洒水447桶（1788吨）；紧急调动4架直升机参与处置湖南多起森林火灾。协调中国中信集团有限公司与国家林业局签订《森林航空消防战略合作协议》，借助大企业集团的资金、技术和商务运作能力引进国外先进灭火飞机。

五、强化值班调度，确保信息畅通

开展“天地图”和全国视频系统接入调研，完成指挥中心综合调度指挥系统测试演练，确保实战指挥决策系统正常应用。在防火紧要期，及时启动加强班计划，调整充实值班力量，保障处置工作及时高效。严格督促各地落实“有火必报”制度、卫星监测热点核查“零报告”制度和每日火灾报告制度，确保火情报送及时、全面、准确、规范。及时发布了森林防火官方微博信息，正确主导社会舆论。据统计，全年（截至11月25日）共编发《值班信息》233期、《火情快讯》129期、《值班日志》769条、《明传电报》19期、火场资料69条。

六、开展宣传表彰，提高群防意识

在中央电视台《新闻报道》栏目中多次播出“国家森防指发布高森林火险警报”消息，《天气预报》连续多次播出“林区火险等级天气预报”。中国广播网、人民网、搜狐网、新浪网、网易、中国林业网、中国森林防火网等主要网络报道森林防火信息1000余条，《中国绿色时报》刊发森林防火信息400

余条；森林防火微博发布信息487条。开展2010～2012年度全国森林防火工作先进单位和先进个人表彰活动，国家林业局和人社部联合表彰了5名森林防火全国林业系统先进工作者，国家森防指、国家林业局联合表彰了120个先进单位、239名先进个人，1384人获得全国森林防火工作纪念奖章。《中国绿色时报》专门开辟《森林防火先锋》栏目，对5名森林防火全国林业系统先进工作者和突出的全国森林防火先进单位、个人进行集中宣传报道。

第二章　草原消防工作综述

2013年，全国各级草原防火部门切实履行职责，紧紧围绕“减少草原火灾，降低火灾损失”的目标，坚持预防为主、防消结合的工作方针，切实做到工作早部署、责任早落实、隐患早排除、火险早预报、火情早发现、火灾早处置，使草原防火各项工作稳步推进。

一、做好草原火灾防控部署和应急处置

一是周密部署防火工作。农业部草原防火指挥部及时制定《2013年草原防火工作方案》。3月底，国务院召开全国森林草原防火工作电视电话会议，对2013年的森林草原防火工作进行统一安排和部署。在春秋两季草原防火期前，及时印发通知、召开会议，要求各地认清防火形势，加强宣传教育，强化火源管理，严格应急值守，妥善处置草原火情。各地按照全国草原防火工作的总体要求，分解任务，细化措施，扎实做好各项工作。二是强化防火值班和火情监测预警。在草原防火期坚持24小时值班，对全国“两会”、“五一”和“十一”等重点时期的值班工作进行周密安排，确保火情信息畅通。同时，与中国气象局、中央气象台合作，联合开展草原火灾气象监测预警预报，共发布草原火险预警预报53次，接收和处置卫星监测热点1.1万个。三是深入开展防火督查。农业部草原防火指挥部组成5个督查组，分赴内蒙古、甘肃、青海和黑龙江等重点草原防火省（区）进行专项督查，对各地工作部署、火灾隐患排查、草原火灾应急值守、草原防火制度建设、防（扑）火队伍和物资准备等情况进行指导。各地采取蹲点督导和突击检查等形式开展隐患排查，全年共出动排查人员近4万人次，排除火灾隐患1500余处。四是妥善处置草原火灾。严格执行草原火灾应急预案和火灾报告制度，全年共启动草原火灾II级应急响应3次，III级应急响应13次，向国务院总值班室、中办值班室报送草原火灾情况专报《农业部值班信息》18期。先后从中央草原防火物资储备库向河北、内蒙古、青海和新疆4省（区）草原防火办调拨防（扑）火物资1288件（台、套），扑火运兵车1辆，火情巡查摩托14辆，向四川省芦山地震灾区紧急调运50顶10人帐篷。

二、加强草原防火项目管理和实施工作

一是强化基础设施建设。积极争取国家发改委、财政部支持，2013年共安排中央投资7000万元，建设草原防火物资库（站）26个，开设边境草原防火隔离带2889千米，新增风力灭火机6800台、野外生存装备4600套等防火物资。截至2013年底，全国累计建设草原防火

指挥中心36个、草原防火物资储备库61个、草原防火站129个，共储备风力灭火机等防（扑）火机具3万多台、野外生存装备1万多套。二是开展专项检查。制定草原防火项目检查方案，组成5个检查组分赴河北、山西、内蒙古、辽宁、吉林、四川和青海等7省（区），对2009～2011年草原防火基建项目及边境草原防火隔离带建设补助项目建设管理情况进行专项检查。三是实施科研项目。组织、协调有关科研单位，根据公益性行业科研“草原火灾应急管理技术”项目实施计划完成年度各项科研任务。

三、推进规划、制度编制工作

一是编制管理办法及规划。积极征求意见，进一步修改完善《草原消防车辆管理办法》和《全国草原防火中长期发展规划》，编制《全国草原防火基础设施建设规划（2014～2020）》。二是编印防火法规汇编。整理汇总各地出台的草原火灾应急预案、条例和配套规章制度，按法律法规、部门规章、政策文件、各省预案及有关管理办法等5部分对草原防火政策法规进行汇编并印发各地。

四、强化防火宣传与培训工作

一是积极开展宣传。广泛宣传草原防火知识，组织开展草原防火宣传活动1650次，发放宣传教育材料近千万份，在中国政府网、新华网、人民网、农业信息网、中国草原网及《农民日报》等主要新闻媒体报道草原防火信息200余条。二是组织开展演练。组织召开全国草原防火应急队伍建设现场会，时任农业部副部长高鸿宾出席会议并讲话。举办全国草原防火实战技能大比武活动，农业部草原防火指挥部总指挥于康震副部长出席活动并讲话，来自河北等14个草原防火重点省（区），以及新疆生产建设兵团、黑龙江农垦总局草原防火办共16支代表队参加了技能大比武。公安部、国家林业局、武警森林指挥部、中国气象局、农业部草原防火指挥部成员单位等派员观摩活动。一年来，全国共组织部、省、市、县应急演练1300多次，参演人员6.2万人次。三是举办防火培训。在全国第五个防灾减灾日，农业部草原防火指挥部办公室在中央草原防火物资储备库举办了以“防火减灾、福佑草原”为主题的草原防火实战技能培训活动。各地共开展草原防火培训1000余次，培训6.6万人。

第三章 铁路系统消防工作综述

2013年，铁路公安机关消防机构认真贯彻铁路总公司、公安部关于开展安全生产专项治理和火灾隐患排查治理的总体部署，以旅客列车、公众聚集场所、重点行车场所、机车车辆存放场所和物资集中场所为重点，深入开展消防监督检查，督促铁路单位层层落实消防安全责任制，大力整治火灾隐患。全年共发生火灾事故25起，直接财产损失448万元，与去年同期相比持平，直接财产损失上升60.6%。未发生特别重大、重大和较大火灾事故，铁路系统消防安全形势总体平稳。

一、部署消防安全专项检查，督促整改火灾隐患

在春运、铁道部改制以及全国开展安全生产大检查期间，结合铁路公安工作实际，部署开展铁路消防安全排查整治。此外，在火灾高发时期先后组织开展了铁路公众聚集场所、旅客列车和铁路危险品消防安全专项检查。据统计，全年共检查旅客列车39314列668338辆，人员密集场所33887处，重点行车场所17456处，物资集中场所12823处，机车、车辆存放场所4971处，易燃易爆场所2757处，其他场所20458处。共发现隐患96243处，督促当场整改78539处，限期整改17704处。填发《消防监督检查记录》83257份、《责令立即改正通知书》4832份、《责令限期改正通知书》5221份、《重大火灾隐患整改通知书》31份、《同意、不同意恢复施工、使用、生产、经营决定书》3份、《不同意投入使用、营业决定书》2份、《临时查封决定书》283份。实施行政警告1401起、罚款6173起、拘留2起，内部经济处罚318起，高铁、动车上吸烟治安处罚208起。

二、加强新线建设消防监督，确保消防相关工程质量

针对宁杭、杭甬、盘营、向甫、津秦、西宝、渝利、厦深、广西沿海和湘桂扩能、武咸多条高铁开通的情况，部署相关公安局消防部门严格把好审核、验收及施工期间的监督检查关口，主动与建设、设计、施工单位进行沟通、协调，督促相关单位制定整改方案，跟踪落实整改，加快施工进度，确保新线工程依法通过消防验收，按期开通投入使用。按照总公司、公安局相关部署，派员参加新线工程初验、安全评估工作，严格把好消防安全关。

三、加强消防业务培训，提升队伍素质

按照铁路公安局2013年教育培训计划，6月、10月分别在郑州、南昌铁路人民警察学校举办铁路消防监督检查、火灾事故调查培训班，全路18个公安局消防部门225名同志参加学习。邀请中国人民武装警察部队学院和铁道警官高等专科学校学者、教授以及路内专家授课，通过培训提高了消防监督人员的理论素养和实际操作能力。

2013年，全路公安机关消防机构紧紧围绕为铁路运输生产和建设创造良好的消防安全环境，认真履职、奋发创新，做了大量卓有成效的工作，但仍存在一些问题：一是客车火灾事故比较突出。在消防安全专项检查密集开展的情况下，2013年仍发生客车火灾7起，与去年持平，占火灾总数的28%。从火灾成因看，7起火灾中，1起因职工违章吸烟造成，6起因车辆设备不良造成。二是一些单位还存在火灾隐患。由于历史原因，一些车站消防设施不足，80%的四等以下车站还不具备扑救客货列车火灾的能力。三是信息化建设推进缓慢。消防监督管理信息化平台尚未建立，工作数据集成方式落后，不能实现即时动态生成，消防安全重点单位监督管理、重大火灾隐患挂牌督办等重点工作缺乏流程监控。

第四章　交通港航系统消防工作综述

2013年，交通公安消防机构在交通部、公安部的领导下，认真贯彻《消防法》和《国务院关于加强和改进消防工作的意见》（国发〔2011〕46号），进一步落实消防安全责任制，创新监管理念、工作方法、服务方式，为交通港航运输生产创造良好的消防安全环境。全年，交通港航系统共发生火灾事故36起，死亡5人，受伤5人，直接财产损失1366.75万元，未发生较大以上火灾，火灾形势保持持续平稳。

一、部署开展“除火患、保平安”冬春专项行动

根据公安部“除火患、保平安”冬春专项行动方案要求，结合交通港航实际，制定交通港航系统行动方案。专项行动期间，共出动警力14150人次、5108车（次）、833船（次），组织检查7158次，检查单位6585个、场所8913个、船舶3172艘，排查隐患6469处，实施行政处罚153次，行政处罚28.88万元，拘留3人。

二、 开展消防产品质量专项整治、“消防设备器材宣传检查周”活动

港航各单位紧紧围绕“消防器材设备，灭火救援保障”的活动主题，开展各类宣传教育活动2489次，设置68个集中咨询点，张贴各种消防宣传标语、横幅1401条，举办各种宣传栏、板报展等1128期，开展消防培训223场（次），发放消防宣传材料21799份，受教育职工、旅客63767人次；组织抽查各类灭火器6万余具，消防泵房起泵测试1000余台（次），危化品接卸码头、库区固定消防设备测试500余台（次）；指导单位开展消防演练241次，7062人次参演；各港航企业开展各种消防器材培训演练活动2014次，5万余人次参加。

三、开展港航易燃易爆场所消防安全专项整治

为进一步加强港口石油化工码头、罐区、危险品库场、加油加气站等易燃易爆场所的消防安全管理，确保港航运输生产安全，交通公安消防机构部署开展了为期一个月的易燃易爆场所消防安全专项整治工作。

四、深入开展消防安全大排查大整治

为认真贯彻落实中央领导同志重要指示精神，深刻汲取重特大火灾事故教训，按照交通运输部召开的全国交通运输安全生产电视电话会议和公安部召开的深入开展消防安全大排查大整治活动电视电话会议部署要求，6月10日至10月15日，在港航系统深入开展了消防安全大排查大整治活动。期间，各交通港航公安机关制定方案，全警动员，深入排查整治消防安全隐患，共出动警力13197人次、2315车（次），船艇859艘（次），排查整改消防安全隐患6751

处，办理消防行政案件189起，罚款9万余元；开展消防安全宣传教育培训543场（次），组织消防演练403场（次），制作宣传条幅、电子显示屏479幅，发放各类消防宣传资料8059份，受教育职工群众69424人次。9月下旬，交通运输部公安局组织5个检查组，对活动开展情况进行检查。

五、抓好今冬明春第二次“清剿火患”战役

针对港航冬季火灾高发期特点，为切实加强冬季火灾防控工作，坚决预防和遏制重特大火灾事故发生，按照公安部统一部署，结合交通港航消防安全管理实际和冬防工作要求，制定下发《交通公安今冬明春第二次“清剿火患”战役工作方案》，对交通港航单位全面强化今冬明春消防安全管理工作提出具体要求，明确工作任务，狠抓工作落实，确保了港航单位消防安全。

第四篇

消防社团、产品评定、科研教学等机构工作综述

第一章　中国消防协会工作综述

2013年，中国消防协会在公安部及中国科协的正确领导下，以党的十八大、十八届三中全会精神为指导，充分发挥协会在消防学术交流、科技服务、科普宣传、对外民间交往、承接政府转移职能等方面的优势，开拓进取、务实工作，不断创新服务手段和活动载体，努力开创协会工作的新局面，各项工作均取得了新的进展。

一、协会建设

2013年，协会获“中国科协系统2012年度统计工作一等奖”，被中国科协科普部评为“2013年度全国学会科普工作优秀单位”，获《中国科学技术协会年鉴》（2013）“优秀组织单位”，中央政治局委员、国家副主席李源潮同志2次对协会积极承接政府转移职能，强化服务能力，开展消防行业特有工种职业技能鉴定工作的做法予以肯定。7月25日，会同中国汽车工程学会在北京共同举办电动汽车消防安全专题研讨会暨汽车消防安全战略合作启动会，与中国汽车工程学会共同签署了《汽车消防安全领域战略合作备忘录》。11月11日～13日，与公安部消防产品合格评定中心共同举办消火栓类生产企业培训班，电缆防火涂料类生产企业培训班，消防接口、消防水枪类生产企业培训班等三期培训班。11月21日，在上海举办消防科普宣传教育人员业务培训班。同时，按照《中国消防协会章程》规定，组织召开了1次理事会和2次常务理事会，发展单位会员71家，个人会员56名。

二、举办国内学术会议

协会及所属分支机构共举办国内消防学术会议8次，征集论文2128篇，入选论文集975篇，1350人参加了学术会议，共有162篇论文进行了交流，出版了《2013中国消防协会科学技术年会论文集》等9本消防学术论文集。与2012年相比，征集论文增加370篇，入选《论文集》论文增加115篇，参加人数增加440人。其中，2013年中国消防协会科学技术年会共征集论文867篇。2013年10月22日～23日，由中国消防协会、安徽省公安消防总队联合主办，安徽省消防协会承办的2013年中国消防协会科学技术年会在合肥市成功举行，年会主题是“城镇化进程中消防管理与创新”，安徽省公安消防总队总队长邹晓宁、美国消防工程师学会中国分会主席李方女士、中南大学防灾科学与安全技术研究所所长徐志胜教授分别以《运用现代技术手段提高社会消防管理水平的战略思考》《美国消防工程师制度与实践》《中国高等学校消防工程专业教育发展现状与展望》为题做了特邀报告。大会向特邀报告人赠送了本届年会特邀报告纪念杯、颁发了中国消防协会优秀论文奖、论文征集工作组织奖和第四届中国消防协会科学技术创新奖，向安徽省消防协会颁发了特别贡献奖。期间，分别举办了“消防管理与防火技术研究”和“灭火救援技术研究”等两个专题研讨会。此次年会对持续和深入开展国内外消防学术交流，促进消防科技和消防行业的创新发展起到了积极的推动作用。

三、科普活动

在展会期间，运用图文并茂的展板宣传《消防知识二十条》等消防科普知识，通过电视屏幕，播放协会发展情况和消防公益广告、消防及逃生自救知识宣传片，免费发放各种宣传资料6000余份。与北京市公安消防总队共同设置6000平方米的室外消防科普宣传教育展区，展出地震体验车、消防宣传车等消防科普教育装备与器材，还设置10多块便民公益智能宣传系统LED屏，播放消防公益广告和消防常识宣传片，共有13000多名观众受到消防安全知识的教育，收到良好的宣传效果。与江苏、宁夏、浙江、上海等消防协会合作，有针对性地制作“社区、学校、企业、家庭消防安全”等4种消防科普宣传挂图，并在2013年“119消防日”活动日期间，向这些地区的社区、学校、企业和家庭发放消防科普宣传挂图3.1万多份。同时，中国消防协会消防科普宣传吉祥物“消宝宝”问世。协会从2012年7月开始征集中国消防协会科普宣传吉祥物设计作品，经广泛征求专家和读者的意见，最终，湖北省武汉市利偶设计工作室的刘鎏设计的“消宝宝”，从众多设计中脱颖而出，荣获“最佳设计奖”。协会官方微博建立一年多来，发微博1500余条，粉丝达到3.8万人，微博转发跟帖达到近1万次。

四、国际消防交流

5月7日，国际消防协会联盟亚洲分会会议在北京举行，中国消防协会作为该联盟亚洲分会副主席单位出席了会议，会议研究讨论了联盟会议相关事项。6月6日～11日和8月18日～21日，派员前往美国芝加哥、檀香山市，分别参加了国际消防协会亚洲分会执委会会议和美国消防协会年会与展览会、国际消防协会联盟执委会会议。11月24日～28日，组团赴日本东京参加了中日两国消防协会第29次定期协议会，协议通过了2014年中日两国消防协会交流的四项议题。12月8日～11日，组团前往韩国济州参加中日韩三国消防协会第五次协商会议并访问济州消防紧急救援中心。三国消防协会分别介绍本国近期消防工作情况，协商会议就大规模火灾事故预防对策、交换消防法规及技术标准资料和志愿消防队员的教育、训练等进行研究。10月14日～28日期间，派出5人研修组前往日本，进行为期15天的火调研修与交流活动。研修组参访了日本消防协会、消防大学、消防研究所及东京、札幌等地的消防科研部门，重点对日本的火灾调查体制、火灾物证鉴定技术等内容进行了学习交流。此外，5月7日～9日，在第十五届国际消防设备技术交流展览会期间，接待了来自美国等10个国家和地区的15个消防友好团体及97名代表，组织参加了展览会开幕式、技术报告会、高峰论坛以及其他参观访问活动。

五、科技创新奖励

7月30日在北京召开了第四届中国消防协会科学技术创新奖推荐项目评审会，22个参评项目的主要完成人参加答辩。经评审，获奖项目16项，其中，一等奖3项、二等奖5项、三等奖8项，并于2013年中国消防协会在安徽省合肥市召开的2013中国消防协会科技年会开幕式上为获奖项目颁奖。

六、消防行业信用等级评价

开展全国消防行业第三批信用等级评价工作。3月1日下发《关于开展2013年中国消防协会信用等级评价工作的通知》后，广东等10个省（市、自治区）消防协会积极组织企业申报，成效明显。经资格审查，有46家申报企业交第三方评价机构进行征信测评，最终评出33家A级以上信用企业，其中AAA级23家、AA级7家、A级3家，并在中国消防协会网站向全社会进行了为期1个月的公示后，报商务部和国资委批复。12月27日，协会在北京举行了消防行业第三批信用等级评价A级以上获信企业发布会并颁发证书授牌。

七、消防行业特有工种职业技能鉴定

2013年是消防行业特有工种职业技能鉴定取得突破性进展的一年。目前，全国参加建（构）筑物消防员职业技能鉴定人数已突破30万人，取得初级、中级建（构）筑物消防员国家职业资格证书的人数已突破20万人；已建成27个消防行业特有工种职业技能鉴定站和18个鉴定点；初、中级建（构）筑物消防员职业技能鉴定工作全面展开，高级建（构）筑物消防员和初级灭火救援员职业技能鉴定试点工种也正式启动。一是组织4次消防行业特有工种职业技能鉴定理论知识全国统考。全国有27个省（区、市）的159433名社会消防从业人员报名参加了初、中级建（构）筑物消防员职业技能鉴定，其中153483人报名参加初级鉴定，5950人报名参加中级鉴定。目前已有北京等7个地区开展了中级技能鉴定工作。二是分别组织数批对新建消防行业特有工种职业技能鉴定站和鉴定点的资格条件审查验收、年检验收和质量评估工作，同时组织了对7个新建消防行业特有工种职业技能鉴定站的授牌仪式。三是组织了2次考评员、1次质量督导员资格培训班和1次建（构）筑消防员职业技能师资培训班。4个培训班累计共有438人参加并取得结业证书。目前，全国消防行业特有工种职业技能鉴定考评员已达到1067人。全国消防行业特有工种职业技能鉴定质量督导员已达到122人。四是组织了4次消防行业职业技能培训系列统编教材编写工作会，完成了第二版《建（构）筑物消防员职业技能培训与鉴定系列统编教材（基础知识）、（初级技能）》和配套《职业技能鉴定考试指导手册》的修改和出版工作；完成了《灭火救援员职业技能培训与鉴定系列统编教材（基础知识）、（初级技能）》两本教材的编写和出版工作；启动了《灭火救援员职业技能培训与鉴定系列统编教材（中级技能）》和《建（构）筑物消防员职业技能培训与鉴定系列统编教材（高级技能）》的编写工作。

八、成功举办第十五届国际消防设备技术交流展览会

经公安部和科技部批准，5月7日～9日，在北京国家会议中心和奥林匹克公园中心区成功举办了第十五届国际消防设备技术交流展览会（CHINA FIRE 2013）。展会期间举办了“首届中国消防产业高峰论坛”和16场高水平的技术报告会。有来自70多个国家和地区的专业人士前来参观交流，其中21个国家和地区的515家消防厂商、消防科研和产品检测认证机构参展，展出面积共68000平方米，展出各类消防车212辆。期间，观众总人数达30余万人，除中外消防界人士外，部分省、自治区、直辖市及地方主管消防工作的领导和政府采购、财政、建设等部门的负责人也纷纷前来观展，了解国内外消防设备技术发展状况，有的进行现场采购和意向采购。

九、消防期刊

主办的3本刊物全年共印发208.82万册，刊登文章7239篇。其中，《中国消防》（半月刊）出版24期，共发行192万册，刊登文章720篇；《消防技术与产品信息》（月刊）出版13期（其中增刊1期），共发行7.02万册，刊登文章565篇；《消防科学与技术》（月刊）出版14期（其中2期增刊），共发行9.8万册，刊登文章5954篇。《消防科学与技术》编辑部在天津市技术类科技期刊出版质量评估中成绩排前5名，连续8次被评为天津市一级期刊，2次被评为天津市优秀期刊，杂志主编王铁强同志荣获天津市首届“十佳期刊工作者”称号。

第二章　公安部消防产品合格评定中心工作综述

2013年，公安部消防产品合格评定中心在公安部党委及部消防局党委的领导下，认真贯彻党的十八大、十八届三中全会精神和习近平总书记关于加强安全生产工作的重要指示，夯实合格评定工作基础，创新业务工作机制，较好地完成了各项工作任务。

一、紧密围绕市场准入核心需求，抓好年度业务工作

（一）强化服务意识。坚持以认证受理工作为主干，以转变工作作风为着力点，在坚持实施业务办理“网上阳光工程”的同时，推出接待窗口党员值班服务制度，通过耐心服务、答疑解难等方式，解决委托认证及获证后跟踪管理的各类问题。

（二）强化证后跟踪。严格执行国家质检总局第117号令，按照国家认证监管部门的要求，制定6部不同类别强制性认证产品的监督工作方案，并持续开展了针对河南、广东、浙江、江苏、福建、北京等地的多轮次飞行监督行动。与此同时，持续开展了对防火阻燃材料产品、水枪、接口、室内外消火栓、消防应急灯具、可燃气体探测报警产品等自愿性认证产品的证后监督工作，特别是对消防应急灯具、室内外消火栓、水枪、接口4类产品连续开展了多轮次、历时8个月、覆盖重点企业的飞行监督行动，为净化消防产品市场奠定了可靠的基础。

（三）推进消防产品身份信息管理工作。全面实现了消防产品身份信息管理覆盖所有执行认证制度、技术鉴定制度的产品，消防产品身份信息发布数量已超过1.9亿条。

（四）开展消防产品技术鉴定工作。2012年12月，公安部、国家认监委颁布实施《消防产品技术鉴定工作规范》，并指定评定中心承担消防产品技术鉴定工作。2013年12月26日，颁发了中国首张消防产品技术鉴定证书。

二、紧密配合公安消防监督部门，拓展强制性认证领域、完善使用领域产品监督工作

（一）强力推进消防产品强制性认证制度。根据公安部及部消防局部署要求，协助部消防局科技处，通过提供不同类型消防产品的技术资料，召开各种形式的研讨会、论证会及开展实地调研工作，进行模拟实战的应用性演练等多种形式，积极联系国家质检总局、国家认监委及有关部门，强力推进消防产品强制性认证制度的落实。目前，公安部、国家认监委已正式批准对139种具有国家标准和行业标准的消防产品实施强制性产品认证，标志着我国消防产品市场准入制度真正迈入了以强制性产品认证为主体的发展阶段。

（二）完善消防产品市场准入管理工作。经过多年的实践，以公安部消防局为管理核心，以公安部消防产品合格评定中心会同公安部天津、上海、沈阳、四川检验中心为准入实施单位“五位一体”的消防产品市场准入工作模式得以有效运行。

（三）健全消防产品证后监督机制。运用消防产品身份信息管理系统抽取了共798个建设工程进行现场监督检查。暂停了存在严重质量问题的114家防火门企业的482张证书，撤销了11家企业的48张证书，有效地震慑了违规违法行为。

（四）保证中国消防产品信息网稳定运行。“中国消防产品信息网”全年共发布有效的强制性认证证书信息3173条，发布自愿性认证证书信息6306条，发布各类检验信息6541条、消防产品身份信息1.9亿条。

三、坚持开拓创新，推动科研工作与机构建设

（一）建立合格评定业务与科研工作相结合的新模式。2012～2013年度，评定中心制定并运行了消防产品合格评定标准化体系，即将工厂条件检查、产品一致性判定、身份信息跟踪工作标准化并将其作为消防产品合格评定工作的核心要求。这些要求已纳入即将颁布的消防产品强制性认证实施规则，将在消防产品市场准入工作中发挥核心作用。中心自主开发了以近红外探测为手段，以产品一致性分析数据为判定要素的产品质量现场判定测试仪，开发研制了系统分析软件及相关的硬件设施，初步建立了涵盖获得市场准入的所有灭火剂、防火涂料产品的分析判定数据库，该成果有望在2014年底投入试运行。

（二）推进评定中心正规化建设。中心成立十年来，每年严格按照有关规定，对财务制度执行状况及国有资产保值增值状况进行内、外部审计，审计结论均为无保留意见。2012年中旬至2012年底，在上级领导的亲切关怀下，中央机构编制办公室多次听取了中心领导有关业务工作和管理工作的详细汇报，对有关部门进行了实地调研和走访，明确了中心确为从事社会公共安全职能管理单位的法律地位。2012年12月，公安部党委致函中央机构编制办公室，建议增加中心事业编制，2013年4月，中编办批复将中心的事业编制由8个增加到58个，并原则同意中心提交的机构部门设置与岗位设置计划，为中心的可持续发展及规范化建设奠定了坚实的基础。

第三章　公安部天津消防研究所工作综述

公安部天津消防研究所（以下简称“天津所”）始建于1965年，现已成为拥有较强自主创新能力的高水平研究团队和国际一流水平的试验基地，国内领先、国际知名的综合性消防科研机构。国家固定灭火系统和耐火构件质量监督检验中心（以下简称“质检中心”）、国家消防工程技术研究中心（以下简称“工程中心”）和公安部消防局天津火灾物证鉴定中心（以下简称“物证中心”）均设立在天津所。2013年，天津所以深入贯彻落实公安部“科技强警”、“科技兴消防”的战略部署，把切实发挥消防科技对消防现实斗争的“支撑与引领”作用作为核心追求，以提升消防部队灭火救援能力和社会防控火灾综合实力为出发点和落脚点，消防科技工作覆盖于“建筑防火技术研究、工程消防应用技术研究、火灾科学研究、火灾原因分析鉴定与相关技术研究、灭火救援技术装备研究、消防标准化技术研究、消防检测技术研究和消防软科学技术研究”等8个重点领域，取得了多项达到国际先进水平的研究成果，自主创新能力稳步增强。

一、在研科技项目及成果奖励

2013年，在研项目117项。其中，国家级项目4项、省部级项目10项、部消防局级项目9项，国家安监总局安全生产重大事故防治关键技术研究项目1项，中国博士后科学基金项目1项，火灾科学国家重点实验室开放课题1项，灭火救援技术公安部重点实验室开放课题2项，基本科研经费自选研究项目60项。国家标准规范项目17项、行业标准规范项目12项。

在研的“化学工业园区火灾防治技术研究”和“清洁、高效灭火剂及固定灭火系统应用技术研究”等两项“十二五”国家科技支撑计划项目课题进入验收准备阶段。各课题组围绕火灾防控应用技术和灾害评估及预防机制建设的现实需求，按计划推进各项研究任务落实，开展现场调研、数值模拟、实体试验、信息采集和数据分析等工作，联合有关企业组织项目成果示范应用。两课题组共编写4部专著、发表93篇论文，起草制定5项国家和行业标准草案，研发了3项应用装置以及8种新型产品和8项新技术方法，14项发明专利获得授权，形成了一批达到国际领先水平的科研成果和自主知识产权。

2013年，新提交专利申报43项，有37项获得授权，含发明专利10项、实用新型专利27项。以第一著作单位发表学术论文108篇，其中EI/SCI收录论文17篇。出版著作6部，申请软件著作权6项。

承担的《气体灭火系统及部件标准制定》荣获公安部科学技术二等奖，该标准制定了多相流气体系统喷嘴流量特性测试方法，在国际上首次将5.6MPa的七氟丙烷灭火系统纳入标准中，扩展了七氟丙烷灭火系统工程应用范围，对ISO国际标准及国外先进标准中不符合实际的数据进行了修正，在技术上解决了系统应用安全性问题和产品监管难题。

承担的《城市特长水底隧道防火关键技术研究》和《气体火灾物证及其燃烧附着物鉴定方法研究》荣获公安部消防局科技进步三等奖。《城市特长水底隧道防火关键技术研究》提高了水底隧道结构设计、消防设计和运营管理水平，减小了隧道内火灾发生概率，具有在火灾发生时做出快速反应、减轻危害程度的特点，目前已在若干隧道工程中获得应用。《气体火灾物证及其燃烧附着物鉴定方法研究》充实了现有燃气火灾物证鉴定技术，填补了国内外相关领域空白，已应用于数十起相关案件的鉴定，在火灾原因认定中发挥了重要作用。

2013年，天津所作为第二完成单位参加的《节水高效灭火救援装备与应用技战术研究》获公安部科学技术二等奖。

二、面向部队实战提供科技支撑

深入天津、河北、河南、陕西、山东、江苏、浙江、江西、广东等13个地方消防总队，调研在消防监督、灭火救援工作中的重点、难点问题，凝练出若干消防科技新需求，探索部属消防科研院所与消防部队协同创新模式。组织有关研究室开展“防冰冻灭火战斗防护服”研发项目并取得实体性成果，与传统应急救援战斗服相比，新型防护服表面的抗湿性与抗渗水性大幅提升，在超低温环境下具备优异的抗结冰性能，显著提升极端气候条件下单兵的实战效能。

物证中心鉴定火灾850余起、检材4000余个，任务总量同比增长25%。完成了“1·1”浙江萧山日资仓库纵火案、“1·4”兰考孤儿院亡人火灾、“6·3”吉林宝源丰禽业有限公司火灾、“7·6”山西侯马中储棉火灾、“11·19”北京仓库火灾和“11·22”天津西青油库火灾等重特大火灾事故的物证鉴定工作。应公安部派遣和各地方消防监督部门及司法机关邀请，委派专家现场勘验50余次。

三、服务社会防控火灾综合能力建设

物证中心与国家质检总局缺陷产品召回中心共同设立“机动车火灾调查站”。由物证中心承担对汽车质量引致火灾的调查鉴定职责，鉴定结论将成为缺陷召回中心启动“召回机制”的科学依据。现已在物证中心主导下形成了系列规范性操作文件、完善了国家车辆事故深度调查体系管理软件，完成了50余起机动车火灾案例的上报工作。物证中心还为廊坊武警学院、全国火调人员培训班以及有关车辆生产厂家开展火灾调查技术培训和相关知识技术普及，累计培训人员1000余人次。

天津所围绕新能源、煤化工、公交客车、交通隧道防火及工业火灾防治等行业需求，启动了以“高层建筑火灾避难间应用技术基础”、“装配式钢结构体系建筑关键消防技术”和“车载LNG泄漏火灾爆炸事故防治技术研究”等为代表的多项应用创新研究。进一步完善“火眼”视频监控探测软件研发并在国内多个行业开始试点应用，取得了良好的效果。研发了具有自主知识产权的“秘鲁热油炉二氧化碳灭火系统”并在海外市场实现应用。

2013年，天津所工程中心以满足企事业单位对防控火灾的科技服务需求为目标，全面落实部消防局《火灾高危单位消防安全评估导则（试行）》文件和天津市人民政府办公厅《火灾高危单位消防安全管理办法》等文件精神，加强自身消防安全评估质量体系建设，通过了天津市公安消防局的体系审核与技术评审，取得天津市首家消防安全评估技术服务资质登记备案。

四、消防产品质量监督检验

质检中心受理各类检验业务15633项，任务总量同比增长55.9%。扩充了61种（类）消防产品的检测能力，顺利通过CNAS对质检中心2013年度的扩项/变更申请，完成了三合一评审，赢得了评审组最高推荐结论。现质检中心拥有经授权的检测标准283项、检测消防产品种类200项，基本覆盖了除消防车之外的现有全部消防产品。协助公安部消防局消防产品合格评定中心完成认证认可现场检查任务3000人次，含专职检查员监督检查1800人次。完成部消防局与各地方消防监督部门委托的各类监督检验任务3366项，受委托监督检验的年度任务量超过近十年之和。

五、《消防科学与技术》编辑工作

《消防科学与技术》作为国内消防理论与工程技术研究领域的核心期刊，年出版正刊12期、增刊2期。2013年，编辑出版论文788篇约443万字，含消防部队论文584篇、科研院所和高等院校论文204篇。编辑部紧贴一线实战需求，面向广大消防部队指战员，对重点科研项目及成果开设专题，交流讨论。消防部队专业技术人员在《消防科学与技术》发表的论文数量已占到期刊全部论文数量的75%。在清华大学《中国学术期刊影响因子年报》中，《消防科学与技术》“总被引频次”提升了51.7%、“影响因子”增加了23%，较2012年再次得到了大幅度提升。在中共天津市委宣传部、天津市新闻出版局、天津市期刊工作者协会组织的天津市第十一届（2010～2012年度）优秀期刊评选活动中，《消防科学与技术》荣获天津市第十一届优秀期刊奖，迄今已经连续三届获此殊荣。

六、建筑消防工程公安部重点实验室挂牌运行

申报的“建筑消防工程公安部重点实验室”于2013年8月通过评审专家组现场评审，并获得公安部科信局批准授牌。重点实验室累计投入专项经费300余万元，完成了部分关键实验设施的建设任务，编制并实施了天津所公安部重点实验室建设规划，围绕“建筑消防性能化设计与火灾风险评估研究”、“高层建筑与高大空间建筑防火技术”、“环保型灭火剂及其应用技术研究”和“火灾成因分析与火场重现”等前沿领域开

展技术攻关，取得一系列阶段性成果。

七、专业技术队伍建设

现有事业编制专业技术人员264人，其中90名研究人员具有高级专业技术职务，包括研究员21人、副研究员69人；125名研究人员具有中级专业技术职务。专业技术人员结构比例为3.5：5：1.5，专业技术队伍呈现出总量保持稳步增长，结构上更趋于合理。专业技术队伍中，具有博士学位13人，硕士学位100人，硕士及以上学历的专业技术人员占全体专业技术人员比例为46.6%；现拥有“新世纪百千万人才工程”国家级人选2人，享受政府特殊津贴人员2人，享受公安部特殊津贴人员4人。

第四章　公安部上海消防研究所工作综述

2013年，在公安部消防局党委的坚强领导下，上海消防研究所围绕“消防科研服务部队实战”总要求，各项工作再上新台阶。全年有30项科研项目通过验收，在城市火灾扑救装备及技术方面取得10余项重要成果；完成《城市消防站设计规范》等11项标准报批稿以及23项标准送审或征求意见稿；发表学术论文64篇，批准实施专利37项。

一、发挥优势、勇于开拓，科研服务实战落到实处

（一）成果转化推广力度大。消防员三维定位装备入选由科技部、商务部、环保部和国家质检总局共同组织实施的“2013年国家重点新产品计划”，获国家重点新产品称号，已实现产业化并成功在北京、江西等省（市）公安消防部队应用。完成2013年度公安部消防局科研成果试点应用工作，消防员防蜂服、消防水带捆扎机在上海、江苏等5省（市）公安消防部队推广。消防车辆水力性能测试装置、消防用荧光棒、消防用救生衣等新成果，被公安消防部队采纳并应用。加大新型消防供水附件、消防机器人、消防中转水池、移动遥控消防炮等产品推广力度，增强后续服务工作力度和水平。

（二）多角度服务消防部队。以研究室、检验中心及公安部消防局消防部队装备质量管理站（以下简称“质管站”）为主体，继续开展消防部队装备建设咨询服务工作，完成上海、江苏等8省（市）40余个地市的消防装备建设规划评估论证，为消防部队装备合理配置、专项经费合理使用提供技术支撑。协助上海、辽宁消防总队开展A类泡沫车灭火效能、排烟装备效能、灭火弹性能测试工作，开展“区域灭火救援作战实力综合评价技术研究及示范应用”、“警用防暴水炮车”等横向合作。为河北、海南等地消防部队新购个人防护装备进行检查验收，赴江苏、湖北等地协助消防部队检验新购消防车共计30余辆，完成装备助理员培训和装备技师培训。

（三）多方位服务社会。完成上海九星综合市场经营管理有限公司和上海建工一建集团有限公司分别委托的“闵行区九星市场安全隐患整改评估咨询”项目和“新型脚手架施工方案预防火灾蔓延可行性分析”项目，成果得到委托方高度认可。受江苏省常熟市公安消防大队、常熟市规划建筑设计研究院委托，编制完成《常熟市消防站布局规划评估报告》，项目成果被“常熟市消防规划（2013～2030）”采纳。加大参与现场勘验力度，协助消防部队开展调查取证工作，共参与各类火灾现场勘验20余起。

二、克服困难、再接再厉，业务工作成绩喜人

（一）科研工作方面。30项科研项目通过验收，在城市火灾扑救装备及技术方面取得10余项重要成果。组织申报科研项目35项，已成功立项13项，较好地解决了“十二五”项目结束后的衔接问题。组织完成《城市消防站设计规范》报批，编写完成《手提式灭火器》《消防员照明灯具》等11项标准的报批稿，编写完成《消防员隔热防护服》《细水雾灭火枪》等16项标准的送审稿，编写完成《消防堵漏器材》等7项标准的征求意见稿，标准项目新立项12项。发表学术论文64篇，申请各类专利30项，批准实施专利37项。编辑出版《消防装备与应用手册》和《中国城市公众消防科普教育管理与措施研究》专著2部，编印并发行内部技术刊物《消防装备科技动态》10期。5个科研成果获各级各类奖项。“节水高效灭火救援装备应用技术研究”、“傅立叶变换红外光谱法在汽油燃烧残留物分析中的应用研究”分获公安部科学技术二等奖、三等奖；“复杂火场条件下短路熔痕的金相组织转变规律研究”获广东省科技进步奖三等奖；科研成果“消防用救生衣”获部消防局科技进步三等奖；专利“消防排烟机器人控制系统”获中国专利优秀奖。

（二）检验工作方面。完成检验报告7780余份，同比去年增加20.7%。同时，承担了大量行业监督和服务工作：完成15家正压式消防空气呼吸器生产企业31批次的工厂条件检查；完成25家消防车生产企业64批次的工厂条件检查；完成对300余个规格80批次消防水带、消防软管卷盘的换版、扩大和首次检查工作；完成对110家灭火器、栓枪扣生产企业120余批次的监督、扩大和首次检查工作；完成14家企业76批次的服装批检工作，共计批检套数为139000余套；参与30余个消防支队的消防装备采购评估、在用装备抽查及人员培训。

（三）物证鉴定工作方面。受理火灾物证鉴定业务579起，比去年同期增加25.6%。通过加大宣传手段和力度，其物证鉴定中心的知名度和影响力不断扩大，送检省份覆盖11个省市。加大试验仪器设备采购和基础实验条件建立，不断提升技术能力，已完成8项危险化学品物证鉴定和性能检测业务，危险化学品检测作为新业务领域已步入正轨。

（四）科技产业工作方面。加强管理创新、建规立制、整合资源、调整结构，总体保持健康、稳定的发展势头。抓住“上海市企业技术中心”落户、注册消防工程师报考以及公安部《关于改革建设工程消防行政审批的指导意见》（公消〔2013〕183号）文件出台等机遇，打造科技创新平台建设，储备高端工程人才，开发具有增长潜力的朝阳产业项目，谋划科技产业长远发展。

（五）管理工作方面。加强人才队伍建设，编制《人才发展规划》，开展新员工入职培训以及青年科技人才培养“四个一”工程。加强制度建设，颁布实施规章制度15个，编制发放《科技队伍管理手册》，收录中央、公安部、部消防局、上海市及本所相关规章制度183个。加强经费管理与审计，推行公务卡

结算，降低提现风险；从严开展财务收支审计、基建审计和课题跟踪审计，开展审计项目18个，“上海富士特消防安全咨询有限公司2011～2012年财务收支审计项目”获公安部直属单位精品审计项目三等奖。加强信息化与宣传工作，系统实施网络信息系统升级改造工程，基本满足未来5年的发展需求，完成官方网站改版，建成开通公安内网门户网站和新OA系统，利用“三网”平台加强内外宣传工作。

三、以金山基地建设为契机，全面提高实验及技术能力

为谋求更快更好发展，2013年获批并正式启动金山科研检验试验基地项目，该项目占地89亩，总投资3.5亿元，预计4年内建成并投入使用。同时，加大在实验和技术能力方面的建设力度，取得显著成效：“消防应急救援装备公安部重点实验室”获公安部正式批准；检验中心、质管站完成复评审换证和扩项评审，共增加气体灭火系统、防火门、防火卷帘、灭火药剂等方面58个产品标准，完成3个标准换版工作；物证中心获得国家实验室认可，正式获得国家认可委认可证书；成功争取“上海市企业技术中心”落户下属科技产业转化平台——上海倍安实业有限公司，标志着倍安公司的核心自主创新能力平台建设正式启动；积极组织申报注册消防工程师资格考核认定，16名同志被初步认定为一级注册消防工程师。

第五章 公安部沈阳消防研究所工作综述

2013年，公安部沈阳消防研究所在公安部党委和部消防局党委的领导下，以党的十八大精神为指导，深入开展党的群众路线教育实践活动，紧密围绕年度公安消防工作要点，以服务消防现实斗争和科技强警为核心，圆满完成了年度工作计划，在科研、检验、成果转化、职能和企业管理等方面取得了新进步。

一、以“服务实战，服务消防现实斗争”为宗旨，紧密围绕消防工作的现实需求开展研究工作

（一）火灾原因调查技术研究。依托国家科技支撑计划课题“电气火灾原因调查与防范关键技术研究”，丰富和完善了电气引燃基础数据库，总结了蓄电池及其连接线在充电、静止放电、骑行等不同工况条件下火灾危险性及其着火的特征规律；利用搭建的全尺寸火灾实验平台进行了空调柜机等多种电气设备及器具的实体燃烧实验，完善了典型电气设备火场痕迹辨识的技术方法；在建立的火灾现场三维重构系统的基础上，通过智能算法自动完成寻优求解，实现快速定位起火点和起火部位的辅助分析。

（二）火灾探测报警技术研究。在国家科技支撑计划课题“基于物联网的火灾征兆探测与建筑消防设施综合信息平台技术研究与应用示范”的研究过程中，开展了火灾早期的烟气征兆的感知与辨识技术研究，确立了烟气与干扰物的辨识方法，试制了早期征兆感知科研样机。同时，依托国家科技支撑计划课题“电气火灾原因调查与防范关键技术研究”，开展了电气火灾预警技术研究，建立了故障电弧火灾特征参数数据库，研制出故障电弧模拟发生器、两种型号故障电弧火灾预警产品和光纤测温式电气火灾监控系统。同时，攻克了多点式光纤燃气探测报警系统和新一代智能型空气采样感烟探测器等多项关键技术。

（三）人员疏散技术研究。参与的973课题“高层建筑火灾中人群的多模式协同疏散及优化疏导”完成了中期总结验收，研究建立了声音定位实验测试系统及扬声器性能测试平台，设计并开展了安全出口声音引导特征参数实验，初步确定了高层建筑火灾条件下疏散路线安全性判据。此外，依托科技部科研院所技术开发专项“建筑火灾态势与人员分布动态检测技术研究”，开展了火灾态势信息采集与处理子系统软件编程，确定了采集信息远程传输的内容及方式，进行了人员分布统计子系统的安装调试和系统联调。

（四）灭火救援技术与装备研究。通过承担“十二五”国家科技支撑项目课题“重特大灾害事故消防应急通信技术与装备研究”，编制了《重特大灾害事故消防应急通信保障方案》；完成了消防应急通信网络平台样机的开发、测试和联调，实现了多种通信网络的接入和调度管理；研制了灭火救援现场3G脱网基站专用设备，开展了集中调试和应用示范；完成了灭火救援现场MESH协议组网设备的研发和性能优化，实现了现场动态IP接入和快速组网。

二、坚持以应用为核心，加强成果推广应用

（一）“消防单兵无线音视频传输装置”列入本年度部消防局科技成果试用计划。课题组先后到石家庄消防特勤一中队、特勤二中队等5个中队以及沈阳的铁西和南湖消防中队、鞍山消防特一中队、大连消防周水子和特一中队进行了成果试用，得到了消防部队的认可。

（二）加强与社会单位和消防企业的合作，推动科技成果产业化。与中电第四十九所合作开发了火灾探测器综合测试平台，该平台目前已通过验收，将应用于我国航空航天、军工领域的火灾探测器性能测试。此外，将智能疏散指示系统转让给海湾安全技术有限公司、上海浩毅电子等多家消防企业，成功应用于多个大型建筑工程，推动了科技成果产业化。

（三）立足“科研为实战服务”，不断推进消防通信指挥系统的转化应用。承担了大连市公安消防支队、武汉武钢、虹桥机场、浦东机场、泉州石化等企业的消防通信指挥系统建设、扩容和维护等任务，提升了消防部队的灭火救援和应对突发性事件的快速反应能力。

（四）积极为特殊场所和复杂建筑提供消防性能化设计与评估服务。承担了大连恒力石化室内储煤场、沈阳邦送物流中心、营口万达广场购物中心、抚顺恒大广场、丹东鹏欣水游城等10余家重点单位消防性能化设计与评估，保证了消防重点工程设计的科学性、合理性以及消防设施投入使用的有效性。无偿为在辽宁召开的第十二届全运会42个比赛场馆的火灾风险进行评估，并对所有比赛场馆进行电气检测，为比赛场馆消防验收提供了准确的技术评价依据。

三、以业务工作为核心，稳步推进各项工作

（一）科研工作。列入年度计划的科研和标准项目共91项。其中，国家科技支撑计划课题4项，973专题1项，科技部科研院所技术开发专项1项，公安部科研项目27项，公安部消防局科研项目7项，公安部消防局科技成果试用项目1项，标准和规范制修订项目23项，中央级公益性科研院所基本科研业务专项21项，修缮购置项目6项。新批准立项的项目55项。2013年，有13项科研项目通过验收，6项标准通过审查，2项成果推广项目完成结题。取得专利16项，其中，发明专利6项，实用新型专利10项；取得软件著作权15项。在国家正式刊物和学术会议共发表论文76篇，其中，SCI检索3篇，EI检索24篇。获得公安部科学技术奖3项，其中，“粒子光散射与高灵敏度感烟火灾探测新技术研究及其产业化”获得公安部科学技术一等奖，“建筑典型电气火灾故障分析模式及传播特征的研究”和“国家标准GB17945-2010《消防应急

照明和疏散指示系统》”分别获得公安部科学技术三等奖；获得公安部消防局科学技术奖2项，其中，“光学自检红外火焰探测关键技术研究”获得公安部消防局科学技术一等奖，“复杂建筑电压异常故障火灾调查技术研究”获得青年科技创新奖。

（二）检验工作。检验中心（国家消防电子产品质量监督检验中心）顺利通过国家认监委和中国合格评定国家认可委员会的实验室认可、审查认可、计量认证三合一复评审和扩项评审，新增授权检验能力13项，包括国家标准GB 29364-2012《防火门监控器》、国家标准GB 28440-2012《消防话音通信组网管理平台》、国家标准GB 27898.1-5-2011《固定消防给水设备第一部分至第五部分》、国家标准GB 15090-2005《消防软管卷盘》、国家标准GB 6969-2005《消防吸水胶管》、国家标准GB 6246-2011《消防水带》、国家标准GB 12441-2005《饰面型防火涂料》、国家标准GB 28374-2012《电缆防火涂料》、行业标准GA 868-2010《分水器和集水器》、行业标准GA545.1-2-2005《消防车辆动态管理装置第一部分至第二部分》、行业标准GA 603-2006《防火卷帘用卷门机》、行业标准GA93-2004《防火门闭门器》及行业标准GA480.1-5-2004《消防安全标志通用技术条件第一部分至第五部分》的检验能力，检验中心严格按照国家授权认可的检验能力范围受理各种产品检验，保证检验的公正性与时效性，全年共出具各类检验报告6000余份。

（三）部重点实验室和物证鉴定中心工作。火灾现场勘验与物证鉴定重点实验室按照发展规划和实施方案，在项目研究、实验室发展保障、队伍建设与人才培养、开放交流与运行管理等方面均有序进行。实验室共承担各类研究项目21项，全部按照计划进度进行。承担的“十二五”国家科技支撑计划课题“电气火灾原因调查与防范关键技术研究”已完成财务审计工作和申请验收材料的撰写。成功承办了由国内外200余名从事火灾调查工作或研究的专业人员参加的火灾现场勘验与物证鉴定技术国际学术研讨会，派遣17人次参加国际、国内学术会议，内外部学术交流10次，提升了实验室在国内外的影响力。物证鉴定中心本着科学、求是、公正的工作精神，共受理全国公安消防机构及其他相关部门送检的重特大、疑难火灾物证鉴定工作300余起，出具技术鉴定报告309份，受部消防局委派及各地公安消防部门邀请，参与了30余起火灾现场论证、勘验与物证提取工作等，特别是在吉林德惠宝源丰禽业有限公司特大火灾的原因调查工作中，受国务院事故调查组委托派员参加现场勘验、提样和鉴定工作，为判定该起火灾因电气线路引起提供了科学准确的依据，得到了各级领导和相关部门的认可。

（四）科技产业工作。科技产业充分发挥技术优势，在消防部队装备、公共安全防范等领域，开展了新产品研发、现有消防装备技术升级、消防性能化评估、技术咨询、工程施工等工作。完成了单兵信息化装备开发、“MJZ-01

灭火救援指挥箱”功能优化升级、沈阳五洲商品展贸城商贸中心等项目的消防性能化设计评估、全运会运行中心等项目的消防工程施工，为消防部队装备革新以及重大工程火灾安全防控做出了积极的贡献。

四、加强与消防部队联系，努力从消防实战中寻找科研创新途径

组成科研调研组，先后赴广东、河南消防总队进行实地调研，与总队防火、战训、装备、信通、火调、科技等业务部门负责人和业务骨干进行座谈交流，深入了解部队在火灾防控、灭火救援技战术、消防装备、火灾调查、消防产品监督、消防管理、部队建设等方面的实际问题和对消防科研的现实需求。双方商议建立一个交流合作的长效机制，确定了在联合科研攻关、成果试用、交流培训、技术服务等方面的合作事宜。

五、加强对外宣传与交流

参加了第十五届北京国际消防设备技术交流展览会和第十届上海国际消防保安技术设备展览会，宣传展示了沈阳所近年来在电气火灾防治、火灾现场勘验与物证鉴定、火灾探测报警、消防通信指挥、消防远程监控、消防标准化等技术领域取得的科技成果和先进技术，受到参展人员普遍关注，取得良好效果。

六、消防信息化和科技情报研究工作

组织编制消防信息化系列标准，完成行业标准《天气状况分类与代码》的编制并已发布；根据《数据项标准编写要求》编制了5项消防业务信息数据项标准、1项数据元标准、24项消防信息代码标准以及1项限定词标准。开展了“国际火灾调查科学与技术”、“新能源与电动汽车火灾研究”和“NFPA防火规范”等专题追踪研究，完成并向部消防局上报了包含286项NFPA最新规范的30万字的文献出版稿；开展了“国际火灾自动报警系统可靠性及标准化研究”和“国际消防物联网技术及标准研究”的专项研究任务，编制了研究报告。

第六章　公安部四川消防研究所工作综述

2013年是全面深入贯彻落实党的十八大精神的开局之年，是我国全面深化改革、我党推动党风廉政建设和反腐败斗争向纵深发展的一年。在上级领导和有关部门的关心、指导下，公安部四川消防研究所团结奋进、扎实工作，在科研、检测和经济实体工作等方面都取得了新的发展和进步。

一、基础建设、实验室及检测设施建设

因历史原因，公安部四川消防研究所试验、检测基地较分散，主要有成都金科南路新址实验室、都江堰外北街试验基地、都江堰川苏工业园区中试基地、都江堰鱼嘴检测试验基地。

（一）成都金科南路新址实验室。拥有火灾物证鉴定、火灾毒性、防火阻燃材料性能测试、防火涂料、高分子材料合成等各专业实验室。

（二）都江堰外北街试验基地。包括高层建筑火灾实验塔和阻燃材料中试基地。高层建筑火灾实验塔在2008年“5·12”汶川大地震中受损，经加固后进行了扩展。实验塔附属的以热释放速率测量为核心的火灾多功能综合测试系统平台能够进行全尺寸房间、组合房间以及大型家具组件等一系列燃烧试验。外北街阻燃材料中试基地已完成高分子材料制品成型加工中试生产线，正在进一步完善阻燃电线、聚氨酯泡沫及防火玻璃中试生产线。

（三）都江堰川苏工业园区中试基地。包括地铁大空间实验室、外保温燃烧综合试验馆和不燃性无机（有机）复合轻质保温材料中试生产线。地铁、大空间综合实验室是我国第一家拥有实体地铁消防实验列车的实验室，用以开展地铁列车、地铁隧道、地铁车站等多种地铁火灾状况的实验研究，已结合国家“十二五”课题开展了20余次实体燃烧实验研究。园区内还新建了一个占地1500平方米、目前是我国规模最大的一个外保温燃烧综合试验馆，建立了外保温系统防火性能大型试验装置。不燃性无机（有机）复合保温材料中试生产线已基本完成。

（四）都江堰鱼嘴检测试验基地。新建了洒水喷头性能试验室，建筑构配件垂直燃烧试验炉装置、自动喷水灭火系统、避难逃生产品、灭火剂产品等36套试验装置。改扩建了1000平方米的全钢结构耐火燃烧试验馆。完成了对耐火综合试验炉装置、建筑构配件水平燃烧试验炉装置的升级改造。

二、重点科研项目和科研成果应用

（一）国家“十二五”科技支撑课题研究。承担的“十二五”支撑课题1“高大综合性建筑及大型地下空间火灾

防控技术研究”和课题3“新型防火阻燃技术研究及产品开发”的研究工作，均顺利通过公安部科信局和部消防局组织的中期财务检查。目前两项课题均已按计划完成任务书规定的各项指标，正准备验收。此外，承担的“973”子专题“建筑外墙保温材料的火灾特性与安全设计”和公安部重点攻关项目“地下环形隧道防排烟技术研究”作为2013年的重点工作也按计划进行。“973”项目已完成并通过了中评估。

（二）最新科研成果。结合当前消防现实需求，积极开展技术攻关，取得了一系列的最新科研成果。

1. 高层建筑往复式应急逃生输送装置。该装置在火灾时既能供人员安全逃生，又能将灭火救援人员和装备从建筑外部直接输送至高层建筑屋顶或避难层，在发生火灾及没有电力的情况下，也可以安全使用。

2. 新型外墙防火保温材料及保温装饰板系列产品。该系列产品包括不燃性无机（有机）轻质复合保温材料及制品和不燃性外墙保温装饰板。不燃性无机（有机）轻质复合保温材料及制品，是一种兼具高效保温与燃烧性能，可以用于建筑墙面保温和屋面保温的无机（有机）轻质复合保温材料。从根本上解决了我国不燃性保温材料品种单一、生产过程高污染、高能耗等技术难题。不燃性外墙保温装饰板，其燃烧性能达到A2级、烟气毒性达到ZA1级、导热系数≤0.063 W/（m·K）、抗冲击能力强、理化性能优良。解决了低密度泡沫混凝土强度低、耐水性差和外墙保温材料燃烧等级低、烟气毒性高、理化性能与保温性能矛盾、保温系统使用寿命与建筑设计寿命不同步等技术难题。该产品已成功应用于10多个建筑工程项目，施工面积达20万平方米，创造了较好的经济效益和社会效益。目前，正在进一步扩大生产和应用规模。

3. 新型防火分隔技术及系列产品。该系列产品包括储水组合式防火卷帘和“钢化玻璃+水喷淋保护”技术及保护玻璃用喷头。储水组合式防火卷帘取得了多项国家专利，并已在四川、天津、山东、江苏、陕西等省市试用，通过“十二五”课题的深入研究，准备在全国范围内推广使用。该项成果的技术处于国内领先水平，具有较好的应用前景。“钢化玻璃+水喷淋保护”技术及保护玻璃用喷头是基于“钢化玻璃+水喷淋保护”防火分隔技术的基础上开发的。钢化玻璃+水喷淋保护系统已在全国各地的大型商业得到广泛应用。基于前期研究成果，研制开发了新型保护玻璃用洒水喷头，填补了国内在该领域的空白，打破了国外的垄断，具有较好的推广应用前景。

4. 公共场所用阻燃座椅。该阻燃座椅是集优良力学性能、阻燃性能、耐候性能于一体的聚丙烯座椅制品。燃烧性能达GB8624 B1级，能有效解决阻燃座椅火场中无法自熄灭，座椅制品表面不光洁，长时间放置后座椅表面发黏、发花、返霜等问题。

5. 聚苯硫醚耐高温阻燃防护服。该阻燃防护服是以我国自主研发的聚苯硫醚纤维为原材料，经纺纱、织造、染色而得到聚苯硫醚织物，将聚苯硫醚织物用于耐高温阻燃防护服外层面料，再复合其他织物，从而得到聚苯硫醚耐高温阻燃防护服。该防护服阻燃性能、机械强度、透湿性能、色牢度、热稳定性等均可达到GB8965-98《阻燃防护服》标准，基本达到GA10-2002《消防员灭火防护服》标准，目前正在积极和相关企业合作，开展中试工艺研究，以期尽快实现批量生产，提供给部队。该防护服打破了我国消防员灭火防护服外层面料依赖进口的现状，市场前景广阔。

三、科研项目及获奖情况

全年在研项目96项，立项23项，其中科研项目17项，标准规范项目6项。在项目申报立项方面，更注重与消防现实需求相结合。首次成功申报立项科技部科研院所技术开发研究专项资金项目“建筑外墙保温材料和系统防火关键技术研究”，“螺旋隧道烟气蔓延规律及灭火救援技术研究”连续2年获得公安部重点攻关项目立项。在成果获奖方面，“地震过渡房的火灾安全性及要求”获中国消防协会科学技术创新三等奖，“保温材料阻燃技术研究”获消防局科技进步二等奖，“聚苯硫醚高性能阻燃耐高温防护服的研制”获消防局首届青年科技创新奖。全年获专利授权13项，其中发明1项，实用新型专利7项，计算机软件著作权5项。

四、人才培养

2013年，已有1名博士后研究人员完成研究项目顺利出站，还有1名在站从事研究。现有4人入读清华大学工程硕士。2人入读中科大工程硕士，新增2人入读北大工程硕士。推荐4人参加2014年公安系统资助访问学者申报工作。有8名正高级专业技术人员推荐进入公安部高级专业技术资格评审委员会评委专家库。目前，有2位在职专家享受政府津贴，4位在职专家享受部级津贴。

五、联系部队、合作共建

为响应“科技强警”的战略方针，积极探索科研为消防一线部队服务的新模式，先后与内蒙古自治区公安消防总队、重庆市公安消防总队及四川省公安消防总队签订了合作共建协议，并在项目合作研发、成果推广、遂行出动、强制检验类消防产品抽、封样等方面制定了实施细则。为配合四川省公安消防总队提高应急救援能力，解决灭火救援中螺旋隧道烟气排放难题，与四川总队合作申报了2013年度公安部重点攻关项目“螺旋隧道烟气蔓延规律及灭火救援技术研究”，联合在四川境内最长的高速公路隧道——雅西高速泥巴山隧道进行了实体火灾试验，首次获得了我国螺旋隧道火灾试验的相关数据，为螺旋隧道通风排烟优化设计及消防部队应急救援中烟气排放的技战术组合发挥了重要作用。受重庆消防总队委托，在高层实验塔和大空间实验室分别开展了酒店、商铺、办公场所的系列火灾蔓延试验，提出了相应建筑防排烟设计及人员疏散设计方案。

六、防火产品监督检验

国家防火建筑材料质量监督检验中心（以下简称“质检中心”）是经公安部和原国家标准局批准建立，于1987年经原国家标准局正式验收并授权成为全国首批具有第三方公正性地位的、法定的国家级产品质量监督检验机构。中心重点围绕即将发布的消防产品强制认证目录产品的检验，拓展了包括灭火剂、消防给水设备、水喷淋灭火系统、避难逃生、外墙保温系统等36类产品检验项目并获得国家认可委的认可。目前，中心认可项目已达195项，涉及参数5000余个。承担了由公安部消防局组织开展的2013年度在建工程消防产品监督检查和检验工作、型式认可工厂条件检查工作和3C强制性认证防火窗产品的工厂检查工作。组织相关业务骨干完成了第三批3C强制性认证消防产品目录防火阻燃材料类20个产品的可行性分析报告及实施规则的编制工作，并已获得通过。

七、火灾物证鉴定工作

四川火灾物证司法鉴定所是全国第一家通过司法鉴定资质认定的火灾物证类司法鉴定机构。全年为消防部队完成240多起火灾的物证鉴定、5起火灾的物证技术分析，为法院等社会团体完成4起火灾物证司法鉴定，参与协助火灾现场勘验10多次，完成的鉴定任务量比去年增加85%，为消防部队认定火灾原因、法院判定火灾纠纷提供了有力的科学技术数据。

八、科研成果的转化情况

加强经公安部批准的下属3个企业，即四川天府防火材料有限公司、四川天府消防工程有限公司和四川法斯特消防安全性能评估有限公司的管控。在经营管理上，严格按照年初制定的《2013年度经济实体考核及奖励办法》进行全面考核。在内部管理上，完成了3个企业主要经营管理者的调整，理顺企业关系，规范企业内部管理，严格遵守国家法律法规和公安部相关规定，确保经营合法化和规范化。近两年来，下属3个企业的经济收入实现了每年10%的稳步增长，经济效益和社会效益得到明显提高。全年，3个企业创造的总产值约6亿元。

第七章　公安部消防局警官培训基地工作综述

公安部消防局警官培训基地前身为原天津消防指挥学校。2003年10月21日，公安部政治部正式批复，将天津消防指挥学校改建为公安部消防局天津警官培训基地，隶属于部消防局领导管理，12月26日正式挂牌组建，为正师级单位，下设办公室、训练处、管理处3个副师职部门和2个正团职培训大队。2008年4月25日，公安部政治部正式批复，将基地名称调整为公安部消防局警官培训基地，下设训练部、政治部、后勤部、学员管理部4个副师职部门。警官培训基地主要承担全国公安消防部队正团职干部轮训、副团职晋升正团职干部培训、部消防局各处室组织的相关业务培训和地方大学生入警强化培训。

2013年，警官培训基地以团职干部培训、大学生入警强化培训和队伍建设为重点，创新培训工作，严格队伍管理，全年圆满完成1期正团、2期副团、大学生入警强化培训，以及消防产品监督、消防宣传、消防产品评定中心业务培训等各类培训班9个，共培训各类人员3107人。

一、打造精品，教育培训求精求新

（一）团职干部培训。一是建立强大的师资队伍。从中央党校、中国社科院、国防大学等国家级培训机构和部队院校聘请知名专家教授，从部局机关和消防部队精选专业骨干，组成300余人的师资库，确保师资理论权威、视野开阔和课程指导性强，教学评估满意度在95%以上。加强自有教员培养，基地领导和部分干部、教师担负了团职培训和入警培训授课任务，选派教员带课题到基层部队蹲点学习，实现教学内容与基层工作有效对接。二是打造精品课程。围绕消防工作重点、难点、瓶颈问题，打造了业务理论、参观见学、实践教学、专题研讨、特色选修等五大类13门精品课程，涵盖了党的创新理论与政策法规、领导科学与管理艺术、党性修养与党风建设、消防工作与业务理论等主要教学模块和核心科目课程。三是创新情景教学。邀请大连、长沙、成都、玉树等支队“现身说法”，交流经验；开展重大课题专项攻关，组织学术成果评议交流；创设“学员论坛”，指导学员登台授课和小班研讨，实现教学资源共享和教学相长；组织参观“复兴之路”基本陈列和消防设备技术交流展览会；组织开展模拟新闻发布会，邀请中央主流媒体记者现场指导，提升学员媒体应对能力。四是提升综合能力。在总结历年经验的基础上，通过摸底测试、论文答辩、结业考核、日常考评等4方面进行全程式综合考评，检验学员培训效果。通过设定模拟工作场景，组织“情景式”综合答辩，提升学员领导素养。结业考核采取“问题式”答题，考察学员破解工作难题能力。

（二）大学生入警强化培训。一是夯实思想政治基础。开训伊始采取摸好一次底、谈好一次心、讲好第一课、说好一事例等“四个一”，把准学员思想脉搏。在此基础上，基地注重运用党的创新理论和部队光荣传统武装学员，邀请部队领导和军地名家专题讲授中国特色社会主义理论体系和党的十八大精神、“中国梦”、部队条令条例等课程，真正做到用科学理论武装人，校正理想信念坐标；用马克思主义立场看待问题，把准政治方向；用“正能量”、“好声音”抵御干扰，使学员走好从警第一步。二是打牢军人素质基础。让学员明确学习基本知识、练好基本队列和基本体能三项培训内容。将队列训练分为集中强化、巩固提高、队列“讲、做、教”和考核验收4个阶段，将体能训练分为适应性、系统性、强化性和恢复性4个阶段；军事训练中，实施教员与示范分队相结合、教学与管理相结合、教学与督查相结合、课堂指导与课外训练相结合、“五小练兵”与“每日一练每周一评”队列会操相结合“五项措施”，真正解决了“练什么、怎么练、靠谁抓”等问题。三是培育优良作风。党委先后6次专题议训，党委成员与学员面对面交流，听取意见，解决困难。机关各部门紧密配合，齐心协力，狠抓工作落实。全体训管干部言传身教，普遍叫响“向我看”、“跟我练”口号，当好学员引路人。全体学员军人意识、作风不断提高，吃苦耐劳、团队精神、适应能力不断增强。

二、强化保障，为教育培训提供鼎力支持

（一）党委班子立说立行。以作风建设为突破口，从改进调查研究、文风会风等8个方面引领作风转变。注重学习消化吸收，提升党委科学决策和领率发展能力；注重帮带学员，严格执行部消防局《严格团职干部培训班管理五项规定》，轮流跟班督训管理，出台蹲点包队10项硬措施；注重服务官兵，落实办实事工程，积极解决干部家属就业、子女入学等实际困难，营造拴心留人的良好环境。

（二）服务管理规范精细。持续推进营区绿化、亮化、美化工程，实施饮食保障“营养安全配餐”，加强伙食全流程安全监控，杜绝饮食中毒现象发生。开通24小时医疗就诊“绿色通道”，深入开展学员巡诊和健康教育。研究制定《领导跟班管理实施办法》，落实部消防局干部培训“五项规定”，强化队伍安全管理，定期开展督察检查，层层签订《安全责任书》，每周集中讲评，落实“五同七到位”和全天候值班。实行封闭式管理，全程禁酒、全程量化考评。

（三）队伍建设铸魂强基。深入开展“强信念、铸警魂、转作风、促发展”主题教育和党的群众路线教育实践活动，邀请党校名师和消防部队十八大代表为官兵解读十八大精神，实施“口袋式”教学和警示教育。推进干部规范化管理，完善干部绩效和年度考评办法，成立新一届纪委、督察办公室和督察队，制定完善督察工作规定。开展了警官培训基地10年建设成就宣传，成立了基地文联，新建了文化长廊和队史馆，在学员中搭建了曲艺创作、书画摄影、文体比赛等多种文化平台，文化育警成效明显。

第八章　公安消防部队昆明指挥学校工作综述

学校成立于1991年7月，下设训练部、政治部、校务部、学员管理部4个副师级部门。现有干部391人，其中教师174人（副教授36人、讲师95人、助教43人）；开设建筑防火、行政执法、火灾调查、抢险救援等69门课程（必修课36门、选修课33门）。20多年来，在公安部消防局的领导下，全体师生艰苦奋斗搞建设、勤俭办学育桃李，招生从2000年起由面向西部10个总队转为面向全国消防部队招收中专学员（学制2年），2002年起招收消防指挥专业大专学员（学制3年）；在校学员由建校初期的800人扩大到现在的3063人，共为全国消防部队输送1.2万余名基层指挥员；学校土地面积由原来的246亩扩大到现在的619亩。

2013年，在公安部消防局的坚强领导及有关部门的大力支持下，学校团结带领全校师生深入学习贯彻党的十八大精神，立足人才培养目标，不断深化教学改革，提升学术科研水平，加强教学保障能力建设，圆满完成了以教学为中心的各项任务。

一、开展教育实践活动，大力加强党委班子建设

以党的群众路线教育实践活动为抓手，以坚决纠正和反对“四风”为突破口，坚持围绕中心、服务大局，不断加强党委班子建设。一是深化学习转作风。党委带头深化中心组专题学习，开展理想信念、党性党风党纪教育和群众路线专题讨论4次，撰写读书笔记、心得体会和理论文章120余篇，切实打牢了班子成员宗旨意识和群众观念。二是凝聚共识促团结。坚持开门搞活动，聚焦反对“四风”，通过设立意见箱、召开座谈会和一对一谈心等方式多层次多渠道听取意见建议，并在此基础上认真组织召开学校党委专题民主生活会，达到了沟通思想、砥砺作风、锤炼党性、增进团结的目标，受到部局督导组的好评。三是狠抓整改谋发展。把作风建设放在突出位置，把工作着力点放到研究解决师生的困难上，制订学校党委班子整改方案及“四风”问题专项整治方案，并成立2个督导组对整改情况进行跟踪问效，力求以作风建设成效凝聚起推动学校发展的强大动力。党的群众路线教育实践活动开展以来，对铺张浪费、文风会风等5个方面问题开展专项治理，对《公务接待管理规定》《财务管理制度》等5个规章制度中的44项条款进行修改完善，为基层解决实际问题10余个。贯彻执行公安部“三项纪律”态度坚决、措施有力，受到刘金国副部长“昆明指挥学校走在了前列，做法很好”的肯定。

二、深化教学工作改革，积极推进教战无缝对接

探索与实战化要求相适应的人才培养模式，使其更好的服务消防事业和现实斗争。一是顶层设计向实战聚焦。以基层消防部队人才需求为导向，制订2013版《消防指挥专业专科人才培养方案》，突出核心专业，优化课程结构，注重能力培养，构建了重实践、重能力的教育培养体系。确定《军人心理学》等6门课程为第二批重点建设课程，构筑整体优化的课程体系，全力带动教学质量水平提升。二是教学方法向实战聚焦。成立示范教学中队开展示范教学，让授课更为生动、直观、有趣，激发了学员的学习主动性，更好的掌握各项军事技能；成功组织1次以保送生、班长骨干为主的116人地震应急救援拉动演练，在检验学校跨区域应急救援能力的同时，提升了学员的实战能力和组织能力。三是师资培养向实战聚焦。下发《昆明消防指挥学校教学名师建设实施方案》，发挥名师示范引领作用，构建良性竞争激励机制，促进教师队伍素质提升。畅通教师交流渠道，鼓励教师外出交流学习、挂职锻炼和深造，确保教员队伍能够不断更新知识、增长经验，使教学始终贴近基层、贴近实战。

三、提升科研创新水平，努力提升综合办学实力

结合自身办学特色，切实抓好科研创新这一院校发展的生命线。一是着力政策支持。下发《2013年度校级科研项目申报指南》，明确重点研究方向，确保与公安部科研计划保持一致，并加大经费、政策支持力度，投入专项经费60余万元，对重点课题进行优先立项，为科研的上档升级创造良好条件。二是着力平台搭建。加大图书馆建设力度，投入140万元购买图书资料，馆藏总量已达到了12.7万册；积极与云南省新闻出版局沟通协调，大力推进学校校刊《现代消防与教育》的创办工作，为师生提供了良好的学习、交流及科研平台。三是着力制度激励。通过开展学术科研成果评比、加大成果奖励等各项举措，鼓励教师开展科研工作。在各类核心和专业期刊上发表187篇学术论文，其中EI论文1篇，SCI论文1篇，核心期刊8篇，国际会议论文8篇。申报新型实用专利37项，其中发明专利3项，8项获得了国家知识产权局认证。同时，编写的“避险与救助全攻略丛书”正式公开出版发行，提高了学校的知名度和影响力。

四、加强思想政治建设，切实打牢官兵思想根基

不断丰富思想政治工作的载体和内涵，为圆满完成各项工作任务提供强大动力和坚强保证。一是把思想教育作为根本保证。坚持不懈用中国特色社会主义理论体系武装部队，年内召开政工例会4次，开展辅导学习讲座16场，深入学习宣传贯彻党的十八大和十八届三中全会精神，并紧紧围绕十八大主线，部署开展“坚定信念·铸牢警魂”和“学习十八大、昆指怎么办”等一系列主题活动，使广大官兵深刻领会精神实质，武装头脑、指导行动。二是把抓好导向作为根本前提。以能力建设和先进性建设为主线，积极开展“争先创优”活动，表彰优秀党支部10个、优秀党务工作者10名，上报部局表彰7名，培训党员发展对象717名，充分发挥了党支部的战斗堡垒作用。扎实开展师德师风建设活动，从“爱国守法、敬业爱生、教书育人、严谨治学、服务部队、为人师表”等6个方面着力培育师德师风，树立教师队伍正确的价值导向，使高尚师德师风在悄然之间形成。三是把廉政建设作为根本要求。在制度层面，建立纪检部门内部防控、全校官兵外部监督、上级纪委组织考核的“立体”监督机制，确保事事在控制内、人人在约束中。在组织层面，建立以各级主官、分管领导和承办人为主的“三级责任体系”，做到流程规范、岗位明确、责任清楚。在教育层面，通过任前集体廉政谈话、参观戒毒所等方式，教育官兵坚守原则底线，时刻保持敬畏之心。

五、贯彻从严治校方针，全面树立良好学风校风

加大依法治警、从严治校力度，切实端正校纪校风，规范校园秩序。一是抓制度、促发展。新修订“学校2013版规章制度”，废止4个规章制度，修改210项制度条款，新增9个具有针对性的规章制度，有力保障了依法治校、规范管理。二是抓管控、促规范。开发运用集身份识别、指纹考勤、公车派遣于一体的电子岗哨及干部考勤综合管控平台，并将执行情况纳入绩效考核范畴。在营区主干道标划1300米队列养成区，90个提示文字和18个箭头等标线标示，并加大督察、纠察力度，形成了正规的校园氛围。三是抓评比、促提升。深入开展“五面流动红旗”评比活动，不断增强学员集体荣誉感和团队意识。制订《争创学业成绩先进单位和个人评比活动方案》，将学员成绩与大队年终考核和干部绩效考评挂钩，推进“教、管、学”一体化进程，促进学员成绩提高。共有1个学业先进大队、8个学业先进中队和18名学业先进个人受到表彰。四是抓安全、促稳定。严格执行公安部“三项纪律”、“五条禁令”和部队条令条例，用铁的纪律严格约束官兵言行。扎实开展“严纪律、转作风、保平安、树形象”专题教育学习活动，严格监控网络舆情，清查师生微博、博客中涉及部队的敏感信息。全面排查部队管理情况，整改影响部队和谐的突出问题，确保学校高度安全稳定。

六、培育特色院校文化，充分发挥文化育警作用

结合自身办学定位和特色，着力构建陶冶情操、净化心灵的昆指文化，全面促进师生道德、人格和素质培养。一是增厚底蕴，积极建设书香校园。在全校开展“读书月”活动，共同引导大家多读书、读好书，积极营造浓厚的学习读书氛围。举办“艺韵昆指”书法、美术、摄影展，凝心聚力、激励斗志，进一步营造和谐向上的校园氛围。二是注重引导，着力拓展眼界思维。举办“文化大讲台”、“昆指大讲坛”等活动，邀请部队内外、军地院校的专家、学者、教授为官兵专题授课50余次，让官兵在潜移默化中树立正确的价值取向，取得了增长知识、开阔眼界、启发思维的效果。三是丰富活动，切实凝聚军心士气。开展学员毕业文艺晚会、“星光杯”球类比赛及假期节日活动，每月举办一次主题竞赛活动，每周开设“周末影院”。在丰富官兵文化娱乐的同时，也让官兵积极参与活动的筹办，强化其对学校的认同感和荣誉感。

七、提升后勤服务水平，不断强化综合保障能力

紧紧围绕“保障教学、服务师生、强化能力、谋求突破”的总体工作思路，大力提升后勤服务水平。一是突出教学保障这一中心。投入500万元建设视频监控系统和多媒体教室升级改造，投入125万元购置29个大项教学训练器材，投入11万元采购实验器材，不断改善教学条件；投入140万元购买图书资料，投入20万元配置4台电子读报机，进一步改善了教学科研条件。二是抓住学校发展这一主线。协调地方政府及有关部门推动校区扩建320亩项目、公寓房50亩项目，两个项目均顺利实现“土地移交”，有力拓展了学校发展空间。全力推进土地、房屋权属“两证”办理工作，“国有土地使用证”、住宅用房“房屋所有权证”办证率达到100%，在部局土地房屋专项治理活动验收工作中被评定为“优秀”。三是保障师生需求这一重点。完善饮食社会化保障，引进风味小吃13家，推出特色套餐80余种，并加大食品抽样送检力度，配备2台链传送式洗碗机落实餐具高温消毒，在确保食品安全的前提下满足学员多元化需求。

第五篇

有关消防工作的重要文件资料

关于印发消防工作考核办法的通知

（国办发〔2013〕16号）

各省、自治区、直辖市人民政府，国务院各部委、各直属机构：

《消防工作考核办法》已经国务院同意，现印发给你们，请认真贯彻执行。

国务院办公厅
2013年2月26日

消防工作考核办法

第一条 为严格落实消防工作责任，有效预防火灾和减少火灾危害，进一步提高公共消防安全水平，根据《中华人民共和国消防法》和《国务院关于加强和改进消防工作的意见》（国发〔2011〕46号）等有关规定，制定本办法。

第二条 消防工作考核是指对各省、自治区、直辖市年度消防工作完成情况进行考核。

地方政府主要负责人为本地区消防工作第一责任人，分管负责人为主要责任人。

第三条 考核工作由公安部牵头，会同中央综治办、发展改革委、监察部、民政部、财政部、住房城乡建设部、文化部、安全监管总局组成考核工作组，负责组织实施。

第四条 考核工作组每年4月底前对各省、自治区、直辖市上一年度消防工作完成情况进行考核，并将考核结果上报国务院。

第五条 考核工作坚持客观公正、科学合理、公开透明、求真务实的原则。

第六条 考核内容包括火灾预防、消防安全基础、消防安全责任三个部分。

第七条 考核工作组结合每年初各省、自治区、直辖市报国务院的消防工作专题报告，通过听取汇报、查阅资料、座谈走访、暗访调查等方式，按照考核计分表和实施细则逐项细化并进行量化评分。

考核采用评分法，满分为100分。考核结果分为优秀、良好、合格、不合格四个等级。考核得分90分以上为优秀，80分以上90分以下为良好，60分以上80分以下为合格，60分以下为不合格（以上包括本数，以下不包括本数）。

考核工作实施细则，由考核工作组根据经济社会发展情况，结合消防工作实际研究制定。

第八条 考核结果经国务院审定后，由公安部向各省、自治区、直辖市政府和有关部门进行通报。对考核结果为优秀的予以表扬，有关部门在相关项目安排上优先予以考虑。

考核结果为不合格的省、自治区、直辖市政府，应在考核结果通报后一个月内，提出整改措施，向国务院做出书面报告，抄送考核工作组各成员单位。

第九条 经国务院审定后的考核结果，交由中央干部主管部门，作为对各省、自治区、直辖市政府主要负责人和领导班子综合考核评价的重要依据。

第十条 对在考核工作中弄虚作假、瞒报虚报情况的，予以通报批评，对有关责任人员依法依纪追究责任。

第十一条 各省、自治区、直辖市政府应根据本办法，结合当地实际，对本行政区域内各级政府消防工作进行考核。

第十二条 本办法自印发之日起施行。

附件：消防工作考核计分表

消防工作考核计分表

考核项目		分值	评分标准
火灾预防（30分）	消防安全源头管控	7分	严格落实建设工程消防设计、施工质量和消防审核验收终身负责制。（2分）
			行政审批部门对涉及消防安全的事项严格审批，凡不符合法定审批条件的，行业管理部门不得核发相关许可证照或批准开办。（4分）
			相关部门严格落实消防产品监管职责。（1分）
	火灾隐患排查整治	7分	建立常态化火灾隐患排查整治机制，组织开展消防安全专项治理。（2分）
			制订区域性火灾隐患整治工作规划，督促落实整改措施。（1分）
			地方各级政府按时限决定重大火灾隐患挂牌督办、停产停业整改事宜，重大火灾隐患限期整改。（3分）
			火灾隐患举报、投诉制度完善，及时查处受理的火灾隐患。（1分）
	火灾高危单位监管	3分	省级政府制定火灾高危单位消防安全管理规定，明确界定范围、消防安全标准和监管措施。（1分）
			火灾高危单位按要求开展消防安全评估。（2分）
	建筑工地和建筑材料消防管理	3分	依法加强对建设工程施工现场的消防安全检查，建设工程施工现场消防安全管理规范。（2分）
			建筑外保温材料防火性能及施工符合相关标准规范要求，建筑室内装饰装修材料符合国家、行业标准中有关消防安全要求。（1分）
	消防宣传教育培训	10分	制订落实《全民消防安全宣传教育纲要（2011～2015）》规划或年度计划。（2分）
			组织开展消防宣传进学校、进社区、进企业、进农村、进家庭工作，大力普及消防安全知识。（2分）
			新闻媒体安排专门时段、版块刊播消防公益广告。（1分）
			中小学、居（村）委会和物业服务企业每年至少组织1次消防应急疏散演练。（1分）
			将消防法律法规和消防知识纳入党政领导干部及公务员培训、职业培训、科普和普法教育、义务教育内容。（2分）
			开展各行业、各领域的社会化消防教育培训工作，严格执行消防安全培训合格上岗制度。（2分）

续表

<table>
<tr><th colspan="2">考核项目</th><th>分值</th><th>评分标准</th></tr>
<tr><td rowspan="15">消防安全基础（30分）</td><td rowspan="2">消防法律法规体系</td><td rowspan="2">4分</td><td>针对本地消防安全突出问题，依法制定地方性法规、地方政府规章和技术标准。（2分）</td></tr>
<tr><td>直辖市、省会市、副省级市和其他大城市制定并执行更加严格的消防安全标准或规定。（2分）</td></tr>
<tr><td rowspan="2">消防科研和信息化</td><td rowspan="2">5分</td><td>省、市两级政府将消防科学技术研究纳入当地科技发展规划和科研计划。（2分）</td></tr>
<tr><td>按规划完成消防信息化建设和应用任务。（3分）</td></tr>
<tr><td rowspan="2">公共消防设施</td><td rowspan="2">6分</td><td>县级以上地方政府和建制镇科学编制并严格落实城乡消防规划。（2分）</td></tr>
<tr><td>消防站、消防供水、消防通信、消防车通道等公共消防设施建设与城乡基础设施建设同步发展，符合国家标准，定期维护保养，能够正常使用。（4分）</td></tr>
<tr><td rowspan="3">多种形式消防队伍</td><td rowspan="3">5分</td><td>省级政府制定专职消防队伍管理办法。（1分）</td></tr>
<tr><td>按国家有关规定建立政府专职消防队、企事业单位专职消防队和志愿消防队。（3分）</td></tr>
<tr><td>落实多种形式消防队伍各项保障。（1分）</td></tr>
<tr><td rowspan="2">消防技术服务机构管理</td><td rowspan="2">4分</td><td>消防技术服务机构资质、资格审批严格。（2分）</td></tr>
<tr><td>消防技术服务机构内部管理制度健全，服务规范。（2分）</td></tr>
<tr><td rowspan="4">灭火应急救援</td><td rowspan="4">6分</td><td>按要求加强综合性应急救援队伍建设。（1分）</td></tr>
<tr><td>灭火应急救援指挥平台和社会联动机制健全，预案完善，定期演练；应急救援物资储备充足。（2分）</td></tr>
<tr><td>消防装备达到《城市消防站建设标准》。（1分）</td></tr>
<tr><td>消防训练基地和消防特勤力量建设达标。（2分）</td></tr>
<tr><td rowspan="4">消防安全责任（40分）</td><td rowspan="4">政府领导责任</td><td rowspan="4">14分</td><td>地方各级政府将消防工作纳入本地经济社会发展总体规划。（3分）</td></tr>
<tr><td>地方各级政府消防工作协调机制健全，定期研究解决重大消防安全问题。（2分）</td></tr>
<tr><td>地方各级政府定期督导检查消防工作，每年向上级政府专题报告本地消防工作情况。（3分）</td></tr>
<tr><td>地方各级政府建立消防工作考核评价体系，把考评结果作为领导干部政绩考评的重要内容。（2分）</td></tr>
</table>

续表

考核项目		分值	评分标准
			乡镇政府和街道办事处建立消防安全组织，明确专人负责消防工作，推行消防安全网格化管理。（3分）
			建立并落实热心消防公益事业、主动报告火警和扑救火灾奖励制度。（1分）
	部门监管责任	12分	各部门、各单位落实“谁主管、谁负责”原则，消防安全职责明确、制度健全、措施有力。（2分）
			相关部门切实加强宾馆、饭店、商场、市场、学校、医院、公共娱乐场所、社会福利机构、烈士纪念设施、旅游景区（点）、博物馆、文物保护单位等消防安全管理。（5分）
			相关部门依法加强对危险化学品和烟花爆竹、压力容器的安全监管。（2分）
			公安机关每半年向本级政府报告消防安全形势，公安派出所和社区（农村）警务室依法开展日常消防监督检查。（3分）
	单位主体责任	5分	机关、团体、企业事业单位消防安全“四个能力”（检查消除火灾隐患、组织扑救初起火灾、组织人员疏散逃生和消防宣传教育培训的能力）达标。（1分）
			机关、团体、企业事业单位建立消防安全自我评估机制，定期维护保养消防设施，消防控制室操作人员持证上岗。（3分）
			消防安全重点单位责任人、管理人、消防管理员职责明确，责任落实。（1分）
	经费保障	5分	地方各级政府保障本地消防事业发展所需经费。（4分）
			省级财政对贫困地区消防事业发展给予一定的支持。（1分）
	责任追究	4分	建立并严格实施消防安全责任追究制度。（4分）
备注	1. 每发生一起重大亡人火灾责任事故扣20分。 2. 发生特别重大亡人火灾责任事故的考核结果直接认定为“不合格”。		

关于开展消防产品质量专项整治工作的通知

（公通字〔2013〕5号）

各省、自治区、直辖市公安厅、局，工商行政管理局，质量技术监督局；新疆生产建设兵团公安局、质量技术监督局：

为认真贯彻落实国务院《质量发展纲要（2011～2020年）》（国发〔2012〕9号）和《国务院关于加强和改进消防工作的意见》（国发〔2011〕46号），严肃整顿消防产品市场秩序，切实提高消防产品质量，保障社会公共消防安全，公安部、国家工商总局、国家质检总局决定，从2013年3月至2016年3月，在全国范围内集中开展消防产品质量专项整治工作。现将有关事项通知如下：

一、高度重视，全面部署开展专项整治工作

消防产品属于公共安全类产品，其质量好坏直接关系到发生火灾后消防设施能否有效地发挥作用、切实保障人身安全和财产安全。从近年来发生的火灾事故，以及消防产品监督检查和火灾隐患排查整治暴露出的问题看，消防产品的质量问题仍然十分严重，一些不法生产经营者肆意制售假冒伪劣消防产品，导致大量不合格产品流入使用领域，形成火灾隐患。去年“3·15”期间，央视曝光了部分地区制售假冒伪劣消防产品的情况，引起了社会更广泛的关注。各地要从维护人民群众生命财产安全和社会和谐稳定的高度，充分认识开展消防产品质量专项整治，打击制售和使用假冒伪劣消防产品违法犯罪工作的重要性、紧迫性和长期性，切实增强工作责任感和紧迫感。要把此次专项整治作为贯彻落实国务院《质量发展纲要（2011～2020年）》和公安部、国家工商总局和国家质检总局《消防产品监督管理规定》的实际举措，抓紧制定实施方案，细化各项工作措施，迅速动员部署，广泛开展宣传，严格落实责任，扎扎实实地开展专项整治工作。通过整治，要坚决取缔无照经营企业，严厉打击制假、售假和用假等违法行为，全面查处消防产品未经强制性认证出厂行为，有效规范和净化消防产品市场环境，力争使生产、经营企业和使用单位落实质量安全主体责任的积极性明显提高，诚信经营水平得到改观。

二、明确职责，扎实推进专项整治工作

各地要坚持“统筹规划、年度实施、全面清查、综合治理”的原则，分年度确定重点监督产品，严厉查处消防产品生产、销售、使用领域的质量违法行为。

各级质量技术监督部门负责生产领域消防产品的专项整治。要以实施强制性认证的产品为重点，检查产品强制性认证市场准入资格、工厂生产条件和质量体系运行情况，严厉查处未经强制性认证擅自出厂销售的行为，以及生产不符合保障人体健康和人身财产安全的国家标准、行业标准的消防产品、以次充好、以假充真、以不合格产品冒充合格产品、伪造冒用他人厂名厂址、伪造冒用强制性认证标志证书等质量违法行为。同时，督促产品质量不稳定企业完善质量保证体系，提升产品质量。

各级工商行政管理部门负责流通领域消防产品的专项整治。要重点检查辖区内消防产品销售者，对销售不合格的消防产品或者国家明令淘汰的消防产品的，要依法查处。要依法严厉打击假冒他人的注册商标，仿冒知名商品特有的名称、包装、装潢，擅自使用他人的企业名称，在消防产品上虚假表示等违法行为，依法查处无照经营行为。

各级公安机关负责使用领域消防产品的专项整治和打击制售假冒伪劣消防产品犯罪的工作。各级公安消防部门要以各年度重点监督产品为主要对象，充分利用消防产品身份信息管理系统和现场检查判定等手段，重点开展消防装备和人员密集场所消防产品质量监督检查，严肃依法查处使用不合格消防产品的违法行为，并责令更换不合格产品，消除火灾隐患。各级公安经侦部门要根据专项整治中发现的制售假冒伪劣消防产品犯罪的线索，依法查办违法犯罪案件，依法严惩不法分子，同时，深入追查产供销假冒伪劣消防产品犯罪链条，坚决清剿制假售假窝点。

三、密切配合，确保整治工作取得实效

公安部和国家工商总局、国家质检总局联合组成消防产品质量专项整治司局级协调小组，统一组织、协调、指导专项整治工作。各省、自治区、直辖市要成立由公安消防、质监、工商三个部门组成的联合工作组，由公安消防部门牵头，共同研究制订实施方案，明确职责分工，确定考核指标和办法，建立信息通报、联合执法机制，统一动员部署，开展联合督察，密切协调配合，推动专项整治工作全面深入实施。各部门要相互通报在各自领域检查中发现的制售假冒伪劣消防产品的情况、信息，为有效实施联合执法创造条件，质监、工商部门要依法严厉打击生产、销售领域的质量违法行为，公安消防部门要依法严肃查处使用不合格产品造成火灾隐患的违法行为，公安经侦部门要依法追究违法犯罪分子的刑事责任，切实形成打击合力，提高部门联合监管效能。同时，要充分发挥报刊、广播、电视、网络等媒体的作用，大力宣传消防产品常识和政策法规，提高公众产品质量安全意识。要完善质量投诉和消费维权机制，充分发挥“12365”、“12315”、“96119”等投诉热线的作用，广泛发动和正确引导公众积极参与整治行动。整治期间，公安部、国家工商总局、国家质检总局将派出联合工作组，对各地开展消防产品专项整治情况进行独到检查。对于工作不落实、整治工作开展不力的，将在全国范围内予以通报。

请各地公安、工商、质检部门于每年12月1日前分别归口上报年度整治工作情况，2016年4月15日前上报专项整治工作总结（报至各归口上级部门），大案要案等重要情况随时报送。

联系方式：

公安部消防局	010-66267631	wpx1207@163.com
质检总局直发督察司	010-82262121	djxtc@aqsiq.gov.cn
工商总局消保局	010-68050261	xbjspc@126.com
公安部经侦局	010-66263947	wangfeichefoo@163.com

公安部
国家工商总局
国家质检总局
2013年2月6日

关于表彰首届全国119消防奖获奖先进集体和先进个人的决定

（公消〔2013〕21号）

近年来，在党中央、国务院和地方各级党委、政府的正确领导下，消防工作社会化深入推进，社会单位和人民群众积极支持、参与消防工作，全民消防局面加快形成，涌现了一大批主动参与灭火救援、火灾预防，消防志愿服务等社会消防工作的先进集体和个人，为提高全社会防控火灾的能力和水平发挥了重要作用，为表彰先进、树立典型，公安部决定，授予41个先进集体和56名先进个人首届全国119消防奖，并分别颁发奖匾、奖章和证书。

一、先进集体

人民大会堂管理局消防处

中国建筑科学研究院建筑防火研究所

中国石油化工股份有限公司北京燕山分公司消防支队

天津市老年人体育协会骑游队消防志愿服务队

河北省承德市普宁寺喇嘛志愿消防队

山西省文水县刘胡兰女子消防队

太原钢铁（集团）有限公司消防大队

包头钢铁（集团）有限责任公司保卫部消防大队

辽宁省本溪市消防老战友志愿者服务队

中国石油天然气集团公司锦西石化分公司消防支队

吉林省长春市消防志愿者出租车队

中国第一汽车股份有限公司技术中心

黑龙江省勃利县青山乡民办消防队

上海音速青年志愿服务中心

中国石油化工股份有限公司上海高桥分公司消防支队

江苏省常州市武进区城西民办消防队

江苏省镇江市江滨实验小学

浙江省浦江县郑宅镇水龙会

浙江省德清县新市镇消防综合应急救援队

中国科学技术大学火灾科学国家重点实验室
福建省长乐市金峰义务消防队
福建省惠安县大岞女子民兵志愿消防队
江西省景德镇市妈妈防火团
山东省青岛永安民建消防队
山东银座商城股份有限公司银座商城安保科
中国石油化工股份有限公司中原油田分公司消防支队
湖北省襄阳市樊城区王寨街道七里桥社区消防志愿者服务队
湖南省长沙市厚天消防义工团
湖南省长沙市特殊教育学校
广东省汕头市潮南区峡山义务消防队
广东省东莞市横沥镇政府专职消防队
广西壮族自治区融水县香粉乡中坪村村民委员会
重庆市丰都县民间义务消防队
四川省郫县书院街专职消防队
贵州省兴义市丰都街道龙塘村志愿消防队
西藏自治区布达拉宫管理处
陕西省山阳县漫川关镇闫家店村志愿消防队
甘肃银光化学工业集团有限公司保卫消防处
中国铝业青海分公司专职消防队
宁夏回族自治区银川建发东方红商业股份有限公司安全管理服务部
新疆机场（集团）有限责任公司消防护卫部消防救援大队

二、先进个人

孟祥贤（女）	中国机械工业集团有限公司离休干部
张　军	北京市延庆县第五中学教师
李　军（女）	天津微型开关厂退休职工
张春江	中国石油天然气集团公司华北油田分公司消防支队副支队长
盖玉堂	河北省承德县人民政府党组副书记
雷振瑛（女）	山西省平遥县城西街道宏源社区居民
李　岩	内蒙古自治区乌拉特前旗西小召镇政府专职消防队队长
金永新（满族）	辽宁省开原市八棵树镇林业站退休干部
原信深	辽宁省营口市第一师范学校退休教师
尹维增	吉林省德惠市岔路口镇志愿消防队队长
林俊生	吉林省长春市淀粉厂退休职工
赵子英（女）	黑龙江省黑河市爱辉区兴安街道金融社区居民

宫显民	黑龙江省拜泉县人民政府副县长
王钰君	上海市崇明县文化馆艺术总监
张爱忠	上海氯碱化工股份有限公司专职消防队队长
张　凯	江苏省徐州市泉山区建筑公司退休职工
夏义成	中核集团江苏核电有限公司专职消防队队长
阮炳炎	浙江省上虞市道墟镇肖金村义务消防队队长
李立兴	浙江省杭州市萧山区金利浦制衣厂志愿消防队队长
周震寰	浙江省乐清市保安服务公司保安
侯子功	安徽省临泉县黄岭镇杨庄村村民
薛金珉	安徽省砀山县疾病预防控制中心退休职工
龚文辉	福建省寿宁县南阳青年义务消防队队长
林文杰	福建省晋江市陈埭镇洋埭村志愿消防队队长
李永忠	福建省福州市糖果厂退休职工
谭良才	江西省宜春市袁州区慈化镇冷水村村民
黄新云	江西省吉安市润邦纺织有限公司专职消防队队长
孙晓云（女）	山东省淄博市科学技术馆退休职工
李喜峰	中国水利水电第十一工程局有限公司铁路分局退休职工
亢社欣	河南省洛阳市洛龙区白马寺镇董村村民
彭国珍（女）	湖北省荆州市沙市区解放路街道白云桥社区居民
陈　昕（女）	湖北省黄冈市消防志愿者宣传队队员
石德华	湖南省沅江市黄茅洲镇液化气站义务消防队队长
赵志福	湖南省常德市生命人寿保险股份有限公司职工
唐中工一贵（瑶族）	广东省连南县瑶寨民族志愿消防队队长
钟浪锋	中国石油化工股份有限公司广州分公司消防支队战训室主任
卢　海	广西壮族自治区平南县大安镇居民
潘水田	广西壮族自治区柳城县古砦乡云峰村村民
杨正格（侗族）	广西壮族自治区三江侗族自治县民族村寨工作管理局局长
王清芳（女，黎族）	海南省黎族苗族自治县青年消防志愿者服务队队长
王卫东	海南省琼海市博鳌金海岸温泉大酒店安保部经理
杨胜铭（土家族）	重庆市黔江区石家镇居民
朱德云	重庆市长寿区捷圆化工有限公司保卫部部长
冯　霖	四川省通江县广纳镇农村志愿消防队队长
门　珠（藏族）	四川省红原县麦洼寺管理委员会联防队队长
严章福	贵州省安顺市西秀区七眼桥镇兴隆村志愿消防队队长
肖家福	云南省玉溪市红塔区高仓街道排山营村村民

苏联寿	云南省沾益县职教中心退休职工
欧巴桑（藏族）	中国石油天然气集团公司西藏分公司七二五油库消防队副队长
石志光（回族）	中国石油化工股份有限公司西安石化分公司退休职工
王颖萍（女）	陕西省宝鸡市交通管理局退休干部
李宏刚	甘肃省金昌市金川集团股份有限公司综合科科长
许国强	青海金桥农牧区数字电影院线公司电影放映员
陈志明（回族）	宁夏回族自治区西吉县兴隆镇公易村村民
新　德（蒙古族）	新疆维吾尔自治区精河县大河沿子镇呼和哈夏南村村民
孙成江	中国石油天然气集团公司新疆油田分公司消防支队副支队长

希望受到表彰的先进集体和个人珍惜荣誉，再接再厉，再创佳绩。各级公安机关和消防部门要深入学习贯彻党的十八大精神，大力弘扬先进集体和个人热心消防、服务社会的公益精神和勇于担当、竭诚奉献的优良品质，广泛动员社会各界以受到表彰的先进集体和个人为榜样，关心消防、重视消防、深入推进消防工作社会化，为保护人民群众生命财产安全、全面建成小康社会做出积极贡献。

公安部

2013年1月30日

关于命名2012年度全国消防安全教育示范学校的决定

（公消〔2013〕14号）

各省、自治区、直辖市公安厅、局，教育厅（教委），新疆生产建设兵团公安局、教育局：

自2010年公安部、教育部部署开展“全国消防安全教育示范学校”创建活动以来，各地公安、教育部门紧密配合、齐抓共管，各级各类学校和广大师生开拓创新、积极参与，示范学校创建活动连续三年持续推进，带动一大批学校认真落实消防安全宣传教育责任制，明确消防宣传、教育、培训工作标准，不断组织开展经常性的消防宣传教育活动，扎实推进消防安全教育常态化工作机制建设，极大地提升了学校消防安全管理和宣传教育水平，增强了学校抗御火灾的能力。

按照“全国消防安全教育示范学校”创建活动实施方案三年创建目标要求，2012年经各省（区、市）消防、教育部门联合考评，公安部、教育部决定，命名北京市顺义牛栏山第一中学等538所学校为2012年度“全国消防安全教育示范学校”，授予北京等12个省（区、市）的教育厅（教委）、公安消防总队为2012年度“全国消防安全教育示范学校”创建活动先进单位。

希望获得命名的示范学校和活动先进单位珍惜荣誉，再接再厉，希望全国广大中小学校进一步树立争先创优意识，强化消防安全教育职责，以学习贯彻党的十八大精神为主线，深入落实《国务院关于加强和改进消防工作的意见》（国发〔2011〕46号）和《全民消防安全宣传教育纲要（2011～2015）》，不断总结示范学校工作经验，努力完善学校消防安全管理长效机制，全力提升中小学校消防安全教育水平，为增强广大师生消防安全素质和保障学校的消防安全做出更大的贡献。2013年，公安部、教育部将适时组织联合督导调研组对全国示范学校进行抽查，对不符合示范学校创建标准的予以摘牌和通报。

附件：1．2012年“全国消防安全教育示范学校”名单（略）。

2．2012年“全国消防安全教育示范学校”创建活动先进单位名单（略）。

公安部办公厅

教育部办公厅

2013年1月8日

关于进一步加强中小学消防安全宣传教育工作的通知

（公消〔2013〕234号）

各省、自治区、直辖市公安厅、局，教育厅（教委），新疆生产建设兵团公安局、教育局：

为深入贯彻落实《国务院关于加强和改进消防工作的意见》（国发〔2011〕46号）和《全民消防安全宣传教育纲要》（公通字〔2011〕20号），进一步加强中小学消防安全宣传教育工作，提升学校消防安全管理和宣传教育水平，增强学生消防安全意识和自防自救能力，现就有关要求通知如下：

一、切实强化组织领导

中小学消防安全宣传教育工作是增强国民安全素质的基础工程。各级公安机关、教育部门要高度重视中小学消防安全宣传教育工作，强化组织领导，明确职责分工，加强协作配合。各级公安机关要将中小学消防安全宣传教育工作纳入社会消防宣传教育和单位“四个能力”建设考核内容，主动协助教育部门、学校，加强策划组织和指导服务，选派消防专业人员担任辖区学校消防辅导员；各级教育部门要将中小学消防宣传教育工作纳入学校安全工作责任制落实情况的检查内容，推动学校落实消防安全管理和教育主体责任，制订年度消防宣传教育计划，将消防安全知识纳入教学内容。各级公安机关、教育部门每年要对当地学校工作落实情况进行督导检查。

二、落实消防课时教育

各级教育部门要督促各中小学建立常态化的消防安全教育制度，加强师资队伍的消防业务培训，落实相关活动经费，确保课时、教材、师资、设施、场所等落实到位。各中小学要针对不同年龄段学生特点分类开展消防安全教育，每学期开学第一周和寒（暑）假前要安排不少于4课时的消防知识教育课程。小学重点开展火灾危险性、消防安全标志标识、日常生活防火、火灾报警、逃生自救常识教育；初中、高中重点开展消防法律法规、防火灭火基本知识、灭火器材使用、火灾自救互救知识和火灾案例教育。各级公安机关要协助解决消防宣传教育活动所需场所、资料、器材等方面的困难。

三、举办主题实践活动

要利用每年的“全国中小学生安全教育日”、“防灾减灾日”、“119消防日”等契机，组织中小学生集中开展知识竞答、作文大赛、消防运动会、主题展览、疏散演练等消防主题活动。要组织开展“三个一”活动。即每学期组织一次火灾疏散逃生演练，使每一名学生熟悉掌握火灾疏散逃生的路线和逃生的方式、方法；每学年开展一次参观消防队站或消防科普教育基地活动，亲身学习和体验消防安全；每学年布置一次由学生与家长共同完成的家庭消防作业，制作家庭逃生路线图，填写家庭消防安全自查表，督促家庭成员及时发现和消除火灾隐患，确保学生家庭消防安全。各地可通过设立中小学生消防日、消防月等形式，建立常态教育机制。

四、加强学校阵地建设

各级公安机关、教育部门要充分利用现有消防安全教育示范学校和消防安全教育社会实践基地的典型示范作用，带动广大中小学校开展消防安全教育，并对照标准适时开展创建“回头看”活动。各中小学校园电视、广播、网站、报刊、电子显示屏、板报、手机报等，每月要至少刊播一次防火、灭火、疏散逃生等消防安全常识，并结合火灾特点和学校实际，及时更新宣传内容。要在学校教室、行政办公楼、宿舍及图书馆、实验室、餐厅、礼堂等醒目位置设置应急疏散示意图、消防标识、宣传橱窗（标牌），有条件的学校要建立消防安全宣传教育场所，配置必要的消防器材设施、宣传资料。

公安部办公厅

教育部办公厅

2013年8月27日

第六篇

火灾案例

第一章　特别重大火灾案例

吉林长春德惠市宝源丰禽业有限公司火灾爆炸事故

2013年6月3日6时10分许，吉林省长春德惠市宝源丰禽业有限公司（以下简称“宝源丰公司”）主厂房发生特别重大火灾爆炸事故，共造成121人死亡、76人受伤，17234平方米主厂房及主厂房内生产设备被损毁，直接经济损失1.82亿元。事故发生后，党中央、国务院高度重视，习近平总书记、李克强总理等中央领导同志立即做出重要批示指示，要求全力以赴组织救援，千方百计救治受伤人员，做好遇难者的善后和家属安抚工作；查明事故原因，依法追究责任，并要深刻总结教训，采取切实有力的有效措施，坚决防止重特大事故的发生。6月3日下午，受党中央、国务院委派，国务委员郭声琨同志率领国务院有关部门负责同志赶赴现场，指导人员搜救、善后处理和事故调查工作并慰问受伤人员。6月4日，李克强总理通过视频系统对做好抢险救援、事故查处和善后处理工作提出了明确要求。期间，张高丽、马凯、孟建柱、杨晶、王勇等领导同志也通过各种方式，了解现场情况，指导应急救援、伤员救治、善后处理和事故调查工作。

一、事故单位基本情况

宝源丰公司为个人独资企业，位于吉林省长春德惠市米沙子镇102国道北侧（距德惠市区49千米），公司成立于2008年5月9日，法定代表人贾某某，公司资产总额6227万元，经营范围为肉鸡屠宰、分割、速冻、加工及销售，员工430人，年生产肉鸡3.6万吨，年均销售收入约3亿元，公司未办理保险业务。

宝源丰公司以南是102国道，以东、以西、以北均为农田，公司院内有主厂房、办公楼、宿舍楼、制冷机房，锅炉房、变电所、污水处理站和其他辅助用房。主厂房结构为单层门式轻钢框架，建筑面积为17234平方米，屋顶结构为工字钢梁上铺压型板，内表面喷涂聚氨酯泡沫作为保温材料（依现场取样，材料燃烧性能经鉴定，氧指数为22.9%～23.4%）。屋顶下设吊顶，材质为金属面聚苯乙烯夹芯板（依现场取样，材料燃烧性能经鉴定，氧指数为33%），吊顶至屋顶高度为2～3米不等。主厂房内共有南、中、北三条贯穿东西的主通道，将主厂房划分为4个区域，由北向南依次为冷库、速冻车间、主车间（东侧为一车间、西侧为二车间、中部为预冷池）和附属区（更衣室、卫生间、办公室、配电室、机修车间和化验室等）。

（一）主厂房防火分区、安全出口

及消防设施情况。

主厂房火灾危险性类为丁戊类，建筑耐火等级为二级，主厂房为一个防火分区，符合《建筑设计防火规范》的相关规定。主厂房主通道东西两侧各设1个安全出口，冷库北侧设置5个安全出口直通室外，附属区南侧外墙设置4个安全出口直通室外，二车间西侧外墙设置1个安全出口直通室外。安全出口设置符合《建筑设计防火规范》的相关规定。事故发生时，南部主通道西侧安全出口和二车间西侧直通室外的安全出口被锁闭，其余安全出口处于正常状态。主厂房设有室内外消防供水管网和消火栓，主厂房内设有事故应急照明灯、安全出口指示标志和灭火器，主厂房未设火灾自动报警系统、自动灭火系统。企业设有消防泵房和1500立方米消防水池，并设有消防备用电源，符合《建筑设计防火规范》的相关规定。

（二）氨气储存情况及理化性质。

该公司制冷设备及管线中共有液氨约110立方米（制冷车间内有13个储罐，储存液氨90立方米，其中3个高压罐当日压力0.8兆帕，10个低压罐当日压力0.6兆帕；管线内储存液氨20立方米）。液氨，无色液体，易溶于水，常温常压下为无色气体，与空气的相对密度0.6，易燃，爆炸极限为15.7%～27.4%；有毒，有强烈刺激性气味，吸入可引起中毒性肺水肿，并引起眼睛、皮肤和呼吸道灼伤，对环境有严重危害，对水体、土壤和大气可造成污染。

二、生产安全管理和消防监督管理情况

2009年11月，建设、监理、勘察、设计、施工单位出具了宝源丰公司项目《工程竣工验收报告》。12月，德惠市公安消防大队出具了《建筑工程消防验收意见书》，意见为“综合评定该工程消防验收合格”。该企业未被列入消防安全重点单位，由米沙子镇派出所负责消防监督检查，米沙子镇派出所未对该公司进行实地检查。

该企业从未组织开展过安全宣传教育，从未对员工进行安全知识培训，企业管理人员、从业人员缺乏消防安全常识和扑救初期火灾的能力；虽然制订了事故应急预案，但从未组织开展过应急演练。企业未制订灭火预案，未进行过消防演练。企业没有建立健全安全生产责任制，更没有落实到位。虽然制定了一些内部管理制度、安全操作规程，主要是为了应付检查和档案建设需要，没有公布、执行和落实；总经理、厂长、车间班组长不知道有规章制度，更谈不上执行；管理人员招聘后仅在会议上宣布，没有文件任命，日常管理属于随机安排；投产以来没有组织开展过全厂性的安全检查。

三、事故发生经过和扑救情况

（一）事故发生经过。

6月3日5时20分至50分左右，宝源丰公司员工陆续进厂工作（受运输和天气温度的影响，该企业通常于早上6时上班），当日计划屠宰加工肉鸡3.79万只，在车间现场人数为395人（其中一车间113人，二车间192人，挂鸡台20人，冷库70人）。6时10分左右，部分员工发现一车间女更衣室及附近区域上部有烟、火，主厂房外面也有人发现主厂房南侧

中间部位上层窗户最先冒出黑色浓烟。部分较早发现火情人员进行了初期扑救，但火势未得到有效控制。火势逐渐在吊顶内由南向北蔓延，同时向下蔓延到整个附属区，并由附属区向北面的主车间、速冻车间和冷库方向蔓延。燃烧产生的高温导致主厂房西北部的1号冷库和1号螺旋速冻机的液氨输送和氨气回收管线发生物理爆炸，致使该区域上方屋顶卷开，大量氨气泄漏，介入了燃烧，火势蔓延至主厂房的其余区域。

（二）事故特点。

1．厂房跨度大，内部结构复杂，火势蔓延迅速。起火厂房为典型的大跨度、大空间钢结构厂房。厂房内部容积大、空气充足，并按照不同的生产需要，进行了相对较多的独立水平分割，而且多采用易燃材料，为火势迅猛发展蔓延创造了条件。燃烧产生高温气体多次发生轰燃，引发厂房内部发生大范围、多火点猛烈燃烧。火焰烘烤液氨制冷系统，接连发生不同规模的爆炸，造成管线中大量液氨喷出引发新的燃烧，达到爆炸极限后，又发生多次爆炸。冲击波导致吊顶塌落、隔断变形、货架移动，不仅封挡了疏散通道和出入口，也使原本就非常复杂的内部结构变得更加复杂。同时随着钢构件长时间受火焰烘烤，温度持续升高，钢构件支撑强度开始减弱。

2．烟气毒气浓重，人员聚集量大，疏散逃生困难。厂房内使用大量聚苯乙烯夹芯板和聚氨酯材料用于内部分割和外层保温，易燃材料加快了火势蔓延的速度，并产生大量高温度有毒浓烟，迅速充满密闭性良好的厂房，人员疏散逃生十分困难。同时，该单位当日有395名员工在车间工作。事故导致厂房内照明全部中断，房间、通道、出口难以辨识，且单位初期未组织有效的人员疏散，加之员工安全意识差，缺乏逃生自救知识，最终引发踩踏事件。

3．液氨储罐泄漏，情况复杂多变，潜存爆炸危险。制冷车间位于厂房东北侧，正处在起火厂房下风方向，受火势严重威胁。13个液氨储罐中部分储罐阀门处于开启状态，其中一个低压储罐的输转泵及阀门因爆炸冲击力损坏，导致该储罐内液氨发生泄漏。此时，火势借着风势，严重威胁下风方向的储罐，如不能及时、有效地控制火势蔓延，随时可能造成罐区内储罐爆炸。

（三）扑救经过。

1．先期力量到场处置。6月3日6时30分57秒，德惠市公安消防大队接到德惠市公安局110指挥中心报警，立即出动4辆水罐消防车、32名官兵，并调集就近的米沙子、朱城子、同太、升阳等4个政府专职消防队的4辆水罐消防车、8名消防员赶赴现场。7时3分，赶赴现场途中向长春市公安消防支队指挥中心报告并请求增援。7时4分，长春市公安消防支队指挥中心分批次调动17个中队的62辆消防车赶赴现场，并通知当日值班领导及全勤值班人员赶赴现场指挥灾害事故处置。7时13分，吉林省公安消防总队指挥中心接到长春市公安消防支队指挥中心报告后立即向相关领导汇报，并通知相关人员赶赴现场。

7时18分，德惠市公安消防大队首

批力量到场时，整个厂区被浓烟笼罩，厂房大面积燃烧，局部火焰已突破屋顶，并多次发生爆炸，致火焰冲出屋顶高达10余米，烟气浓重并弥漫着强烈刺激的氨气。经询问单位人员，得知厂房内有大量工人被困，生死不明。指挥员立即部署力量，利用水枪一边喷水稀释降毒，一边控制火势蔓延，为疏散抢救人员创造条件。在厂房西侧、南侧进行破拆，分别设置3支和1支水枪对厂房内部火势进行堵截控制、掩护救人；组织搜救小组在水枪的掩护下，从厂房东南侧疏散出9人；派出侦察组实施不间断侦察，全面了解现场情况，侦察组侦察时发现厂房东北侧氨气大量泄漏，随时有发生爆炸的危险。

7时27分，增援的长东北先导区中队、兴隆山中队和东荣大路中队力量相继到达现场。根据现场情况，指挥员命令增援力量组织疏散人员（厂房东南侧疏散16人），并在厂房北侧、东侧破拆厂房门进行排烟，打开救人通道；命令东荣大路中队攻坚组在厂房东北侧，设置水枪阵地阻止火势向制冷车间蔓延，同时稀释、排出制冷车间内泄漏的氨气，防止爆炸事故的发生。

2．全力搜救遇难者。7时50分，长春市公安消防支队领导带领全勤指挥部到达现场，成立现场作战指挥部，并立即部署四项作战任务：一是全力营救被困人员；二是全面开展搜救；三是集中力量稀释制冷车间有毒气体，坚决防止发生爆炸，适时关闭阀门；四是立即组织对下风方向的火势进行堵截，防止火势威胁制冷车间。同时，提请长春市政府启动应急预案，调动相关社会联动救援力量参加救援。按照指挥部命令，到场力量组成7个搜救小组深入厂房进行搜救；其他力量按照分工迅速开展灭火救援行动。

8时6分，吉林省公安消防总队总队长李树田到达现场，迅速了解了现场情况后，成立总队现场作战指挥部，进一步明确“救人第一”的指导思想以及“确保液氨储罐不发生爆炸，坚决防止次生灾害事故发生”的作战原则，并部署五项作战任务：一是全力抢救被困人员；二是组织力量控制火势，强攻近战；三是防止制冷车间液氨泄漏发生爆炸；四是调集增援力量；五是扩大警戒范围。随后总队政委蔡畅宇到达现场，总队现场作战指挥部在进一步了解了现场情况后，又下达了五项具体作战命令：一是立即划分战斗段组织搜救；二是迅速完成第一轮搜救，重点搜救有生命迹象的区域；三是用生命探测仪和搜救犬进行深度搜救，不留死角；四是对搜救出的遇难人员准确定位，并与120搞好交接；五是内攻搜救人员要用高压水枪击落上空悬挂物，以防止坠落物砸伤官兵。后续增援力量到场后，按照现场作战指挥部的部署，继续以搜救人员为作战主要方面，组织到场力量从厂房东、西、南三个方向在水枪掩护下强行突破，先后在厂房内搜出61具遇难者遗体。

3．全力控制灾情发展。9时许，经与单位技术人员进一步核实现场情况，现场作战指挥部又调集吉林市公安消防支队的10辆消防车、50名官兵进行跨区域增援。同时，组织特勤人员在单位技术人员的配合下，深入制冷车间内部进行侦察，发现制冷车间内一个低压储罐的输转泵及阀门因爆炸冲击力损坏，导致该储罐内液氨发生泄漏，随时都有再次大爆炸的危险。情况查明后，现场作战指挥部采取破拆下风方向窗口、喷雾稀释和控制火势向制冷车间蔓延等战术措施，在厂房北侧部署3辆举高消防车利用水炮阻止火势沿屋顶彩钢板保温层向制冷车间蔓延；部署3个攻坚组出5支水枪，深入内部堵截火势向制冷车间蔓延，同时利用喷雾射流稀释厂房内的氨气。在厂房东侧部署1辆举高消防车利用水炮从外部灭火，拆除连接部位的保温层；2个攻坚组携带无火花工具破拆制冷车间下风方向的窗口；2个攻坚组在上风和侧风方向出4支喷雾水枪，不间断地向车间内部进行喷雾射水。同时设置2台水驱动排烟机进行驱散和稀释降毒，有效地防止了爆炸和氨气泄漏毒害等次生灾害的发生；供水组利用大流量手抬机动泵占据单位内部2个地上水池直接向前方供水，在厂房北侧和东南侧部署3辆50吨水罐消防车保障前方用水，并占据吉林省物资储备局二三八处水池进行运水供水。在加强个人安全防护、钢结构充分冷却的前提下，各水枪阵地逐步向厂房内部纵深，消灭隐蔽火点，同时设立内部观察哨和外部高空观察哨，时刻观察火场情况和钢构件变化情况。

经全力驱散和稀释降毒后，现场作战指挥部派出长春市公安消防支队特勤大队1个攻坚组在单位技术人员的配合下实施关阀。由于现场下风区域始终有较强烈的刺激性气味，为确保液氨储罐不再发生泄漏，现场作战指挥部决定每15分钟对氨气浓度和储罐各段阀门关闭情况及罐体完好情况进行反复检查。10时许，依据侦察结果判断，除阀门损坏的低压储罐内部液氨全部泄漏外，其余储罐及管线完好，而且制冷车间内部氨气浓度呈逐渐下降趋势，消除了泄漏引发爆炸的潜在危险。11时许，现场火势被扑灭，有效地保护了厂房北部的冷库、毗连的制冷车间和周边其他建筑的安全。

在先期搜索出61具遇难者遗体后，现场作战指挥部继续组织参战力量不间断进行搜救。12时45分，现场作战指挥部把现场划分成8个搜救片区，组织450名官兵和5条搜救犬分片负责，进行全面清理和搜索排查，先后在厂房中部和南部又搜出57具遇难者遗体。13时05分，现场作战指挥部又调集长春、吉林、四平、辽源等4个公安消防支队的照明器材及省公安消防总队培训基地的190名集训官兵赶赴现场增援。

4日下午，现场作战指挥部决定再次扩大搜索范围，不放弃任何死角和任何一种可能，组织人员对整个厂区进行全面搜索。4日13时50分，搜救人员对厂房外1个浸泡鸡毛的污水池进行排水后，在污水池的鸡毛堆内又发现了1具遇难者遗体。截至4日18时，经过6次“地毯式”搜救、3次“移物式”搜救、1次“清理式”搜救，现场人员搜救工作全面结束，共搜出遇难人员遗体119具（不含在医院死亡2人）。

4．全力监护保障倒罐。6月5日14时38分许，长春市公安消防支队特勤中队配合技术人员对液氨储罐实施倒罐，并全力做好倒罐处置中的监护工作。为避免在倒罐过程中发生泄漏以及爆炸等次生灾害，特勤中队成立了4个监护小组一边检测空气中氨气的浓度，一边利用喷雾水枪不间断射水，对液氨槽车与液氨储罐进行全方位保护，直至6月7日23时许，倒罐工作彻底结束。

5．战斗成果。此次战斗共疏散救出25人，搜救出遇难人员遗体119具（不含在医院死亡的2人），保护了冷库、毗连的制冷车间、氨气储罐等涉氨区域的安全，特别是防止了氨气储罐发生爆炸造成更严重的次生灾害。

（四）其他情况。

1．社会力量调动情况。此次灾害事故共调集长春、吉林、四平、辽源4个支队的113辆消防车，800名官兵以及社会联动力量的18辆铲车和挖掘机，61辆救护车、210名医护人员，600名武警官兵，2000余名公安干警赶赴现场实施救援。

2．可利用消防水源情况。单位水源：该单位厂区内有2个地上水池，其中1个1500立方米地上水池位于厂房东北角，1个500立方米地上水池位于厂房东侧。周边水源：距离该单位3500米的吉林省物资储备局二三八处有1个600立方米水池。灭火救援总共用水2070余吨。

3．通信保障情况。通过现场架设350兆转信台，搭建二级指挥网，有效地避免了同频干扰现象的产生，确保了救援现场各级指战员间的语音通信畅通无阻；利用卫星和3G图传系统实时向部消防局和总队指挥中心传送现场情况图像，为远程指挥提供保障；利用无线上网设备和移动办公终端，建立了现场与部消防局、总队之间的数据连接，确保能够及时传输各类数据。

4．后勤保障情况。现场作战指挥部先后调集自装卸式器材保障消防车1辆、运兵车7辆、器材消防车2辆、饮食保障消防车1辆、强光照明灯400个、防化服和指挥服等个人防护装备1800余件套；紧急购置了手套、口罩、食品等保障物资，为现场800名参战官兵提供饮食保障；调派总队医院1辆救护车、8名医护人员24小时现场执勤，为官兵提供医疗保障。

5．当日气象情况。根据气象局当日发布气象信息：午后有小雷阵雨转小到中雨，西南风3到4级，气温16℃～22℃。

四、事故伤亡损失

经国务院调查组统计，此次事故共造成121名员工死亡、76人受伤，死伤人员均系宝源丰公司员工，17234平方米主厂房及主厂房内生产设备被损毁，直接经济损失1.82亿元。目前宝源丰公司已被依法取缔。

五、事故发生的原因

经国务院“6·3”特别重大火灾爆炸事故调查组认定，此次事故的原因为：宝源丰公司主厂房一车间女更衣室西面和毗连的二车间配电室的上部电气线路短路，引燃周围可燃物。当火势蔓延到氨设备和氨管道区域，燃烧产生的高温导致氨设备和氨管道发生物理爆炸，大量氨气泄漏，介入了燃烧。

造成火势迅速蔓延的主要原因：一是主厂房内大量使用聚氨酯泡沫保温材料和聚苯乙烯夹芯板（聚氨酯泡沫燃点低、燃烧速度极快，聚苯乙烯夹芯板燃烧的滴落物具有引燃性）。二是一车间女更衣室等附属区房间内的衣柜、衣物、办公用具等可燃物较多，且与人员密集的主车间用聚苯乙烯夹芯板分隔。三是吊顶内的空间大部分连通，火灾发生后，火势由南向北迅速蔓延。四是当火势蔓延到氨设备和氨管道区域，燃烧产生的高温导致氨设备和氨管道发生物理爆炸，大量氨气泄漏，介入了燃烧。

造成重大人员伤亡的主要原因：一是起火后，火势从起火部位迅速蔓延，聚氨酯泡沫塑料、聚苯乙烯泡沫塑料等材料大面积燃烧，产生高温有毒烟气，同时伴有泄漏的氨气等毒害物质。二是主厂房内逃生通道复杂，且南部主通道西侧安全出口和二车间西侧直通室外的安全出口被锁闭，火灾发生时人员无法及时逃生。三是主厂房内没有报警装置，部分人员对火灾知情晚，加之最先发现起火的人员没有来得及通知二车间等区域的人员疏散，使一些人丧失了最佳逃生时机。四是宝源丰公司未对员工进行安全培训，未组织应急疏散演练，员工缺乏逃生自救互救知识和能力。

六、主要教训及责任处理情况

（一）宝源丰公司安全生产主体责任不落实。

公司未建立健全和落实安全生产责任制，未逐级明确安全管理责任，未逐级签订包括消防在内的《安全责任书》；从未开展安全宣传教育，未对员工进行安全知识培训，虽制订事故应急预案，但从未组织开展应急演练，企业管理人员、从业人员缺乏消防安全常识和扑救初起火灾的能力；厂房建设未按照原设计施工，违规将保温材料由不燃的岩棉换成易燃的聚氨酯泡沫，导致起火后火势迅速蔓延，产生大量有毒气体，造成大量人员伤亡；违规安装布设电气设备及线路，主厂房内电缆明敷，二车间的电线未使用桥架、槽盒，也未穿安全防护管，埋下重大事故隐患，并违规将南部主通道西侧的安全出口和二车间西侧外墙设置的直通室外的安全出口锁闭，使火灾发生后大量人员无法逃生。

1．宝源丰公司工厂厂长、生产管理负责人蒋某某，宝源丰公司工厂动力部主任、生产车间电气管理负责人周某某，对事故发生负有责任，因在事故中死亡，免予追究责任。

2．宝源丰公司董事长贾某某，宝源丰公司总经理张某某，宝源丰公司综合办公室主任姚某某，宝源丰公司保卫科长冷某某（涉嫌伪造证据罪），分别被批准逮捕。

3．辽宁大河重钢工程有限公司董事贾某某，长春建工集团职工刘某，原长春建工集团吉兴管理公司经理刘某某，无业人员张某某，因参与或经办宝源丰公司办理建设手续、违规变更阻燃材料等，分别被批准逮捕。

（二）相关职能部门监管不到位。

公安消防部门未按规定将宝源丰公司列为二级消防安全重点单位实施重点监控，在未进行消防设计审核、消防验收的前提下出具《建设工程消防验收合格意见书》，未发现和督促纠正建设单位擅自更换不符合防火标准的建筑材料的问题；建设部门未能发现和解决宝源丰公司项目建设设计、施工、监理挂靠或借用资质等问题，未能发现并查处该公司擅自更改建筑设计、更换阻燃材料等问题；安全监管部门对特种作业人员持证上岗工作监管缺失，对重大危险源监控工作监管不力。

1．长春市公安消防支队净月大队大队长吕某某（原德惠市公安消防大队大队长），德惠市公安消防大队防火参谋高某，分别因涉嫌滥用职权罪被刑事拘留。

2．长春市公安消防支队榆树大队参谋刘某某（原德惠市公安消防大队副大队长），长春市公安消防支队农安大队参谋兰某（原德惠市公安消防大队防火参谋），分别因涉嫌玩忽职守罪被刑事拘留。

3．德惠市公安局米沙子镇派出所所长赵某，德惠市公安局米沙子镇派出所干警孙某某，德惠市公安局米沙子镇派出所干警冯某某，分别因涉嫌玩忽职守罪被刑事拘留。

4．德惠市米沙子镇建设分局局长宋某某，德惠市建设工程质量监督站副站长刘某某，德惠市米沙子镇经贸办主任兼安监站站长李某某，分别因涉嫌渎职犯罪，被检察机关立案。

5．德惠市米沙子镇派出所副所长滕某某，对事故发生负有主要领导责任，给予党内严重警告、撤职处分。

6．德惠市公安消防大队党委副书记、大队长王某，对事故发生负有主要领导责任，给予撤销党内职务、撤职处分。

7．长春市公安消防支队防火处处长宋某某，对事故发生负有重要领导责任，给予党内严重警告、降级处分。

8．长春市公安消防支队副支队长赵某某，对事故发生负有主要领导责任，给予党内严重警告、撤职处分。

9．长春市公安消防支队党委副书记、支队长王某某，对事故发生负有主要领导责任，给予撤销党内职务、撤职处分。

10．长春市公安消防支队党委书记、政委赵某某，对事故发生负有重要领导责任，给予党内严重警告、降级处分。

11．吉林省公安消防总队党委委员、副总队长刘某，对事故发生负有重要领导责任，给予党内严重警告、降级处分。

12．吉林省公安消防总队党委书记、总队长李某某，对事故发生负有重要领导责任，给予记大过处分。

13．德惠市建设工程质量监督站党支部书记、站长邹某某，对事故发生负有主要领导责任，给予撤销党内职务、撤职处分。

14．吉林省长春德惠市经济局副局长刘某某（原德惠市住建局副局长），对事故发生负有主要领导责任，给予党内严重警告、撤职处分。

15．德惠市安全生产监督管理局危险化学品监督管理科科长宋某某，对事故发生负有主要领导责任，给予党内严重警告、撤职处分。

16．德惠市安全生产监督管理局监察科长（2013年5月任监察大队大队长）李某某，对事故发生负有主要领导责任，给予党内严重警告、撤职处分。

17．德惠市安全生产监督管理局党组成员、副局长陈某某，对事故发生负有重要领导责任，给予党内严重警告、降级处分。

18．德惠市安全生产监督管理局党组书记、局长范某，对事故发生负有重要领导责任，给予记大过处分。

（三）地方政府安全生产监管职责落实不力。

当地市、镇政府没有牢固树立和落实科学发展观和安全发展理念，片面地追求GDP增长，片面地强调为招商引资项目“多开绿灯、特事特办”，忽视安全生产；省、市、镇政府科学发展观和安全发展理念树立得不牢，贯彻落实国家安全生产法律法规、政策规定、工作部署要求和督促指导有关地区、部门认真履行职责、做好包括消防安全在内的安全生产工作不到位。

1．德惠市米沙子镇党委副书记、镇长刘某某，因涉嫌渎职犯罪，被检察机关立案。

2．德惠市米沙子镇党委委员、副镇长王某某，对事故发生负有主要领导责任，给予撤销党内职务、撤职处分。

3．德惠市米沙子镇党委书记、米沙子工业集中区党工委书记、米沙子工业集中区管委会主任裴某某，对事故发生负有主要领导责任，给予撤销党内职务、撤职处分。

4．德惠市市委常委、副市长王某，对事故发生负有重要领导责任，给予党内严重警告、降级处分。

5．德惠市人民政府党组成员、副市长、市公安局党委书记、局长王某某，对事故发生负有主要领导责任，给予撤销党内职务、撤职处分。

6．德惠市市委副书记、市长刘某某，对事故发生负有主要领导责任，给予撤销党内职务、撤职处分。

7．德惠市市委书记张某某，对事故发生负有主要领导责任，给予撤销党内职务处分。

8．长春市人民政府党组成员、副市长、长春市公安局党委书记、局长李某，对事故发生负有重要领导责任，给予党内严重警告、降级处分。

9．长春市市委副书记、市长姜某某，对事故发生负有重要领导责任，给予记大过处分。

10．吉林省人民政府副省长兼省公安厅厅长黄某某，对事故发生负有重要领导责任，给予记大过处分。

截至本书成稿时，上述被司法机关采取措施的人员仍在进一步处理中。

福建厦门市BRT公交车火灾

2013年6月7日，福建省厦门市一辆车牌号为闽DY7396的公交车行驶至厦门快速公交系统（BRT）高架桥公交车道金山站往蔡塘站之间时起火，造成47人死亡，34人受伤。火灾发生后，党中央、国务院高度重视，习近平总书记、李克强总理和中央政治局委员、中央政法委书记孟建柱做出重要批示指示。国务委员、公安部部长郭声琨受党中央、国务院委派，连夜率国务院相关部门和公安部治安、刑侦、消防等部门负责人以及有关专家组成的国务院工作组紧急赶赴厦门，指导处置工作。福建省委书记尤权、省长苏树林连夜赶赴厦门，指导火灾案件调查和善后处理工作。

一、起火公交车基本情况

车牌号为闽DY7396的公交车系由厦门金龙汽车联合公司生产，2008年7月生产下线，8月投入使用。运营使用单位为厦门市快速公交系统（简称BRT）。该车长11.98米，宽2.55米，高3.19米，车前部和中部各一个车门，使用柴油作为燃料，柴油箱在车尾部右侧，容量230升，车辆满员荷载95人。该车起点站为厦门北站，终点站为第一码头站。该车于6月7日18时14分许到达双十中学站后，途经金山站，在位于金山站至蔡塘站路段发生爆燃起火。

二、起火经过和火灾扑救情况

6月7日18时22分，厦门市公安消防支队作战指挥中心接到110指令，快速公交系统（BRT）高架桥上一辆公交车爆燃起火，立即启动“厦门快速公交系统（BRT）高架区段灾害事故灭火救援预案”，第一时间调集江头中队37米举高车、东风153水罐车、五十铃水罐车和前埔中队东风153水罐车、一七抢险车共2个中队的5辆消防车、30名消防官兵分别从前埔BRT站入口以及金山站出口两个方向前往处置，全勤指挥部遂行出动。同时通知急救、公安治安、安监等相关单位派力量到场协助处置。由于正值下班交通高峰期，接警中队赶赴现场途中，在前埔南路、仙岳路以及BRT高架入口处受到严重交通阻碍。18时33分，前埔中队到场展开救援；18时40分，江头中队到场展开救援。前埔中队到达现场后，公交车已处于猛烈燃烧阶段。中队迅速分为2个战斗小组，2把泡沫枪分别从公交车的车头、侧面进行扑救，逐步向车尾推进。同时，组织力量疏散逃生乘客，将受伤司机抬放至安全地带。江头中队到场后，负责给前埔中队水罐车供水。18时45分，将火灾扑灭。

三、起火原因

火灾发生后，福建省公安消防总队张兴辉总队长立即率全勤指挥部及火灾调查人员赶赴现场处置，并迅速启动火灾调查应急预案，抽调省、市火灾调查专家组成员和火调骨干连夜赶赴现场，与公安刑侦、技侦等警种联合开展调查工作。经过连夜开展火灾现场勘验、走访调查和调看监控录像，综合分析认定起火时间为6月7日18时19分，起火部位位于车牌号为闽DY7396的公交车车厢内距车头4～6米中部偏西近地面处，起火原因可以排除电气故障、车辆轮胎过热爆裂、油箱泄漏、车辆发动机舱故障等引发火灾的可能，并在起火点提取到折叠式手拉车残留金属架、编织袋残片等相关物品，确认现场助燃剂为汽油。综合认定该起火灾系放火引发火灾的严重刑事案件。经走访调查和侦查工作确认，犯罪嫌疑人陈某某因自感生活不如意，产生悲观厌世情绪，遂采取泄愤放火。6月5日16时许，陈某某在厦门某售油点购买了汽油； 6月7日，陈某某分别给妻子女儿写了两封绝笔书；6月7日16时左右，陈某某拉着一个载有塑料汽油桶外覆编织袋的手拉车离家，之后上了闽DY7396公交车实施放火。侦查员在搜查陈某某住家时，提取到残留汽油的铁桶。经笔迹鉴定，陈某某6月7日致妻女的两封绝笔书系其本人所写。经DNA技术鉴定比对，证实犯罪嫌疑人陈某某已被当场烧死。

四、主要教训

（一）消防安全制度落实不到位。

快速公交公司在乘客携带物品安全检查方面存在漏洞，并且对驾驶员的培训不到位，司机对突发事件的应变处置能力不强。

（二）公众消防安全意识有待提高。

火灾发生前大部分乘客在闻到浓烈汽油味的情况下无动于衷，没有及时采用有效的防范措施；起火后，大部分乘客也未能在第一时间使用车载灭火器灭火和使用逃生锤砸窗逃生。

五、火灾责任及处理情况

犯罪嫌疑人陈某某在火灾中死亡，不予追究。厦门市委市政府采取措施做好公交车火灾防范工作。一是组织相关专家对BRT公交高架桥的消防安全进行论证、评估和完善，加强公交车的安检措施。二是在每辆公交车上配备安全员，进一步完善紧急情况下的应急处置程序。三是在BRT公交高架桥增设车行辅道用于紧急救援，并在高架桥全程增设消火栓，对所有公交车增设玻璃锤，配备灭火效果更好的水基型灭火器。四是对全市BRT车辆（快速公交）安装自动爆玻器，一旦发生紧急情况，司机能控制玻璃快速破碎，提高车辆安全性能。五是在报纸、电视、网络等媒体积极开展消防宣传，普及公交车火灾防范及逃生常识。

第二章　重大火灾案例

湖北襄阳市樊城区迅驰星空网络会所火灾

2013年4月14日5时50分许，湖北省襄阳市樊城区前进路158号的一景城市花园酒店二层迅驰星空网络会所发生火灾，造成14人死亡、47人受伤，过火面积约510平方米，直接财产损失186.9万元。火灾发生后，湖北省委副书记、省长王国生赶到现场指导救援和善后处理，公安部消防局派工作组赴现场指导事故调查。

一、建筑基本情况

襄阳市前进路158号共有三栋楼房，属中铁七局集团有限公司所有。一景城市花园酒店起火建筑名为“华庭楼”，东面毗邻龙池温泉会所，南面毗邻一景城市花园酒店“香榭楼”，西面毗邻前进路，北面毗邻瑞泰欣城小区。

起火建筑主体五层，局部六层，建筑高度19.8米，占地面积947平方米，建筑面积4044平方米，砖混结构，耐火等级二级。建筑呈“L”型，分为西侧、北侧两部分，开口东南。建筑西侧长边一层为临街8间门面商铺及一景城市花园酒店（以下简称“酒店”）大堂，二层为迅驰星空网络会所（396.74平方米，以下简称“网吧”），三至六层为酒店客房；北侧短边一层为多功能餐厅，二层为餐厅包间，三至五层为客房。该建筑共设有3部疏散楼梯，分别设置在东、南、北3个部位，均为封闭式楼梯间，南侧楼梯可以直通六层，其他两部楼梯通五层。

（一）建筑内部结构情况。

酒店为外廊式建筑，共有客房58间，其中三至五层各有18间，六层有4间。走道和客房的地面铺有地毯，墙面均贴墙纸，顶部为轻钢龙骨石膏板吊顶，吊顶内相互连通。客房均为木质房门，电视机背景墙的墙面有部分木质装修材料，每间房内均有铝合金玻璃窗。走道的外墙上装有铝合金玻璃窗，“L”型短边（北）的房间外墙窗户安装有金属防盗网。

网吧总建筑面积396.74平方米，共有148台电脑。网吧分为大厅区和包厢区，中间以走道分隔。网吧的顶部为轻钢龙骨纸面石膏板吊顶，局部敷有木质材料，地面统一铺设瓷砖。大厅区在走道东侧，采用钢架搭建，建筑面积205平方米，屋顶为彩钢夹芯板，夹芯板材料为可燃的聚苯乙烯泡沫板。包厢区在走道西侧，为砖混结构，内设包房、2间竞技场、机房和卡座，之间用实体墙分隔，东、南、北隔墙上有直径为7厘米～60厘米不规则孔洞，未封堵。其中包房被走道和隔墙分为南、北、东、西4个部分，隔断采用轻钢龙骨、双面贴石膏板。

（二）建筑消防设计情况。

酒店消防设计单位为湖北省襄樊市建筑设计院，出图时间为2009年1月；酒店消防工程于2009年9月7日竣工，施工单位为襄樊铁安消防工程有限公司，酒店消防设计和施工，经樊城区公安消防大队在重大火灾隐患整改复查时认定符合《建筑设计防火规范》（GB50016-2006）的规定。

网吧没有进行消防设计，其改造装修均不符合《建筑设计防火规范》（GB50016-2006）的规定。

（三）建筑消防设施、器材设置情况。

酒店内设置有火灾自动报警系统、自动喷水灭火系统、室内消火栓系统、消防广播、声光报警器、防火卷帘等建筑消防设施；配置了32具应急照明灯，28具疏散指示标志，80具4公斤干粉灭火器等消防器材。消防供水由12立方米的屋顶水箱、160立方米消防水池及消防水泵组成，消防水泵包括消火栓泵和消防喷淋泵各2台（分别为一主一备）。

网吧未与酒店一起设置火灾自动报警系统、自动喷水灭火系统等消防设施。仅配置了干粉灭火器、应急照明灯、疏散指示标志等消防器材。

二、消防监督管理情况

2011年明确一景城市花园酒店为樊城区公安消防大队列管的消防安全重点单位，重点单位名单中不包括迅驰星空网络会所。2009年3月，樊城区公安消防大队依照有关规定对酒店下达《重大火灾隐患限期整改通知书》，责令酒店于2009年10月30日前改正，期间，樊城区公安消防大队督促酒店在建筑东侧增加了一部疏散楼梯，将原有敞开楼梯改为封闭楼梯间，增设了火灾自动报警和自动喷水灭火系统，设置了消防控制室，增设了消防水池、屋顶消防水箱、应急照明、疏散指示标志等消防设施。2012年10月2日，大队对一景城市花园酒店进行了监督检查，填发了《消防监督检查记录》和《襄阳市公安局樊城区分局消防大队责令改正通知书》，发现并督促整改3处隐患：1. 灭火器压力不足，数量不足；2. 疏散通道未保持畅通；3. 疏散指示标志损坏。因“违法行为轻微，已当场责令整改完毕，依法不予处罚”，在《消防监督检查记录》上注明，未进行处罚。

2011年5月16日，樊城区公安分局下发《关于全面开展派出所辖区单位（场所）消防安全检查摸底工作的通知》，在全区范围内开展为期45天的消防安全排查整治行动，要求各辖区派出所详细填写《公安派出所辖区单位（场所）消防安全信息统计表》。根据中原派出所上报的基础信息，迅驰网吧建筑面积280平方米。根据2012年5月4日湖北省公安消防总队下发的《关于印发〈湖北省消防安全重点单位界定标准〉的通知》，300平方米以上的网吧界定为消防安全重点单位。迅驰星空网络会所未纳入消防安全重点单位监管，属中原派出所管理。2013年2月28日，中原派出所对网吧进行消防监督检查并填发《公安派出所日常消防监督检查记录》

和《襄阳市公安局樊城区分局消防大队责令改正通知书》，要求对其存在的5项违法行为限期整改：1. 未制定消防安全制度；2. 未组织防火检查；3. 未组织消防安全教育培训；4. 未组织消防演练；5. 单位室内消火栓、灭火器、疏散指示标志和应急照明未保持完好有效。未进行处罚。

三、单位消防安全管理情况

（一）一景城市花园酒店。

酒店隶属于一景酒店管理有限公司，公司每年与酒店签订《消防安全责任书》，明确消防工作责任和任务。经调查，公司与该酒店分别于2009年1月、2010年3月、2011年3月和2012年2月签订《消防安全责任书》，2013年尚未签订。酒店保安每天对起火建筑进行巡查，并在室内消火栓箱内留存检查记录。公司保安部曾组织酒店工作人员开展消防知识培训和演练。

（二）迅驰星空网络会所。

网吧证照注册为“个人独资企业，投资人徐某”，但实际投资人为徐某、陈某2人，网吧日常管理工作由店长彭某负责。

四、起火经过及扑救情况

5时50分许、6时7分许，上网人员高某分别在北侧的卫生间、收银台闻到了塑料燃烧的味道，卫生间内的味道较重，但未看到烟、火。

6时41分许，上网人员发现网吧南侧的吊顶下方有烟气飘出，6时42分至44分有39人陆续从北侧大门离开网吧，期间无人报警，也无人呼喊。上网人员耿某某离开时，看到包房一的玻璃门内映出类似火焰的红光。与此同时，酒店电工刘某在四层嗅到焦糊味，发现有烟从二层网吧大厅屋顶飘出来，同保安周某某及服务员袁某某拿2个灭火器乘电梯上到二层，但只有浓烟不见明火。

6时46分许，大厅屋顶彩钢板内的聚苯乙烯泡沫板被引燃，东、西两侧的窗口及北侧的通风口冒出大量浓烟，其中东侧的烟气最浓。6时47分，正在一层餐厅上班的服务员庹某某看到二层网吧浓烟滚滚，东侧的彩钢板顶棚在燃烧，即拨打“119”电话报警。火灾迅速蔓延并形成大面积立体燃烧。

襄阳市公安消防支队接警后，先后调集6个消防中队、1个战勤保障大队，共16辆消防车、126名官兵赶赴现场施救，支队全勤指挥部遂警出动。8时48分火灾被扑灭，参战消防官兵先后抢救和疏散被困人员68人。

五、人员伤亡及火灾损失情况

（一）人员伤亡情况。

火灾发生时，根据网监统计网吧内有25人在线；根据酒店入住登记记录，酒店共登记住宿67人。火灾共造成14人死亡（4男10女）、47人受伤。死亡的14人中年龄最大的66岁，最小的5岁。所有死亡人员均为在酒店住宿或娱乐的人员，3人在酒店三层，11人在酒店五层。死亡人员中，3人跳楼当场死亡（2人从五层跳楼，1人从三层跳楼），11人因窒息导致死亡。

（二）直接财产损失情况。

经襄阳市物价局价格认证中心对火灾直接财产损失进行价格鉴证，其核定结果为：13户受灾，直接财产损失186.9

万元（不包括遇难人员善后处理费用和伤者的医疗费用）。

六、起火原因认定情况

（一）起火时间的认定。

据网吧上网人员高某描述，他在5时50分上厕所时，闻到一股刺鼻的怪味，不是厕所的味道；6时7分下机离开时，在收银台处也闻到了一股焦糊味，气味与在卫生间闻到的类似。据查，网吧吊顶内部各室相通，厕所吊顶有排风扇和检修孔，且吊顶内外墙有直通室外通风口，火灾发生时烟气向有孔洞的方向流动，说明高某在厕所处闻到焦糊味时，吊顶内已经发生了缓慢燃烧。当火灾突破吊顶被发现时，已进入发展阶段，迅速蔓延至整个网吧。因此分析认定该起火灾的起火时间在5时50分之前。

（二）起火部位和起火点的认定。

经现场勘验，整个火场蔓延痕迹由网吧包房区东南侧向四周蔓延、由吊顶内向下蔓延。根据现场勘验和调查询问了解，综合分析认定起火部位位于网吧包房区、竞技场一区的吊顶内；根据包房一内垂落多路熔断电源线，南侧墙面有两个“V”形烟痕等痕迹，认定起火点位于网吧包房区东南侧包房一，即包房区南墙往北0～3.5米、东面玻璃隔墙往西0～3米范围的吊顶内。

（三）起火原因的认定。

经公安刑侦、消防部门联合调查，可以排除放火嫌疑、遗留火种等原因，通过对起火点处提取的电线熔痕进行技术鉴定，结论为有一次短路熔痕。综合调查结果认定火灾原因为：网吧包房区东南侧包房一，即包房区南墙往北0～3.5米、东面玻璃隔墙往西0～3米范围的吊顶内电气线路短路引燃周围可燃物发生火灾。

七、主要教训

（一）起火建筑存在大量火灾隐患。

网吧建筑面积约396平方米，未按规定设置自动消防设施，屋面采用可燃夹芯材料的彩钢板、吊顶，墙面、楼梯间采用可燃材料装修，网吧和酒店部分客房的疏散门直接开向楼梯间，楼梯间违规设置防盗门。酒店建筑外窗设钢制防盗网，影响人员逃生和救援。

（二）单位消防安全管理不落实。

消防控制室无人值班，消火栓系统无水，网吧超时经营，从业人员普遍缺乏与岗位相适应的消防安全知识，不会处置初起火灾和组织人员疏散，火灾发生后报警迟缓。

（三）消防监督不到位。

网吧存在大量火灾隐患，当地公安消防部门仍然办理了公众聚集场所投入使用营业前消防安全检查合格证，多次消防监督检查没有指出存在的主要火灾隐患，对发现的火灾隐患也未有效督促整改和依法处罚。

八、火灾责任及处理情况

经湖北省安全生产委员会调查认定，该起火灾事故为一起责任事故，责任划分及相关处理情况如下：

1．一景酒店管理有限公司及其一景城市花园酒店安全生产主体责任落实不到位，消防安全制度和消防安全责任不落实，对员工的消防安全教育培训不到位，固定消防设施作用未发挥，火灾发生后组织疏散不力，对事故发生负有主要责任。该公司执行董事、经理刘某，股东、监事李某某对事故发生负有主要领导责任，刘某因涉嫌重大责任事故罪，被樊城区人民检察院批准逮捕，李某某被樊城区公安分局取保候审。

2．迅驰网吧安全生产主体责任落实不到位，消防安全制度、用火用电操作规程及灭火和应急疏散预案缺失，违章搭建、违规使用装修材料，存在重大火灾隐患，消防安全责任不明确，日常管理不到位，对事故发生负有主要责任。迅驰网吧法定代表人徐某、合伙人陈某、时任店长彭某对事故发生负有主要领导责任，当班网管程某、收银员李某对事故发生负有直接责任，徐某、陈某被樊城区人民检察院批准逮捕，程某、刘某被樊城区公安分局取保候审，彭某被樊城区公安分局监视居住。

3．中铁七局四公司安全生产主体责任落实不力，未按照租赁合同的要求及时有效阻止一景酒店的转租和违章搭建行为，资产安全监管责任落实不力，对事故发生负有重要责任。该公司时任总会计师、工会主席熊某某，劳务中心主任李某某对事故发生负有重要领导责任，分别被给予行政警告、记过处分。

4．襄阳市文化管理部门违规审批，履行日常监管职责不力，在办理迅驰网吧变更登记时未发现并制止违规交易行为，违规为迅驰网吧颁发网络文化经营许可证，对超时经营未及时研究处理，对迅驰网吧日常监管不到位。襄阳市文化新闻出版局、襄阳市文化市场综合执法支队对事故发生负有重要责任。襄阳市文化市场综合执法支队副支队长范某某、副支队长陈某，借调到该支队工作的襄阳市体育运动中心工作人员甘某、凌某对事故的发生负有主要领导责任，范某某被给予开除党籍处分，待司法机关做出处理后给予相应政纪处分，陈某被给予行政撤职处分，甘某被给予降低岗位等级、留党察看一年处分，凌某被给予开除党籍处分，待司法机关做出处理后给予相应政纪处分。时任襄阳市文化新闻出版局局长、党组书记陈某某，襄阳市文化新闻出版局副局长李某某，副局长向某某，襄阳市文化市场综合执法支队支队长周某某对事故的发生负有重要领导责任，陈某某、李某某、向某某分别被给予行政记过处分，周某某被给予行政记大过处分。

5．襄阳市公安消防支队樊城区大队审批把关不严，日常监管不力。对一景城市花园酒店、迅驰网吧开业前的消防验收把关不严，违规许可；日常消防监督检查、监管不到位，对消防安全隐患失察失管；档案管理混乱，迅驰网吧消防验收档案缺失；对事故发生负有重要责任。时任大队教导员严某某，时任副大队长钟某某，时任市消防支队司令部轮训队长、大队消防监督员陈某某，时任大队正连职参谋王某对事故发生负有主要领导责任，严某某被给予开除党籍处分，待司法机关做出处理后给予相应政纪处分，钟某某被给予撤销行政及党内职务处分，陈某某被给予行政记大过处分，王某被给予开除党籍处分，待司法机关做出处理后给予相应政纪处分。时任大队长刘某某，现任大队长潘某，大队副营职参谋、消防监督员陈某甲，大队副连职参谋、消防监督员陈某乙对事故发生负有重要领导责任，刘某某、潘某分别被给予行政记过处分，陈某甲、陈某乙分别被给予行政警告处分。

6．襄阳市樊城区城市管理执法局对违建查处不力，对迅驰网吧的违规搭建行为未依法依规组织查处，执法监管不到位，对事故发生负有重要责任。该局机动中队中队长雷某某对事故发生负有主要领导责任，被给予开除党籍处分，待司法机关做出处理后给予相应行政处分。副局长郭某某、法规科工作人员杭某对事故发生负有重要领导责任，郭某某被给予行政警告处分，杭某被给予行政记过处分。

7．襄阳市政府向省政府做出深刻检查，在全市范围内通报批评樊城区政府、襄阳市文化新闻出版局。省公安消防总队对襄阳市公安消防支队给予通报批评。省安全生产监督管理局对一景酒店管理有限公司及其一景城市花园酒店、迅驰网吧和中铁七局四公司给予规定上限的经济处罚。

截至本书成稿时，上述被司法机关采取措施的人员仍在进一步处理中。

黑龙江海伦市联合敬老院火灾

2013年7月26日，黑龙江省海伦市联合敬老院发生火灾，造成11人死亡，过火面积170平方米，直接财产损失16.6万元，起火原因为人为放火。火灾发生后，黑龙江省政府副省长、公安厅厅长孙永波等领导到场指挥火灾扑救及调查处理工作。

一、起火单位基本情况

联合敬老院隶属于海伦市民政局，为公办敬老院，位于海伦市西环路1号，占地面积15000平方米，设有宿舍118间，可容纳450人，现有职工47人、入住老人300人。

敬老院内建筑分A区、B区、C区和重症监护区四个区。A、B、C区建筑始建于2005年5月，地上三层，总建筑面积6969平方米，建筑高度14米，砖混结构，耐火等级二级。重症监护区始建于1993年7月，地上一层，总建筑面积410平方米，砖木结构，耐火等级三级，为敬老院重病人员就医治疗场所。该敬老院共配置20具4公斤ABC干粉灭火器。

起火建筑为重症监护区，位于联合敬老院院区的西北角，建筑形状呈“L”型，北侧毗邻北环路，西侧为西环路，南侧为C区的肢残托养中心，东侧毗邻A区所在建筑。重症监护区“L”型长边为东西走向，坐北朝南，最东端为三间库房，库房向西依次为101室至110室，其中101室至104室为重症病房，105至110室为轻症病房；重症监护区“L”型短边为南北走向，坐西朝东，未过火，此区域由南至北依次为食堂、宿舍、开水房，其中开水房与110室轻症病房相连接。

二、消防监督管理情况

（一）消防审核验收情况。

经查，敬老院A、B、C区已通过消防设计审核和消防验收。重症监护区为1998年以前建成，无消防设计审核和消防验收要求，于当年年底前报到海伦市财政局国资办备案，并获准合法。

（二）消防监督检查情况。

联合敬老院为海伦市公安消防大队列管消防安全重点单位。自2013年1月1日至7月26日，按照黑龙江省公安消防总队开展消防安全隐患整治一、二、三号行动和大排查大整治工作部署，海伦市公安消防大队共对该敬老院先后进行了4次消防监督检查，分别为：1．2013年1月8日，在消防监督检查中检查结论为合格，大队当场填写《消防监督检查记录》；2．2013年1月12日，在消防监督检查中发现联合敬老院存在消防安全标志未保持完好有效的问题，大队当场填写《消防监督检查记录》，并下发《责令立即改正通知书》，该单位立即进行了整改；3．2013年5月3日，在消防监督检查中发现联合敬老院存在灭火器压力不足及灭火器配置不符合消防设计规范和标准要求，大队当场填写《消防监督检查记录》，并下发《责令立即改正通知书》，该单位立即进行了整改；4．2013年6月15日，公安部和省政府部署大排查大整治活动后，海伦市公安消防大队再次对该单位开展了消防监督检查，在消防监督检查中发现该单位存在部分疏散指示标志损坏及部分灭火器过检修期，大队当场填写《消防监督检查记录》，并下发《责令立即改正通知书》，该单位立即进行了整改。海伦市公安消防大队依据《消防监督检查规定》第十九条的规定，对违法行为轻微并当场改正完毕，依法可以不予行政处罚的，口头责令改正，并在检查记录上做了注明。

三、火灾扑救情况

7月26日1时15分许，海伦市119消防指挥中心接到报警人张某某（海伦市联合敬老院值班人员）电话报警，称联合敬老院重症病房发生火灾，海伦市公安消防大队立即出动7辆消防车、30名消防官兵赶赴现场。

1时20分，参战力量到达现场时，敬老院病房监护区中部3个房间起火，火势处于猛烈燃烧阶段，并通过棚顶不断向东西两侧房间蔓延。经询问单位知情人，起火建筑内有多名人员被困，生死不明。现场指挥员立即组织4个灭火组和1个搜救组开展灭火救人行动，4个灭火组分别从起火建筑东西两侧直攻火点，形成夹击之势；搜救组通过西侧房门进入未起火病房逐屋搜救被困人员。

1时25分，搜救组从西侧第2间病房内救出1名被困人员，并及时移交120救护人员救治。通过全力搜寻，搜救组又在西侧相继疏散出20名被困人员。

2时35分火灾被扑灭，现场指挥员组织到场力量成立3个搜救小组，开展“地毯式”搜寻。3时17分，现场人员搜救工作全面结束，共疏散21人，搜出遇难人员遗体11具。整个火灾扑救共用水60余吨，成功保护了起火病房东西两侧多间房屋。

四、火灾伤亡及损失情况

该起火灾共造成11人死亡，其中1人系生前烧伤致死，其他人员为一氧化碳中毒、烧伤致死。火灾造成联合敬老院重症监护区建筑部分过火，过火面积170平方米，直接财产损失为16.63万元。

五、起火原因认定

火灾发生后，省、市公安消防、刑侦部门组成火灾事故联合调查组，经现场勘验、调查走访和调取监控录像，认定该起火灾为海伦市联合敬老院入住人员王某放火所致（犯罪嫌疑人王某在火灾中因一氧化碳中毒、烧伤致死）。

六、主要教训

（一）联合敬老院日常管理制度落实不到位。

敬老院发现王某情绪异常后未及时采取有效措施进行稳控，导致王某行为失控，酿成惨剧；护理员未实现病房区24小时全天候监护，且护理员值班室离重症监护区较远，致使午夜起火后发现较晚，未能进行有效的初起火灾扑救，及时疏散抢救被困人员。

（二）起火建筑耐火等级低，防火分隔不合理。

过火建筑为砖木结构，耐火等级仅为三级，且起火房间内存放大量可燃物品，火灾荷载大；建筑闷顶为连脊结构，闷顶内砖墙设有通风口，未起到防火分隔作用，房间起火后，火势通过闷顶迅速向其他房屋蔓延。

（三）人为故意放火导致火势迅速蔓延。

犯罪嫌疑人王某利用明火火源点燃床单、被褥及草质床垫等可燃物品，火势发展迅速、猛烈，发现时已经处于猛烈燃烧阶段，致使初起火灾无法得到及时扑救。

七、火灾责任及处理情况

中共海伦市委对此起放火案件中负有领导和管理责任的海伦市民政局党委书记、局长王某某，党委委员、主管副局长张某某及联合敬老院党支部书记、院长李某甲、主管副院长李某乙予以免职处分。绥化市监察局对在该起放火案中负有领导责任的海伦市分管民政工作的副市长闫某给予警告处分。

北京朝阳区小武基村临38号院火灾

2013年11月19日20时30分，北京市朝阳区十八里店乡小武基村第三管理站临38号院因电气原因引发火灾，造成12人死亡、4人受伤，过火面积约560平方米，直接财产损失约200万元。

一、起火场所基本情况

起火场所位于北京市朝阳区十八里店乡小武基村第三管理站临38号院（以下简称“临38号院”），院内建有库房、平房和铁皮罩棚等建、构筑物。临38号院东西长33.5米，南北宽21.7米，面积约为727平方米，分为东、西两部分，东部为仓储区，建有简易库房一栋，库房南北长21.7米，东西宽14.5米，西部为生活、办公区，南北长21.7米，东西宽19米，两部分相互毗连，由砖墙分割。东部简易库房为双层建筑，砖墙角铁屋架，铁皮坡顶，内存有汽车配件等物品。西部生活、办公区沿院墙建有平房，南排平房为砖墙彩钢屋顶，自西向东依次为宿舍两间、办公室一间、空房一间、衣物房一间；北侧平房为砖墙预制板屋顶，自西向东依次为厨房一间、宿舍五间；西房位于厨房南侧，砖墙预制板屋顶，食堂餐厅一间，锅炉房一间，厕所两间。西部自南向北搭建了铁皮罩棚，钢柱与地面座基铆接支架，角钢焊接框架，上覆油毡和单层铁皮作为罩棚。棚下建有两间东西向排列的木质纤维板和瓦楞纸板作为墙体搭建的独立简易房。最先起火的为西数第一间简易房，距北侧平房1.4米，距西侧小厕所2米，用于住人。

二、起火经过及扑救情况

11月19日20时20分许，小武基村第三管理站工作人员发现其所在宿舍对面的房子冒烟，出门查看确定为铁皮罩棚下西数第一间简易房内起火，随即用院内的水管进行浇水灭火。之后同在院内的其他工作人员相继发现火情并使用灭火器进行扑救，但未能控制火势。居住在临38号院库房院外北侧出租房内的郭某某听到临38号院内人声嘈杂，发现临38号院起火，出来看到有人正用灭火器进行灭火，火势很大，其拨打“119”电话报火警。

北京市公安消防总队指挥中心接警后，先后调集11个消防中队的52辆消防车、300余名官兵到场扑救，调集总队及朝阳区公安消防支队全勤指挥部到场指挥。经过参战官兵奋力扑救，22时15分，火势得到有效控制。23时2分，大火被彻底扑灭。火灾扑救中，消防官兵从火场共抢救出遇险人员13人。

三、火灾伤亡及损失情况

火灾共造成12人死亡，4人受伤。死者中成年女性3名、儿童9名；伤者中成年男性3名、儿童1名。经朝阳区十八里店乡政府委托区价格认证中心对火灾财产价格进行认证，建筑物直接财产损失为26.698万元。

四、起火原因

火灾现场为搜救被困人员动用了大型机械作业，对现场进行了拆除、翻动和挪移，致使现场破坏严重，起火原因调查重点从几个方面入手。

（一）询问证人。

综合调查询问，陈某甲、唐某某、陈某乙、陈某丙、陈某丁和陈某戊等多人能够证实，最先起火房间为院内铁皮罩棚下西数第一间木质纤维板和瓦楞纸板简易房。

（二）监控录像。

外部监控录像不能反映起火时院内情况，院内西部东南角、西南角发现过火的监控探头各一个，西部南侧办公室内发现类似监控录像机和硬盘一块，因过火严重数据无法读取，市检察院正在进行鉴定恢复。

（三）尸体检验。

北京市公安司法鉴定中心对12名死者进行了法医学尸体检验鉴定，死者中绝大部分吸入了大量含有一氧化碳的烟气，造成人员出现激烈头痛、呼吸困难、昏睡、痉挛、假死或者死亡，丧失行为能力。

五、现场勘验。

（一）起火部位。

根据燃烧程度变化，烧失、烧残和变形痕迹，综合判定起火部位为起火院内距西部北侧平房南墙1.4米、距西部小厕所东墙2米的木质纤维板和瓦楞纸板简易房。

（二）起火点。

对起火简易房进行勘验，根据低位

燃烧痕迹，结构、物品的烧失、烧残痕迹，变形痕迹等，认定起火点位于简易房内门口处。

（三）物证提取与鉴定。

在临38号院铁皮罩棚下西数第一间木质纤维板和瓦楞纸板简易房门口内侧，发现有粘连于地面的塑料盆残骸和“热得快”残骸，塑料盆残骸上黏有喷溅熔珠，房内还发现散落的电气线路，物证提取后送公安部天津火灾痕迹物证鉴定中心进行鉴定。现场提取的炭灰经检验未发现助燃剂成分，证实起火房间内没有助燃剂参与燃烧；电气线路中鉴定出一次短路痕迹，证实了起火前房间内电气线路处于通电状态或有电气设备使用的情况。

（四）现场模拟实验。

现场针对起火点处发现的“热得快”和塑料盆残骸进行了模拟实验，结果表明，如果使用与现场提取的形状相似的“热得快”斜靠在盆边对塑料盆中的水进行加热时，能够形成与现场物证相似的痕迹。

（五）起火原因排除。

经公安刑侦部门现场勘验和对有关人员排嫌，未发现人为放火因素。起火原因能够排除用火不慎、小孩玩火、吸烟和自燃引发火灾的可能。

综合以上情况认定，此起火灾系电气原因所致。

六、火灾责任及处理情况

截至本书成稿时，该起火灾还在处理过程中。

广东深圳市光明新区荣健农副产品批发市场火灾

2013年12月11日1时26分，广东省深圳市光明新区荣健农副产品批发市场发生火灾，造成16人死亡、5人受伤，直接财产损失187万元，起火原因为荣健农副产品批发市场B区A56号商铺西南角上方的自制冷藏室空气冷却器电源线短路。火灾发生后，党中央、国务院和广东省委、省政府高度重视，李克强总理做出重要批示，要求全力救治伤员，妥为善后处理，尽快查明原因，依法依规处理。国务委员杨晶、郭声琨、王勇和国家安全监管总局局长杨栋梁做出指示批示，要求汲取教训，全力救治受伤人员，全面做好安全生产工作。广东省委书记胡春华第一时间做出批示，要求认真查清事故原因，妥善处置善后。省长朱小丹，省领导马兴瑞、王荣、庹震、刘志庚、李春生等分别对有关工作提出具体要求。副省长李春生带领有关负责同志立即赶赴事故现场指导处置工作。

一、起火建筑基本情况

荣健农副产品批发市场由深圳市荣健农副产品贸易有限公司经营，位于深圳市光明新区公明办事处根竹园社区南环路边“东江仔”工业区，分为A、B、C、D4个区和宿舍区，其中A区为市场配套设施和仓库，B区为水果专营区，C区为蔬菜及干果区，D区为装饰家居广场。起火建筑位于B区（又称南北水果批发市场），B区占地面积4.5万平方米，建筑面积约1.5万平方米。

二、起火经过及扑救情况

12月11日1时26分，荣健农副产品批发市场B区A54号商铺店主陈某某发现异常，最先跑出店铺敲打周边商铺的门，随后B区A55、A56、A57号商铺附近出现火光并迅速向南北两侧蔓延。1时28分，深圳市公安消防支队指挥中心接到报警，先后调集8个中队的29辆消防车、145名消防官兵赶赴现场扑救，于3时许将火灾完全扑灭。

三、人员伤亡及损失情况

该起火灾共造成16人死亡，5人受伤。据现场调查，该起火灾过火面积1290平方米，烧毁A38至A62号商铺共25间，烧毁商铺内物品和通道摆放的货物等物品一批，A30至A35号商铺部分过火，依据《火灾直接财产损失统计方法》（GB185-1998）规定，经统计核定，该火灾直接财产损失为187万元。

四、起火原因调查情况

经公安部火调专家、省公安厅火灾调查专家及当地公安、刑侦人员和深圳市消防监督管理局火调人员反复勘验现场，提取相关物证送检，在排除放火、吸烟、生活用火不慎、物品自燃等因素下，综合现场燃烧痕迹特征、证人证言、视频资料和物证鉴定等情况，认定起火原因为市场B区A栋A56号商铺西南角上方的自制冷藏室空气冷却器电源线短路。

五、主要教训

（一）经营场所违规住人。

起火的B区水果批发市场商铺，火灾发生时商铺居住着经营者和打工人员，使经营场所变成了经营、仓储、生活场所，住宿、生产及经营功能混合设置，违反公共行业标准《住宿与生产储存经营合用场所消防安全技术要求》（GA703-2007）的有关规定。

（二）未按规定采取有效的防火分隔和技术防范措施。

该市场商铺之间采用铁丝网或木板分割，未按公共行业标准《住宿与生产储存经营合用场所消防安全技术要求》（GA703-2007）规定采取有效的防火分隔和技术防范措施，极易造成火灾的迅速扩大蔓延。

（三）建筑材料和室内物品燃烧产物毒性大。

该市场顶棚彩钢板和商铺内自制冷藏室的冷库板内有大量聚氨酯泡沫，致使起火后火势迅速蔓延，并释放大量有毒烟气，造成重大人员伤亡。

六、火灾责任及处理情况

经国务院安委办审核，广东省政府批复同意，认定该起事故为一起违法搭建、消防安全责任不落实、管理不到位等原因造成的生产安全责任事故。深圳市荣健农副产品贸易有限公司安全生产主体责任不落实；商铺经营户消防安全责任不落实；违法组装销售自制冷藏室；深圳市公明根竹园股份合作公司出租场所消防安全责任不落实；根竹园社区落实安全生产责任不力；公安消防部门、土地监察及规划国土部门、环保部门、市场监管部门、属地办事处和区政府履职不到位；深圳市安全监管体系不够完善等。

根据调查事实和有关法律、法规和党纪、政纪的规定，公安机关已对深圳市荣健农副产品贸易有限公司董事长兼法定代表人许某甲、总经理许某乙、股东许某丙、市场保安主管简某某、市场保安队长朱某某、出纳邓某某、事发点商铺经营者杨某某、事发点冷藏室安装者黄某某等8人采取措施；检察机关对深圳市光明新区管委会副主任陈某某、深圳市光明新区公共事业局副局长黄某某、深圳市光明新区公明城市管理办公室（执法队）主任（队长）常某、深圳市光明新区公明经济科技发展办公室主任麦某某、深圳市公安局光明分局公明派出所副所长苏某某、专职消防民警古某某、李某某以及深圳市公安局光明分局消防监督管理大队防火中队防火监督员林某某等8人立案侦查；已将公明办事处根竹园社区党支部书记兼公明办事处城管执法队案件审理科副科长麦某某移送司法机关处理。给予20名政府及监管部门人员党纪、政纪处分；对8名政府及监管部门人员诫勉谈话；由相关单位对7名政府及监管部门聘用人员进行处理。

2013年全国重特大火灾案例一览表

火灾发生时间及地点		死人	伤人	直接损失（万元）	火灾类别	火灾原因
全国合计（6起，不含铁路、港航火灾）						
4月14日	湖北省襄阳市樊城区前进路158号一景城市花园酒店二层迅驰星空网络会所	14	47	186.9	网吧	电线短路
6月3日	吉林省长春市德惠市宝源丰禽业有限公司	121	76	18200	厂房	电线短路
6月7日	福建省厦门市快速公交系统（BRT）高架桥公交车道金山站往蔡塘站之间的公交车	47	36	70	公共汽车	纵火
7月26日	黑龙江省绥化市海伦市联合敬老院	11		16.6	养老院	纵火
11月19日	北京市朝阳区十八里店乡小武基村第三管理站临38号院	12	4	200	仓储场所	电气原因
12月11日	广东省深圳市光明新区荣健农副产品批发市场	16	5	187	市场	电线短路

第三章　较大火灾案例

一月

1．1月1日2时39分许，浙江省杭州市萧山区瓜沥镇空港新城友成机工有限公司发生火灾，过火面积约1.2万平方米，直接财产损失849.95万元，起火原因为友成机工有限公司员工李某某因对工作岗位调整不满泄愤而实施放火。杭州市萧山区公安消防大队萧山中队特勤分队分队长尹进良、战士陈伟和市北中队战士尹智慧在火灾扑救中牺牲，近江中队战士王磊、萧山区浦阳镇金利浦专职消防队队员王亚飞、萧山区衙前镇中纺城专职消防队队员黄海军受伤，公安部批准尹进良、陈伟、尹智慧3名同志为烈士，并授予献身国防金质纪念章。截至本书成稿时，该起放火案件的犯罪嫌疑人已由萧山公安分局逮捕，杭州市中级人民法院一审判处死刑，二审正由省高级人民法院依法审理过程中。

2．1月4日8时25分，河南省开封市兰考县城关镇中山北街县卫生局西侧袁某某私人收养场所发生火灾，造成7人死亡、1人受伤，过火面积40平方米，烧毁室内装修，沙发、床等家具，空调、电视、饮水机、灯具等电器设备用具，直接财产损失约1.3万元。该私人收养场所为二层砖混结构建筑，建筑面积138平方米，东、南、北三侧均邻居民住宅，西邻一养鸡场。火灾发生前，共有20名残障儿童在一层集中居住，多数有脑瘫、小儿麻痹、智障等生理缺陷，日常由2名管理人员负责看护。该私人收养场所未在当地民政部门办理相关证照。火灾发生后，公安部、省公安厅两级刑事侦查、刑事技术和火灾调查专家第一时间到场，指导协助当地公安刑侦、消防部门进行火灾调查。经现场勘验、调查询问、模拟实验、调取视频资料和技术鉴定，认定该起火灾起火部位位于袁某某个人收养场所一层客厅，起火点位于客厅靠西墙摆放的沙发处，起火原因为儿童玩火。经调查，兰考县民政局和城关镇人民政府未认真履行工作职责，贯彻落实孤残儿童救助政策不到位，对火灾事故的发生负有不可推卸的责任。经县委常委会议研究，决定给予兰考县民政局、兰考县城关镇等6名相关责任人停职检查处理。

3．1月6日20时32分，上海市浦东新区沪南公路2000号上海农产品中心批发市场因电气故障引发火灾，造成5人死亡，14人受伤，过火面积约4000平方米，直接财产损失2912万元。经调查，该单位系上海市政府“菜篮子”工程重点建设项目，为全市最大的综合性农副产品批发市场，占地面积8.5万平方米，建筑面积总量近5万平方米，主要经营肉类、蔬菜、水果、粮油、水产、南北干货等的批发交易。根据灾害成因和责任认定，分别对北蔡镇政府、上海农产品批发市场的7名责任人和市公安消防总队9名人员给予处理。

4．1月7日9时9分许，黑龙江省哈尔滨国润服装面料大市场有限公司发生火灾，过火面积15000余平方米，直接财产损失1586.4万元。经现场勘验及调查询问，认定起火原因为哈尔滨国润服装面料大市场有限公司东侧8号安全出口与361°体育用品商店之间外墙处安装1部室外观光电梯电焊作业时，焊渣飞落至361°体育用品商店库房内，引燃可燃物发生火灾。截至本书成稿时，该案已由哈尔滨市公安局南岗分局立案侦查，并由南岗区检察院起诉。

5．1月8日3时26分，江苏省常熟市虞山镇新建家苑3幢502室发生火灾，造成3人死亡、2人受伤，过火面积约100平方米，烧毁（损）家具、电器设备等日常生活用品，直接财产损失3万元。经现场勘验、调查访问以及物证鉴定报告，认定该起火灾起火部位位于该住宅客厅西南部，起火原因为该处吊顶上筒灯电气故障引燃下方可燃物。

6．1月9日6时45分，广东省广州市白云区石井镇凰岗一横路一临时住宅发生火灾，造成3人死亡，直接财产损失2.4万元，起火原因为生活用火不慎。

7．1月9日6时55分，广东省广州市白云区广州大道北白水塘新一佳路口一自行车店铺发生火灾，造成3人死亡，直接财产损失1.5万元，起火原因为该店铺首层东北角停放的电动车蓄电池电源线路短路引燃可燃物。

8．1月11日1时57分，上海市宝山区沪太路上海龙子太郎儿童用品职工宿舍发生刑事纵火案件，造成3人死亡、3人受伤，过火面积约20平方米，直接财产损失5000元。

9．1月12日3时31分，浙江省温州市鹿城区五马街道底垟儿巷22弄6号一民房发生火灾，造成4人死亡，过火面积约75平方米，直接财产损失14万元，起火原因为电气线路故障引燃周边可燃物。起火建筑为一幢三层砖木结构民房，占地面积约30平方米，1957年建造时为单层人字木结构建筑，1983至1984年间重新翻修，改建为地上二层、局部三层建筑，用于户主自住。

10．1月12日22时28分，广西壮族自治区来宾市兴宾区大桥路30、32号民房（一层为绿源电动车商铺）发生火灾，造成4人死亡，过火面积135平方米，直接财产损失29.8万元，起火原因为电动车电气故障。

11．1月15日17时5分，北京市海淀区大钟寺东路爱家市场后面豪雨林宾馆发生火灾，造成3人死亡，直接财产损失131.5万元，起火原因为使用电加热器具不慎引燃可燃物。

12．1月19日22时44分，上海市青浦区赵巷镇新光村一简易板房因用火不慎引发火灾，造成3人死亡，过火面积约150平方米，直接财产损失3万元。

13．1月20日9时27分，广东省东莞市长安镇霄边社区大塘路甘元三巷1号锦莲楼一商铺发生火灾，造成3人死亡，直接财产损失18.8万元，起火原因为电气线路短路。

14．1月24日22时16分，河南省焦作市解放区建设中路130号院1号楼1单元5号王某某住宅发生火灾，造成6人死亡，过火面积35平方米，烧毁室内装修、家具、空调、冰箱以及其他电器、生活用品等，直接财产损失8557元。该住宅建筑面积90平方米，设有两室、两厅、一厨、一卫、一阳台，室内有大量木质家具及木质装修，东西卧室外窗均装有防盗网，常住人员6人。经调查，认定该起火灾起火部位位于住宅客厅，起火点位于客厅东北角落地灯处，起火原因为客厅东北角靠近窗帘的落地灯上部电气故障，引燃周围可燃物引发火灾。起火后，由于室内空间狭小、火灾荷载较大，火势发展迅速，有毒烟气迅速充满整个客厅、餐厅，加之外窗安装防盗网，导致室内6人无法逃生、窒息死亡。火灾发生后，焦作市解放区政府对焦南街道办事处相关人员进行了责任倒查，对焦南街道办事处友谊路社区工作人员田某给予行政记过处分。

15．1月29日3时30分，贵州省遵义市绥阳县太白镇高坪村雄上组杨某某家因刑事放火发生火灾，造成3人死亡，过火面积137.6平方米，直接财产损失7万元。

二月

16．2月2日2时23分，辽宁省彰武县中华路48-3号美国加州牛肉面大王面馆发生火灾，造成5人死亡、1人受伤，直接财产损失6.2万元。经调查，该起火灾有放火嫌疑，移交公安刑侦部门处理。

17．2月2日0时21分，江苏省丹阳市访仙镇独山村东山凹春芳车辆附件加工点发生火灾，造成4名儿童死亡，过火面积约20平方米，烧毁部分生活物品和塑料保险杠等物品，直接财产损失约1.8万元。经调查，起火部位位于春芳汽车附件加工点东南部临时搭建的构筑物（又称打磨车间）内，距儿童居住房屋西墙4米、距南侧围墙0.28米摆放汽车塑料保险杠处，起火原因为电气线路故障引燃周围可燃物。

18．2月6日19时58分，甘肃省甘南藏族自治州迭部县腊子口乡黑多村发生火灾，造成92户、420人受灾，过火面积21988平方米，直接财产损失2167万元，起火原因为村民张某某家的烟囱喷出火星引燃二层堆放的柴草。

19．2月7日18时10分，河南省信阳市浉河区航空路富丽华城23号楼3单元一层楼梯间处发生火灾，造成4人死亡，过火面积14平方米，烧毁烧损楼梯间内电动车、自行车、电表箱等物品，直接财产损失3.8万元。经调查，起火点为楼梯间内中部靠西侧的电动摩托车，起火原因为电动摩托车充电过程中发生电气故障引燃周围可燃物。

20．2月10日4时53分，贵州省安顺市西秀区东关办红村二组钱某某家因生活用火不慎引发火灾，造成3人死亡，过火面积22.5平方米，直接财产损失890元。

21．2月10日10时23分，广东省梅州市五华县棉洋镇黄桥街一居民住宅发生火灾，造成4人死亡、1人轻伤，过火面积约200平方米，直接财产损失128万元，起火原因为燃放烟花爆竹。

22．2月18日6时38分，河北省唐山

市迁西县兴城镇景忠西街中兴超市发生火灾，死亡3人，过火面积1400平方米，直接财产损失216.2万元，起火原因为超市一层西部食品区冰柜处电气线路短路继而引燃周围可燃物。

23．2月18日17时40分，贵州省黔东南州麻江县碧波乡朝阳村竹叶冲组王某某家因儿童玩火引发火灾，造成5名儿童死亡，过火面积6.5平方米，直接财产损失100元。

24．2月20日3时6分，山东省淄博市张店区步行街明明旅馆发生火灾，造成3人死亡、4人受伤，直接财产损失3200元，起火原因系纵火。

25．2月23日2时59分，浙江省台州温岭市泽国镇牧屿管理区牧西村中行西路106号李某某的出租房发生火灾，造成8人死亡、1人受伤，过火面积约120平方米，直接财产损失60余万元。（1）起火建筑基本情况。起火建筑为地下一层、地上五层（局部六层）的砖混结构民房，建筑面积约700平方米，其中地下一层为网店仓库，一层开设网店，二至六层作为居住出租房。火灾发生时，起火建筑内共居住25人。（2）单位消防管理情况。起火建筑经营场所与员工宿舍设置在同一建筑物内，不符合消防技术规范要求；建筑一层南面违章搭建铁皮棚，铁皮棚内堆放大量棉鞋，且铁皮棚与地面封堵不到位，给纵火者留下纵火机会；建筑六层原本与相邻建筑连通，出租后六层南北两侧均违章搭建铁皮棚，用作员工厨房，导致位于二至六层的人员无法向顶层疏散，同时严重影响楼梯间排烟效果。该起火建筑作为居住出租房使用，且居住人数达25人，当地政府、公安派出所及村委会均未对其进行过消防安全检查，“网格化”排查机制流于形式，监管存在大量死角、盲区。（3）起火原因。经调查询问和现场勘验认定，起火部位位于建筑一层南侧贴墙搭建铁皮棚内，起火点位于铁皮棚西侧地面台阶外沿距西侧铁皮围护0～1米、高度不超过0.5米范围内的鞋盒附近，起火原因为人为纵火。（4）火灾责任处理。经调查，犯罪嫌疑人林某某因涉嫌纵火罪，被判处死刑，剥夺政治权利终身。泽国镇3名工作人员因消防安全管理不到位，分别被给予行政警告处分。

26．2月26日2时30分，浙江省台州市路桥区路北街道马铺路800号王安杂货店发生火灾，造成4人死亡，过火面积约37平方米，直接财产损失4.5万元。该起火建筑为台州市路桥区公安边防大队附属楼，共二层，有7间店铺，起火店铺为附属楼由西向东的第5间店面，起火原因系与插线板连接的线路故障引燃周边可燃物。

27．2月28日1时30分，浙江省温州乐清市盐盘街道上段村一出租房发生火灾，造成4人死亡，过火面积约330平方米，直接财产损失2.4万元。经调查，起火建筑为三层砖混结构出租房，起火原因涉嫌刑事犯罪，截至本书成稿时，公安刑侦部门仍在调查。

三月

28．3月6日18时40分，广西壮族自治区南宁市西乡塘区坛洛镇上中村中楞坡一柴房发生火灾，造成3名儿童死亡，过火面积约10平方米，直接财产损失350元，起火原因涉嫌人为放火，移交公安刑侦部门调查处理。

29．3月12日21时30分许，江西省抚州市乐安县南村乡南村150号民房发生火灾，造成6人死亡、1人受伤，过火面积282平方米，烧毁餐具、炊具、服装等货物及日常生活用品，直接财产损失30万元。该起火建筑东邻乡村街道，南北分别与南村149、151号毗邻，西邻南村菜市场，为砖混“人”字顶结构，三级耐火等级，系户主周某某于1996年建成，占地面积约94平方米，建筑面积约282平方米，高9.2米，共三层。其中，一层为厨房和杂货铺，存有大量PVC水管、电线、塑料脸盆及其他生活用品；二层为5间卧室，其中2间未住人，发生火灾时住有8人；三层空置。起火建筑一层杂货铺名为“周四生百货店”，已办理个体工商户营业执照，属南村乡公安派出所监督范围，2月28日公安派出所检查发现该场所存在“经营与住宿合一”的问题，并要求3月7日前整改。经调查，起火部位位于南村150号民房一层西南部，起火原因为电气故障引燃可燃物。

30．3月17日4时58分，吉林省长春市德惠市岔路口镇同巨永村五社于某某住宅发生火灾，造成3人死亡、1人受伤，直接财产损失4万元，起火原因为刑事放火。

31．3月26日5时15分，湖南省长沙市开福区四方坪街道左岸春天小区C1栋701室戴某某住宅发生火灾，造成3人死亡，过火面积约70平方米，直接财产损失7.6万元。经调查，起火原因排除放火、雷击、电气故障、自燃、生活用火不慎等，不能排除因吸烟不慎。

32．3月28日6时32分，广东省茂名市电白县水东镇绿景苑T栋2梯发生火灾，造成5人死亡，过火面积约20平方米，直接财产损失8.5万元。经调查，起火原因为停放一层楼梯间通道内的电动车在充电过程中电线短路引燃可燃物，5名死亡人员均为烟熏致死，死亡地点在楼梯间，其中2人在三层，1人在七层，2人在八至九层。造成人员伤亡的主要原因：部分住户贪图方便，擅自在楼梯间停放摩托车、电动车、助力车，不但加大楼梯间火灾负荷，而且火灾发生后切断了房间通至首层安全出口的疏散路线。同时，摩托车、电动车等燃烧时释放出大量一氧化碳、氯化氢、氢化氰等含有剧毒、对呼吸道有刺激危害的气体，加之楼梯间首层发生火灾形成烟囱效应，大量有毒烟气在极短时间上窜并充满楼梯间，人员进入楼梯间后极易窒息死亡。

四月

33．4月3日14时15分许，湖北省十堰市广东路张湾蔬菜市场发生火灾，造成4人死亡、6人受伤，过火面积3800平方米，烧毁烧损335个摊位，直接财产损失346.6万元。经调查，起火原因为蔬菜市场内王记川味卤菜店经营人任某某在店内使用液化石油气时，喷枪与连接液化石油气钢瓶的软管脱落，软管起火，任某某甩出带有火源的软管，引燃可燃物引发火灾。火灾发生后，5名负有管理责任的公职人员和1名火灾直接责任人被依法追究刑事责任。

34．4月4日2时30分，山东省德州市运河经济开发区铁西商贸大道106号黑马商贸市场内的鑫鑫玩具批发部发生火灾，造成3人死亡，直接财产损失5万元，起火原因系用电设备故障过热引燃周围可燃物。

35．4月4日3时36分，广东省揭阳普宁市里湖镇新池村新隆园一住宅发生火灾，造成3人死亡，过火面积31平方米，直接财产损失4.7万元，起火建筑为砖混结构，共两层，起火部位在一层，起火原因为遗留火种。

36．4月9日1时50分，云南省怒江州兰坪县营盘镇书院街机关球场一民房发生火灾，造成3人死亡，过火面积64平方米，直接财产损失4万元，起火原因系刑事放火。

37．4月9日3时40分许，江西省赣州市石城县龙岗乡龙岗村下龙岗一民房因放火引发火灾，造成7人死亡，过火面积100平方米，烧毁家电、家具和日常生活用品，直接财产损失5万元。

38．4月13日4时23分，上海市徐汇区田林路65弄一老式民宅因居民酒后吸烟不慎引发火灾，造成4人死亡，过火面积约20平方米，直接财产损失0.5万元。

39．4月20日10时35分许，湖南省益阳市赫山区桃花仑中路北侧的步步高超市碧云斋店发生火灾，造成3人死亡，过火面积3860平方米，直接财产损失1657.97万元。经调查，火灾系对起火建筑外墙上的自动扶梯进行氧割作业时，火花掉落到自动扶梯下方的负一层耗材仓库，引燃其中可燃物所致。事故发生后，柴某某、王某某等10名相关责任人员被追究刑事责任，邱某、龚某等7人被给予党纪政纪处分。

40．4月23日10时55分，甘肃省临夏回族自治州临夏市城郊镇木场河滩74号民居发生火灾，造成3人死亡、2人受伤，过火面积104.5平方米，烧毁房屋3间，直接财产损失6.2万元。经调查，起火原因为使用切割机时，电器设备发生故障引燃周围存放的海绵易燃物。

41．4月23日21时30分，江苏省苏州市吴江区运西开发区柳胥大象涂料厂后面一临时工棚发生火灾，造成工棚内3名儿童死亡，过火面积约300平方米，直接财产损失约10万元。该工棚为外来务工人员私自搭建的简易居住棚，采用塑料布、毡板、木头、毛竹、铁皮等搭建，4户简易棚的面积共约300平方米，起火当晚，棚内共居住7人。经现场勘验、调查访问以及物证鉴定报告，认定火灾起火部位位于陈某某简易棚内，起火原因为简易棚内停放的电动自行车线路短路引燃可燃物。

42．4月27日21时4分（接警时间），江苏省苏州市高新区邓尉路滨河花苑6幢103室发生火灾，造成8人死亡、2人受伤，过火面积约180平方米，直接财产损失30.99万元。该起火建筑共六层，一、二层为商业网点，三至六层为居民住宅，商业网点与居民住宅分别设置疏散楼梯。起火场所位于6幢底层商业网点，建筑面积共180平方米，分上下两层，一层为达康卫生用品综合服务部，二层为棋牌室，死伤人员均在二层棋牌室。经现场勘验、调查访问及物证鉴定，确定起火点位于一层达康卫生用品综合服务部内北侧偏东部位即电瓶车停放位置，起火原因系电动自行车电线短路引燃可燃物。

43．4月28日6时16分许，黑龙江省哈尔滨市道里区建国北六道街13号5栋2单元701室发生火灾，造成3人死亡、1人受伤，直接财产损失7.9万元。经现场勘验及调查询问，认定起火原因排除放火、自燃、雷击、天然气爆燃、电气故障引起火灾的可能，不能排除遗留火种引起火灾的可能。

44．4月30日2时20分，贵州省黔东南州凯里经济开发区下司镇沙飘村周家桥田某某住宅因电气线路故障引发火灾，造成3人死亡、4人重伤，过火面积97.5平方米，直接财产损失90.9万元。

五月

45．5月1日5时53分，河南省焦作市武陟县木城镇沁河路英才学校对面家属楼二层发生火灾，造成3人死亡，直接财产损失1000元，起火原因为放火。

46．5月2日1时48分，贵州省毕节市纳雍县张家湾镇张家湾村河边组陈某某住宅发生火灾，造成3人死亡，过火面积130平方米，直接财产损失7.9万元，起火原因不明。

47．5月3日14时许，河南省驻马店市汝南县张楼镇王沟村村民王某某自建住宅起火，造成4人死亡，过火面积90平方米，烧毁3间房屋及存放的纺织品、家具、衣物等生活用品，直接财产损失2.3万元。经公安刑侦、消防部门联合调查，该起案件存在放火嫌疑，已移交公安刑侦部门处理。

48．5月6日4时18分，广东省东莞市虎门镇虎门寨龙泉小区9巷8号一居民住宅（出租作为淘宝网店）发生火灾，造成8人死亡、3人受伤，过火面积约200平方米，直接财产损失31.7万元，起火原因为起火建筑一层大厅木质吊顶内部，由一层通往二、三层铁质电线槽内的电源线短路，击穿电线槽引燃可燃物起火。主要教训：（1）起火建筑承租者违反消防安全责任制，违规在出租屋内设置办公、储存和员工宿舍，不按要求整改消防安全隐患。（2）虎门镇虎门寨居民委员会不认真履行消防安全监管职责，消防安全检查工作存在失职。（3）虎门镇新莞人管理服务中心未按要求做好消防安全管理工作，存在监管不力问题。（4）虎门镇消防隐患整治办消防安全检查责任落实不到位，整改工作落实力度不够。

49．5月11日23时15分，安徽省宿松县孚玉镇大河村殷某某房屋发生火灾，造成5人死亡，过火面积20平方米，烧毁、烧损建筑装修、空调、电脑、冰箱等，直接财产损失24.4万元，起火原因为人为放火。

50．5月22日2时许，湖北省汉川市经济开发区汉正新城川东大道21号3栋309号商铺发生火灾，造成3人死亡，过火面积58平方米，直接财产损失13.7万元。经调查，起火部位位于展台西北侧木板下方，起火原因排除人为放火、电气线路故障、自燃、雷击等因素，不排除使用蚊香不慎引燃展台西北侧木板下方可燃物引发火灾。责任追究情况：给予川东投资控股集团有限公司总裁李某某罚款1万元，董事、副总经理方某某罚款1万元；给予汉川汉正物业服务有限公司法定代表人李某某罚款5000元，经理周某某警告处罚；给予汉正新城川东大道21号3栋309号商铺房主尹某警告处罚；志红超市业主诸葛某某在火灾中死亡，免于追究责任。

51．5月24日5时26分，广东省佛山市南海区桂城季华路与桂澜路交汇处南方汽修店发生火灾，造成9人死亡，过火面积96平方米，直接财产损失14万元。起火建筑为单层钢筋混凝土结构，过火面积96平方米，起火原因为王某某经营的汽修店内西北角（距西墙2.5～4米，距北墙0～1.5米范围）的电气故障引燃周围可燃物蔓延成灾。火灾的主要教训为：经营者安全意识淡薄，违规在生产经营性场所居住；地方政府部门消防安全工作落实不力，火灾隐患排查不够细致深入，网格化排查落实不到位。

52．5月28日0时40分许，湖南省永州市江永县千家峒瑶族乡凤岩山村生猪养殖示范场内一民工住房发生火灾，造成6人死亡，过火面积11.28平方米，直接财产损失为2000元，起火原因为放火，犯罪嫌疑人戴某某在火灾中死亡。

六月

53．6月2日14时27分，辽宁省大连市甘井子区山中街1号中国石油天然气股份有限公司大连石化分公司第一联合车间三苯罐区939号杂料罐在动火作业过程中发生爆炸、泄漏物料着火，并引发937号、936号、935号三个储罐相继爆炸着火，造成4人死亡，直接财产损失697万元。经调查，起火原因为作业人员在罐顶违规违章进行气割动火作业，切割火焰引燃泄漏的甲苯等易燃易爆气体，回火至罐内引起储罐爆炸。

54．6月12日2时43分，广东省潮州市潮安县古巷镇枫二村大坛路中段发生火灾，造成3人死亡，直接财产损失1万元，起火原因为放火。

55．6月16日4时40分许，江西省南昌市新建县长麦路215号居民楼发生火灾，造成4人死亡、1人受伤，过火面积12平方米，烧毁电动自行车3辆、摩托车1辆，直接财产损失1.2万元。经调查，起火部位位于该居民楼北单元一层楼梯间，起火原因为电动车在充电过程中电气线路故障引燃可燃物。

56．6月29日19时27分，山西省太原市迎泽区西太堡街中正花园阳光15号福口饺子馆发生火灾，造成3人死亡，直接财产损失1.7万元，起火原因为工人违章操作，在给塑料容器加注甲醇燃料时甲醇溢出，遇明火发生轰燃。

七月

57．7月1日18时11分，山西省临汾市侯马市晋生巷北二胡同山西省棉麻公司侯马采购供应站发生火灾，直接财产损失4838.7万元。经调查，起火原因为雷电引发棉垛起火。

58．7月2日12时40分许，湖南省长

沙市雨花区东山街道的湖南启升装饰材料有限责任公司租赁用于存放圣象地板的仓库发生火灾，过火面积约2万平方米，无人员伤亡，直接财产损失4671万元。经调查，起火原因排除放火、玩火、电气故障、生活用火不慎、自燃、雷击等，不能排除人为遗留火种。湖南启升装饰材料有限公司6名责任人员被司法机关立案追究刑事责任，徐某、郭某某等19人被给予党纪政纪处分。

59．7月4日3时52分，浙江省宁波慈溪市周巷镇兴业北路358号一民房发生火灾，造成3人死亡，1人受伤，过火面积约300平方米，直接财产损失239万元。起火建筑为二层砖混结构别墅，起火原因系电视机电线短路故障引燃周围可燃物。

60．7月5日5时43分，贵州省黔东南州凯里市龙场镇华介村看牛坪组吴某住宅因卧床吸烟引发火灾，造成3人死亡，过火面积66平方米，直接财产损失7.7万元。

61．7月20日4时许，湖北省鄂州市华容区蒲团乡大庙村五斗丘42号民房发生火灾，造成3人死亡，过火面积20平方米，直接财产损失3314元。经调查，起火原因为精神病人放火，放火者已在火灾中死亡。

62．7月22日2时46分，江苏省常熟市119消防指挥中心接到尚湖镇王庄管理区利农路21号门面房发生火灾的报警，迅速调派尚湖、虞山等5个消防中队共15辆消防车、71名消防队员赶赴现场扑救。3时51分，火势得到控制；4时40分，火灾被扑灭。此次火灾造成4人死亡，5间门面房不同程度受损，过火面积150平方米，直接财产损失10.6万元。该起火门面房建于20世纪80年代末，为砖混结构，“人”字顶梁，建筑面积360余平方米。经现场勘验、调查访问及物证鉴定，确定起火部位位于周某馒头店内，起火原因为店内东南侧水冷空调的电源线短路引燃可燃物。

63．7月23日8时17分，一辆三一牌全地面起重机行驶至京沈高速北京至沈阳方向570千米处（辽宁省鞍山市境内）发生火灾，直接财产损失1514.7万元，无人员伤亡，起火原因为车辆内部故障。

64．7月24日19时20分，四川省泸州市叙永县合乐苗族乡方元村四组一村民房因小孩玩火发生火灾，造成3名儿童死亡，过火面积约60平方米，直接财产损失约9000元。火灾发生后，当地政府责成各乡镇包村干部、公安派出所包片民警加强农户防火宣传，责成家长教育、看管好小孩，收藏好火柴、打火机等引火源。

65．7月27日0时42分，安徽省阜阳市阜南县六里和谐新区7号楼五单元503室发生火灾，造成3人死亡，过火面积20平方米，烧毁、烧损建筑内装修、空调、电脑、冰箱等，直接财产损失1.8万元，起火原因为墙壁插座处发生电热故障引燃周围可燃物。

66．7月30日7时40分，河北省廊坊市文安县新钢钢铁有限公司制氧厂因机械设备引发爆燃事故，造成7人死亡、1人受伤，无过火痕迹，直接财产损失15万元，该起事故属安全生产事故，由河北省安全生产监督管理局调查处理。

八月

67．8月3日23时50分许，湖南省永州市江华瑶族自治县桥头铺镇蒋某某住宅发生火灾，造成3人死亡，过火面积300平方米，直接财产损失为20万元。经调查，起火原因疑为放火，由公安刑侦部门立案侦查。

68．8月5日11时51分，西藏自治区拉萨市当雄县纳木湖乡一帐篷发生火灾，造成3人死亡，过火面积17平方米，直接财产损失1.7万元，起火原因系小孩玩火。

69．8月8日1时3分许，浙江省温州瑞安市锦湖街道瓦窑路一路2弄18号军健便利店发生火灾，造成7人死亡（均为外来务工人员），过火面积171平方米，烧毁三层砖木结构房屋1间、西侧毗邻二层楼梯间（局部三层）1间，直接财产损失约312.3万元。（1）起火建筑基本情况。起火建筑为三层砖木结构房屋，一层为军健便利店，二、三层为出租房卧室，内部仅有一部木质疏散楼梯。火灾发生时，建筑内共居住13人，其中二层7人，三层6人。（2）单位消防管理情况。起火建筑是一个典型的合用场所，虽有工商营业执照，但楼下便利店和楼上出租房住户未进行物理分隔，存在安全隐患。锦湖街道及公安派出所未能及时检查发现存在的问题，导致隐患长期存在。（3）起火原因认定。起火部位为建筑一层北半间，起火点位于一层北半间过道中部电动自行车放置处，起火原因系电动自行车电源线短路引燃可燃物。（4）火灾责任处理。火灾发生后，温州市政府对在2011年5月至2013年7月任锦湖街道党工委副书记的曾某某给予通报批评，对锦湖街道分管消防安全工作的副书记廖某某诫勉谈话，给予锦湖街道办事处瓦窑村驻村干部谢某某和锦湖街道派出所民警李某某记过处分，给予锦湖街道消防工作站副站长张某和锦湖街道派出所副所长郑某某警告处分，给予出租房房东林某某留党察看一年处分。

70．8月8日20时32分许，江西省赣州市南康市龙岭镇黎边村米石岭鸿海台面拼花家具二厂发生火灾并蔓延至相邻鸿海家具一厂、芙蓉轩家具厂，造成3人死亡，过火面积5700平方米，烧毁钢架厂棚、机械设备、成品、半成品、原材料等，直接财产损失175万元。经调查，起火部位位于鸿海台面拼花家具二厂西南角打磨房，起火原因为电气故障。

71．8月9日3时许，河南省南阳市社旗县城郊乡河南街村村民程某某住宅发生火灾，造成3人死亡、4人受伤，过火面积35平方米，直接财产损失15万元。经调查，起火点位于程某某住宅一层门厅北墙木质长椅东部及相邻的吧台处，起火原因可排除电气、自燃、雷击原因引发火灾，不排除遗留火种引发火灾。

72．8月23日0时0分，海南省海口市秀英区长流镇儒显村韦成美粉碎店发生火灾，造成3人死亡，过火面积246平方米，直接财产损失5.7万元。起火建筑为与地面架空1.5米的一层简易板房，死者同处在一间房间，起火原因系使用蚊香不慎引燃棉絮、衣物等可燃物。

73．8月25日4时30分左右，重庆市南岸区响水路铁路小区3单元B栋6–3号发生火灾，造成4人死亡，过火面积约50平方米，直接财产损失4.1万元。经调查，起火部位位于房间客厅，起火点位于客厅南侧冰箱与电视柜之间地面处，起火原因系此处插线板发生电气故障引燃周围可燃物。

74．8月28日1时22分许，湖南省株洲市芦淞区星通路51号金元大厦9楼909号复式住宅楼发生火灾，造成6人死亡，过火面积110平方米，直接财产损失13万元，火灾系电源插座接触不良引燃可燃物所致。

75．8月28日9时14分，黑龙江省哈尔滨市松北区锦观城在建工程发生火灾事故，造成5人死亡、8人因身体不适，入院观察治疗，直接财产损失13万元。经现场勘验及调查询问，认定事故原因为工人违章作业引起，已由哈尔滨市安全生产监督管理局调查处理。

76．8月30日7时36分许，浙江省嘉兴市平湖市独山港镇穗轮工业园区磊鑫五金厂内的申平塑胶有限公司发生爆炸引起燃烧，造成8人死亡、5人受伤，过火面积约1500平方米，1536平方米的单层钢结构厂房发生倒塌，直接财产损失约153万元。（1）起火单位基本情况。磊鑫五金厂厂区占地面积9114.2平方米，房屋产权面积3600平方米，主体建筑为钢架结构，支柱为砖混结构，屋面为彩钢板。申平塑胶有限公司租赁磊鑫五金厂的北侧厂房，该建筑共一层，高约7米，内部被分割成多个生产车间，其中包括装配车间、油漆仓库、喷涂车间及烘干房。建筑的西侧和南侧与磊鑫五金厂南厂房相连，西侧安全出口被磊鑫五金厂封堵，北侧无安全通道，窗户上被铁栅栏封闭，建筑东侧为办公区域，有一安全出口。事故发生时，建筑内共有员工28人。（2）单位消防管理情况。该单位为私营喷涂企业，厂房耐火等级低，生产工艺落后，通风排气设施不全，且存放大量油漆及松香水等易燃易爆物品；所用喷涂油漆溶剂挥发性大，燃点低，车间内物品摆放紊乱，电气线路敷设不符合要求，特别是西南侧安全出口被封堵，疏散距离大于国家消防技术要求的距离，存在严重的安全隐患；厂内员工多为外地务工人员，消防安全意识淡薄。该单位不属于公安派出所的消防安全重点单位，属于一般列管单位。自生产经营以来，平湖市公安局独山港派出所对该企业检查时发现其存在安全隐患，制发了《责令改正通知书》，责令企业予以整改，但该单位负责人消防安全意识淡薄，未对隐患进行整改，导致隐患长期存在。（3）起火原因认定。经调查专家组分析认定，事故部位在面漆车间东南角，发生点在水幕机东南角附近，事故原因为空调电源线接头处相间短路产生电弧引发面漆车间内可燃蒸气爆炸所致。（4）责任处理。嘉兴平湖申平塑胶有限公司法定代表人康某、厂房出租人李某、安全管理负责人阮某涉嫌重大责任事故罪，被平湖市人民检察院批准逮捕。截至本书成稿时，该案件仍在审理之中。

九月

77．9月2日17时3分，浙江省温州市瓯海区郭溪街道三溪工业区康宏西路6号亿俐德海绵制品有限公司发生火灾，造成5人死亡，1人重伤，过火面积6700平方米，受损建筑面积21000平方米，直接财产损失300万元。经调查，起火部位为该公司钢结构厂房东北部位的海绵再生车间二层，起火原因系海绵生产过程中违章操作引起燃烧。

78．9月3日2时49分，浙江省宁波市北仑区新碶街道贝碶村七六房24号民房发生火灾，造成3人死亡，过火面积约130平方米，直接财产损失7.4万元。起火建筑为一层砖木结构民房，起火原因系电动自行车充电过程中电气故障引燃周围可燃物。

79．9月7日2时6分，安徽省蚌埠市秦集镇仁和村仁和集农贸市场内沈某某住宅发生火灾，造成5人死亡，过火面积80平方米，烧毁冰箱、洗衣机、饮水机、电脑、电视机及生活用品，直接财产损失50万元。经调查，起火部位位于住宅一层东侧房间木质隔断的南侧至卷帘门区域，起火点在办公桌附近，起火原因是遗留火种引燃周围纸张等可燃物。

80．9月7日3时39分，河南省周口市郸城县支农路中段东方红配件经营部起火，造成4人死亡，直接财产损失约20万元。起火建筑共三层，建筑面积239平方米，一层为经营部，二、三层为住宅，有两部楼梯，一层过火面积50平方米，二、三层局部过火。经公安刑侦、消防部门联合调查，认定该起案件存在放火嫌疑，移交公安刑侦部门处理。

81．9月8日18时13分，北京市昌平区南邵镇辛庄村中心街30号张某某住宅发生火灾，造成3人死亡，直接财产损失3万元，起火原因为电气线路短路引燃可燃物。

82．9月13日6时许，四川省广安市广安区方坪乡前进村七组仁爱疗养院因使用蚊香不慎引发火灾，造成4人死亡、2人受伤，死、伤人员均系该院养老人员，年龄在70岁以上，过火面积约12平方米，直接财产损失9460元。该疗养院护工何某某因涉嫌失火罪，被当地公安机关立案侦查。

83．9月14日10时9分，辽宁省抚顺市东洲区城乡路52号顺特化工有限公司发生储罐爆炸事故，造成5人死亡，直接财产损失80万元。经调查，事故原因为作业人员在罐顶违章进行电焊作业产生的火花引爆罐顶采样孔外溢的三甲酯蒸汽，并回火至罐内，造成罐内爆炸。抚顺市安监局分别给予顺特化工有限公司及相关责任人员罚款处分，暂扣该公司安全生产许可证，吊销企业负责人任职资格证；给予东洲区安监局局长孙某某行政警告处分，给予东洲区安监局副局长吴某某、化工二科科员李某行政记过处分。

84．9月19日4时20分许，湖南省郴州市桂阳县方元镇方元村4组一民房发生火灾，造成5人死亡，过火面积约200平方米，直接财产损失29.6万元。经调查，该起火灾涉嫌放火，由桂阳县公安局刑侦部门立案侦查。

85．9月30日4时20分，云南省昆明市官渡区吴井路197-3号北侧小拇指微修店和浪淘沙洗车场发生火灾，造成3人死亡，过火面积200平方米，15户受灾，直接财产损失20.8万元，起火原因为电气线路故障。

十月

86．10月11日3时3分，北京市石景山区苹果园南路13号喜隆多购物广场发生火灾，2名消防员在扑救火灾过程中牺牲，过火面积1500平方米，烧毁部分商品，直接财产损失1300万元，起火原因为电动自行车蓄电池在充电过程中发生电气故障。

87．10月14日17时50分，山东省临沂市兰山区枣沟头镇柳家沟村嘉实建筑模板厂发生爆燃事故，造成3人死亡，直接财产损失500万元，起火原因为锅炉工违章操作。

88．10月17日5点20分许，黑龙江省鸡西市鸡冠区龙山国际小区3号楼发生燃气爆炸，造成3人死亡、16人轻伤，直接财产损失50万元。经现场勘验、调查询问和专家鉴定，认定爆炸原因是燃气管道引入管弯头与钢塑接头连接处焊口未焊透、出现环形开裂，造成燃气泄漏窜入楼内，达到爆炸极限范围遇电火花引发爆炸。

89．10月17日14时10分许，江西省南昌市西湖区抚生路888号雷达家具厂发生火灾，造成2人死亡，过火面积7000平方米，烧毁仓库及各类存储物资，直接财产损失4662.8万元。经调查，起火部位位于雷达家具厂好家装饰西仓库和凯达家电北仓库交汇处，起火原因排除放火、电气线路故障，不能排除遗留火种。

90．10月18日10时许，山东省烟台市牟平区武宁街道办事处西武宁村“纯香油坊”发生爆炸事故，造成3人死亡，2人受伤，直接财产损失1万元，事故原因系双层炒锅因排气孔堵塞，夹层内导热油受热膨胀，发生物理爆炸。

91．10月21日8时40分许，山东省东营市垦利县兴隆街道办黄店村东新发药业有限公司公用工程管廊发生压力管道导热油泄漏火灾事故，造成4人死亡、2人受伤，直接财产损失408万元，起火原因为导热油压力管道支线破裂，高温导热油泄漏引燃可燃物。

92．10月25日0时55分，广东省东莞市莞城区罗沙东门广场学左前街三巷一民宅发生火灾，造成5人死亡，过火面积约62平方米，直接财产损失6.7万元，起火原因为放置于一层客厅东北角的电动童车在充电过程中线路故障引燃可燃物。主要教训：（1）起火建筑内所有阳台及窗户均安装防盗网，火灾发生后，大量有毒烟气迅速扩散到二、三层，造成睡眠中的人员难以在最短时间内选择最有利的逃生路线。（2）起火部位周围放置大量可燃物，致火灾蔓延迅速，并产生大量有毒烟气。（3）火灾发生时室内人员正在睡眠，未能及时发现火灾，错失逃生最佳时机。（4）人员缺乏安全用电常识和逃生知识，部分电器在夜间进行充电，造成火灾发生。

93．10月30日13时45分，河北省承德承钢正桥矿业开发有限公司黄杖子钙灰厂3号、4号生产线因生产作业不慎引发火灾，造成7人死亡，过火面积500平方米，直接财产损失30万元。该起火灾属安全生产事故，由承德市安全生产监督管理局组织调查。

94．10月31日2时24分，天津市北辰区普天里8号楼502室发生火灾，造成602

室3人死亡，过火面积50平方米，直接财产损失6.4万元，起火原因为吸烟引燃可燃物。

十一月

95．11月2日1时7分，广东省广州市白云区龙归南岭村桥头北街4号一居民楼发生火灾，造成5人死亡，过火面积70平方米，直接财产损失1万元，起火原因为一层电动车电气线路故障引起燃烧。主要教训：（1）屋主周某、谢某与承租人罗某、陈某等未办理出租屋相关登记和备案，逃避出租屋管理部门日常监管，导致建筑内存在大量安全隐患，疏散楼梯设置不符合消防安全要求。（2）太和镇政府消防安全责任不落实，消防安全“网格化”管理不到位，对该村范围内出租屋消防安全管理不到位，对村民自建房违法出租情况失察。（3）太和镇南岭村南岭未按照消防安全“网格化”管理要求设置公共消防器材配置点和配置必要的灭火救援器材，火灾发生后没有有效开展自救互救行动。

96．11月4日23时7分许，河南省郑州市经济技术开发区老南岗村村民苗某某自建房发生火灾，造成8人死亡、10人受伤，直接财产损失2万元。（1）起火单位基本情况。苗某某自建房，位于老南岗村北街向东300米路北，占地面积306平方米，总建筑面积1530平方米，建于2007年10月，钢筋混凝土结构，共五层，设有一部楼梯。其中，一层为3家沿街门店，二至五层为出租住宿用房，每层9个房间。2013年11月1日经济技术开发区明湖街道办事处曾对苗某某自建房进行消防检查，并下发《停业整顿通知书》。（2）起火原因。经现场勘验、调查走访、模拟实验、技术鉴定，认定起火部位位于苗某某自建房一层楼梯间东北区域，起火点位于该区域放置的电动自行车处，起火原因为电动自行车电气线路短路引燃周围可燃物。（3）火灾责任及处理。承租人王某、出租人苗某因涉嫌犯罪被公安机关刑事拘留；经济技术开发区明湖办事处综合治理办公室主任朱某与副主任张某，涉嫌渎职犯罪，由检察机关进行调查；经济技术开发区明湖办事处主任王某等4人被给予行政处分；经济技术开发区公安分局航海东路派出所老南岗社区警务室民警张某被给予行政警告处分。

97．11月9日3时38分，浙江省台州市临海市杜桥镇杜下浦村4–85号一出租房发生火灾，造成4人死亡，过火面积约40平方米，直接财产损失5.7万元，起火建筑为2间二层砖木结构民房，起火原因系生活用火不慎引燃周边可燃物蔓延成灾。

98．11月19日3时9分许，四川省绵阳市三台县中新镇高新村五组一民房因电动自行车充电短路发生火灾，3人死亡，过火面积约220平方米，直接财产损失27.2万元。

99．11月20日2时52分，广东省东莞市厚街镇珊美大道北49号新城沐足后一居民住宅发生火灾，造成4人死亡、2人受伤，过火面积约10平方米，直接财产损失4万元，该建筑为一栋九层民房，二层及以上为出租屋，起火原因为电器设备故障。

100．11月22日13时55分，内蒙古自治区赤峰市红山区桥北唯美品格住宅小区在建工地地下车库发生火灾，造成5人死亡，过火面积1600平方米，直接财产损失20.4万元。经现场勘验、调查询问，认定起火部位为小区地下车库南侧供暖加压泵房，起火点为供暖加压泵房北侧顶部未连接管段西侧管道对接处下方的供暖管道的保温材料，起火原因为施工工人在小区地下车库南侧供暖加压泵房用气焊枪违章切割供暖管道时，引燃被切割供暖管道下方的保温材料导致火灾。火灾发生后，赤峰市艾美房地产开发公司负责人、唯美品格小区项目经理、承包唯美品格小区地下二层车库安装增热增压设备人员、唯美品格小区地下二层车库安装增热增压设备安装工地的负责人以及用乙炔枪违章切割供暖管道的工人均被治安拘留。

101．11月22日20时7分，广西壮族自治区柳州市柳江县基隆开发区南环路92号民房发生火灾，死亡3人，过火面积约16平方米，直接财产损失3万元，起火原因为遗留火种。

102．11月30日2时34分，浙江省丽水市缙云县新碧街道镇北路19号一民房发生火灾，造成3人死亡，过火面积171.6平方米，直接财产损失249.5万元。起火建筑为地上二层砖混结构，起火原因系电气线路故障引燃周围可燃物。

103．11月30日2时40分许，江西省宜春市奉新县书院路223号飞扬精品店发生火灾，造成4人死亡，过火面积60平方米，烧毁店内货架、商品、日常生活用品等，直接财产损失5万元。经调查，起火部位位于店面东侧中后部，起火原因为电气故障引燃可燃物。

十二月

104．12月1日7时左右，安徽省安庆市宜秀区白泽湖乡安庆市钰马水利设备厂仓库发生火灾，过火面积2549平方米，烧毁仓库建筑及存放的洗衣机、空调、电视机等家电和床垫、家具底座、木材、加工机器等物品，直接财产损失2098.6万元，无人员伤亡。经调查，起火原因可排除雷击、自燃、遗留火种、外来火源、放火等，不能排除电气故障引发火灾的可能。

105．12月5日1时45分，河北省石家庄市桥西区海棠湾一期建设工程施工现场工棚发生火灾，死亡6人，受伤2人，过火面积700平方米，直接财产损失27.4万元，起火原因系工棚107房间多用插座电源线路短路引燃可燃物。（1）起火场所基本情况。起火工棚为施工现场西侧南数第二个，坐西朝东，南北长52米，东西宽5米，共三层，每层16个房间（各层由北向南编号为01至16），建筑面积780平方米，用于施工人员办公、居住的临时用房。该工棚为钢结构彩钢板房，承重构件为厚度3毫米的C型钢架，夹芯材料为岩棉。（2）主要教训。一是单位生产安全管理制度不落实，该单位虽制定了用火、用电管理制度，禁止使用电热器具，并有专门的安全员进行管理，但仍存在使用电炉子、电暖器、热得快等电热器具现象，屡禁不止。二是安全教育培训制度不落实，未定期组织员工开展安全教育培训，员工缺乏基本的安全常识和逃生自救技能，错过了扑救初起火灾和人员疏散逃生的最佳时机。三是建筑物耐火等级低，工棚为C型钢和金属夹芯板搭建，承重构件为无防火保护的3毫米C型钢，耐火极限低，火灾发生后短时间内失去承重能力，致工棚垮塌，造成人员被压，无法逃生。截至本书成稿时，单位相关责任人员已被公安机关立案侦查。

106．12月9日10时40分左右，重庆市涪陵区中山路9号铂金大厦写字楼发生火灾，造成3人死亡，该建筑地上三十一层空调管道井过火，过火面积约6.27平方米，直接财产损失3000元。经调查，起火部位位于三十一层空调管道井内，起火原因系焊工作业人员操作时，泄漏的乙炔气体和氯丁橡塑专用胶挥发出的可燃气体在相对密闭的作业空间内达到一定浓度，遇到施焊作业中的明火引发爆燃所致。

107．12月11日1时14分，山东省济南市历城区汇科旺园小区6号楼2单元十七层发生火灾，造成4人死亡，直接财产损失10万元，起火原因不明。

108．12月15日18时52分，广东省广州市越秀区217号建业大厦发生火灾，过火面积12000平方米，直接财产损失4000万元，起火原因为建业大厦首层总电源线短路引燃可燃物。（1）起火建筑基本情况。建业大厦共二十五层，高度91米（含天台设备用房高度），外墙为玻璃幕墙和铝塑板装修，建筑总面积20644平方米。原设计为首层至五层为商场，六层及以上为办公场所（1998年市规划局同意第五层、第六层调整为餐饮功能），地下三层为汽车库和设备用房。火灾事故发生前，该大厦擅自改变规划用途，进行违法经营使用，其中建筑地下一、二层为车库，地下三层为设备用房，首层为值班室、单车棚以及成品鞋仓库等，第二层至十九层、二十一至二十二层和二十四层作为成品鞋仓库使用，第二十层空置、第二十三、二十五层为办公场所。（2）消防管理情况。由于建业大厦一直未办理市政永久用电手续且未能接通市政水源，仅使用建设期间供电局提供的临时电源，整栋大厦的消防设施未投入使用，大厦未办理建筑竣工验收、规划验收，也未向公安机关消防机构申请消防验收，其建筑性质仍处于未完工状态。（3）主要教训：一是单位消防安全主体责任意识淡薄，对消防安全重视不够，安全管理责任严重缺失。二是部门监管没有形成有效合力，建业大厦集合了烂尾楼、仓库、违法使用单位等多重身份，相关职能部门工作人员存在失职渎职的行为，未能形成有效合力督促落实整改。三是消防安全布局不够完善，广州中心城区设置大量专业批发市场、但未配套设置仓储场所的不合理布局是烂尾楼、住宅改作仓库使用现象的源头，造成严重的消防安全隐患、交通拥堵、秩序混乱等状况。四是消防基础建设滞后于社会经济发展，城市消防站、消防供水等基础设施建设未能与城市发展同步，处置高层、地下建筑及石油化工企业等特殊场所的消防技术装备仍有一定的差距。

109．12月16日22时50分许，江西省上饶市德兴市新岗山镇占才村占阳街村民王某某自建房发生火灾，造成3人死亡，过火面积226平方米，烧毁灯具、窗帘、卫浴、电脑、小货车、电动车、装修材料、家用电器、生活用品等财物，直接财产损失101.3万元。经调查，起火部位位于王某某自建房一层中间卷闸门中部靠南的天花板处，起火原因为电气线路故障引燃可燃物。

110．12月24日3时40分许，福建省宁德市古田县城东街道解放一支路2号民房发生火灾，造成7人死亡、4人受伤，烧毁土木结构建筑1栋，过火面积552平方米，受灾12户，直接财产损失约82万元，起火原因系放火。

111．12月24日3时9分，河北省承德市围场县围场镇常乐福老年公寓发生火灾，死亡4人，过火面积120平方米，直接财产损失20万元，起火原因系电气线路故障。

112．12月26日2时40分，云南省楚雄州南华县马街镇锈水塘村委会普家村村民小组一民房发生火灾，造成3人死亡，过火面积180平方米，直接财产损失10万元，起火原因为生活用火不慎。

113．12月26日17时28分，福建省泉州市丰泽区田边村泉州海日星工艺美术有限公司厂房发生火灾，造成3人死亡，烧毁该公司生产二部车间工艺品成品、生产设施及二层、三层钢结构建筑等，过火面积约4800平方米，直接财产损失约173万元，起火原因为焊割引起。

114．12月27日16时42分，广东省汕头市潮南区峡山街道上东浦村四片一民宅发生火灾，造成4人死亡，过火面积约111平方米，直接财产损失2.2万元，起火原因为该民宅一层东南角电线短路。

115．12月29日4时0分，广东省清远市清新区石潭镇街道村委会金狮街一居民住宅发生火灾，造成6人死亡，直接财产损失45万元，起火原因为住宅一层东北角电线短路。（1）起火建筑基本情况。起火住宅为一栋三层砖混结构建筑，占地面积约75平方米，建筑面积约230平方米，一层为大厅，用夹板分隔一间卧室；二、三层为客厅和卧室，另外，在一层堆放有大量纸质和棉质等杂物，楼道内堆放有杂物，房顶平台堆放有木、竹等堆垛。（2）主要教训：住宅首层堆放大量易燃可燃货物，未在家里配备灭火器；大功率家用电器和线路老化，漏电保护开关的保险丝被人为换上铜丝而失去作用；未在防盗网上开具逃生出口；发生火灾后，未及时报警，延误扑灭火灾的最佳时机。

116．12月31日23时58分，安徽省阜阳市颍州区颍州中路96号MAN精品男装店发生火灾，造成3人死亡，过火面积约50平方米，直接财产损失32.1万元。起火建筑为一层独栋门面房，起火点为佛龛下方附近，起火原因为点燃檀香不慎引燃下方附近可燃物。

第四章 行业系统火灾案例

云南楚雄州禄丰县“4·23”森林火灾

2013年4月23日14时10分，云南省楚雄州禄丰县勤丰镇可里村委会因当地村民农事用火引发森林火灾。经过2700余名军警民近5昼夜的艰苦奋战，明火于4月28日10时全部扑灭，实现了零伤亡，确保了人民群众生命财产和重点设施安全，最大限度地减少了森林火灾损失。

一、火灾概况

此次火灾起火点位于楚雄州禄丰县勤丰镇可里村委会上旱冲，地理坐标东经102° 14'55"，北纬25° 7'10"。火区为高山地貌，坡陡林密，地形复杂。受灾林区植被以灌木林为主，兼有部分地盘松，过火面积1013.1公顷，受灾森林面积94.2公顷。火场天气晴，风力4～5级，西南风，最大瞬间风速为8级，最高温度28℃。海拔1900～2300米，主体坡度50°～70°。林下可燃物密集，可燃物载量极高，处于极其易燃状态。在极度干旱、高温大风、复杂地形、易燃可燃物的综合作用下，火势猛烈，蔓延迅速。火灾一度威胁六七六国家物资储备库、通信器材库等重要设施和村庄。

二、扑救经过

（一）迅速出击，控制火线。

接到火情报告后，禄丰县迅速组织县专业队和勤丰镇干部群众350人进行扑救。州森防指及时派专职副指挥长、防火办主任率驻楚森警50名官兵赶赴火场增援，在外出差的州森防指常务副指挥长、州林业局局长卢显亮赶回州指挥中心坐镇协调。

禄丰县启动县级扑火预案，由县政府副县长李伟担任火场指挥长，全面负责指挥协调扑救工作。扑火前指根据火场情况，制定火灾扑救方案，决定采取“围、隔为主、择机直接扑打为辅”的方式控制西线、北线火势向东蔓延。在全体扑救人员的共同努力下，24日13时50分北线明火全部扑灭，西线火势得到控制。

（二）火情突变，果断处置。

24日15时10分，火场突起大风，且风向多变，已得到控制的北线、西线余火迅速扩燃，产生飞火，突破隔离带，并向东南、东北2个方向蔓延，形成南、北两条新的火线，对林区内通信器材库安全构成威胁。在实地勘查火势发展情况后，省防火办主任林向东、楚雄州委书记张太原，州委常委、副州长任锦云等领导一起研究制定了“以保六七六库南部库区安全为重点，采取对南线、北线火头实施直接扑打、开挖隔离带、以火攻火围堵”的扑救方案，扑火前指按照方案迅速组织实施。截至24日23时，通信器材库库区危险得到解除，但整个火场火势尚未得到有效控制。

针对火场情况，扑火前指决定升级指挥机构，由禄丰县政府柴万宏县长任火场总指挥，并制订了新的扑火方案，决定以六七六库中部库区的通道为依托由东向西开设防火隔离带，阻止北线火势向北（六七六库北部库区方向）蔓延。25日9时许，省森防指调集的森警昆明支队100名官兵，由总队参谋长曹龙带队赶到火场。截至25日11时，新开设的5000余米防火隔离带全线贯通，向北发展的火势被围控在隔离带范围内。

（三）地空配合，决战制胜。

25日15时许，火场突起大风，北线形成飞火，突破开设隔离带，向北（六七六库北部库区方向）蔓延，形成东北、西北2条火线，对六七六国家物资储备库和林区村庄构成威胁。25日17时，前指及时召开会议，决定由楚雄州委常委、州政府副州长任锦云担任指挥长，重新整合兵力，集中力量全力控制北线火势蔓延，全力确保重要设施和村庄安全，并向省森防指请求直升机增援。25日21时许，以南方航空护林总站副总站长吴灵为组长的国家赴火场工作组第一梯队一行9人携带应急通信设备到达火场，帮助前指制订航空灭火方案。26日上午，省森防指常务副指挥长、林业厅厅长侯新华，国家林业局南方航空护林总站总站长史永林，省森防指专职副指挥长杜勇到达火场指导扑救工作。按照预定方案，26日上午，调派的3架直升机投入灭火作战。26日23时40分，以国家防火办副主任焦德发为组长的国家第二批火场工作组以及省政府副秘书长普建辉为组长的省政府赴火场工作组赶到火场，传达了国务院、国家森防指和省委、省政府领导的重要批示精神。为贯彻落实各级领导的批示精神，及时扑灭森林火灾，前指连夜召开会议，启动州级应急预案，成立了以楚雄州政府李红民州长任总指挥的前线指挥部，下设综合协调组、火灾扑救组、宣传报道组、后勤保障组、督促检查组，根据火场情况，再次调集森警总队及昆明支队官兵160名、77281高炮团官兵200名、楚雄特警队员100名、楚雄预高团官兵80名以及消防水车30辆增援火场，组建了六七六库北部库区安保工作指挥分部和周边村庄安保工作指挥分部，科学布控设防，及时疏散群众，在受威胁库区布设2道防线，第一道防线是安排消防车、森警及专业队，依托有利地形控制火势蔓延，第二道防线是安排武警消防，按每个仓库配设2辆消防水车的标准进行死看死守。

27日凌晨，前指发出了“以森警、专业队、直升机配合扑打明火为主、其他兵种、群众清理火场，对东北线、西北线、东线明火发起总攻”的命令。经过全体扑火人员的顽强拼搏、艰苦奋战，27日11时整个火场明火得到有效控制，东北线明火基本扑灭，基本解除对仓库的威胁，东线明火有效控制，解除了对村庄的威胁，西线尚有零星明火、因农田阻隔不会造成威胁，火场内部和部分悬崖还有余火、零星火点。为了巩固明火基本扑灭的重大成果，确保火灾扑救的全面胜利，前指下达了《关于加强27日晚至28日扑火工作的命令》，进一步明确余火扑打、火场清守的各项措施。28日凌晨，在前线指挥部领导到火场实地查看和空中巡查后，上午10时，前线指挥部宣布“4·23”森林火灾全部扑灭，全线转入火场清守。整个扑救工作取得决定性胜利。

（四）后期处置，严防死守。

鉴于火场地形复杂，风向多变，加之多年持续干旱、地表可燃物多，前线指挥部下达了《关于做好“4·23”森林火灾余火清守的紧急命令》，明确了火场清理责任人、区域、人员和值守时限。28日12时，前线指挥部与禄丰县政府签订了《火场移交责任书》。经过1500余名清守人员持续72小时的拉网式清理作业，整个火场实现了“三无”，禄丰县勤丰镇“4·23”森林火灾扑救工作取得彻底胜利。

此次扑火救灾投入军、警、民共2700余人，调派3架直升机共计飞行31架次45.92小时，洒水447桶1788吨，载火场前指和国家防火办领导空视火场及信息实时传输10架次，调用消防水车、挖掘机、推土机、运水车、通信保障车等各类车辆240余台，直接耗用经费430多万元。

三、经验评析

此次在山高坡陡林密，高温物燥风大的恶劣自然条件下，能够取得扑火作战的全面胜利，是高山林区灭火作战特别是扑灭大面积高山林火的成功范例。综合来看，主要经验有5点。

（一）决策正确。

国家领导和省委、省政府领导高度重视，重点批示，派专人及工作组亲临现场指导，地方领导靠前指挥，准确把握火势果断决策，各参战部队、专业扑火队严格执行火场总指挥部的决定，密切协同，是取得作战胜利的关键。

（二）扑救科学。

火场总指挥部根据火场发展态势，科学制定灭火方案，参战各部队坚决贯彻总指挥部的决心和作战意图，采取积极防御，主动出击，严防死堵，打防并举的灭火战法，是取得胜利的决定性因素之一。各参战部队集中优势兵力，采取利用依托，多点突破，分割围歼；预设隔离带，阻歼林火；地空配合，立体灭火等战术，有效阻隔了林火蔓延，保护了重要设施安全。

（三）地空配合。

调派的3架直升机直接吊桶洒水灭火发挥了不可替代的优势，作业31架次45.92小时，洒水447桶1788吨，载火场前指和国家防火办领导空视火场及信息实时传输10架次，配合地面部队消灭北线危险火头、守住重要设施，发挥了重要作用。

（四）纪律严明。

扑救工作坚持以“地段、责任、任务、领导、人员、奖惩”6个落实为考核、检查标准。对表现突出的作战部队，予以通令嘉奖。对个别执行命令不坚决的单位，给予通报批评，确保了作战任务的顺利完成。明火扑救取得全面胜利后，前线指挥部与禄丰县政府签订了《火场移交责任书》，要求坚持72小时清守，彻底清理火场，确保不复燃。

（五）保障有力。

省政府应急办及时协调民航、机场、

空管等单位，做好灭火飞机的飞行保障工作，首次实施了移动油料保障车直接在火场机降点加油，努力做到最高效灭火，紧急调派30辆消防水车增援火场，确保实现了对危险火场的有效控制。整个火灾扑救过程中，省防火办应用林火地理信息系统指导实战，使扑救指挥决策更加科学。大理州政府及时划拨扑火资金，森防指认真协调调配扑火物资，及时向火场增援，各有关部门主动配合、有力出力、有人出人，全力做好各项保障服务。

四、主要教训

禄丰县“4·23”森林火灾的发生，暴露出禄丰县森林防火宣传不到位，护山守山责任不落实，检查督促不全面，重点防控有盲点，尤其是林区火灾隐患排查和消除不彻底等问题，在全省造成了极大的影响。为此，楚雄州委、州政府已责成禄丰县认真汲取教训，查找问题，认真整改，并对相关责任人进行处理，确保年内全县不再发生大的森林火灾。此次火灾也暴露出禄丰县防火通道和隔离带建设滞后，一旦发生森林火灾，扑救力量不能迅速到达火场前线，现有的隔离带远远不能满足当前森林防火形势的需求，更无法起到阻隔大火的作用。临时开挖防火隔离带又受地形、火势变化及开挖速度等制约，影响了隔离带的效能发挥。同时应急处置能力还需进一步加强，对扑救杂灌火灾的发生、发展态势认识不够，研究不透，应急反应准备不够充分，基层扑火力量不足，未能实现首次扑救火灾取得成功。

内蒙古呼伦贝尔市新巴尔虎右旗“10·6”草原火灾

2013年10月6日凌晨5时50分，内蒙古自治区呼伦贝尔市新巴尔虎右旗发生一起重大草原火灾。火灾发生后，当地政府草原防火指挥部及时启动应急预案，成立前线扑火指挥部，并迅速组织扑火队员前往扑救。为扑救此次草原火灾，共出动扑火队员350人（其中森警50人）、扑火车3辆、风力灭火机250台，2号灭火工具400把。经奋力扑救，明火于当日15时50分被全部扑灭。经调查，起火原因为雷击。经统计，此次火灾受害草原面积7800公顷，无人员伤亡和牲畜损失。

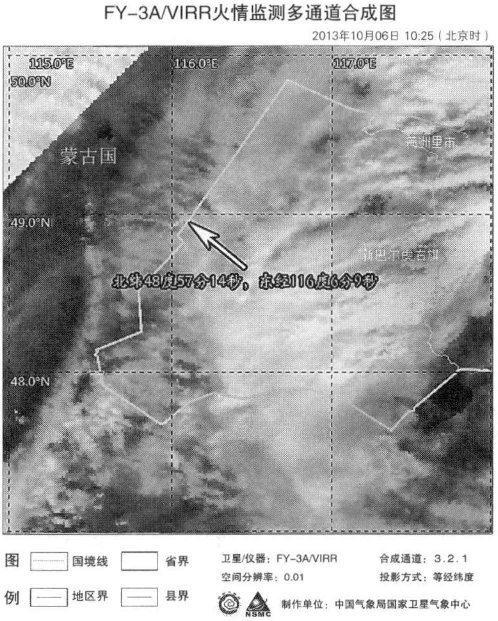

FY-3A/VIRR火情监测多通道合成图

2013年10月06日 10:25（北京时）

第七篇

灭火救援战例

上海浦东"1·6"农产品中心批发市场火灾扑救情况

2013年1月6日20时32分，上海市浦东新区沪南公路2000号上海农产品中心批发市场发生火灾。市应急联动中心接警后，立即调派市公安消防总队，浦东、特勤支队全勤指挥部以及永泰、塘东、龙阳等16个公安消防中队、57辆消防车赶赴现场处置。市委常委、浦东新区区委书记徐麟，副市长、市公安局局长张学兵，市政府副秘书长肖贵玉，市公安局朱伟明、刘凯副局长等领导到场指挥。经全力施救，搜救出被困人员17人，其中12人生还，5人死亡。

一、基本情况

（一）单位情况。

该市场位于浦东新区沪南公路2000号，1998年1月投入运营，为全市最大的综合型农副产品批发市场，是市政府"菜篮子"重点工程。总规划占地面积27万平方米，其中已投入运营的一期工程占地面积8.5万平方米，建筑面积近5万平方米，内部划分为粮油干货、肉类批发、水果经营等功能区域。

（二）燃烧区域情况。

起火区域为该市场一期西南大厅，主要存放南北干货、水产品、家用调料、食用油等农副产品。外部主体建筑为单层大跨度钢混结构，建筑面积约2万平方米，过火面积约4000平方米，内部采用砌筑砖墙分隔成117个商铺，南北设置17家商铺、东西设置7家商铺（东南侧为1家旅馆）。商铺通过东西纵向1条通道（宽约4.5米）、南北横向4条通道（宽约3.5米）互通，局部搭建两层阁楼（底层采用砖墙分隔，阁楼以木板、彩钢板分隔为主）。燃烧区域东侧为A区粮油批发区，共137家商铺；南侧为停车场；西侧为D区肉类批发区，共82家商铺；北侧为C区肉类分割区和冷品间，共201家商铺。

（三）消防水源情况。

市场内有单位消火栓14个（管径200毫米），300米范围内有市政消火栓16个（管径500毫米），500米范围内有市政消火栓29个（管径500毫米）。沪南公路东侧有一天然河道。

（四）气象情况。

雨夹雪转阴，温度1℃～4℃，偏北风，风力2～3级。

二、火灾特点

（一）快速蔓延的大空间火灾。

市场内部空间大，钢混框架犹如一个锅盖罩在117家商铺上面，商铺与上方钢混框架顶部之间（约7米）、各个商铺之间缺乏有效防火、防烟分隔，空气对流条件好，高温浓烟横向、纵向蔓延途径多，可短时间内蔓延扩大至整个建筑。据部分商户反映，火势蔓延的速度甚至超过人员逃生的速度。

（二）多点燃烧的大面积火灾。

市场内可燃物多，各类货物、柜台、塑料制品集聚，现场排烟口较少，高温浓烟导致周边可燃物迅速燃烧蔓延，同时市场摊位内存放较多液化气、氧气等易燃或助燃气体钢瓶，局部的爆炸燃烧加快了火势的蔓延，最终导致近百个摊位、约4000平方米面积过火。

（三）分隔复杂的"房中房"火灾。

市场内部通过砖墙分隔成100多间

商铺，部分商铺内部又分层分隔，形成“房中有房、房房相连”的内部格局，起火充烟后给人员自救逃生、消防灭火救人带来极大困难。

（四）建筑易变形倒塌的高危险火灾。

着火建筑内部跨度长、纵深大，且部分业主随意搭建阁楼、堆积货物，致使发生火灾后，建筑内部布局破坏严重，极易发生坍塌，严重威胁深入内攻救人的指战员人身安全。

三、战斗行动

（一）初战控火阶段。

20时41分，首批力量永泰、塘东、龙阳3个公安消防中队的8辆消防车相继到场，火势已经进入发展阶段，市场内部全面充烟，东、南、北三侧商铺内火势猛烈，翻卷的火势和高温浓烟威胁东侧粮油干货区和市场北侧区域。主管中队经询问得知，可能有人员被困，随即确定了“救人第一”的指导思想，向市应急联动中心申请增援力量和各类战勤保障，并迅速采取“强攻搜救、两侧设防、落实警戒”的作战行动，并协同公安、联防力量将现场部分摊主和聚集人员疏散至安全区域，严禁非救援人员进入火场。永泰公安消防中队1号、2号消防车分别在南侧设置2个分水阵地，组织2个搜救组，出4支水枪强行开辟搜救通道；塘东公安消防中队1号、2号消防车分别在东侧过道、北侧中央通道各设置1个分水阵地，分别出3支、2支水枪设防；龙阳公安消防中队2号消防车协助永泰公安消防中队实施内攻、破拆、搜救任务。20时50分，永泰公安消防中队从市场南侧区域2楼救出1人。

（二）强攻灭火阶段。

20时57分，省公安消防总队、支队全勤指挥部以及首批增援力量周渡、金桥、庆宁、临沂、张江等公安消防中队相继到场，现场指挥部成立。此时，火势呈全面燃烧态势，燃烧区域内储存的氧气钢瓶、液化气钢瓶受火势炙烤，随时可能爆炸，严重威胁行动安全。经受灾群众反映西南侧、东北侧部分起火商铺内有人员被困。市公安消防总队总队长赵子新、政委张华锋在听取指挥部的情况汇报后，随即下达作战指令：一是组织攻坚力量内攻搜救，全面搜索被困人员；二是集中力量堵截火势蔓延，防止火势进一步扩大；三是做好安全防护，所有参战人员在确保安全的情况下展开战斗，并设立观察哨。指挥部立即采取“分片包干、定点搜救、强化堵截”的作战方案，将火场划分为东、南、北3个作战片区，明确救人、堵截两大核心作战任务，实施分片灭火。龙阳、周渡、永泰公安消防中队组建6个搜救小组，在知情人员的协助下，对重点区域实施定点搜救。期间，搜救小组在市场东北侧和西南侧商铺内分别搜救出10余名被困人员和5名遇难人员。金桥、临沂公安消防中队在东侧设置分水阵地，打击火势，防止影响东侧粮油干货区；张江、周渡公安消防中队在北侧设置分水阵地，防止火势沿连廊蔓延至北侧市场其他区域。同时，抢险人员在水枪梯次掩护下内攻灭火、破拆卷帘门、转移氧气和液化气钢瓶，21时43分，火势得到有效控制。

（三）分割围歼阶段。

22时14分，申江、杜行、周浦等增援中队相继到场。指挥部根据火场燃烧强度下降、主体建筑结构牢固的实际，决定实施内攻分割围歼作战。命令现场力量以纵向4条通道的南北出入口为进攻起点，设置泛光灯、移动照明灯，实施“边灭边搜、攻防结合”的作战方案，逐个确定通道进攻点和排烟点；组织金桥、周渡、龙阳、张江等公安消防中队攻坚组携带破拆工具，实施穿插分割灭火和拉网式搜索，深入内部逐间逐户破拆商铺卷帘门，歼灭火势。在51支水枪和5门移动水炮的全力打击下，于23时18分，火势被扑灭。

（四）收残监护阶段。

次日凌晨3时许，经反复搜索排查后，确定现场无被困人员，现场指挥部根据火场实际情况，将现场移交给浦东战区。浦东战区指挥及时调整部署现场参战力量，指令南侧阵地的永泰、保税区、庆宁等公安消防中队，东侧阵地的塘东、申江、浦江等公安消防中队，北侧阵地的周渡、临沂、张江等公安消防中队，继续分成多个攻坚小组分片清理火场。至7日13时许，总队安排川沙、曹路、保税区等公安消防中队实施调防，对现场可能存在复燃之处进行清理收残，22时许，战区指挥根据现场已无复燃的可能，安排辖区永泰公安消防中队2号消防车在现场监护，直至8日17时现场收残完毕移交地方单位。

四、经验体会

（一）落实“五个第一时间”要求。

市公安消防总队接警后，通过电话询问、信息预判，加强第一出动力量，先后调集了16个公安消防中队共57辆消防车、400余名官兵赶赴现场处置，形成大兵团作战格局，集中优势兵力内攻搜救、围剿火势。浦东公安消防支队、特勤支队力量到场后，迅速组织火场侦察，把握火场主要方面，果断实施重点设防，控制灾情进一步扩大。

（二）突出“救人第一”理念。

灭火救援行动始终将抢救被困人员置于首要地位，第一时间组织人员疏散并实施警戒，通过拨打电话、知情人引导等方法确定搜救重点，全方位搜集掌握被困人员信息，组织搜救攻坚小组重点施救，灵活应用架设6米拉梯、9米拉梯、15米金属拉梯开辟救生通道，营救被困人员，减少了人员伤亡。设置移动水炮阵地堵截并打击火势，有效堵截了火势向西侧肉类批发区蔓延。

（三）发扬“敢打硬仗”作风。

虽然火场环境复杂，但是各参战力量战斗任务部署分工明确，协同配合意识强，内攻人员充分发扬英勇顽强的战斗作风，执行命令坚决，确保了灭火、救人任务的顺利推进。

（四）保障火场不间断供水。

现场安排专人负责车辆水源停靠，现场供水主要采取直接供水、接力供水的方法，提高供水效率。同时，通知供水公司采取了管网加压措施，确保了灭火用水量。

河南三门峡“2·1”连霍高速义昌大桥坍塌事故抢险救援情况

2013年2月1日9时许，连霍高速三门峡市渑池县段，一辆运输烟花爆竹的车辆发生爆炸，导致该段义昌大桥南半幅发生垮塌，多车坠桥，多人被困。三门峡市公安消防支队接警后，迅速启动重特大灾害事故应急救援预案，第一时间调集5个公安消防中队的15辆消防车、140名官兵赶赴现场救援，并请求上级增援。省公安消防总队迅速调集搜救犬队及郑州、洛阳、焦作3个公安消防支队的19辆消防车、155名官兵、4条搜救犬增援，同时调集社会应急救援联动单位24辆社会救援车、2300余人及大量救援装备，经过34个小时的连续奋战，抢救11名被困群众，清理出6具遇难者遗体和8辆被埋压车辆。

一、基本情况

（一）事故现场及周边情况。

事故发生地位于连霍高速河南三门峡市渑池县段741千米+900米处的义昌大桥（南半幅），桥面全长160米，双向4车道，东西走向，相对高度约30米，单幅桥面宽约10米。距离大桥南侧5米处为一排并行的连霍高速公路扩建工程桥墩，南北两侧100米范围内为深沟、农田。事故地点距义马市出口约7千米，距渑池县出口约17千米，距三门峡市出口约71千米。

（二）坍塌桥段及人员伤亡情况。

2月1日9时2分，一辆由西向东行驶运输烟花爆竹的解放安凯牌货车（冀A70308），驶入连霍高速义昌大桥时，因雾霾被追尾，发生爆炸，导致义昌大桥南半幅两节长达80米的桥面坍塌，正在桥上行驶的8辆汽车全部坠桥，共造成17人伤亡，其中6人死亡，11人受伤。

（三）当日气象情况。

当日，全省大范围浓雾天气，大部分地区能见度不足50米，事发地段能见度不足20米，气温-4℃～6℃，多云，风力3～4级。

（四）事故特点。

一是社会影响巨大。连霍高速系国家东西交通主动脉，日均车流量达3.5万辆，全年车流密集、运量大，加之正值春节前夕的春运高峰期，造成交通中断，所有车辆被迫绕行310国道，大量返乡人流和物流滞延，引起国家领导的高度关注和人民群众、主流媒体的热议，处置不当必将影响社会稳定。

二是现场环境复杂。此次坍塌事故发生在高速公路高架桥上，桥下是深沟和农田，通往事故现场的道路路面崎岖狭窄，事故地点浓雾不散，能见度差，气温低，对现场搜救、器材运输、伤员转送、后援保障极为不利。

三是救援难度极大。爆炸后，桥面断裂，翻滚塌陷。车辆高空坠落后严重损毁，桥体、车体、货物、人员混杂跌落，毗邻桥体构件受损情况不明，现场爆炸情况和运载物资属性不清，加之燃油泄漏，多处起火，参战官兵在搜救和疏散被困人员时，随时面临桥体再次塌落、现场再次爆炸等危险。

二、处置经过

（一）力量调集。

2月1日9时4分，三门峡市渑池县公安消防大队接到报警，称连霍高速渑池东服务区附近的义昌大桥坍塌，车辆坠桥，有大量人员被困。大队立即调派3辆消防车、16名官兵赶赴现场，同时通知距事故现场最近的义马市公安消防大队及义煤集团、义马汽化厂等企业专职消防队力量出动增援，并及时向三门峡市公安消防支队指挥中心报告情况。

9时7分，支队接到报警后，立即调派开发区、湖滨、陕县3个公安消防中队的7辆消防车、104名官兵，第一时间赶赴现场实施增援，支队军政主官率支队全勤指挥部赶赴现场组织指挥，同时报告市委、市政府和市公安局，并向省公安消防总队请求增援。三门峡市政府及时启动重特大灾害事故应急预案，迅速调集公安、安监、武警、医疗、电力、交通等社会应急联动力量到场协同处置。

河南省公安消防总队接报后，立即启动重大灾害事故跨区域应急救援预案，调集总队搜救犬队10名官兵、4条搜救犬，郑州市公安消防支队特勤大队4辆消防车、30名官兵，洛阳市公安消防支队10辆消防车、60名官兵，共携带10台生命探测仪、17组（套）照明类器材、53组（套）破拆器材、200件（套）救护器材到场救援。李存安政委带领总队全勤指挥部人员急速赶往现场，并利用“动中通”卫星通信指挥车卫星连线，及时了解掌握现场情况，实施途中指挥。

（二）抢险救援。

救援过程中，现场救援指挥部始终坚持“救人第一，科学施救”的指导思想，认真贯彻“先易后难、先浅后深、先重后轻”的处置原则和“统一指挥、分片组织、精确定位、突出重点”的战术方法，灵活应用侦检、破拆、顶撑、扩张、分割、转移、挖掘等救援方式方法，全面展开救援行动。

第一阶段：突出重点，控制灾情。

9时32分，义马大队4辆消防车、20名官兵先期到达现场后，立即组织人员利用可燃气体、有毒气体检测仪对现场进行全面侦查检测，对桥上悬空车辆、桥体构件等进行加固，在事故现场东、西两侧设置泡沫、水枪阵地对泄漏燃油进行覆盖，稀释抑爆，消灭零星火点，掩护人员搜救，并组织2个攻坚组对遇险人员进行搜救。9时41分，救援人员在坍塌区域东、中、西侧分别搜救出3名被困人员。9时50分，在车辆残骸内又解救出2名被困人员，由随后到达的120急救车送往医院。同时，组织人员协调公安交警和民警对事故区域进行警戒，实行交通管制，并对围观群众进行疏散，对过往车辆进行分流，协助增援力量顺利到达现场。

第二阶段：分段作业，全力搜救。

10时许，三门峡市公安消防支队全勤指挥部、增援力量及市委、市政府、市公安局领导相继到场，成立了事故救援现场总指挥部，下设以公安消防部门为主力军的前沿指挥部，整合社会救援力量，全力搜救被困人员，并协调建筑、结构、设计等方面的专家对桥梁构件承重情况进行分析，确定危险部位，明确固定点。设立4个安全观察哨，建立3个安全检查点，确定“长哨音”为紧急撤离信号，明确撤离路线。前沿指挥部选派攻坚组人员，对现场再次进行反复侦察加固，采取“分段组织、多点施救、同步展开、协同作战、全面搜救”的战术措施，研究确定“三段、四层、五组”救援方案，实施无缝隙、多层次搜救，确保不漏一人。通过交通部门调用起吊、挖掘、破拆等大型专用机械设备，开辟救援通道，配合实施破拆搜救。同时，利用通信指挥车和3G图传设备，实时将现场救援实况及时上传省公安消防总队和公安部消防局指挥中心。

3个战斗段：东侧桥墩东为第一战斗段，配备1辆300吨起重机、1辆装载机；中部桥墩至西部桥墩间为第二战斗段，配备1辆150吨起重机、1辆大功率挖掘机；西侧桥墩西为第三战斗段，配备1辆200吨起重机、2辆装载机。东、中桥墩之间设为疏散物品堆放区，规整车辆残骸和现场物资，以便快速清理。

4个救援层：即散落物品层、车辆残骸层、货物堆积层、断桥碎石层，采用机械与人工相结合的方式，实施牵引、起吊、破拆、转移、支撑、洗消等技战术手段，逐层清理、逐层搜救，确保现场救援无死角、无遗漏。

5个救援组：根据现场情况，将救援力量分为5个小组，合理分配到3个战斗段，每个小组设1名指挥员、1名安全员、1名水枪手、安排1辆工程机械、配备1套通信设备，展开“地毯式”搜救行动。

第三阶段：反复搜寻，不离不弃。

14时，李存安政委率领的总队全勤指挥部、搜救犬队以及郑州、洛阳、焦作支队等增援力量相继到达事故现场，立即与现场总指挥部结合，确定了“统一指挥、分段作战、逐层搜救、地毯排查、轮番搜寻”的战术，坚持营救与排查相结合、侦检与定位相统一，与辖区三门峡支队救援力量重组轮换，重新划定重点区域，竭尽全力营救被困人员。及时组建跨区域调度指挥无线通信网，全程利用指挥视频系统和公安部消防局、省公安消防总队指挥中心进行网上远程会商，保障通信畅通，确保远程指挥和现场指挥协调一致。

参战官兵利用音（视）频生命探测仪和雷达生命探测仪反复搜索，指挥4条搜救犬在废墟上不间断搜寻，并在吊车等大型救援器械的配合下，利用各种切割、扩张装备剪断钢筋，全面清障，配合救人。同时，设置水枪阵地在切割、破拆过程中适时出水监护，防止吊装起重过程中因燃油泄漏引发火灾或其他不明物质发生爆炸燃烧事故。

截至15时30分，在总队搜救犬队和洛阳、焦作支队的配合下，又从西侧废墟中搜救出4名被困人员。至此，参战官兵共成功营救被困人员17人。

由于现场事故车辆多，司乘人员遇险数量及相关信息无法准确掌握，现场指挥部要求对现场所有可能有人员被困的部位和角落进行全面清查。参加救援的消防官兵在大型机械装备的协同配合作业下，不间断地对灾害现场逐层清理，全面搜救，做到搜查一处、标记一处、逐点推进，确保不遗漏任何一个救援目标。

2月2日16时，经现场搜索和多方核实，确定无被困人员，总队全勤指挥部，郑州、洛阳、焦作支队参战人员陆续撤离现场。20时，根据现场总指挥部命令，三门峡支队向渑池县政府移交救援现场。22时，参战力量全部安全归建。

三、经验体会

（一）迅即反应，多方联动效能凸显。

事故发生后，以公安消防部队为主体的各方抢险救援力量紧急响应，迅速行动。三门峡市公安消防支队第一时间调集足够力量赶赴现场救援，全勤指挥部遂行指挥。省公安消防总队接报后，总队领导立即启动重大灾害事故应急预案，迅速调集郑州、洛阳、焦作支队进行增援。公安、安监、建设、卫生、交通、电力、施工单位及当地驻军等应急联动单位快速出动，调集大型起吊、破拆、挖掘、救护、保障等车辆，以及建筑、结构、设计等方面的专家到场协助，为圆满完成抢险救援任务提供了强有力的组织和装备保障。

（二）科学施救，救援行动有序高效。

面对复杂艰巨的抢险救援任务，现场指挥员科学研判，严密组织，高效救援。先期到场的救援力量对现场全面侦检，加固悬空车辆和桥体，并在水枪掩护下采取“现易后难、先显后隐”的战术措施搜救遇险人员。陆续到场的增援力量在现场指挥部的指挥协调和相关社会应急救援力量的配合下，分段组织，分层作业，多点施救。在事故处置过程中，公安部、交通部、国家安全生产监督管理总局及省市相关领导密切关注，要求一定要千方百计搜救被困人员。全体参战官兵顶寒风，冒严寒，不怕疲劳，克服环境天气等不利因素，面临桥梁二次坍塌及燃油和其他物质燃烧爆炸等危险，始终战斗在救援一线，确保了整个救援行动迅速、高效地进行。

（三）警地协同，战勤保障持续有力。

事故救援过程中，三门峡市公安消防支队及时启动警地联勤联动保障机制，中石化公司及时调集充足油品，市电力公司提供500千瓦发电机组现场供电，移动公司通信保障车现场增设通信线路，公安消防战勤保障队遂行作战，有效跟进，全力做好参战官兵的生活、医疗、装备等保障工作，确保救援工作顺利开展。省公安消防总队“动中通”卫星通信指挥车及全省统一配备的通信指挥车和3G图传设备发挥了重要作用，现场消防救援力量全程利用指挥视频系统和公安部消防局、总队指挥中心进行远程会商，科学决策，保障现场指挥网、战斗网畅通有序。

（四）严密防范，救援行动全程安全。

全体参战官兵始终贯彻“安全第一”的思想，在灾情侦察、人员搜救、车辆起吊、现场清理等各个环节作业过程中，严格遵守操作规程和安全纪律，严格落实各个环节安全防护措施，并及时与建筑工程技术人员、桥梁专家等紧密配合，设立4个安全观察哨，建立3个安全检查点，确定紧急撤离信号和路线，进行不间断的观察和监测。各级指挥员准确把握救援环境安全状况，认真检查各项安全措施落实情况，做到现场情况不明不盲目行动，器材装备不检查、安全防护措施不到位不实施作业，严密的组织、科学的指挥和严格的防范，确保了整个抢险救援行动的高效安全和圆满成功。

云南大理“3·3”洱源地震抢险救援情况

2013年3月3日13时41分，云南省大理白族自治州洱源县西山乡发生5.5级地震。省公安消防总队第一时间调集大理、楚雄、丽江、保山4个公安消防支队的轻型搜救队共53辆消防车、322名官兵、4条搜救犬赶赴灾区抗震救灾。在连续两昼夜的抢险救灾中，参战官兵先后深入5个乡镇的83个自然村，搜索了3076间房屋，帮助转移群众2480余人，拆除严重毁损房屋220间，排除险情890余处，帮助群众转移被埋压物资2750余件；紧急搭建帐篷718顶，发放灭火器400余具，圆满完成抗震救灾任务。

一、基本情况

（一）地理信息。

洱源县位于云南西部，处在黑漶江流域云岭横断山脉断裂带上，是云南地震多发地区，东与鹤庆县相连，南与大理市、漾濞县接壤，西与云龙县分疆，北与剑川县相毗邻。全县海拔1645～3958.4米，地形垂直变化明显，地貌复杂多样。总面积2875平方公里，是白、彝、回、傣、傈僳等23个民族杂居、以白族为主的少数民族县。属北亚热带高原季风气候类型，具有干湿季节分明、光照充足、“四季恒温”、立体气候和区域性小气候明显等特点。县城驻地茈碧湖镇，海拔2060米，距州府下关69公里，距省会昆明389公里。

（二）灾害情况。

3月3日13时41分，洱源县西山乡立坪村（北纬25.9度，东经99.7度）发生5.5级地震，震源深度9公里，波及洱源、云龙、漾濞、永平、剑川5个县12个乡镇，共有16万人受灾，30人受伤（1名重伤），造成直接经济损失7.47亿元。

此次地震震源较浅，地震波到达地面以后造成了大面积的房屋和工程设施的破坏。由于灾害事故地点海拔高、灾区村民居住分散，房屋建筑抗震性较差，道路崎岖狭窄，山高坡陡，车辆安全行进和装备运输困难，造成救援和保障难度大。

（三）气象情况。

受灾地点在海拔1800～2500米之间，白天最高温度23℃，夜间最低温度2℃，无持续风向，空气湿度为43%。

二、救援经过

（一）反应迅速、启动预案及时、调集救援力量充足。

3月3日13时41分地震发生后，洱源县公安消防大队立即出动1辆消防车、6名官兵赶赴现场展开救援。14时5分，大理州公安消防支队先后调集26辆消防车、151名官兵和2条搜救犬增援。省公安消防总队指挥中心接到报告后，立即启动地震应急救援预案，总队灭火救援指挥部5辆消防车、34名官兵在田国勇总队长等带领下第一时间赶赴现场指挥救援，同时调集楚雄、保山、丽江等州市公安消防支队的3支轻型搜救队和特勤支队2辆方舱宿营车，共21辆救援车、131名官兵及2条搜救犬，携装备赶赴灾区。期间，总队政委邹志强等在总队指挥中心成立后方指挥部，并迅速向省委、省政府、公安部消防局和省公安厅上报有关情况。

（二）抢抓时间，合理编程，全力抢救人员生命。

洱源大队1辆消防车、6名官兵于16时2分到达救援现场，作为第一支全装备抵达救援现场的专业救援队伍迅速开展人员搜救工作。17时40分，大理支队第一批增援力量到达现场，详细听取第一出动力量的报告，并向抗震救灾总指挥部领受任务。根据受灾情况，抗震救灾总指挥部及时将救援力量分成3个组，对受灾最为严重的炼铁村、北邑村、前甸村进行搜寻。3月3日22时5分，大理支队第二批增援力量到达现场，支队指挥员迅速对力量进行重新分组和分配任务，对炼铁、北邑、前甸3个点的救援力量进行加强，重点对3个受灾最严重的村寨进行搜寻。3月3日23时，丽江支队增援力量到达现场；24时整，保山支队增援力量到达现场；3月4日0时15分，总队全勤指挥部到达现场；凌晨1时15分，楚雄支队增援力量到达现场。至此，全体参战力量共53辆消防车、322名官兵及4条搜救犬全部按指令要求抵达灾区。为科学高效开展救援工作，消防部队迅速成立抗震救灾现场指挥部，由田国勇总队长任总指挥，下设抢险救援组、政工保障组、战勤保障组、通信保障组、宣传报道组、秘书联络组和火灾预防组7个小组。截至3月4日8时，救援人员利用生命探测仪和搜救犬先后搜救受伤人员11人，搜寻住户941户，利用装备破拆建筑构件打通生命通道，排除险情176处，帮助受灾群众搭建帐篷200余顶，转移价值120万元的生产生活物资和家畜。

（三）科学决策、全线出击、全方位展开抗震救灾。

3月4日8时10分，根据省、州两级政府的要求，现场指挥部命令参战部队分成若干小组，按照各自的任务区域，在12时以前，完成所有乡镇、村寨、居民住户的第一次搜救工作。截至4日中午12时，38个搜救小组深入灾区12个乡镇、83个自然村，对毁损房屋逐栋进行搜索，共搜索房屋3249间，帮助转移受灾群众2500余人；协助有关部门拆除严重倾斜、毁损房屋220间、墙体2108米，排除险情890余处；为群众搭建帐篷718顶，装卸搬运救灾物资2000余件，深入倒塌房屋帮助群众抢救转移生产、生活物资2750件（套）、粮食3.5吨，总价值333万余元，最大限度地帮助群众挽回损失。

（四）科学研判，调整部署，确保重点。

3月4日17时，救援人员对所有的村庄、住户、单位进行搜寻后，指挥部及时根据搜寻情况，重点调整力量部署，将保山、楚雄2个支队参战力量调到炼铁乡与大理支队会合，将拉网式搜寻方式改为重点搜寻，主要对震中受灾严重的前甸、炼铁、北邑3个村委会进行重点搜寻，确保不留死角。经过参战官兵多次搜寻，确定没有被困人员。3月5日上午，抗震救灾总指挥部召开第三次会议，鉴于地震生命搜救阶段任务基本完成，抗震救灾工作逐步向灾后恢复重建转移，总队按照指挥部要求，命令总队全勤指挥部和楚雄、丽江、保山支队轻型搜救队等增援力量成建制撤离归建，灾区保留大理支队27辆消防车、156名官兵及2条搜救犬，重点开展灾区防火、排危除险和救灾服务工作。

三、经验体会

（一）各级领导高度重视、靠前指挥，是此次抗震救灾得以圆满完成的先决条件。

地震发生后，公安部郭声琨部长、刘金国副部长，部消防局陈伟明局长等领导先后做出批示，要求云南公安消防部队全力做好抗震救灾工作。云南省委、省政府高度重视，派出工作组深入地震灾区指导抗震救灾工作。总队邹志强政委在后方指挥部通过3G图传全程跟踪救援情况，总队田国勇总队长等领导深入一线靠前指挥，各级指挥员身先士卒，始终与参战官兵并肩战斗，对参战官兵予以了莫大的鼓舞和激励，为圆满完成抗震救灾任务奠定了坚实的基础。

（二）部队快速反应、及时调配各级力量，是此次抗震救灾取得胜利的关键所在。

灾情发生后，大理支队洱源中队1辆消防车、6名官兵第一时间前往震中西山乡救援；20分钟后，支队启动地震应急救援预案，迅速调集支队全勤指挥部、支队轻型搜救队、战勤保障大队及辖区10个大队27辆消防车、157名官兵和2条搜救犬前往增援。总队接报后，迅速出动灭火救援指挥部，并调集楚雄、保山、丽江支队的3个轻型搜救队26辆消防车、165名官兵，救援力量共计53辆消防车、322名官兵和4条搜救犬前往增援。这些力量的及时调集，使各点的救援力量得到了及时的补充，为搜寻、排险等工作创造了有利的条件，是抗震救灾取得全面胜利的根本保障。

（三）遂行保障，全力服务现场救援，是圆满完成此次抗震救灾任务的根本保证。

救援力量赶到现场后，及时成立现场指挥部，下设抢险救援组、政工保障组、战勤保障组、通信保障组、宣传报道组、秘书联络组和火灾预防组等7个小组。各组之间紧密配合，参战官兵在救援行动中分工明确，保障小组按照分工深入各救援点，及时向救援人员供给食品、饮水和装备，整个救援体系组织保障到位、战斗保障到位、生活保障到位、医疗保障到位、宣传保障到位，为圆满完成任务提供了强有力的保障。

陕西榆林“3·21”天效隆鑫化工有限公司火灾扑救情况

2013年3月21日20时39分，陕西省榆林市神木县天效隆鑫化工有限公司7号煤焦油罐发生爆炸燃烧。公安部消防局、陕西省公安消防总队接报后，迅速启动跨区域增援预案，先后调集榆林、延安、铜川、西安和内蒙古鄂尔多斯共5个公安消防支队的21个公安消防中队、8个企业消防队的65辆消防车、418名消防员赶赴现场扑救。经过全体消防人员44个小时的连续奋战，大火于3月23日17时22分被扑灭，保住了年生产能力15万吨的煤焦油深加工生产装置。此次火灾过火面积约12180平方米，烧毁油罐5个，无人员伤亡。

一、基本情况

天效隆鑫化工有限公司位于陕西省

榆林市神木县孙家岔镇马镰湾村，占地约17400平方米，属私营企业，主要从事煤焦油深加工。该公司2009年6月建成投产，设计年产量为15万吨，厂区内共有13个立式固定顶煤焦油储罐（设计总容量为9120立方米），其中1号防火堤内1号至4号罐设计容量均为1500立方米；2号防火堤内5号至8号罐设计容量均为570立方米；9号、10号罐设计容量均为300立方米；11号、12号、13号罐设计容量均为80立方米。爆炸起火的7号罐位于2号防火堤内，6号、8号罐之间，东临煤粉堆垛，西侧停有6辆储油罐车。起火时，3号、4号罐各储存170吨和200吨煤焦油，5号、6号、7号罐各储存80吨、100吨、150吨煤焦油，其余8个罐内有煤焦油残液。

厂区、罐区及装置区无消火栓系统、水系统及蓄水池，2千米范围内无任何水源，水源极度缺乏。最近的执勤中队距火场36千米，省内最近增援力量延安支队距火场388.5千米。

火灾发生当日天气为晴天，气温0℃～15℃，风向西北风，风力4～5级。

二、火灾特点

（一）燃烧爆炸并存，灭火战斗危险性大。

7号罐爆炸燃烧导致罐体破裂引发大面积流淌火，在火焰高温的作用下，3号、4号、7号、8号罐先后发生7次爆炸。爆炸增大了煤焦油溢流量，使燃烧面积和强度加大，加之地处沙漠地带，风向变幻无常，火场态势随风向变化，不利于进攻阵地设置，加大了灭火战斗的危险性。

（二）燃烧热值高，强攻近战难度大。

煤焦油燃烧后热值高，辐射热强，巨大的辐射热使战斗人员在100米外就能感到热浪扑面，炙热难忍，参战力量难以长时间深入燃烧区域，增加了实施强攻近战、精确打压火势的难度。

（三）储罐被流淌火包围，冷却灭火难度大。

相邻罐之间无防火堤，发生爆炸燃烧后，大面积的流淌火迅速将其他储罐包围。同一时间内着火罐、邻近罐与流淌火的灭火和冷却用水需求量大，重点不突出，不间断供水难以保障。

（四）化学危害大，易造成环境污染。

煤焦油具有复燃性、复爆性和毒害性。灭火过程中油罐、输油管道壁温高，现场冷却供给强度减弱后，易引起复燃。同时，防火堤空间小，如不及时处理油、水、泡沫混合液体，溢出的液体伴随流淌火，将扩大火势蔓延，造成环境污染。

三、处置经过

（一）第一阶段：启动预案、快速响应、积极控火。

辖区力量到场处置，调集企业消防队，重点实施警戒、侦察、疏散、控火，并向支队指挥中心报告，支队立即启动了重大灾害事故应急救援预案，调集增援力量。

3月21日21时05分，榆林市大柳塔镇消防大队接到火灾报警后，立即调集距现场最近的内蒙古神东、神华2个企业消防队、4辆消防车、25名消防员赶赴现场扑救。

22时05分，2个企业专职消防队到达事故现场，7号罐处于猛烈燃烧阶段，4号罐被流淌火引燃并发生爆炸，1～3号罐被流淌火包围（1号防火堤内），5～9号罐被流淌火引燃（2号防火堤内）。大量流淌火通过排污沟引燃了北侧北汇亚圣洗煤厂的煤粉堆垛；飞火引燃了东面的浩正型煤有限公司煤粉堆垛；现场辐射热较高，无人员被困。

根据火场情况及到场力量，现场指挥员命令：1. 划定警戒区域；2. 疏散厂区内无关人员及车辆；3. 立即联系厂区负责人及相关技术人员到场，为灭火工作提供技术支持，并联系市政洒水车向火场进行运水供水。同时，命令所有车辆出车载炮及泡沫管枪扑灭地面流淌火防止火势蔓延，并向支队指挥中心报告情况，请求增援。

22时40分，榆林支队指挥中心接到增援请求后，立即启动支队重大灾害事故应急救援预案，迅速调集神木、府谷、特一、特二、上郡路、红山路等6个消防中队、2个企业消防队、28辆消防车、164名官兵赶赴火灾现场，支队全勤指挥部遂行出动。

（二）第二阶段：冷却降温、分割包围、堵截火势。

第一批增援力量及全勤指挥部到场，根据现有力量和火场态势，划分战斗区域，采取分割、阻截灭火战术，阻止火势蔓延。同时，对参战力量进行整合，补充灭火剂，重点夹击2号防护堤内残火，对4号罐实施强攻近战。

23时40分至次日1时05分，榆林市神木中队、特勤一中队，兖州煤业企业消防队、府谷中队先后到达现场，立即投入战斗，利用车载消防炮对3号、4号罐进行降温，同时出泡沫管枪对地面流淌火进行堵截。

1时25分，榆林支队全勤指挥部到达现场，了解情况后，按照“先控制、后消灭”、“确保重点、兼顾一般”的原则，根据现场情况，调整作战力量，将火场划分为3个战斗区域，设立了4个观察哨，密切监视罐区火势发展和风向变化情况。

第一战斗区域（1号防火堤）。神木中队设置2门移动泡沫炮对1号、2号罐进行降温、2支泡沫管枪对地面流淌火进行堵截。兖州煤业企业消防队设置1门车载消防炮并利用移动炮对3号、4号罐进行冷却。

第二战斗区域（2号防火堤）。特勤一中队、神东企业队各设置2支泡沫管枪压制输油管线、阀门组的火势，特勤一中队设置2门移动炮、神东企业队设置1门移动炮对11号、12号、13号罐降温，同时组织力量，采取沙土筑堤、覆盖的措施，配合泡沫管枪，全力堵截流淌火蔓延。

第三战斗区域（装置区）。府谷中队、神华企业队各设置1门移动炮和1支泡沫管枪对装置区进行冷却，并压制输油管线及地面流淌火。

2时13分至3时04分，4号、7号罐再次发生爆炸，导致7号罐输油法兰损坏，大量煤焦油泄漏，火势猛烈失去控制，指挥部及时发出撤离信号，没有造成人员伤亡。

3时20分，榆林市特勤二中队、上

郡路中队、红山路中队先后到场并投入战斗。

3时54分，8号至13号罐、装置区及部分管线大火基本扑灭。

5时41分，部分车辆进行了灭火药剂补充。府谷中队、红山路中队加入到第一战斗区域，配合特勤二中队，各设置1门移动炮，对3号罐进行冷却降温（其他中队作战任务不变）。

7时3分左右，参战官兵强攻近战，用4门移动炮对4号罐强攻，另外2支泡沫管枪消灭3号罐周围的流淌火，2辆高喷车对3号罐冷却降温。

7时24分，观察哨发现4号罐火焰高度增加，颜色由深变亮且发白，并发出嘶嘶声，指挥部立即分析判断并下达了撤离命令。随后，4号罐发生大规模沸溢，由于参战人员及时撤离，无人员伤亡。

发生沸溢后，煤焦油喷射出防火堤外30米，形成大面积流淌火。1号防护堤内全面燃烧，指挥部立即组织泡沫管枪对流淌火进行扑灭。现场指挥员立即将火场情况上报支队领导，调集绥德、米脂、定边、靖边4个中队的6辆消防车、33名官兵，作为第二批增援力量赶赴现场，支队指挥中心向总队指挥中心上报火灾情况。总队指挥中心接到报警后，第一时间调集西安、铜川、延安3个支队共17辆消防车、85名官兵增援，并上报部局。周详总队长带领总队全勤指挥部人员乘飞机赶赴现场指挥。部消防局立即调集内蒙古鄂尔多斯支队10辆消防车、35名官兵实施跨区域增援。榆林市政府领导迅速调集公安、供水、供电、医疗等单位协同作战。

8时45分，经侦察发现：装置区地下暗渠有少量余火；第二战区5号、6号、7号罐被引燃，其余储罐被流淌火包围；3号罐体上部严重变形，其输油管法兰损坏，大量煤焦油向外喷射。

（三）第三阶段：协同配合、实施堵漏、持续降温。

第二批增援力量到达现场，开辟进攻路线，对泄漏罐实施堵漏，防止流淌火蔓延，加强对着火罐的冷却，创造总攻条件。

10时1分，榆林支队政委张大连带领支队机关除值班以外的全体人员到场，立即成立了现场作战指挥部，下设七个小组。同时要求：1. 全体参战官兵进入危险区域必须佩戴好防护装备；2. 观察哨注意观察，再次明确撤退信号和路线；3. 推倒厂区西侧围墙，为总攻开辟进攻路线。

11时37分，支队紧急调集的18.5吨泡沫到场，此时加上车载泡沫29.2吨，现场可用泡沫量达到47.7吨。

11时45分，现场作战指挥部命令：1. 主战车辆使用车载炮，2辆涡喷从西南、西北两侧对1号、2号、3号、4号罐进行冷却；2. 其余到场力量给主战车辆供水；3. 压制火势，创造战机，利用堵漏器材对7号罐底部管线泄漏点实施堵漏（由于现场火势和罐内压力大，堵漏无法实施）。

12时7分，内蒙古鄂尔多斯支队增援力量到达现场，并根据现场作战指挥部的部署，迅速投入战斗。至此，火场所有现役消防队、企业专职消防队和跨区域协同作战力量全部到场投入战斗。

（四）第四阶段：集中力量、科学部署、发起总攻。

总队指挥员到场，整合现场力量，建造作业掩体，部署梯次进攻，集中优势力量和优势装备，做好总攻准备。

12时10分，周详总队长带领总队全勤指挥部到达现场。现场成立了以周详总队长为总指挥，榆林支队沈佐亮支队长、张大连政委为副总指挥的总指挥部。同时，设立前沿指挥部，榆林支队参谋长郝凯任指挥长，其他各战区指挥员为成员，负责按照总指挥部的命令攻坚灭火。总队战训处韩少华处长负责火场联络，及时掌握各参战力量执行命令情况。

为了最大限度地降低火灾损失，快速扑灭大火，周详总队长深入生产装置区和罐区前沿进行实地勘察，进一步掌握火场信息。1．沙漠边缘风向变幻无常，前期1辆消防车被烧；2．所有调集力量全部到位；3．所有车辆灭火药剂全部加满；4．个人防护已进行了更新和替换。周详总队长决定采取强攻战术，全面压制火势，控制灾情发展。命令：1．榆林支队在南侧、西侧、北侧共出10支泡沫管枪（南侧2支、西侧4支、北侧4支），神华企业队从南侧出2支泡沫管枪，扑救地面流淌火；2．利用2辆涡喷消防车在南北两侧压制火势，防止风向突变对人员车辆造成威胁；3．榆林支队3辆高喷消防车对3号、4号罐实施灭火；4．鄂尔多斯支队出2门车载消防炮、长庆企业消防队出1门车载消防炮分别对1号、2号罐降温灭火。其余参战力量对外围罐进行冷却。由于强攻中2辆涡喷车呈保护态势，吹散部分泡沫，降低了灭火效能，3号、4号罐罐顶严重变形，大面积流淌火因没有掩体无法实施强攻近战，火场存在一定部位和区域的死角，火势虽然得到了有效控制和压制，但未能一举扑灭。

总指挥部根据现场火势变化和消防水源匮乏的实际情况，及时总结了强攻经验，确定了“各种优势力量饱和供给，抓住战机一举歼灭”的指导思想，命令部队全力做好总攻准备：1．利用推土机沿防火堤构筑沙土掩体，提供进攻作业面；2．所有车辆加足灭火药剂，梳理供水线路，并确定供水编成，保证水源充足；3．所有一线参战人员佩戴好个人防护装备。

15时20分，部消防局指挥员到场，听取了火灾扑救情况报告，并深入罐区实地查看火势情况，要求参战部队：一是根据火势发展和到场力量，加强一线作战力量；二是最大限度调集泡沫等灭火药剂；三是切实做好个人防护措施，确保全体官兵安全。

17时许，总指挥部根据风向变化，综合现场火情、参战力量、泡沫灭火药剂储备等情况发出总攻命令。按照总攻部署，2辆涡喷车在北侧同时向着火罐喷射泡沫压制火势，高喷车沿涡喷车进攻方向向起火罐区内喷射泡沫，攻坚组紧抓战机利用2支泡沫钩管向4号罐内灌注泡沫。同时，12只泡沫管枪按照梯次进攻的方法向前推进消灭流淌火，对着火罐进行强攻近战。经过全体参战官兵的奋勇作战，大火于17时22分被彻底扑灭。

（五）第五阶段：冷却监护、扑灭外围残火、防止复燃。

大火扑灭后，为防止复燃，部署留

守力量，消灭地沟、管道残火，对罐体实施持续降温和全方位监护。

罐区大火被扑灭后，总指挥部命令：现场战斗力量继续对所有罐体进行冷却，防止复燃；利用推土机、挖掘机等大型机械掩埋着火罐区，防止罐体温度变化引燃邻近罐，对泄漏的管道阀门及沸溢出罐体的煤焦油进行埋压。

19时59分，1号防火堤火场温度逐渐降低。总指挥部命令：1．榆林支队红山路中队、府谷中队、上郡路中队继续对火场进行不间断冷却和现场监护，防止复燃和发生其他突发事故；2．神木中队、特勤一中队负责扑灭隔壁厂区沟渠内的残火，并监护该厂区着火的煤场；3．铜川支队、榆林特勤二中队负责扑灭北边煤场沟渠内的残火，并监护着火的煤场；4．延安支队继续负责扑救隔壁厂区煤粉车间的火灾。

至3月23日18时，灭火战斗任务结束。

四、经验体会

（一）靠前指挥，英勇顽强。

火灾发生后，引起各级领导高度重视。各级指挥员面对随时可能发生爆炸的罐体，滔天的烈焰，沉着冷静、靠前指挥，准确把握了灭火救援的有利战机。全体参战官兵勇敢顽强、不怕牺牲，贯彻指挥部命令坚决果断，毫不退缩，充分展现了陕西消防铁军敢打必胜的战斗作风。

（二）措施有力，攻坚克难。

指挥部灵活运用战略战术，确定“涡喷车横向压制、高喷车空中打压、泡沫管枪地面堵截、泡沫钩管重点覆盖、水枪阵地冷却掩护”的立体攻击模式，将战斗力量分为3个作战区域，10个作战小单元，分区、分片设置灭火阵地，明确作战任务。利用大型挖掘机，在罐区周围筑起2米高的围堤，建立掩体，阻止火势蔓延，提供进攻作业面；利用推土机、铲车开辟隔离带，引流疏导，掩埋流淌液体；利用堤外掩体，设置外部冷却阵地，对罐区进行不间断冷却，为成功扑灭大火提供了科学的技战术保障。

（三）强化保障，协同配合。

榆林市政府高度重视消防工作，2010年以来，先后投入1.87亿元用于装备采购与指挥平台的建设，部队装备器材完备，性能优良。应急联动机制建设完善，支队未雨绸缪，先后与120急救中心、灭火剂生产厂家、车辆维护保养中心、大型超市、加油站等15家单位签订《战勤保障联动协议》，战勤保障快速有力。特别是火灾发生后，各应急联动单位在指挥部的统一指挥下，各司其职，密切配合，集中优势兵力、优势装备、优势作战物资，有效保证了火场水、油、泡沫、大型机械设备等各类物资供应。

西藏拉萨“3·29”特大碎屑型山体滑坡地质灾害抢险救援情况

3月29日，中国黄金墨竹工卡县甲玛矿区突发特大碎屑型山体滑坡地质灾害，83名工人被埋。西藏自治区公安消防总队接到报警后，先后调集270名官兵、25辆消防车和10条搜救犬、15台生命探测仪及4664件（套）救援器材紧急赶赴救援。参战官兵在自治区现场指挥部的统一指挥下，连续奋战8个昼夜，搜索挖掘出66名遇难者遗体。

一、基本情况

（一）现场情况。

灾害地点位于拉萨市墨竹工卡县扎西岗乡斯布村普朗沟泽日山东坡的“V”字形狭长沟谷内，距墨竹工卡县30千米，距拉萨市区约100千米，平均海拔4600米，人烟稀少、路窄坡陡、不易作战展开。

（二）灾害情况。

受冰雪消融等因素影响，造成海拔5300米的泽日山东坡约30万立方碎石土体失稳滑坡，带动下游沟道松散堆积物下滑，形成整体碎屑型山体滑坡。滑坡在沟谷内形成长约1980米、宽约100米，体积约200万立方米的沙石堆积区，堆积高度在10～25米，83名工人及所住帐篷、板房被深度埋压，并在冲击过程中造成约70米的位移。滑坡源头后缘海拔5259米，前缘海拔4535米，高差824米。

（三）气候情况。

救援期间日均温度为-7℃～8℃，主导风向为西北风，风力4～7级，每日均有小到中雪。

二、事故特点

（一）海拔高。

灾害现场海拔4600米左右，空气平均含氧量仅为平原地区的40%～50%，昼夜温差大。高寒缺氧的极端环境严重制约了救援官兵、搜救设备整体效能的发挥。

（二）危险多。

被上游山体压迫的350余万立方米土石，随时有滑坡的可能，威胁救援官兵生命。同时，该区域属鼠疫重灾区，救援后期遇难者遗体开始腐烂，一旦消毒工作不到位，发生疫情，造成扩散的可能性很大。

（三）定位难。

现场滑坡面积广、碎屑流量大，工友埋压深，并随滑坡碎屑流产生位移，现有生命探测设备和搜救犬不能准确判断埋压人员位置。

（四）挖掘难。

滑坡产生的巨量碎石、沙土全覆盖、大深度埋压工友，用铁锹、十字镐等工具挖掘有如杯水车薪，大型机械挖掘又极易对遇难者遗体造成二次破坏。

（五）保障难。

灾害发生后，距离现场4千米的交通一度中断，救援车辆、装备一时难以运抵现场，大量装备全靠救援人员人力搬运。同时，现场地形沟深曲折，空间开放区域狭小，通信设备组网、图传困难。

三、救援经过

（一）力量调集。

3月29日10时58分，拉萨市公安消防支队墨竹工卡县大队接到报警，立即派出2辆消防车、18名官兵赶赴现场救援。11时46分，拉萨市公安消防支队指挥中心调派支队机关、特勤大队、达孜县大队以及新兵集训队163人、11辆各型车辆赶赴增援，支队全勤指挥部遂行出动。11时54分，自治区公安消防总队接报后，立即启动跨区域应急救援预案，调集总队全勤指挥部和直属特勤大队的55名官兵、12辆消防车和6条搜救犬紧急赶赴现场。同时命令拉萨市公安消防部队进入一级战备，其他地区公安消防部队进入二级战备，组织276名官兵组成第二梯队，做好随时增援的准备。同时，总队立即成立由高雨祥总队长任指挥长的总指挥部和由刘汉林政委任现场指挥长的现场指挥部。

（二）生命搜救。

第一阶段：全覆盖不间断分片搜救。3月29日14时40分到达现场后，现场指挥部命令救援力量立即分18个搜救小组，利用10条搜救犬、15台生命探测仪，会同机械化施工力量，对灾害现场进行地毯式全覆盖搜索，并主动与有关部门和矿区工程技术专家锁定被埋压人员位置，确定东西长150米、南北宽150米为核心搜索区，争分夺秒拉网式搜索。由于滑坡现场塌方量大、冲击力强、埋压较深且无生存空隙，加之高海拔、高寒、缺氧等因素，经过救援官兵27小时的全力搜救，截至3月30日9时，现场始终未发现有生命迹象。在搜救组官兵全力以赴救援的同时，通信保障组立即寻找有利地形，实现现场无线通信组网和3G图传；安全警戒组在制高点设立警戒哨，时刻关注被压迫山体；后勤保障组立即调集拉萨市区消防部队20台移动照明设备、100具强光照明灯、200套保暖防寒服、200床被褥、1.2吨主副食品、干粮及药品等战勤保障物资增援现场，并协调拉萨市政府和墨竹工卡县政府组织挖掘机和铁锹、十字镐等挖掘工具赶赴现场，全力做好战勤保障工作。

第二阶段：划定重点区域深层挖掘。3月30日9时，总队现场指挥部再次对知情人告知情况和现场土石方及机械残骸走向情况进行了认真分析和研判，决定再扩大搜寻区域5000平方米，并与武警水电部队协同救援，采取大型机械深度开挖、消防搜救犬跟班搜索和消防官兵徒手挖掘相结合的模式，昼夜不间断作业。派出2支医疗救护小组，随时开展医疗救护，防止战斗减员。同时，配合有关部门对现场撤出人员进行洗消作业，划定固定区域供救援人员大小便并随时覆盖，防止发生传染疫病。3月30日15时左右，相继发现2名被埋压者，救援官兵采取徒手挖掘方式，于18时20分成功将其救出，经检查已无生命迹象。现场指挥部在得知埋压者身份后，确定其为最远端埋压点，并以其为起始点，集中救援力量与滑坡方向进行反向挖掘，连续奋战4天，共搜救出遇难者遗体66具。

（三）后续工作。

4月6日，在完成被埋压人员遗体搜索发现和挖掘任务后，根据自治区现场救援指挥部命令，参战力量立即调整工作重点，积极协助做好卫生防疫、社会维稳等工作。一是配合卫生防疫部门在遇难者遗体发现区域及周边喷洒药剂，对现场撤出人员和装备进行洗消，并划定救援人员固定生活区域，及时清理生活垃圾，防止发生传染病。二是派出官兵协助公安民警、武警做好现场安全警戒；三是派驻消防监督人员，排查救援力量帐篷区、矿区建构筑物火灾隐患，开展防火常识宣传，落实火灾防范措施。

4月7日凌晨，根据自治区现场救援指挥部命令，参战消防部队全部安全撤离归建。

四、经验体会

（一）各级领导高度重视，亲临现场指挥是成功完成任务的前提。

党中央、国务院领导高度重视，习近平总书记、李克强总理等中央领导相继就救灾工作做出重要批示指示，并第一时间派出工作组深入现场指导救援。自治区党委书记陈全国、主席洛桑江村第一时间赶赴现场指导，并提出明确要求。自治区党委副书记吴英杰、格桑次仁副主席等领导全程督战，现场指挥员与救援官兵同吃同住同作战，公安部消防局非常关心救援工作，及时提出指导意见，激发了全体参战消防官兵科学施救和昂扬的战斗热情。

（二）科学研判、措施得当、协同作战、紧密配合是成功完成任务的关键。

灾情发生后，自治区公安下佛昂总队在得到初步情况报告后，科学判定此次地质灾害的等级和救援难度，第一时间启动重特大地质灾害应急救援预案，第一时间调集充足警力和装备赶赴现场，第一时间到场展开生命搜救工作，并根据任务需要，调整战备等级，确保有效救援力量随时投入救援。同时，积极协调武警、解放军、安监、医疗等救援力量，整合力量协同作战，科学确定技战术，最大限度提升了作战效能。

（三）官兵作战英勇、安全措施到位是成功完成任务的有效保证。

面对恶劣的环境、艰巨的任务，全体参战消防官兵充分发扬不怕苦、不怕累、不怕流血牺牲、连续作战、英勇顽强的战斗作风，不抛弃、不放弃的精神，时刻严守救援纪律、讲究救援方法，坚决圆满完成救援任务，赢得了各级领导和社会各界的一致好评。

北京丰台“4·8”园博园永定塔火灾扑救情况

2013年4月8日15时8分，北京市丰台区长辛店镇的第九届中国（北京）国际园林博览会在建工程永定塔及周边裙房发生火灾。北京市公安消防总队指挥中心接警后，先后调集丰台、海淀、石景山、门头沟、大兴、顺义、昌平等7个公安消防支队的16个中队及战勤保障大队，共54辆消防车、320余名官兵赶赴现场处置，并调集丰台区政府专职消防队、市政环卫20辆洒水车到场协助处置。19时15分，火灾被彻底扑灭，过火面积1500平方米，未造成人员伤亡，成功保住了主塔90%部分及西侧裙房。

一、基本情况

（一）地理位置。

第九届中国（北京）国际园林博览会会址园博园位于丰台区永定河畔，北至莲石西路，南至梅市口路，西至北宫路，东临永定河，西南接京周新线。永定塔位于园内鹰山之顶，为园博会标志性建筑。

（二）着火建筑情况。

永定塔群组由永定塔、文昌阁、文源亭等3个单体建筑组成，由清华大学建筑设计研究院设计，总建筑面积1.78万平方米。其中，永定塔位于海拔115.95米的鹰山上，为仿唐、宋、辽三代风格的八角九层木塔（地下2层，地上9层，总建筑面积8000平方米；地上一层至九层，单层面积为327～534平方米，面积由下至上逐层减小），高度69.7米（地宫至塔刹高99米），基座直径42米，单层净高度均在7米以上，为一类高层建筑。内部为钢筋混凝土结构，外部为木质结构装饰（樟松木），八面有挑檐，内设有两部观光电梯（未开通），建筑布局均为游客观光区域。塔院为正四边形，由文昌阁、文源亭两个连体仿古建筑组成。

（三）消防设施及水源情况。

1．消防设施情况。永定塔内设有2座环形疏散楼梯，内部固定消防设施还未完善，墙壁消火栓无法使用；鹰山上有2条通往永定塔周边的消防车道（正在施工）。

2．水源情况。距永定塔东侧300米、西侧400米各有500立方米封闭式蓄水池1个；距起火建筑北侧500米有天然水源1处（园博湖），占地面积为246公顷，该天然水源无取水码头；园区内有浇灌水井1处，周边1500米范围内无市政消火栓。

（四）当日气象。

气温6℃～13℃，西南风向，风力5～6级，山顶风速8级。

（五）起火原因。

施工人员在主塔一层西侧外挑檐处违规使用明火作业引燃防水材料，导致主塔一层外立面装修材料燃烧，使用灭火器进行初期火灾扑救无果后逃离现场，由于外装修均使用木质材料，火借风势迅速蔓延，并引燃周边裙房。

（六）火灾特点。

1．复杂地势影响初战控火。通往山顶道路陡峭泥泞，消防车行进困难，且永定塔组群周边有一条宽6米、深8米的沟壑，车辆停靠最优势位置距永定塔也有50余米，车辆只能停靠于山坡之上，进攻阵地选择困难。加之永定塔内部墙壁消火栓无法使用，东侧和西侧的封闭式蓄水池由于现场施工，消防车无法靠近吸水，导致战斗前期供水困难，影响了初战控火。

2．火灾迅速蔓延扩大导致内攻受阻。初战力量到场时，主塔四周裙房、主塔一至三层已大面积过火，且主塔一层四周有高8米、宽4米的脚手架，火借风势燃烧猛烈，部分已燃烧坍塌，消防官兵需打通进攻通道方能进入主塔实施内攻，初战内攻十分困难。

3．独特的建筑构型造成铺设水带困难。一方面，由于内攻通道受阻，塔内、塔外脚手架纵横交错，造成沿楼梯铺设水带困难；另一方面，高塔每层外立面都有伸出塔体的外挑檐，加之大风天气，垂直铺设水带极为困难。

4．社会影响大。第九届中国（北京）国际园林博览会是北京市承办的一项重大活动，定于5月18日正式开幕，火灾发生后社会各界高度关注，并有不实和负面报道，造成了一定的社会影响。

二、扑救经过

在此次火灾扑救中，现场指战员始终贯彻“控制外围、坚持内攻”的战术原则，共使用消防水池2个，形成供水干线14条，设置举高车阵地1个、水炮阵地4个、水枪阵地10个，最大限度减少了人员伤亡及财产损失。

（一）第一阶段：快速响应，多方调集，初战力量充足。

15时8分，北京市公安消防总队指挥中心接到园博园永定塔发生火灾的报警后，迅速分析研判，结合永定塔正在施工和周边严重缺水的实际情况，按照“双向、就近”的原则，迅速调集辖区主管丰台支队长辛店中队及临近的石景山支队银河中队12辆消防车赶赴现场。同时，调集丰台支队右安门、五里店、北大地中队、程庄路供水中队，门头沟支队永定中队、海淀支队采石路中队、大兴支队狼垡供水中队及丰台支队器材保障车、油料供给车共28辆消防车到场增援。调集总队、丰台支队两级全勤指挥部到场指挥，并启动应急响应机制，协调交警开辟绿色通道，上报市公安局、市应急办，调集公安、环卫、医疗、武警等应急处置力量到场协助火灾扑救工作。

15时40分，长辛店中队、银河中队12辆消防车及丰台支队全勤指挥部到场，通过外部侦查，确定永定塔东侧、北侧裙房、主塔一层外围脚手架及主塔一至三层外立面处于猛烈燃烧状态，正迅速蔓延扩大。

15时45分，丰台支队现场指挥部做出战斗部署，命令长辛店中队水罐车出3支水枪穿过北侧裙房背靠背控制主塔入口处脚手架及北侧裙房火势，全力打开内攻通道，另一辆水罐车出车载炮控制北侧裙房火势蔓延；命令银河中队水罐车出2支水枪从外部压制东侧裙房火势，另一辆水罐车出车载炮堵截东侧裙房火势向南侧蔓延，其余水罐车为前方供水。

（二）第二阶段：集中兵力，多点布控，内外梯次强攻。

15时50分，总队指挥中心根据火场反馈信息，第三批调集大兴支队采育中队，昌平支队沙河、天通苑中队，北七家供水中队，石景山支队古城中队，顺义支队天竺供水中队及战勤保障大队、车辆装备维修中心保障车共14辆消防车到场增援。

16时许，第二批增援力量28辆消防车相继到场。同时，市委、市政府、公安部消防局、市公安局、市公安消防总队领导陆续到场，立即成立由总队长张高潮为总指挥的灭火救援前沿指挥部，确定了“内攻为主，控制外围”的战术思想，将火场分为东侧、东南侧、西侧、西北侧、北侧及塔身内部6个战斗区域。

16～18时，第三批增援力量15辆消防车陆续到场，战斗全面展开。

火场东侧：命令银河中队继续出水枪、水炮压制东侧、东南侧裙房、脚手架及塔身外立面火势，并利用1台手抬泵占据东侧消防水池吸水供水，狼垡供水中队2辆消防车为银河中队供水。同时，在塔身西南侧设置1门遥控移动炮，控制主塔外立面火势。

火场东南侧：命令程庄路供水中队水罐车出3支水枪，消灭塔身东南侧脚手架火势，堵截南侧裙房火势向西侧蔓延，2辆水罐车为前方串联供水。

火场西侧：命令北大地中队水罐车铺设水带干线，穿过沟渠和西侧裙房出3支水枪强行消灭、阻碍进入主塔通道火势，五里店中队、程庄路供水中队为北大地中队串联供水。

火场西北侧：命令永定中队18米高喷车停靠西北侧山坡，压制主塔西北侧外立面明火，1辆水罐车及后方环卫洒水车为高喷车供水，并利用手抬泵占据西北侧消防水池吸水供水。利用挖掘机将西北侧裙房燃烧部位进行破拆，切断火势向西侧蔓延。

火场北侧：命令长辛店中队继续利用车载炮压制主塔北侧外立面火势；永定中队1辆消防车调整至北侧裙房外围，近距离用车载炮压制塔身北侧火势；北七家供水中队及各到场专职消防队、部分环卫洒水车在后方串联供水。

塔身内部：命令现场成立7个攻坚组，深入塔内实施内攻。二、三层内攻人员采取沿楼梯铺设水带方式连接北大地中队、五里店中队水带干线，在二、三层各出3支水枪；四、五、六层内攻人员通过垂直铺设水带的方式分别连接长辛店中队、程庄路、狼堡供水中队水带干线，在四、五、六层各出3支水枪，其中六层1支水枪延伸至七层，全面消灭塔内及外立面挑檐内明火。

（三）第三阶段：把握战机，分割包围，逐层消灭明火。

18时许，增援力量全部到场，后方水源、装备保障到位，进攻通道已被完全打通，指挥部将作战思想逐步过渡为“强攻近战，逐层消灭”。命令：外部各战斗阵地彻底消灭外围裙房及主塔外立面火势；主塔内部各攻坚组，分别深入塔身逐层、逐点消灭二至六层明火；后方供水单位全力确保水源充足。经过全体官兵近一个小时的攻坚奋战，火势逐渐被掌控。

19时许，火场明火已全部熄灭，过火面积约1500平方米。

（四）第四阶段：补充力量，拉网清理，防止死灰复燃。

塔身外部明火被扑灭后，由于风势较大，为防止各层木质房檐再次复燃，指挥部及时调整部署，采取了“分层包干”的战术，对火场进行拉网式清理，并及时从6个中队调集36名官兵到场增援，轮流替换，分成8个战斗小组，分片负责，对塔内及外围裙房逐层看守。

9日0时许，除留下程庄路供水中队5辆消防车、20名官兵，五里店中队1辆消防车、6名官兵及逐层看守的36名官兵留守监护现场，其余参战力量安全返回。

三、经验体会

（一）初战部署得当，为强攻近战创造有利条件。

火灾发生后，总队指挥中心先后调集16个中队的54辆消防车、320余名官兵赶赴火灾现场，第一到场中队迅速组成侦察、灭火攻坚组，第一时间组织内攻，设置水枪、水炮阵地堵截火势，并根据现场复杂环境，采取控制外围、打通进攻通道的战术对策，为强攻近战创造有利条件。

（二）战术运用合理，强攻效果明显。

打通灭火救援通道后，指挥部根据火势发展变化情况，冷静分析，果断决策，科学调整战斗部署，分别采取“中心突破、强攻近战，重点布控，逐层消灭，清扫残火，重点看护”等技战术措施，阻截了火势蔓延扩大，保护住了永定塔主体建筑和西侧裙房，为整个灭火战斗胜利奠定了基础。

（三）联动机制健全，战勤保障到位。

此次灭火战斗中，参战人员多、车辆多、持续时间长，战勤保障工作难度大。各级联动单位到场迅速，形成了强大合力，尤其是市应急办在第一时间调集社会联动力量；市公安局交管局及时开辟绿色通道，保证各路救援车辆行驶畅通，确保了火场物资供应及时到位；丰台区政府专职消防队和市政环卫20辆洒水车积极协助火灾扑救，为成功扑救火灾提供了强有力支持。

湖北襄阳“4·14”樊城区迅驰星空网络会所火灾扑救情况

2013年4月14日6时许，湖北省襄阳市樊城区前进路158号的一景城市花园酒店二层迅驰星空网络会所发生火灾。襄阳市公安消防支队指挥中心接警后，先后调集6个消防中队、1个战勤保障大队，共16辆消防车、126名官兵赶赴现场施救，8时48分火灾被扑灭，参战消防官兵先后抢救和疏散被困人员68人。

一、基本情况

（一）地理位置。

一景城市花园酒店位于襄阳市樊城区前进路158号，东面为龙池温泉会所，南面为民房，西面为前进路，北面为瑞泰欣城小区。辖区樊东中队距酒店1.8千米，特勤一中队距酒店3.3千米。

（二）单位情况。

一景城市花园酒店建筑为砖混结构，高16.5米，占地面积904平方米，建筑面积4044平方米。主体建筑5层，局部6层，呈“L”形，分为西侧、北侧两部分，长边向西，短边向北。在南侧、东侧和北侧各有1部疏散层梯，装有木质防火门，其中，南侧层梯可以直通局部的六层，其他两部层梯通往五层，南侧设有1部电梯。

建筑一层为临街商铺及酒店大堂、餐厅，建筑面积904平方米，其中西侧长边为临街商铺（共8间）和酒店大厅，北侧短边为多功能餐厅；二层为迅驰星空网络会所和餐厅包房，建筑面积842.1平方米，其中西侧长边为网吧（396.74平方米），北侧短边为餐厅包房（6间）；三至五层为酒店客房，每层建筑面积647.78平方米，每层客房18间；六层建筑面积176.83平方米，有客房4间。酒店共有58间客房，其中20个单间，38个标间。

（三）着火部位情况。

着火部位为二层网吧，分为大厅区和包房区，共有146台电脑。大厅区位于网吧东部，采用钢架在二层东面约205平方米的露台上搭建，西面高度3.3米，东面高度2.6米，向建筑外倾斜5.8度，顶棚为彩钢板（中间夹聚苯乙烯泡沫），顶棚下采用石膏板吊顶，东面为玻璃外墙（装有窗帘），分6排沿东西方向布置84台电脑。包房区位于网吧西部，为砖混结构，由包厢、竞技区、机房、卡座共11间组成，共放置62台电脑。

（四）消防设施情况。

该建筑除二层网吧外，均设有室内消火栓系统、火灾自动报警系统和自动灭火系统，泵房位于一层东侧层梯口，消防控制室位于南侧层梯口，共有室内消火栓17个，其中二层2个，分别位于南侧和东侧层梯口，三层以上每层5个，分别位于3部层梯口及两侧走廊中间。

（五）水源情况。

酒店300米范围内共有3个市政消火

栓，环状管网，管径400毫米，压力为0.25兆帕，分别位于北面10米处、南面100米处、南面300米处。

（六）天气情况。

火灾发生当日天气晴，气温16℃～27℃，微风小于3级，湿度44%。

（七）灾害特点。

一是火势蔓延迅猛，烟热大量聚积。室内装修采用的可燃材料及电脑部件燃烧产生大量浓烟和有毒气体，沿着网吧坡型屋顶向建筑内部集中，通过网吧吊顶、封闭层梯间敞开的防火门向上迅速蔓延，并通过空调通风口直达房内，且酒店各层走廊所有窗户均处于关闭状态，大量浓烟、有毒气体、高温聚积在酒店三至五层走廊及客房内（宾馆监控录像显示，6时47分37秒宾馆五层501房间有人坠落），是直接造成人员伤亡的主要原因。

二是疏散通道被封堵，人员疏散困难。建筑内部共有3部疏散楼梯，其中2部被封堵（北侧楼梯二至三层之间被防盗门锁死、南侧楼梯被火势封堵），北部客房外窗全部装有钢制防盗网，致使被困人员无法逃生自救。宾馆当日登记入住的67人分散在54个房间内，只有及时从外部开辟救生通道，打通被封堵的层梯，才能快速营救被困人员。

三是消防作业面狭窄，救人途径有限。建筑西面非机动车道被外来车辆占用后不足4米宽，加之建筑物与非机动车道之间有树木及架空线缆，北面紧临建筑的绿化带宽度为15.9米，致使举高车、高喷车无法展开救援。西面浓烟烈火从窗口窜出，窗户玻璃炸裂落到地面，消防车难以抵近，救生气垫无法铺设，只能使用拉梯、挂钩梯、绳索等开辟通道救人。

四是固定消防设施未起作用，内攻近战困难。火灾发生后，消防控制室无人值班，消防泵处于手动状态，自动消防设施形同虚设。消防官兵内攻时发现室内消火栓系统无水，宾馆断电后消防泵房无法启动，在高温浓烟环境下，消防官兵只能沿层梯通过水枪梯次推进，强攻近战灭火，破拆房门救人。

二、处置过程

（一）第一阶段：快速调集力量，积极救人控火。

6时47分，市公安消防支队指挥中心接到报警称前进路与幸福路口一网吧着火，于6时48分调集特勤一中队2辆水罐车出警。

6时51分，特勤一中队指挥员途中与报警人联系后，利用手持电台增调本中队1辆举高车、1辆高喷车、1辆水罐泡沫车、1辆抢险救援车出动，并向指挥中心请求增援。指挥中心立即调集樊东中队2台水罐车及支队全勤指挥部前往增援。

7时2分，根据全勤指挥部命令，指挥中心先后调集樊西、襄城、特二、襄州等4个公安消防中队和战勤保障大队的8辆消防车、55名官兵赶赴现场增援及社会联动力量协助救援。同时，向省公安消防总队和市委、市政府、市公安局报告灾情。省公安消防总队总队长蔡安东、政委张福好随即率领司令部、防火部人员赶赴现场指导火灾扑救工作。

6时57分，特勤一中队、樊东中队相继到场。

经侦察发现：二层网吧已全部燃烧，西侧网吧包房火势从2个窗口向外翻卷，东侧网吧大厅火势已处于下降阶段，玻璃墙已全部爆裂；三层南侧4间客房及三层、四层、五层部分走廊出现明火，整栋建筑内部已充满浓烟，三至五层部分客房窗口有人员呼救，群众反映已有3人跳楼，室内消火栓无水。

特勤一中队立即将力量分成4组，一是从外部开辟救生通道救人，第一组、第二组分别从西侧、北侧利用拉梯与挂钩梯联用开辟救生通道，营救在窗台的被困人员；二是深入内部灭火救人，第三组从南侧层梯进入内部疏散营救被困人员，第四组从西侧单干线出2支水枪掩护搜救，控制火势向上蔓延，22米举高车在北侧出1支水炮掩护救人。

樊东中队进入院内单干线出2支水枪，从南侧层梯掩护特勤一中队疏散营救被困人员，压制火势，组织2个搜救组从东侧层梯进入客房部营救被困人员，同时实施破窗排烟。

（二）第二阶段：全面展开搜救，强攻灭火。

7时15分许，全勤指挥部及增援力量相继到场。指挥部当即确定了“内部救人与外围救人相结合，救人与灭火同步展开”的作战方案，调整力量部署：在加强特勤一中队、樊东中队已开辟的救生通道救人灭火的同时，重新开辟救生通道强攻灭火救人。

（三）第三阶段：彻底消灭残火，逐层清理现场。

8时48分，明火基本被扑灭，指挥部一方面组织官兵对网吧及过火房间进行逐一清理，防止复燃，另一方面组织人员对所有客房开展拉网式搜索，防止遗漏。

9时30分，现场清理完毕。火灾造成二层网吧全部烧毁，一景城市花园酒店三层4间客房及三至五层走廊局部吊顶过火，面积约510平方米，参战官兵通过外部开辟的4个救生通道营救15人，通过3部楼梯营救25人，疏散28人。

三、经验体会

（一）迅速调集足够增援力量。

指挥中心作战值班员在调集第一出动力量后，根据后续信息迅速升级灾情，共调集6个消防中队、1个战勤保障大队的16辆消防车、126名官兵赶赴现场救援。同时，通知防火处及责任区大队相关人员赶赴现场，通知交警、公安派出所、医疗、供水、供电、环卫等相关部门到场协助救援（离现场仅500米的铁路中心医院在主管中队之前到场），并迅速向省消防总队和市委、市政府、市公安局报告灾情。

（二）坚决贯彻“救人第一”指导思想。

首批力量到场时，二层网吧已全部燃烧，并向上蔓延，现场浓烟滚滚，三至五层客房窗口有大量人员呼救。现场指挥员按照“救人第一”的指导思想，组织参战官兵先后采用拉梯与挂钩梯联用、绳索攀爬、举高车救援等方式从建筑外围开辟救生通道，在烟雾浓、毒气重、火场温度高的情况下，打开封闭的疏散通道，短时间内建立7个救生通道，组织13个搜救组利用梯次进攻、交替掩护，从外部营救15人，在内部营救25人，在酒店各层疏散28名被困人员。

四川雅安“4·20”芦山7.0级强烈地震抢险救援情况

“4·20”芦山7.0级强烈地震发生后，四川公安消防部队在各级党委、政府和公安机关坚强领导和统一指挥下，先后调集2150名官兵、450辆消防车、6条搜救犬、10艘冲锋舟，携带各类专业救援装备赶赴灾区全力投入抗震救灾，在黄金72小时内共救出遇险被困人员163人（其中149人生还），转移、疏散群众6961人。

一、基本概况

（一）地震情况。

2013年4月20日8时2分，四川省雅安市芦山县发生里氏7.0级强烈地震，震源深度13千米，最大烈度为9度，震源点位于芦山县龙门乡。地震发生后的48个小时内共发生余震2536次，最高余震为5.4级，4级以上的余震共有25次。

（二）地理情况。

雅安市位于长江上游，四川盆地西南部，境内崇山峻岭，高山峡谷，山清水秀，道路蜿蜒盘旋，属龙门山断裂带，东邻成都、西连甘孜、南界凉山、北接阿坝，距成都130千米。受灾最严重的是该市的芦山、宝兴两县，芦山县下辖5镇4乡，人口约12万；宝兴县下辖3镇6乡，人口约5.4万。

（三）交通情况。

从成都通往重灾两县主要公路是210省道，途经雅安、荥经、芦山、灵关、宝兴，进入阿坝小金。地震造成了芦山、宝兴县境内的国道、省道、县道和乡村公路大部分受损，从灵关至宝兴县城的210省道损毁严重，无法通行。

（四）受灾情况。

雅安境内2区6县及成都邛崃市境内均有不同程度受灾，受灾尤为严重的是雅安芦山、宝兴两县。据统计，此次地震共造成300余万人受灾，196人遇难，21人失踪，1.3万余人受伤；倒塌房屋2.3万余户、8.5万余间，严重受损17万余户、64万余间；城镇倒塌2万余户。

（五）天气情况。

20日～24日，灾区以多云间阴天气为主，气温起伏不大，最低14℃～16℃，最高22℃～24℃，风力以1～2级的偏东风为主。

（六）辖区消防部队实力。

雅安市公安消防支队下辖8个大队、4个中队、6个政府专职队，共258人（现役官兵183人，专职队员75人），36辆消防车。其中，芦山大队现役官兵4人、专职队员21人；宝兴大队现役官兵3人、专职队员12人。

二、灾情特点

此次地震地处龙门山断裂带，属于浅表性地震，呈以下特点：

（一）交通道路通信中断，部队挺进阻力大。

地震造成雅安境内通信基站严重损毁，电力中断，通信瘫痪，特别进入灵关后，手机、3G、卫星均无信号，无法使用，加之部分山体滑坡，路基塌陷，运输受阻，使搜救队伍携带重型车辆、装备行进受到严重影响，大部分地段只能采取徒步行进方式。

（二）震中所处高山峡谷，救援难度大。

芦山、宝兴县地处高山峡谷地带，尤

其是宝兴县位于夹金山和九龙顶山之间，宝兴河穿城而过，形成“两山夹一沟”的地貌，相对落差达4743米。芦山、宝兴两县的101个自然村，地广人稀，居住分散，建筑多依山而建，村落之间有大山阻隔，全面搜索救援难度大。

（三）余震不断且震级强，救援危险大。

受灾区县的乡镇、农村老旧房屋较多，抗震等级低。其中，受损的73万间房屋中，6万余间倒塌，震中龙门乡99%以上的老旧房屋垮塌。受连续不断的余震影响，山体和危房再次垮塌的风险极大，给搜救带来很大的困难。

三、救援情况

第一阶段：快速响应、主动出击，第一时间投入抗震救灾。

地震发生后，1分钟内，灾区芦山、宝兴公安消防大队全体官兵立即出动，投入救援救灾。1小时内，灾区雅安市公安消防支队完成主城区搜救工作后，调集165名官兵、34辆消防车赶赴芦山县城开展救援。5分钟内，总队启动一级应急响应，调集灾区周边的成都、乐山、绵阳、德阳、眉山、内江等10个公安消防支队的121辆各类作战车辆、800余名官兵赶赴灾区增援，成立省公安消防总队地震救援前、后方指挥部，马先宏总队长率总队全勤指挥部深入地震灾区，部署力量开展搜救；周富章政委坐镇总队指挥中心，统筹指挥抗震救灾。

公安部消防局迅速安排部署抗震救灾工作，陈飞副局长率作战训练处魏捍东处长等深入一线，现场指挥。

第二阶段：集中兵力、重点突击，第一时间就近完成重灾乡镇搜救工作。一是收集掌握灾情，制定作战方案。20日11时，总队前方指挥部到达芦山县城后，立即派人前往当地政府指挥部了解灾情，得知沿玉溪河一带失去联系，震中位于龙门乡，附近宝盛乡、太平镇灾情严重，迅速制定了“由近及远、由城区向乡镇梯次推进”的作战方案。二是集中优势兵力，突击震中龙门。12时许，首批增援力量相继到达芦山境内。总队前线指挥部迅速调派雅安、成都、乐山、眉山等支队共计450余名官兵由马先宏总队长率队分梯次挺进芦山县龙门、太平、双石、宝盛、清仁、大川、思延等7个重灾乡镇开展救援工作。三是分散作战编组，覆盖芦山全县。总队前方指挥部在完成芦山县7个乡镇力量部署后，将陆续赶到的甘孜、德阳支队的15辆消防车、100余名官兵分别部署在芦山芦阳镇、飞仙关镇，截至20日18时20分，消防救援力量全部覆盖芦山全县9个乡镇，共营救被困人员120人。

第三阶段：排除万难、多线开进，全力以赴挺进“孤岛”宝兴。一是研判灾情，提前做出增援宝兴指示。震后宝兴县一度失去联系，总队前方指挥部认真分析研判宝兴灾情后，决定将正在行进中的阿坝支队8辆消防车、46名官兵沿巴郎山、夹金山向宝兴县挺进。同时，部署资阳、绵阳支队的14辆消防车、112名官兵从“芦山县—龙门乡—双石镇—灵关镇—宝兴县”沿途搜寻，赶赴宝兴。二是坚决完成中央指示，下令誓死挺进宝兴。截至20日18时许，省政府前方指挥部一直未联系上宝兴，未收集掌握宝兴灾情，宝兴县成为“孤岛”。遵照国务院总理李克强的重要指示，总队前方指挥部迅速调整作战部署，决定以宝兴县灵关镇为分界点，划分芦山、宝兴2个作战区域，按照“多点调派，多线开进”的作战思路，从南北两个方向，分三路全力挺进“孤岛”宝兴。其中，达州支队47人、攀枝花支队60人、巴中支队40人分批次携带雷达生命探测仪、起重气垫、机动链锯、液压扩张器等救援器材，从天全县峡口水电站乘冲锋舟强渡至宝兴县灵关镇登岸，开辟了水路救援通道。宜宾、遂宁等其余支队采取徒步挺进。20时30分，阿坝支队小金大队首批9名官兵从北路经达维乡、硗碛乡，并从蜂桶寨负重徒步行进15余千米，抵达宝兴县公安消防大队，成为首支到达宝兴县城的专业救援力量。

截至21日18时，共有16个公安消防支队的870名官兵进入宝兴境内实施救援，共营救被困人员155人。

第四阶段：入村入户，拉网排查，全力展开生命搜救。随着救援行动不断深入，总队前方指挥部紧紧抓住黄金72小时生命搜救期，及时调整部署，扩大搜救区域，采取“化整为零、走村入户、拉网排查、消除盲点”的战术措施，救援力量按10人一组分成190个作战小组，部署深入芦山、宝兴2县18个乡镇101个村，采取呼喊、敲打、询问知情人、仪器探测、搜救犬搜索等方式，开展地毯式搜寻，发起生命救援总攻。截至22日17时，实现了对芦山、宝兴两县101个村庄的全覆盖搜救。

第五阶段：安全归建，驻守巡防，圆满完成生命搜救向灾后安置过渡。根据省政府前方指挥部统一部署，公安消防部队完成黄金期72小时救援后，在确定灾害现场基本无生命迹象的同时，根据灾区交通道路管制方案，从23日凌晨起分批逐步撤离归建。24日17时45分，全体参战官兵安全返回归建。同时，为全面做好震后火灾防控工作，22日晚，总队前方指挥部连夜抽调成都、绵阳、自贡、乐山等4个支队的69名官兵、10辆消防车紧急赶赴芦山、宝兴灾区，会同雅安市公安消防支队及防火援建力量，分别在16个灾民安置点（芦山9个、宝兴7个）开展灾后驻守巡防及灭火应急救援工作。

四、经验体会

（一）应急响应迅速。

地震发生后，总队，雅安支队，芦山、宝兴县消防大队，第一时间启动应急救援预案，迅速调集力量赶赴灾区。在地震当天，救援部队从房屋垮塌的废墟中搜救出120名被困人员，占搜救人员总数的74%。其余增援支队在1小时内完成了集结出动，大规模调度更加及时，增援更加快速。

（二）指挥体系完善。

在芦山组建全省公安消防部队“4·20”芦山抗震救灾前方指挥部，在总队指挥中心组建后方指挥部。增援部队到达后，统一由前方指挥部下达具体作战任务。前方指挥部负责指挥灾区内所有消防部队救援作战，后方指挥部根据前方指挥部救援信息，及时调集全省部队力量装备增援。

（三）救援准备充分。

汶川特大地震发生后，重点围绕川

滇交界东部、甘青川交界等地震带，四川省公安消防总队组建了10支重型地震搜救队和12支轻型地震救援队，均按照地震救援队标准，配备了各类车辆和装备。同时，每年组织规模不一的地震救援演练和应急拉动演练。

（四）力量调集科学。

调集地震重、轻型救援队，综合应急保障队，搜救犬队，医疗救援队，飞豹救援队等多种专业救援队伍协同作战，调集就近的成都、眉山、资阳、乐山等支队和北端阿坝，南端攀枝花、凉山等支队两头合并开进。派出先头部队探路，与当地政府部门联系，实时了解掌握各支部队行进路线，在部分主要道路中断时，协调空军、水务等部门，开辟水上和空中通道，形成陆、水、空三路并进的态势，为顺利完成党中央、国务院下达的挺进“孤岛宝兴”的命令和救援力量全面覆盖灾情最严重的芦山、宝兴2县奠定了基础。

（五）器材装备精良。

在作战车辆上，调集“猛士”救援车、多功能抢险救援车、多功能清障车、野战炊事车、淋浴车、“动中通”卫星指挥车等多种多样功能齐全的作战和保障车辆。在通信工具上，第一时间使用了便携式卫星站、短波、3G、单兵图传、卫星电话等。在救援装备上，基本每个搜救队都足额配备了救生、照明、破拆、搜救、侦检和搜救犬等，装备精良的作战和搜救小组，编成更加科学、战斗力更加强悍。

（六）救援能力提升。

参战部队始终坚持“救人第一”的指导思想，充分运用生命探测仪、搜救犬等装备开展拉网式、全覆盖的搜索和排查，全力以赴抢救生命，成功抢救被困群众163人（其中生还149人），转移疏散6961人，参战官兵无一伤亡，成为搜救成功率、生还率最高的专业救援队伍。同时，参战官兵克服体力透支、身心疲惫等生理极限，科学施救，特别是在深井救援、狭小空间救援、巷道救援中，充分采取牵引支撑、顶撑、破拆和现场救护等技术措施，防止给被困群众造成二次伤害，尽最大努力抢救了群众生命。

（七）综合保障有力。

地震发生后，迅速启动战勤保障应急预案和社会联勤保障预案，报请公安部消防局紧急调拨救援装备和物资，协调成都空军2架直升机，采取陆路运输、空中投送方式，快速为前方调运救援器材、装备、油料，解决了一线官兵生活食宿所需和车辆装备器材的补充。

山东济南“5·20”章丘保利民爆科技有限公司爆炸事故抢险救援情况

2013年5月20日10时53分，山东省济南市章丘曹范镇保利民爆科技有限公司乳化震源药柱生产车间发生爆炸，造成厂房倒塌、大量人员被埋压。济南市公安消防支队接到报警后，迅速调集9个公安消防中队和支队机关、特勤大队、战勤保障大队共计206名官兵、17辆消防车和2条搜救犬参与抢险救援。省公安消防总队全勤指挥部立即出动，并调派搜救犬基地15名官兵、11条搜救犬到场救援。山东省委、省政府及省公安厅，济南和章丘市委、市政府及市公安局领导到场，成立了政府统一领导的抢险救援总指挥部，明确由公安消防部队负责现场救援指挥，调集了公安、医疗、电力、城建等部门协同救援。经过全体参战官兵151个小时的艰苦努力，共搜救出52名被困人员（其中33人遇难）、转移半成品炸药1.2吨、原材料20余吨，为保卫人民群众生命财产安全做出了突出贡献，赢得了党委、政府的充分肯定和人民群众的普遍赞誉，受到公安部的通令嘉奖。

一、基本情况

（一）单位情况。

保利民爆济南科技有限公司位于章丘市曹范镇，占地2000多亩，现有员工700余人，是国家民爆器材定点专业生产企业，主要生产工业炸药和民爆设备等，其中工业炸药包括膨化硝铵炸药、乳化炸药和震源药柱等系列。该厂南、西、北三面环山，东侧为农田，距章丘市公安消防大队约20千米。

（二）倒塌建筑情况。

发生爆炸的乳化震源药柱生产车间为三层钢混结构建筑，长50米、宽15米、高10.5米，建筑面积约2000平方米，年生产许可能力3500吨。一层为装药、擦口、压盖、热合、拧盖、喷码、装箱等7道工序；二层为乳化、敏化等2道工序；三层为硝酸铵破碎、水相溶解、油相材料熔化、小料配制称量等4道工序。车间由南至北分别为装药间、制药间、油相水相暂存间，所处地势为南低北高，北侧油相水相暂存间地上部分仅一层。车间南侧、东侧为约6米高的防爆墙，西侧为一在建厂房，北侧为厂区道路。

（三）乳化震源药柱特性。

乳化震源药柱由壳体、炸药柱和传爆药柱组成，主要用于各种地质结构和矿藏的勘探和水下爆破。炸药柱主要原料为硝酸铵。硝酸铵为无色无臭的透明结晶或呈白色的小颗粒，有潮解性，熔点：169.6℃，相对密度（水=1）：1.72，沸点：210℃，易溶于水、乙醇等，属强氧化剂；低毒，对呼吸道、眼及皮肤有刺激性。纯硝酸铵在常温下是稳定的，对打击、碰撞或摩擦均不敏感。但在高温、高压和有可被氧化的物质（还原剂）存在及电火花下会发生爆炸。

（四）消防组织情况。

保利民爆济南科技有限公司专职消防队共有2辆消防车（东风153水罐车、解放140水罐车），专职队员8人。

（五）消防水源及消防设施情况。

保利民爆济南科技有限公司在山顶最高处建有一高位水池，容量约1200立方米，库区有两个容量为150立方米的消防水池，厂区内共有室外消火栓41个，室内消火栓102个，干粉灭火器205具，在两个生产车间内建有喷淋系统。

（六）气象情况。

当日天气晴，气温13℃～27℃，南风3～4级。

（七）灾害特点。

一是爆炸威力巨大，建筑损毁严重。此次爆炸事故威力巨大，车间的建筑构件和内部生产设备最远飞出300多米，南侧防爆墙后距离车间10米远的一辆重型汽车被掀翻、钢结构避雷塔拦腰折断，在距离现场大约300米的一座三层建筑多个窗户玻璃被震碎。爆炸造成装药间和制药间一至三层整体垮塌，形成了45米长、20米宽、2米高的废墟。

二是现场情况复杂，救援难度大。爆炸造成车间超过80%的整体垮塌，但靠近西侧的几根立柱未倒，房顶像棉被一样搭在立柱上，既存在二次倒塌危险，又导致内部空间狭小，几乎没有缝隙。车间内存放了1.2吨半成品炸药和20余吨原材料，虽然起爆条件高，但仍然存在二次爆炸危险。该车间使用性质为生产爆炸品，抗爆等级高，建筑构件中钢筋直径大、数量多，也增加了破拆难度。

三是人员伤亡多，社会影响大。此次事故爆炸造成33人死亡，19人受伤，其中车间内35人被埋压（5人受伤，30人遇难），外围14人受伤、3人遇难。事故发生后，有关事故的图片和文字迅速通过手机、网络传播并迅速更新，吸引了全国网民的高度关注。中央及各省市媒体迅速赶到现场，对事故情况特别是救援工作进行了连续跟踪报道，引起了较大社会影响。

四是灾情惨烈，对参战人员心理影响大。此次爆炸是近年来济南市发生的人员伤亡最多的一次事故，且爆炸产生的巨大威力造成大量遇难者肢体不全，参战官兵中只有少数人参加过抗震救灾，在此类环境下长时间作业，心理素质面临较大考验。

二、处置经过

（一）先易后难，询情定位。

10时53分，保利民爆济南科技有限公司专职消防队值班队长听到爆炸声后，立即出动1辆消防车、8名队员前往现场处置。10时58分，专职消防队到达现场，发现乳化震源药柱车间发生爆炸倒塌，现场尘土和珍珠岩粉（用于控制和调节炸药密度、改善爆破效果的填料）弥漫，立即开展人员搜救，利用水罐车在南侧防爆墙出1支开花水枪除尘，并向章丘市公安消防大队报警。

11时9分，章丘市公安消防大队接到报警后，立即调派辖区2个公安消防中队的7辆消防车、41名官兵赶往事故现场，并报告济南市公安消防支队指挥中心和章丘市政府。11时35分，章丘市公安消防大、中队力量到达现场，企业专职消防队和单位员工正在抢救外围受伤人员。经询问知情人，车间废墟内有30余人被埋，废墟内还有大量半成品炸药及原料。大队指挥员立即组织官兵展开人员搜救：一是组织2个救援小组，在企业专职队的协助下，分别沿车间南、西两侧和北、东两侧搜寻，转移救助外围受伤人员，共救出17人，其中3人遇难；二是询问单位技术人员，初步确定建筑内部被埋压人员的大体方位，组织4个搜救小组，采取听、看、敲、喊等方法，从车间四周搜寻埋压较浅的人员，在西侧工具间附近废墟下，发现2名被困人员，利用液压破拆工具组、断电钳等破拆后全部救出，其中1人遇难。

（二）划分片区，侦查检测。

支队作战指挥中心接到增援请求后，立即调集7个公安消防中队的15辆消防车、125名官兵、2条搜救犬及战勤保障大队迅速赶赴现场，并向省公安消防总队作战指挥中心报告。12时20分许，支队全勤指挥部及增援力量等相继到场，立即成立现场指挥部，下设作战指挥、通信联络、技术专家、宣传报道、战勤保障等5个功能组。经侦查后，会同单位技术人员对现场进行了全面分析，根据原建筑结构、员工工作位置和爆炸威力等情况，再次确定被困人员可能被埋压的位置，确定了“划分片区、侦查检测、破拆推进、抢救生命”的指导思想，将现场划分为南、西、东3个片区并指定负责人，利用生命探测仪、搜救犬和人工方法侦检确定被困人员位置，实施破拆救人。同时，在厂外设立增援力量集结点，统一调度各增援力量。

各片区按照现场指挥部的决策部署迅速展开了救援行动。13时50分，总队全勤指挥部、搜救犬基地和各增援力量全部到场，保证了每个片区至少2台生命探测仪、4条搜救犬、1套重型支撑套具、2套起重气垫、3台凿岩机、3套液压和2套手动破拆工具。车间南侧：由章丘2个中队和济钢中队负责，在一条横梁下发现4名被困人员，其中2人腿部被大块构件压住、2人已遇难。救援人员利用剪切钳剪断钢筋，在一台挖掘机的配合下移除横梁，利用起重气垫配合重型支撑套具，将受伤者身上的大块构件抬起，将被困人员救出。车间西侧：由特勤一中队和茂岭山中队负责，在车间西南角立柱内侧发现5人（其中2人受伤，3人遇难）被楼板和墙体埋压，救援人员在挖掘机的配合下移除楼板，用手刨开砖石将被困人员救出。车间东侧：由特勤二中队、黄台中队、贤文中队负责，在制药车间东侧中部发现4人（全部遇难），4组搜救人员轮番作业，利用凿岩机、无齿锯、钢筋速断器、液压破拆工具组等器材破拆楼板，在吊车协同下清除大块构件，救出被困人员。

（三）全面搜寻，彻底清理。

17时许，救援人员共搜救出32名被困人员，经单位核实仍有20人下落不明。现场指挥部组织官兵利用生命探测仪反复搜寻，未发现有生命迹象。总指挥部组织有关专家对现场进行论证，针对此次爆炸事故特点及倒塌情况，确认20名失踪人员已无生还可能。为加快搜寻进度，决定利用大型机械全面清理现场，济南支队安排章丘中队、特勤一中队、特勤二中队和战勤保障大队的7辆消防车、60名官兵留守配合，协助清理尸块和炸药，其余中队人员全部返回。总指挥部安排3辆挖掘机、2辆铲车清理废墟，济南支队部署2辆照明车停靠在车间东侧、南侧负责夜间照明，并在南、北、东侧设置6个观察哨，密切关注是否有被埋压人员。现场留守官兵在水枪保护下，轮流配合挖掘机清理现场。截至26日18时，经过140多个小时的全面搜寻，共清理出尸块280余块。

（四）防倒抑爆，确保安全。

针对现场存在二次倒塌、爆炸危险和大量漂浮的珍珠岩粉尘的情况，全体参战官兵始终将安全防护放在首要位置，在救援中全部佩戴护目镜、救援手套等个人防护装具。章丘中队到场后，立即通知厂方切断了倒塌车间的电源；在倒塌车间西南侧存放半成品炸药的部位部署1支水枪实施喷水抑爆，同时要求单位组织员工疏散转移北侧未倒塌车间内的原料及半成品炸药。支队全勤指挥部到场后，安排1台挖掘机伸开工作臂，对西侧未全部倒塌的立柱和搭在上面的屋顶进行支撑保护，防止二次倒塌；明确撤离信号和路线，设置2名现场安全员，随时观察现场情况，一旦发现危险情况，立即发出紧急撤离信号；命令公安部门使用搜爆仪器对废墟中的爆炸品进行准确定位，在现场技术人员指导下，组织救援人员和厂内职工进行疏散转移；协调厂方调集大量口罩配发给官兵，防止吸入漂浮的珍珠岩粉尘，确保了官兵安全。

三、经验体会

（一）响应迅速，力量充效。

接警后，辖区公安消防大队2个中队的7辆消防车、41名官兵第一时间赶到现场。省、市公安消防总队、支队接到报告后一次性调出7个中队、战勤保障大队和总队搜救犬基地到场增援。由于响应迅速、力量充足有效，为快速救人奠定了基础。

（二）指挥科学，处置得当。

省、市、县三级党委政府、公安机关和总队、支队全勤指挥部全部到场，按照“先易后难、先救人后救物、先伤员后尸体、先重伤后轻伤”的原则，合理划分区域实施救援。采取多种侦检方式定位人员，充分利用各种破拆、起重器材施救，发挥特警搜爆优势，确保了救援工作科学有序、安全高效。

（三）联动到位，保障有力。

公安、医疗、安监、交通、电力、通信、矿山救助等联动单位快速响应，共有20余辆救护车、4辆挖掘机、2辆铲车、2辆吊车协助救援。支队调集了通信、照明、饮食等保障车辆，调拨食品、饮用水等物资，设立了战勤保障供应点，全力保障参战官兵食宿和医疗卫生需要，为救援工作提供了强有力保障。

黑龙江大庆“5·31”林甸中储粮直属库火灾扑救情况

2013年5月31日13时15分，林甸县公安消防大队接到报警，中储粮黑龙江林甸直属库发生火灾。大庆市公安消防支队接报后第一时间调集现役、公安、油田、石化等4个消防支队的8个大（中）队的24辆消防车、109名消防人员到场扑救。当日16时30分火势得到控制，次日4时许火势被全部扑灭。火场用水1718吨，保护粮囤82个、库房12个、烘干塔2座以及办公用房、材料库等建筑，火灾未造成人员伤亡。

一、基本情况

（一）地理位置。

中储粮黑龙江林甸直属库位于黑龙江省大庆市林甸县花园镇，距林甸县公安消防大队35千米，距大庆市公安消防支队75千米。粮库占地面积22.2万平方米，东侧和南侧为农田，西侧和北侧为居民区。

（二）单位情况。

中储粮黑龙江林甸直属库是集粮食购销和存储于一体的综合性粮库，现有职工76人，储粮14.6万吨，其中黄豆2.7

万吨、玉米7.6万吨、水稻4.3万吨。建有各类库房13个，烘干塔2座；设有临时苇苫粮囤160个，其中东侧粮囤区56个、西侧粮囤区18个、南侧粮囤区82个、5号露天堆垛旁4个，每个粮囤储粮约500吨，粮囤间距约为2米；在库区中部和西部设有露天堆垛5个。

（三）燃烧物情况。

火场燃烧物有3种：一是砖木结构的粮食库房；二是钢筋龙骨结构的苇苫粮囤；三是麻袋堆砌的露天堆垛。

（四）消防组织及设施情况。

该粮库有专职消防队1个，水罐消防车1辆，专职消防员3人。库区内设有露天蓄水池1个，储水2500吨；地下消防水池1个，储水300吨；室外地下消火栓9处，流量5.7升/秒。库区外2千米范围内有1处消防水鹤，流量60升/秒；6处农用机井，流量5升/秒。

（五）天气情况。

起火当日多云，风向西南风，风力7～8级，并伴有强对流天气，最高气温34℃。

（六）火灾特点。

一是火场风力大，火势蔓延速度快。火灾发生时风力为7～8级，并伴有强对流天气，3×6排列的18个粮囤15分钟全部过火，芦苇编织的苇草帘燃烧碎片被抛向空中，形成大量飞火。

二是可燃物密集，火场燃烧面积大。粮库固定仓库少，超量储存，大量密集建造临时苇苫粮囤，间距不足2米，由于热辐射的作用，一个粮囤起火后，迅速引燃周边粮囤，形成大面积燃烧。

三是粮囤易崩垛，内攻近战危险高。苇苫粮囤用钢筋做龙骨，高9米，用苇草帘围挡遮盖，过火后失去围挡作用，水枪阵地设置和进攻路线如果深入其中，极易埋压人员，造成近战内攻人员伤亡。

四是隐蔽火点多，清理监护时间长。苇苫粮囤崩垛后，燃烧的苇草帘被粮食埋压，在内部形成阴燃，需逐垛翻检清理，消灭隐蔽火源，清理监护时间长。

二、处置经过

（一）第一阶段：初战力量到场，全力控火。

13时15分，林甸县公安消防大队接到火灾报警，迅速出动5辆水罐消防车、24名消防官兵奔赴火场。行驶途中，大队指挥员发现粮库方向烟雾弥漫，加之风力大，判断火场燃烧面积大，自身力量不足，立即向大庆市公安消防支队指挥中心报告并请求增援，同时调集义务消防队伍参战。支队迅速调集公安、政府专职、油田、石化4个消防支队的7个大（中）队，共计19辆消防车、5部手抬机动泵、85名消防人员奔赴火场，全勤指挥部遂行出动。

13时50分，林甸大队到达火场。侦察发现库区已形成3处火点：库区西侧全部燃烧的1号露天堆垛以及相邻的12号库，库区中部大部分燃烧的5号露天堆垛，库区东侧粮囤区大部分燃烧的苇苫囤。火势正向北、东、南三个方向蔓延，威胁北侧和南侧粮囤区；蓄水池边土质松软，消防车无法停靠取水。大队指挥员将灭火力量部署在火势蔓延方向以及可能造成重大损失的部位：第一组2辆水罐消防车部署在12号库东北侧，出2支水枪控火；第二组3辆水罐消防车部署在南侧和东侧粮囤区中间，出2支水枪阻止火势向南侧粮囤区蔓延，并将火场情况报告支队指挥中心和县政府。

14时许，12号库房顶塌落，形成大量飞火引燃西侧粮囤区，火借风势迅速扩大蔓延，第一组力量转移到西侧粮囤区，利用移动水炮控火。

14时25分，支队全勤指挥部到达现场，成立现场作战指挥部。此时，西侧粮囤区18个苇苫囤、5号露天堆垛和东侧粮囤区56个苇苫囤已全部过火燃烧，大部分苇苫囤崩垛。现场作战指挥部确定“保护重点、有效控制、减少损失”的作战思想，命令林甸大队重点保护南侧未燃烧的82个苇苫囤，组织陆续到场的义务消防队利用简易消防车协助灭火。

（二）第二阶段：增援力量到场，全面灭火。

15时，增援力量相继到场，现场作战指挥部命令公安消防特勤大队6辆水罐消防车出4支水枪，扑灭1号和5号露天堆垛及附近4个粮囤明火，同时利用5台手抬机动泵从蓄水池吸水，出枪扑灭东侧粮囤区明火；万宝公安消防中队3辆水罐消防车出2支水枪，扑灭5号露天堆垛和东侧粮囤区明火；油田公司消防支队6辆水罐消防车出3支水枪，扑灭5号露天堆垛和东侧粮囤区明火；石化公司消防支队2辆高喷车实施高空灭火，扑灭西侧粮囤区和5号露天堆垛明火；公安局消防支队2辆25吨水罐消防车为高喷车供水；单位职工和民兵利用水桶、扫把等工具消灭飞火，保护南侧粮囤区。

15时45分，风力减弱，火势趋于稳定，现场作战指挥部及时调整力量部署，采取分割、围歼的战术方法，划分3个战斗段：第一战斗段东侧粮囤区，由特勤大队和万宝中队负责；第二战斗段5号露天堆垛，由油田公司和石化公司消防支队负责；第三战斗段西侧粮囤区，由林甸公安消防大队负责。公安局消防支队利用大吨位水罐消防车从库区内地下消火栓和库区外消防水鹤运水，保障火场供水；义务消防队利用22辆简易消防车扑打外围残火。

按照责任区划分，各参战力量分工负责，密切协作，强攻近战，16时30分，火势得到控制。

（三）第三阶段：清理残火，持续监护。

火势得到控制后，战斗转入清理残火阶段。林甸县政府调动3辆铲车、150名民兵配合公安消防力量逐垛翻检清理残火，油田、石化消防支队归队执勤。6月1日4时，现场火势被全部扑灭。为防止后期粮食倒运过程中隐蔽火源发生复燃，16辆消防车留守监护至6月5日8时，期间，中储粮职工和武警、预备役官兵1000余人参加火场清理和粮食倒运。

三、经验教训

（一）战术得当，作战意图明确。

根据火场情况，首批灭火力量部署在火势蔓延方向以及可能造成重大损失的部位，增援力量划分战斗段采取分割、围歼的战术方法，确定“保护重点、有效控制、减少损失”的作战思想，有效掌控火场形势。

（二）指挥科学，确保作战安全。

火势蔓延速度快，产生大量飞火，辖区消防力量无法阻止火势迅速扩大，为防止被火围困和崩垛埋压，没有盲目指挥官兵深入囤区进攻，确保了参战官兵安全。

（三）协同作战，应急指挥高效。

大庆市公安局、油田、石化等政府和企业专职消防队伍在公安消防部队的统一指挥下，团结协作、密切配合，林甸县政府调集铲车和民兵积极支援，为成功扑救火灾奠定了基础。

（四）积极支援，义务队作用强。

黑龙江省公安消防总队推行“一乡一车一站、一村一泵一队”，加强农村多种形式消防队伍建设，火场周边村屯的22辆简易消防车参加火灾扑救，发挥了突出作用。

（五）连续奋战，战斗作风顽强。

火灾过火面积1万多平方米，指战员面对高温、浓烟熏烤，苇苫粮囤不断崩垛垮塌，强风嘶吼、火舌翻滚，持续作战15个小时，体现了公安消防铁军的钢铁战斗作风。

辽宁大连“6·2”中石油大连石化公司三苯罐区爆炸火灾扑救情况

2013年6月2日14时29分，中石油大连石化公司三苯罐区4个杂料罐连续发生爆炸并引发大火。大连市公安消防支队接警后，立即启动石化火灾应急预案，调集35个公安消防中队的143辆消防车、720名官兵和2个企业专职消防队的23辆消防车、159名消防员到场施救。经参战人员奋勇扑救，于16时50分控制火势，18时50分许将大火扑灭，成功保住了邻近的乙苯罐组、液化石油气储罐区、硫黄回收再生车间、乙苯—苯乙烯装置及整个厂区的安全，保护财产价值6.96亿元。

一、基本情况

（一）单位情况。

中石油大连石化公司位于大连市甘井子区山中街1号，占地总面积447.7万平方米，是中国石油天然气股份公司所属的大型炼化企业，现拥有炼油、化工生产装置50余套，年原油加工能力2050万吨。

（二）发生事故基本情况。

三苯罐区东侧35米处是硫黄回收再生车间，西侧95米处是储量为68000立方米的液化石油气储罐区，南侧7米处是铁路专线，北侧11米处是乙苯—苯乙烯装置区。该罐区分东、西两个罐组，东侧为杂料罐组，西侧为乙苯罐组，共有18个储罐，总储量2.1万吨。发生爆炸火灾的杂料罐组占地3255平方米，罐组内有8个杂料储罐。爆炸发生时，该罐组处于停工检修状态，其中，939罐着火时储量为20立方米，主要成分为多乙苯、苯、甲苯；935罐着火时储量为50立方米，主要成分为焦油；936罐着火时储量为170立方米，主要成分为烃化液；937罐着火时储量为80立方米，主要成分为脱氢液。着火的4个罐总储量为320立方米。

（三）消防设施情况。

厂区内共有消防泵房10处、泡沫站8处、雨淋室6处、消火栓1097个，海水码头可作为消防车取水平台使用。

三苯罐区有32个消火栓，环状管网，管径300毫米，供水压力1兆帕；固定水炮2门，各个储罐均设有自动喷淋和泡沫灭火装置及半固定灭火设施。爆炸后，杂料罐组内固定灭火设施损坏。罐区排污池容量68000立方米，排污能力每小时1000立方米。

（四）天气情况。

当日晴，温度16℃～25℃，南风4～5级。

（五）火灾特点。

一是爆炸、燃烧、毒害并存，灭火救援危险性大。三苯罐区内939号等4个罐相继爆炸起火，罐内储存的苯、乙苯等多种易燃易爆有毒液体快速泄漏流淌，使火势迅速扩大，特别是苯挥发性大，易燃、易爆，吸入或污染皮肤均可引起急性中毒，给灭火作战人员带来严重威胁。

二是流淌火蔓延迅速，事故潜在威胁大。爆炸发生后，东南侧防护堤被撕开10余米的缺口，大量易燃液体从罐区内迅速向外泄出，形成近3000平方米的地面流淌火，直接威胁相邻的储罐、管线化工装置，一旦火势控制不力，后果不堪设想。

三是储罐变形倾覆，灭火攻坚难度大。爆炸造成罐体严重扭曲变形，且固定和半固定灭火系统损坏，移动装备难以将泡沫液喷射到罐体内。935号储罐发生爆炸后，罐体腾空倾覆出罐组防护堤，顶部朝下，火点遮蔽，灭火剂难以直接作用于火点，灭火难度大 。

二、处置经过

（一）快速反应，集结重兵。

14时29分，大连市公安消防支队接到报警后，立即启动重大石化火灾应急预案，第一时间集中调集全市35个公安消防中队、2个企业专职消防队的高喷、大功率泡沫、重型水罐和远程供水等166辆战斗车辆、879名消防人员快速奔赴火场，支队全勤指挥部遂行指挥。辽宁省公安厅、省公安消防总队接到大连市公安消防支队报告后，厅长王大伟、副厅长董雪峰，省公安消防总队总队长王路之、政委夏夕岚等相关领导立即赶赴现场组织指挥火灾扑救。在整个灾情处置过程中，公安部消防局局长陈伟明、政委杨建民、副局长于建华多次通过电话询问现场情况，要求科学高效处置，确保官兵安全。

（二）迅速出击，全力控火。

14时35分，石化公司企业专职队和甘井子中队26辆消防车，160名消防员赶到现场。此时现场浓烟滚滚，火光冲天，杂料储罐939号、937号、936号罐已烧塌，935号罐因爆炸移位倾覆，形成大面积流淌火，从东南角防护堤缺口处快速向硫黄回收再生车间蔓延，罐区内一片火海。同时，在防护堤内，大火炙烤着西侧同一罐组的924号、926号及928号乙苯罐，924号、926号罐罐体外侧已经开裂。按照“冷却临近罐、堵截火势蔓延”的要求，到场力量立即在杂料罐组西侧部署1门高喷炮、1门车载炮和3门自摆炮，冷却西侧罐组及管线，阻止火势蔓延；在北侧部署2门高喷炮、2门车载炮和1门固定炮，阻截火势向装置区蔓延；在东侧部署3门泡沫炮，阻截地面流淌火向硫黄回收再生车间蔓延；在南侧部署1门高喷炮和1门车载炮。现场组成了3个侦察、搜救小组，同步作业。

（三）科学指挥，全面布控。

14时40分，大连市公安消防支队全

勤指挥部及增援力量相继抵达现场，迅速成立由支队长丛树印为总指挥的现场指挥部。此时地面流淌火已顺势流淌至东十道、东九路的路面上，面积达到近3000平方米，而且蔓延迅猛，如果不能迅速控制火势，将严重威胁周边罐区和设施。根据火灾态势，现场指挥部立即下达“加强防护、冷却抑爆、扫清流淌火”的作战命令。一是石化公司立即启动三苯罐区和液化石油气储罐区的喷淋装置，冷却保护西侧紧邻乙苯罐组和液化石油气储罐区的安全；二是在西侧架设3门高喷炮和10门自摆炮，加强苯罐和管线的冷却保护；三是在东侧组织18支泡沫枪，负责消灭流淌火，保护硫黄回收再生车间；四是战勤保障大队在南侧组织远程供水干线，并保证前方主战车辆的泡沫液补给；五是石化公司迅速转移火场南侧的8节槽车，并组织专门力量巡查罐区排污系统，防止污水入海；六是后续力量组成预备队，在厂区外预先展开战斗。

15时50分，成功消灭东十道、东九路上的流淌火，将火势控制在着火罐组区域内。

（四）准确把握，逐一歼灭。

根据现场流淌火已逐步被控制消灭的情况，指挥部及时下达“逐个消灭，攻坚灭火”的战斗命令。4个攻坚组首先发起了对936号、937号和939号罐的灭火进攻。由于罐体扭曲变形，灭火剂无法直击火点，攻坚队员在水枪的掩护下，顶着烈焰，寻找罐体的裂缝，利用泡沫钩管强行对936号、937号和939号罐罐体逐一实施灌注灭火。在灭火过程中，攻坚队员发现938号罐底部法兰处有泄漏的油火喷出，且压力很大，如不能迅速控制，势必造成现场的复燃。指挥部迅速调整部署，设置2支泡沫枪直攻火点，1门泡沫炮冷却罐体及管道，3支泡沫枪控制流淌火向周围或罐体蔓延，攻坚组利用沙土对泄漏口进行封堵围歼。3个储罐及法兰泄漏处火势被彻底消灭后，灭火重心转入对935号罐的扑救。由于935号罐罐体顶部朝下，底部朝上，上方无开口，射流不仅难以打入罐体，且打入罐体的少量泡沫也沿气孔流出，灭火效果不理想，攻坚队员只能采取强行架梯登罐作业的方式，冒着浓烟和烈火登上935号罐罐体，终于在罐体裂缝处成功架设2支泡沫钩管。

18时50分许，大火被彻底扑灭。指挥部命令参战力量继续对罐体及周边管线进行持续冷却降温。除留守5个中队现场监护外，其他参战力量归队。罐区排污系统已将现场消防用水进行清理，防止了环境污染。

此次爆炸火灾扑救，共消耗泡沫液93.5吨、水约5000吨。

三、经验体会

（一）调集迅速，集中优势力量打歼灭战。

在短时间内调集并形成优势灭火力量，是打赢油类火灾的前提。大连市公安消防支队第一时间内加强出动力量，按照重大石化火灾应急预案，一次性调集了166辆主战消防车和879名消防人员到达火场，形成灭火战斗所需的优势兵力，充分满足火场主要方面的兵力部署。

（二）科学决策，坚定官兵灭火作战信心。

支队全勤指挥部第一时间到达现场，搜集情报、掌握信息，科学确立了“加强防护、冷却抑爆、扫清流淌、攻坚灭火”的作战方针。指挥员在战斗不同阶段，及时通过电台发布现场情况信息，明晰战斗进程和任务，坚定一线战斗人员的制胜决心。

（三）密切协同，发挥多部门联动合力。

此次火灾扑救，公安消防和企业队联合作战，治安、交警、安监、环保、医疗等社会联动力量也在第一时间赶到现场。现场总指挥部下设1个调度指挥所、4个前沿指挥所和1个保障指挥所，划分战斗段，强化协同指挥，形成了强大的整体作战能力。

（四）靠前保障，满足一线作战需要。

支队战勤保障大队实施编队化作战保障，与作战力量同步到场，发挥巨大作用。远程供水编队架设浮艇泵，保证了4条供水干线的不间断供水；灭火剂补给编队向前方阵地铺设6条供液干线补给泡沫；移动供气编队直接为前方阵地运送空气呼吸器及气瓶；器材补给编队与卫生勤务编队协调配合，及时更换各类防护装具1500余件（套）。

（五）英勇顽强，发扬消防铁军精神。

整个灭火战斗过程中，面对浓烟烈火的熏烤，面对连续不断的复燃爆燃，参战官兵迎难而上，英勇顽强，无一人退缩。经全体参战官兵4个多小时的连续作战，成功将火灾扑灭，彰显了消防官兵英勇善战、敢打必胜的铁军精神。

福建厦门“6·7”快速公交车纵火案火灾扑救情况

2013年6月7日18时许，福建省厦门市湖里区BRT（Bus Rapid Transit）快速公交金山站往南950米处，1辆车牌号为闽DY7396的公交车发生纵火案，共造成47人死亡、34人受伤。犯罪嫌疑人陈某某当场被烧死。

一、基本情况

（一）事故地点。

事故地点位于BRT金山站往南950米处的高架桥上，桥高约15.3米。火场距辖区中队江头中队6.2千米，距前埔中队约11.5千米。厦门BRT公交专线岛内部分采用专用的全封闭式高架桥，桥宽10米，双向2车道，桥上未设置固定消防设施。该车长11.98米、宽2.55米、高3.19米，使用柴油作为燃料，柴油箱在车尾部右侧，容量230升，设36个座位，车辆满员荷载95人。

（二）消防水源。事故地点路段云顶中路东侧消火栓无水，西侧消火栓压力0.3兆帕。

（三）天气情况。

当日天气多云，气温24℃～30℃左右，风力微风，无固定风向。

（四）火灾特点。

1．可供消防车上行通道少、高架段无固定供水设施，灭火救援难度大。BRT系统高架区段采取全封闭式，消防车仅可从4个枢纽站驶入，事故地点距最近枢纽站约10.4千米，消防队难以在第一时间到场。高架桥最低13.50米，最高18.68米，且大部分安装高1.7米的隔音墙，超过常配金属拉梯极限工作高度。该事故段高架桥桥墩及事故地点地下通道设置护墙，无法提供云梯车操作场地。高架区段全程未设置消防供水管道，仅在每个站点及公交车上配置干粉灭火器，初起火灾难以有效扑灭，消防队到场后消防水源必须由桥下市政消火栓提供。

2. 搭乘人员高度集中，纵火后燃烧迅猛，造成群死群伤。犯罪嫌疑人陈某某在公交车上使用汽油实施放火，车厢内装修虽采用难燃材料，但在密闭空间内的汽油火灾可迅速燃烧，搭乘人员衣物、人体脂肪及携带物会提供较大的火灾荷载，燃烧热值高、发烟量大并产生大量有毒气体。事故车载客90名，车内空间狭小、人员拥挤，仅2个车门可供疏散，慌乱中易造成旅客相互拥挤踩踏，增加人员伤亡。

二、处置经过

（一）第一阶段：第一时间调集力量。

18时20分，厦门消防支队接到报警，全勤指挥部立即启动《厦门快速公交系统（BRT）高架区段灾害事故灭火救援预案》，第一时间调集辖区中队江头中队的3辆消防车（水罐车、空气泡沫车、云梯车）从地面前往现场处置。同时，考虑到交通拥堵的情况，第一时间调集前埔中队的2辆消防车（空气泡沫车、泡沫水罐车）从距离事发地最近的前埔枢纽站上高架桥，前往事故现场处置。全勤指挥部遂行出动。

（二）第二阶段：第一时间控制火势。

18时22分，江头中队接到支队指挥中心调度出动命令，迅速调集先前出动处置莲前西路BRT龙山桥站桥下小车火灾的“五十铃”水罐车、空气泡沫车前往金山处置，车辆在成功大道梧村隧道前转盘处调头，从仙岳路出口经云顶中路赶往事发地点处置，行车距离5.8千米。中队又调集37米云梯车从中队出发前往现场，行车距离6.2千米。由于时值下班高峰时段，成功大道仙岳路出口道路拥堵，消防车通行缓慢。

18时23分，前埔中队接指挥中心命令增援江头中队。中队迅速调集1辆空气泡沫车和1辆泡沫水罐车出动，经前埔南路、前埔BRT枢纽站前往事故地点，行车距离约11.5千米。

18时35分，前埔中队到场。此时事故车辆已处于猛烈燃烧阶段，整车上半部分已被火焰包围，近距离能够感受到强烈的辐射热。中队指挥员一方面要求迅速引导在场人员疏散，在确认车内被困人员已无生命迹象的情况下，前埔中队空气泡沫车出2支泡沫枪灭火，并由“格拉曼”水罐泡沫车向空气泡沫车供水。

18时40分，江头中队到场，立即与已在组织灭火的前埔中队取得联系，在确认已能够控制火势的情况下，迅速组织人员搜救和疏散，从事故地点临近市政消火栓取水，垂直铺设水带向前埔中队水罐车供水。

18时45分，火势得到控制。18时50分，火势被完全扑灭。

19时15分，江头中队第二出动力量处置完莲前西路BRT龙山桥站桥下小车火灾后，1辆泡沫车回队执勤，1辆水罐车赶到金山BRT事故现场，因火已扑灭，车辆原地待命，7名官兵登上BRT高架桥协助现场处置。

（三）第三阶段：做好现场警戒及后续保障工作。

19时30分，支队全勤指挥部指挥长下达命令：参战的2个中队抽调10名官兵组成现场警戒组，准备好移动照明灯、口罩及手套等器材，做好现场的警戒保护工作。随后，现场火调工作组、刑侦部门相继介入火灾事故原因调查工作，现场官兵做好警戒及照明保障。21时，前埔中队全员待命；江头中队除9名官兵现场值守外，其余官兵归队执勤。现场指挥部告知留守官兵继续做好照明保障和警戒工作，遗体转运工作由地方民政部门具体负责。

6月8日5时，前埔、江头中队现场值守的22名官兵接到命令归队，恢复执勤战备。

三、经验教训

（一）科学制定预案并演练，认真做好灭火救援准备。

2008年和2011年，厦门市公安消防支队先后推动政府组织BRT灾害事故大型灭火救援实战演习。BRT通车之前，支队组织战训、监督骨干力量开展灭火救援战术研讨、制订预案，组织演练并逐步完善。

（二）指挥中心准确、快捷、全方位调度。

此次调度过程，指挥中心接警员能够根据现场报警电话数量、报警人说话语速等情况在短时间内判定此次事故非一般性汽车自燃火灾，迅速按照制定预案要求及时调派辖区及枢纽站附近公安消防中队同时进行处置。

（三）官兵熟悉处置程序，为快速灭火奠定基础。

几年来，通过战术推演、预案战斗分工、组织演习强化，使各参战中队、官兵能够明确BTR高架桥段火灾扑救的各自职责和任务分工，确保了此次灭火救援工作的高效展开。

（四）根据实际，科学开展立体式进攻。

根据高架桥段地形特点，各参战中队能够各司其职，按照到场先后顺序采取“上行出枪灭火、下行垂直供水、上下协同疏散”的立体救援方式，在较短时间内控制火势。

（五）迅速开启出口并有序组织人员疏散。

BRT站点人员在事故发生时迅速组织沿线公交车停运，迅速开启出口并有序组织人员疏散，为人员及时疏散和消防队及时扑灭火灾提供有利条件。

上海浦东“6·23”华谊丙烯酸有限公司丙烯酸装置泄漏爆燃事故处置情况

2013年6月23日11时2分许，上海市浦东新区浦东北路2031号上海华谊丙烯酸有限公司的丙烯酸二车间发生物料泄漏并引起装置爆燃。上海市应急联动中心接警后，迅速调派高桥、庆宁、龙阳等33个消防中队的91辆消防车、800余名官兵赶赴现场处置。中央政治局委员、市委书记韩正高度重视，迅速指示要求做好有关救援处置工作。国务委员、公安部部长郭声琨，公安部副部长刘金国专门批示要求处理彻底，严防发生次生灾害。市政府主要领导多次电话询问救援情况，提出工作要求。经全力处置，火势于12时47分得到控制，于13时50分扑灭，事故未造成人员伤亡和次生灾害。

一、基本情况

（一）单位情况。

上海华谊丙烯酸有限公司是全国最大的丙烯酸及酯系列产品专业生产商之一，年生产能力约50万吨，主要拥有丙烯氧化提纯、轻酯生产、重酯生产等装置。

（二）燃烧区域情况。

发生爆燃的是丙烯酸二车间的氧化单元（U3100），占地面积约4200平方米（长137米、宽31米、最高处16.5米），年产丙烯酸4万吨，主要以丙烯为原料，通过两步氧化法生产丙烯酸。装置南侧为空地，东侧为成品罐区，北侧为软化水装置，西侧为循环水、生化水处理装置。起火部位为该单元的第二氧化反应器（R3102）下方的2个阻聚剂罐，分别存放约3吨丙烯酸、4吨辛醇。

（三）燃烧物质理化性质。

燃烧物质为丙烯酸和辛醇。丙烯酸为无色液体，有刺激性气味，低毒，闪点为68.3℃，其蒸汽比空气重，蒸汽爆炸浓度极限为2.4%～8.0%，可与水混溶，可混溶于乙醇、乙醚。易燃烧，受热分解出有毒气体，与空气混合可形成爆炸性混合物，遇高热或明火能引起燃烧爆炸。有腐蚀性和刺激性，与氧化剂能发生强烈反应。辛醇为无色有特殊臭味的可燃液体，低毒，闪点为81℃，遇明火、高温、强氧化剂有燃烧、爆炸的危险，溶于约720倍的水，与多数有机溶剂互溶。若遇高热，容器内压增大，有开裂和爆炸的危险。蒸汽比空气重，易在低处聚集。蒸汽能扩散到远处，遇到点火源着火，并引起回燃。

（四）装置生产工艺流程。

丙烯酸生产由丙烯酸氧化和丙烯酸分离精制两部分组成。

1．丙烯氧化。丙烯和增湿空气以一定配比在混合器内充分混合后，送入第一反应器，在装有催化剂的列管式固定床反应器内进行气相氧化反应，得到丙烯醛（ACR）及部分丙烯酸（AA）的混合气体。该反应在320℃左右温度下进行，反应放出的热量靠循环熔盐（HTS）带出。从第一反应器出来的混合气，经特殊的温度调节后，进入第二氧化反应器。同样在反应内进行第二段氧化反应，混合气中丙烯醛进一步氧化成丙烯酸。

2．丙烯酸提纯。反应气体经冷却后，由塔下部进入，丙烯酸被塔喷淋下来的水吸收，生成丙烯酸水溶液。由泵送到分馏塔，进一步提纯丙烯酸，其浓度大于99.8%，从塔顶回流，一部分作为酯化原料，一部分经进一步提纯加工成含醛量很低的冰晶型丙烯酸。

（五）消防水源情况。

单位内部有消防泵5台（最大供水能力达80升/秒）、4000立方米消防水池1个、高压消火栓87个（管径350毫米）、常压消火栓35个（管径200毫米）。事故装置设有紧急氮气系统，周边有5门固定水炮。单位300米、500米范围内各有市政消火栓8个、12个，管径均为300毫米，厂区1号门东侧有1条河浜可停靠消防车。

（六）气象情况。

当日天气为阴转大雨，气温24℃～32℃，西南风3～4级。

二、灾情特点

（一）情况多变，初战行动风险大。

事故初期，装置泄漏部位被浓烟笼罩，人员观察视线受阻。在此状况下，现场多次发生爆炸，高温物料喷溅而下，装置构件坠落，对参与处置的人员构成较大风险。

（二）灾情叠加，现场不确定因素多。

高温烈焰威胁装置结构稳定性，爆炸、泄漏产生的有毒、腐蚀性物质威胁人员健康，大量灭火污水形成次生灾害隐患，现场燃、爆、塌、毒多种灾情叠加。

（三）高温高噪，指挥和处置工作难度大。

事发当日天气湿热，人员体能消耗大，氮气、水蒸气与容器壁摩擦产生的高分贝啸叫噪音导致现场指挥通信和沟通交流困难，指战员需要多次往复传达指令，给指挥和处置工作带来极大困难。

三、处置经过

（一）快速响应、把握重点，初战合力布控阶段。

6月23日11时9分，高桥、保税区、庆宁中队等第一批力量陆续到达现场。此时，大量烟雾从装置顶部逸出，笼罩了装置及周边区域。辖区中队指挥员通过厂方技术人员初步了解掌握事故泄漏部位、物料等情况，并确认厂方已采取关阀断料、装置停车、氮气吹扫等措施后，一方面协同厂方实施人员疏散和现场警戒，防止造成重大人员伤亡；另一方面，会同先期到场的企业专职消防队，组织车辆在上风、侧上风有利位置就近停靠水源准备出水。在战斗展开的同时，U3100装置突然发出刺耳啸叫，高桥1号指挥员随即命令现场人员暂时撤离。11时16分许，U3100装置发生爆燃，装置顶端结构遭到严重破坏，噪音急剧增大，被炸开的角钢、钢管等闪着火光往四处坠落，泄漏物喷溅而出形成大面积地面火，整个装置顿时呈现从上至下的立体燃烧态势，严重威胁毗邻装置、管线和前期到场处置力量的安全。爆燃发生后，现场指挥员与厂方技术人员会商，果断采取“固移结合、冷却抑爆”的处置措施，启动装置周边固定消防水炮，加大冷却强度；运用技术手段打开事故装置旁通管道对部分未燃烧物料实施输转，减少燃烧物料总量；组织6个攻坚组由东、西、北三个方向深入装置内部。高桥中队在着火部位东面下风方向出1门车载炮、2门移动炮，西侧出1门移动炮堵截火势；保税区、庆宁中队在装置东侧出3门移动炮，重点实施设防堵截，防止火势向下风方向和毗邻装置蔓延；企业专职消防队在装置西侧、北侧出2门车载炮堵截火势向毗邻装置蔓延。在展开过程中，现场官兵充分考虑二次爆炸的可能性，保持低姿势并依靠掩体在现场行动。同时，在水炮阵地设置好之后，减少前方人员，并加强个人防护。在首批力量合力堵截下，有效阻止了火势蔓延，避免了着火装置的再次爆炸，为后续处置打下坚实基础。

（二）强力补位、冷却抑爆，全力遏制蔓延阶段。

11时30分，市公安消防总队、浦东公安消防支队全勤指挥部以及铜山、外高桥、曹路、翔殷、国和、金桥、龙阳中队等增援力量相继到场，迅速成立火场指挥部。此时，装置内2个主要泄漏罐的火势猛烈，并伴有局部爆燃，部分区域地面火势仍未完全扑灭，高分贝噪音充斥现场，严重影响通信指挥。根据现场态势，指挥部立即采取相应措施：一是在东北、东南、西侧设置安全观察哨，不间断观察现场火焰、噪音、烟雾等变化情况，观察装置整体结构变化情况，全程检测现场气体浓度，全面收集现场火情信息，不间断向现场指挥部报告。二是实施分段指挥。将现场划分为前、后两个作战段，后方安排专人负责车辆集结和供水组织，前方按照方位划分为东南、西北两个作战片区，由现场支队级以上全勤指挥部包干指挥，逐级部署任务。三是加大冷却强度。在扑灭地面火点后，外高桥、翔殷、金桥中队在着火装置东侧出4门移动炮、5支水枪冷却保护着火装置及周边管线；塘东中队在着火装置西南侧上方二层平台架设1门移动炮冷却保护着火装置；铜山、曹路、金桥中队在着火装置西侧出6支水枪、2门移动炮、云梯炮，曹路中队在着火装置西侧出3支水枪，金桥中队在装置西北侧出1门移动炮冷却燃烧装置和邻近罐体。四是协调环保部门监测大气和周边河流污染情况，联动社会保障单位提供医疗、饮水以及装备物资保障，做好打持久仗的准备。12时45分，现场火势得到有效控制。

（三）精兵攻坚、全面协同，立体围歼火势阶段。

13时12分，火势受控并处于稳定燃烧状态后，现场进入相持阶段。现场指挥部及时调整兵力部署和作战阵地，抽调精干力量组成10个攻坚组，决定采取“强攻近战、分批作战、梯次推进”实施立体式围歼火势，展开全面总攻。指挥部命令高桥中队从着火装置东侧伸长1门移动炮、1支水枪至装置底部打击反应器内火势，登高至着火装置三层平台出1支水枪从上方打击反应器内火势；保税中队伸长1门移动炮、2支水枪至着火装置底部直接打击火势；铜山中队从着火装置西侧出1门移动炮、利用云梯车打击装置顶部火势；翔殷中队从南侧登高至装置二层出1支水枪，内江中队从东南侧出1门车载炮打击装置顶部火势；庆宁中队从东侧登高至着火装置二层平台出1门移动炮、从北侧登高至三层平台出2支水枪打击火势；杨浦中队在东侧出1门移动炮，吴淞中队出2门移动炮、4支水枪。塘东、国定、吴淞、金桥等参战力量协同打击火势，对着火装置成围歼态势。同时，组织后续到场的5辆大功率消防车停靠浦东北路沿线河浜，做好应急供水准备。在工艺处置和持续冷却等措施作用下，现场燃烧强度逐渐减弱、啸叫噪音逐渐降低。在32支水枪、4门车载炮和21门移动炮全力打击下，于 13时50分，现场火势被扑灭。

（四）注水冷却、细致收残，严密监护检测阶段。

火势熄灭后，指挥部指令浦东支队调整力量，负责灾害现场的冷却、收残、检测；高桥、庆宁、保税区、外高桥在事故装置东侧部署9支水枪对着火爆炸装置进行不间断冷却；铜山、曹路、塘东在西侧部署4支水枪和1门移动炮对邻近的着火装置进行冷却并驱散有毒气体。同时，组织特勤力量对装置区域以及周边开展测毒、测爆工作，防止有毒易燃气体积聚。另外，会同厂方组织技术人员对装置损坏情况以及现场险情进行评估，分批撤离参战力量，逐步恢复外部道路交通。17时30分，经排查确认险情排除后，消防力量撤离归队。

四、经验体会

（一）工艺处置及时，第一时间控制灾情发展。

初战力量到场后，首先协同单位技术人员，对事故装置采取关阀断料和紧急停车措施，并施放氮气保护，基本消除了大规模爆炸发生的可能性，为控制、消除灾情创造了良好的前提条件。

（二）冷却稀释到位，有效避免灾情扩大恶化。

在装置发生爆燃后，首批到场力量抓住能量释放后形成稳定燃烧的战机，果断组织分割包围，及时扑灭散布的地面流淌火，控制燃烧范围。充分发挥固定炮和移动冷却装备作用，对燃烧部位实施合围，并对重点部位强化冷却，避免了灾情扩大。

（三）组织指挥高效，处置行动井然有序。

第一到场力量科学选择安全位置停靠车辆并开展侦察询情，避免了爆燃伤害。现场成立指挥部后，分段、分片安排作战任务，落实专人负责指挥，形成了前后一体、职责明晰的现场指挥体系，确保了作战行动有序、高效。

（四）战勤保障有力，为持续作战提供坚实支撑。

现场各类物资保障充足，共调集泡沫液69吨、保障供应柴油530升、供应个人防护装备234件（套）、干线100根、自加热盒饭550份、点心600余份、矿泉水1800余瓶。技术和医疗保障力量及时跟进，为持续作战提供了有力保障。

（五）参战官兵英勇顽强，彰显消防铁军风采。

在指挥部统一领导下，面对刺耳的啸叫、有毒有害的环境和复杂多变的火情，各级指挥员靠前指挥、处变不惊、科学决策，鼓舞了战斗士气。广大消防人员在整个灭火救援战斗行动中发扬敢打敢冲、不怕牺牲的战斗作风，为短时间内有效控制灾情并取得最后胜利提供了强有力保障。

重庆大渡口“6·27”重庆化工轻工有限公司601仓库铁路汽油油罐车火灾扑救情况

2013年6月27日19时38分，重庆市大渡口区重庆化工轻工有限公司601仓库铁路专用线正在卸油作业的汽油油罐车发生火灾。重庆市公安消防总队作战指挥中心19时40分接警后，立即启动易燃易爆危险品重特大火灾事故灭火作战预案，一次性调派7个公安消防支队，18个公安消防中队，2个企业专职消防队及总队战勤保障大队共47辆消防车、320名消防人员赶赴现场扑救。经过1个小时成功处置，大火被扑灭，有效防止了周边易燃易爆场所发生连锁爆炸，避免了重大人员伤亡、财产损失和社会影响。此起火灾过火面积约300平方米，直接财产损失38万余元，未造成人员伤亡。

一、基本情况

（一）单位情况。

重庆化工轻工有限公司601仓库位于大渡口区建胜镇刘家坝长湾路，占地面积85800平方米，设有危险化学品库房5个和油罐区1个。危险化学品库房主要储存桶装蓖麻油、二氯甲烷、甘油、乙二胺、乙二醇乙醚、乙二醇丁醚、乙酸酐、乙酸异丁酯、异佛尔酮、光亮剂、稀释剂、亚麻油、油墨、油漆等，总储存量500立方米。油罐区设有油罐19个，在用1～8号油罐单罐容量3000立方米，储存汽油15000立方米，柴油9000立方米。库区设有铁路专用线1条，长度525米，与成渝铁路连接。

（二）事故油罐车及毗邻情况。

事故油罐车列编组油罐车13节，每节油罐车满载汽油60立方米，起火油罐车为北侧第3节（以下简称“第3节”）。铁路专用线东侧为装卸栈桥、油泵站、库内道路，库内道路东侧为油罐区，油罐区与起火油罐车直线距离为200米；西侧为中国石油管道公司兰成渝输油分公司末站（以下简称“兰成渝输油末站”，该单位设有油罐17个，储存汽油、柴油88000立方米）和昆仑燃气公司重庆气库（该单位设有球罐3个，储存液化石油气6000立方米），与起火油罐车直线距离分别为400米和800米；北侧为居民区、伏牛溪油库（以下简称“伏牛溪油库”）乙区（该单位设有油罐16个，储存汽油、柴油20000立方米）和重庆华油石化有限公司（该单位设有卧罐4个，储存液化石油气500立方米），居民区与起火油罐车直线距离50米，伏牛溪油库乙区和重庆华油石化有限公司与起火油罐车直线距离为300米；南侧为成渝铁路和长江，与起火油罐车直线距离分别为150米和400米。

（三）消防设施及消防水源情况。

601仓库消防水系统采用临时高压给水系统供水。设有1300立方米消防水池1个，消防水泵房设有消防水泵2个和泡沫混合液泵1个，流量均为56升/秒，扬程均为60米。库区设有室外消火栓40个，其中，铁路装卸区设有室外消火栓2个，无固定式水炮和泡沫灭火系统。

601仓库位于郊区，周边无市政消火栓，500米范围内有天然水源3个（均为鱼塘，储水5000立方米），距离起火油罐车1000米设有长江消防应急取水平台1处。

（四）气象情况。

事故当日晴转多云，30℃～39℃，微风。

二、事故原因

经调查，6月27日18时57分，值班操作工使用相互连通的第1～7鹤管，对应第1～7节油罐车，通过油罐车上部卸油口开始卸油作业，后5名操作工违章脱岗。在卸油作业过程中，第 3 鹤管潜油泵发生故障停止运行，第1、2、4鹤管至第7鹤管抽吸出的汽油通过第 3 鹤管流入第3节油罐车，19时23分，第3节油罐车开始通过上部卸油口溢油。19时30分，操作工发现溢油，关闭阀门，提出第3鹤管，此时，溢出汽油迅速流淌并快速蒸发，油气扩散至北侧居民区，遇到火源发生燃爆，火势回窜在第3节油罐车下部地面形成油池火。19时38分，第3节油罐车被引燃。

三、灾害特点

（一）溢油量多，燃爆范围大。

铁路装卸区监控系统显示溢油持续时间7分钟，溢出约4立方米汽油，在第3节油罐车下部地面形成油池。高温导致溢出汽油快速蒸发，持续扩散近15分钟的油气，在第3节油罐车至毗邻居民区距离约50米范围内与空气混合形成爆炸性混合气体，遇到火源发生燃爆，严重威胁毗邻居民区40户近180名群众的人身安全。

（二）易形成大面积火灾，引起连锁爆炸。

汽油燃烧火焰温度高，热辐射强，第3节油罐车燃烧易通过开启的卸油口引燃第1、2、4节至第7节油罐车，地面油池火易导致铁轨和车体变形，造成油罐车发生倾覆，汽油大量外泄，燃烧范围进一步扩大，形成大面积火灾，甚至爆炸，引起毗邻易燃易爆场所发生连锁爆炸燃烧，严重威胁川渝交通大动脉——成渝铁路客货运输。

（三）现场情况复杂，处置难度大。

由于油池火长时间作用，铁轨和车体发生变形，难以摘钩分离、疏散未起火油罐车。铁路专用线西南侧铁轨略低于东北侧（装卸栈桥侧）铁轨，溢出汽油形成的油池火位于起火油罐车下部西南侧，但铁路装卸区仅装卸栈桥东北侧可供消防车展开战斗，难以利用车载消防炮对火势进行合击围歼。601仓库周边及库内道路狭窄，消防车进出困难，影响战斗展开。灭火和冷却用水量大，火场供水困难。

四、处置经过

（一）第一阶段：冷却防爆，警戒疏散，控制灾情。

19时45分，兰成渝输油末站专职消防队2辆泡沫消防车到达火场，指挥员立即要求601仓库工作人员启动消防水泵供水。命令：1号泡沫消防车停靠在油泵站东北侧，取油泵站东南侧2个室外消火栓，车载消防炮出水对起火油罐车进行冷却；2号泡沫消防车停靠在1号车西北侧，车载泡沫炮出泡沫扑救地面油池火。

19时46分，辖区中队大渡口公安消防支队刘家坝中队和伏牛溪油库专职消防队先后到达现场。刘家坝中队指挥员迅速组织火情侦察，在装卸栈桥东北侧利用测温仪侦检，显示起火油罐车罐体温度为70℃～80℃。指挥员果断命令刘家坝中队1号泡沫消防车停靠在兰成渝2号车西北侧，出2支泡沫管枪向起火油罐车推进，强攻近战消灭地面油池火；刘家坝中队2号水罐消防车停靠在刘家坝1号车西北侧，利用2个大功率手抬机动泵（每个流量为34升/秒）从毗邻居民区北侧鱼塘吸水向兰成渝2号车供水；刘家坝中队3号泡沫消防车取601仓库油罐区西侧室外消火栓，与伏牛溪油库泡沫消防车接力，向刘家坝1号车供水。同时，命令刘家坝2号车其他人员在辖区公安派出所民警协助下对现场实施警戒和交通管制，搜救疏散毗邻居民区群众。

（二）第二阶段：增援到场，补充力量，强攻控火。

20时5分，大渡口支队全勤指挥部及其特勤中队、八桥中队到达现场。支队全勤指挥部全面掌握现场情况后，立即组织大渡口特勤中队1号泡沫消防车出2支泡沫管枪配合刘家坝1号车消灭地面油池火，2号水罐消防车停靠在伏牛溪油库乙区东南侧鱼塘吸水向1号车供水；八桥中队1号泡沫消防车出4支水枪对第2、4节油罐车进行冷却保护，2号水罐消防车停靠在伏牛溪油库乙区东南侧鱼塘吸水向1号车供水；大渡口特勤中队3号“豪士科”消防车，八桥中队3号抢险救援消防车、4号水罐消防车人员搜救疏散毗邻居民区群众；大渡口特勤中队4号抢险救援消防车停靠在601仓库油罐区西侧，对现场实施照明。同时，命令支队灭火救援现场引导员引导增援力量停靠车辆、占领水源，维护现场秩序。

20时13分，大渡口区公安、环保、卫生、安监等有关联动部门到场参与处置。由于汽油燃烧火焰温度高、热辐射强，部分近战官兵出现中暑现象，大渡口支队全勤指挥部立即命令进行人员轮换，并要求近战官兵必须着消防隔热服进行防护。

20时15分，地面油池火被扑灭，火势被控制在起火油罐车卸油口稳定燃烧。

（三）第三阶段：持续冷却，排除险情，总攻灭火。

20时20分，市公安消防总队值班首长李勇参谋长率总队全勤指挥部及其他增援力量到达现场。根据现场情况，李勇参谋长立即做出部署：一是现场力量持续冷却，控制起火油罐车稳定燃烧；二是特勤支队第一中队组织攻坚组在水枪掩护下关闭第1、2、4节至第7节油罐车卸油口，防止通过卸油口引燃其他6节油罐车；三是特勤支队第一、二中队2辆大功率泡沫车进入阵地，兰成渝2号车迅速补充泡沫灭火剂，做好准备立即发起总攻；四是扑灭明火后，不间断对卸油口进行泡沫覆盖，对罐体进行冷却，直至油罐罐壁的温度下降到不致引起复燃为止。

20时45分，起火油罐车卸油口明火被彻底扑灭。

（四）第四阶段：科学侦检，监控降温，监护倒罐。

21时，总队政委张剑明，大渡口区区委书记盛娅农、区长方佳军等领导到达现场。现场作战指挥部召开会议，研究制定下一步处置对策：一是利用测温仪和可燃气体检测仪等侦检器材，实施不间断侦检，监控罐体温度、油气浓度是否在安全范围内；二是认真排查全部油罐车，查找是否存在泄漏点；三是严格管控周边火源，防止复爆复燃；四是持续冷却，保留足够力量，补充灭火剂，监护倒罐。

22时，起火油罐车罐体温度下降至环境温度，现场及周边油气浓度下降至安全范围，现场作战指挥部命令除大渡口支队特勤中队、刘家坝中队、八桥中队各留1辆泡沫消防车负责监护倒罐外，其他各增援力量归队。

6月30日4时，经过50余小时监护，油罐车倒罐顺利完成。

五、经验体会

（一）调集力量充足，行动响应迅速，是控火防爆的重要保证。

接到报警后，市公安消防总队立即启动跨区域灭火与应急救援预案，一次性调派主城区全部6辆大功率泡沫消防车、10辆12吨以上水罐消防车、9辆举高喷射消防车和20吨泡沫灭火剂等充足力量参战，赢得了火场主动权。事故发生后，总队、支队领导一线指挥，科学决策，地方党政领导亲赴现场，统筹协调，全体参战指战员响应迅速，战斗展开快速，确保了此次特殊火灾的高效处置。

（二）战术方法正确，发挥装备效能，是有效处置的关键所在。

初战阶段，辖区公安消防中队指挥员指挥果断，战斗员作战勇敢顽强，及时对起火油罐车实施冷却防爆，强攻近战消灭地面流淌火。控火阶段，大功率手抬机动泵发挥了重要作用，保证了火场供水不间断。总攻阶段，合理利用大功率泡沫车车载泡沫炮强力打击火势，迅速扑灭火灾。

（三）统一组织指挥，火场纪律严明，是火场有序的充分保障。

总队制定实施执勤战斗若干规定，持续推进执勤规范化建设，成效在此次战斗行动中得到充分检验。各增援力量到场后，严格落实报告领受战斗任务制度，认真遵守现场车辆停靠规定，火场通信秩序良好，作战命令上传下达规范。

（四）合成训练实战化改革是战斗成功的基础。

2011年以来，总队坚持“按作战方式训练，按训练方式作战”的原则，立足于直辖市总队作战特点，加快转变协同训练模式，坚持每月开展跨区域无预案临机处置实战演练，尤其是每年均在重庆市最大成品油集散地——伏牛溪地区开展油罐区火灾扑救随机拉动和临机设情演练。事故当日，主城西战区在伏牛溪油库开展了跨区域无预案临机处置实战演练，练兵成效在实战中得到充分检验。

四川消防部队抗洪抢险救援情况

2013年6月底以来，四川省持续遭受强降雨天气，引发严重洪涝、山洪泥石流灾害事故。四川公安消防部队快速反应，第一时间启动抗洪抢险救援预案，在各级党委、政府和公安机关的统一指挥下，充分发挥专业优势，全力以赴救人排险，参与抗洪抢险1113起，出动消防车（舟艇）1649台（次）、官兵8857人次，共营救被困群众8100人，疏散转移19287人，抢救保护财产价值3768万元。涌现出“最美90后消防员”陈建等一大批先进集体和个人。公安部副部长刘金国，四川省委书记王东明、省长魏宏等领导对参战消防官兵的英勇表现给予高度评价。

一、基本情况

（一）四川省情。

四川省简称“川”或“蜀”，省会成都，境内有岷江、沱江、嘉陵江、乌江四条大江，故名“四川”。四川位于西南腹地，地处长江上游，东邻重庆，南接云南、贵州，西衔西藏，北连青海、甘肃、陕西，境内地形以成都平原为中心向四周扩散，四面环山，东部丘陵较多，西部山地较多，是典型的盆地地形。

（二）成灾原因。

四川属于长江水系，全省一般洪涝灾害多发地区是雅砻江中游两岸、阿坝藏族自治州中部、四川盆地西北部和西南部等地区。2013年发生洪涝、内涝最为严重地区是成都金堂县，资阳安岳县，德阳广汉，绵阳江油市、遂宁市。此外，汶川“5·12”特大地震和“4·20”芦山强烈地震发生后，四川省地质结构发生了巨大变化，地质活动非常活跃，地质板块松动、植被疏松，暴雨极易引发泥石流、山洪和塌方等次生灾害事故。2013年泥石流最为严重的阿坝汶川映秀镇、成都都江堰、德阳什邡红白镇均在龙门山脉地震断裂带之上，雅安宝兴穆坪镇山体滑坡受“4·20”芦山地震影响较大。

（三）受灾情况。

2013年夏季，强降雨为1973年以来最大的急降骤雨，具有雨量大、雨势强、范围广等特点，造成成都、德阳、绵阳、阿坝、眉山、资阳、遂宁等15个市（州）的91个县（区）1151个乡镇346.89万人受灾。

二、灾害特点

四川省每年在6～8月进入汛期，2013年7月份，多地遭受持续强降雨天气，造成了严重的洪涝、内涝、泥石流、塌方、山体滑坡等自然灾害，受灾最为严重的地区大部分位于地震区域和毗邻地区。其显著特点：一是降雨持续时间长。从7月7日～13日，连续1周，暴雨未停歇。二是降雨量大。平均降雨量在100毫米以上，局部地区降雨量超过900毫米。三是损失严重。6月底以来特别是7月7日～13日，全省因持续遭受强降雨天气过程，引发洪涝、山洪泥石流，造成全省多处国道、省道被冲毁，沿河城镇、农田被淹，大量房屋倒塌。四是社会影响大。此次洪灾，其人员伤亡、经济损已经超过了“4·20”芦山地震，党中央、国务院高度关注，省委、省政府高度重视，国内外媒体持续跟踪报道。五是救援难度大。抗洪救灾主要是以水域搜救为主，水流湍急，洪水夹杂泥石、漂浮物，冲锋舟、橡皮艇在救援中难以控制，只能依靠官兵在洪水中拖拽橡皮艇前行，在城镇内涝排洪、疏散、转移时，下水道、阴井、暗沟在洪水中难以识别，给救援带来了极大的危险性，稍有不慎，就会造成人员伤亡。

三、救援经过

参战消防官兵坚决贯彻部消防局，四川省政府、公安厅关于“以确保群众生命安全为第一要务”的要求，遵循“救人第一、科学施救”的原则，不惜一切代价，奋力营救被困群众。

（一）快速应急响应，全力投入救援。

一是紧急响应。灾情发生后，各级领导高度重视，迅速对救援提出要求。总队立即启动抗洪抢险三级响应机制，命令灾区公安消防部队进入战备状态，乐山、眉山、资阳3个支队和总队基层指挥员培训大队共400人迅速集结待命。同时，迅速成立前方和后方两个指挥部，下发《关于全力抓好当前抗洪抢险救灾工作的紧急通知》，并先后3次召开视频调度会进行动员、部署和落实。二是主动出击。成都、德阳、绵阳、阿坝、资阳、遂宁、眉山等15个受灾市（州）各级消防部队主动了解灾区，闻警而动、分级响应，第一时间携带冲锋舟、橡皮艇、救生衣、救生绳、射绳枪、机动消防泵等装备器材，深入抗洪第一线，竭尽全力抢救人民群众生命财产。各支队全勤指挥部24小时遂行作战，根据灾情和救援需要，随时赶往救援现场进行增援。三是靠前指挥。总队领导分别率领全勤指挥部深入20年一遇洪涝的金堂县、都江堰“超200万立方米”山体滑坡的中兴镇一线组织救援工作；灾区各级消防部队军政主官全部靠前指挥，全力组织部队参加抗洪救灾。

（二）发挥专业优势，强力攻坚克难。

此次暴雨造成的灾害，呈现出区域广、受灾面大，多地交替爆发、多灾密集衍生等特点。参战消防官兵坚决贯彻省政府关于“以确保群众生命安全为第一要务”的要求，遵循“救人第一、科学施救”的原则，不惜一切代价，奋力营救被困群众。一是坚持全域覆盖。面对突发灾情，成都、绵阳、德阳、遂宁、眉山、资阳、阿坝等消防部队坚持“以人为本，全域覆盖”的原则，按照就地展开、快速增援的措施，冒着暴雨洪涝、山洪泥石流等险情，紧急赶赴各受灾地区救援。特别是在金堂县20年一遇暴雨洪涝、德阳红白镇金河磷矿泥石流灾害、资阳安岳县80年一遇特大暴雨灾害等抢险救援中，参战官兵深入所有受灾乡镇、村庄进行搜救，最大限度地消除了救援盲区。二是实施分类施救。根据地域、灾情特点，分城市内涝区、村镇洪涝区、孤岛围困区三种类型实施救援。在城市内涝区，消防官兵采取“拉网划片、逐村逐户、全线呼喊”等搜救方式，驾驶冲锋舟、橡皮艇将被困群众及时转移至安全地带。特别是在洪峰过境、老县城几乎全部被淹的金堂县，参战部队成功营救和疏散被困群众2000余人，其中仅平安桥一带就营救和疏散近1000人。在村镇洪涝区，消防官兵不惧洪涝区内建筑物复杂、漂浮杂物多、“航道”线缆纵横等带来的危险，进村入户进行搜救。在救援过程中，参战官兵克服橡皮艇破损、舷外机马达报废以及身体长时期浸泡等困难，用身体搭建“人梯”，接力背负转移被困群众。特别是在眉山汪洋镇，消防官兵利用救生圈、橡皮艇、内轮胎、导向绳等救援工具，成功救出79名被困群众。在孤岛围困区，参战官兵使用射绳枪、救生绳、大型挖掘机、木板等工具搭成临时救生通道，采取“迂回前进、强行突破”的战术措施开展营救。汶川七盘沟村由于道路被泥石流冲毁，消防官兵使用木梯、木板、绳索搭建3米多长的简易木桥成功营救10多名被困群众；汶川中滩堡村桥园子桥被泥石流冲断，消防官兵使用绳索抛投器成功营救100多名被困群众；绵阳平武3名采砂人员由于河水猛涨，来不及撤离，被困孤岛，消防官兵使用冲锋舟强行挺进，3人成功被救。三是重点攻坚克难。积极克服环境复杂、救援难度大、危险性高、长时间作战等困难，充分发挥专业优势，攻坚克难，成功救出了一个又一个鲜活的生命。7月9日6时，什邡市红白镇金河磷矿因洪水将该厂厂房、宿舍等多栋建筑基脚冲毁，道路阻断无法通行，多名矿工被困。德阳消防官兵什邡救援队徒步8小时、搭建2座索桥，强行突进红白山区，成功营救被困磷矿工人69人。7月10日，都江堰中兴镇三溪村五里坡因持续强降雨，发生泥石流灾害事故，造成大量人员被困，情况十分危急。成都支队官兵迅速侦查，快速行动，首先沿塌方周边地区组织疏散当地群众，同时利用一座已停止使用的铁制危桥搭建起一条“生命通道”，连续奋战5昼夜，成功疏散转移被困群众540名。7月8日，德阳绵竹石亭江突发洪水，德阳绵竹中队战士陈建主动请缨，在体能基本耗尽的情况下，横渡到40米以外的“孤岛”，成功营救2名被困群众的事迹引起强烈反响，被央视誉为“最美90后消防员”。7月13日，德阳支队组建4人突击队，每名队员背负重约30公斤的救援装备和被困人员给养物资，经过6小时的徒步行进、翻山越岭，成功将被困于绵茂公路云湖一号隧道长达5天的9名施工人员全部安全救出。省委书记王东明，副省长、省公安厅厅长侍俊在救援现场亲切接见突击队官兵，要求大力宣传消防官兵英勇事迹，并号召广大干部群众向消防官兵学习。

（三）遂行保障到位，发挥最大优势。

一是强化政治鼓动。迅速启动战时政治工作预案，先后派出46名政治干部赴一线，组建党员突击队、先锋队18个，把政治工作开展到战斗最前沿、最艰苦、最危急的现场。强化政治鼓动，及时传达省委、省政府、公安部、公安厅等领导指示、批示，大力开展火线入党和火线记功。7月15日上午，德阳支队为3名同志隆重举行了火线立功授奖仪式，拟为陈建同志报记个人一等功，官兵受到极大鼓舞。二是做好战勤保障。第一时间从成都储备库、省机动紧急救援队、总队仓库紧急调配抗洪抢险救援装备物资2400余件（套）价值400余万元，及时将快速冲锋舟、橡皮艇、救生衣（圈）、便捷式救生抛投器、遥控泛光灯、通用安全绳、闪光警示灯、救生漂浮绳等亟须装备器材发放到一线，及时补充更换，确保部队连续作战需要。三是积极宣传报道。宣传人员与救援官兵同时赶赴各个现场，就地展开新闻采写宣传工作。主动联系中央电视台、四川电视台、《人民日报》《人民公安报》《四川日报》等新闻媒体单位和各大门户网站，进行现场连线、滚动直播、一线采访和专题报道，在中央、省级主流媒体刊播新闻稿件2000余篇（条、次），充分展示了公安消防部队的良好形象。

四、经验体会

（一）领导重视，提前部署。

四川公安消防部队按照省委、省政府和部消防局的统一部署，紧急启动区域联动作战机制，在做好灭火救援执勤备战工作的同时积极参加抗洪抢险、救灾工作，努力保卫人民群众生命财产安全。总队成立了抗洪抢险指挥部，由总队领导和部门领导值守的专勤战备班，紧急下发了《关于全力抓好当前抗洪抢险救灾工作的紧急通知》，先后3次召开视频调度会进行动员。总队领导多次对抗洪救灾等工作做出部署，要求做好物资储备，完善预案和加强演练，全力做好抗洪救灾工作准备，并多次致电和亲赴成都、绵阳、阿坝等抗洪抢险一线，指导抗洪抢险工作。全省各级消防部队立足当前实际和现有装备，早动员，早部署，成立由支队军政主官为组长的抗洪救援工作领导小组，组建抗洪抢险突击队，对车辆、冲锋舟等装备器材进行全面维护保养，使之处于良好的战备状态，确保防汛抗灾工作万无一失。

（二）连续作战，攻坚克难。

面对突如其来的洪涝灾害，全省消防部队官兵发扬“特别能吃苦，特别能战斗，特别能奉献”的精神，不畏艰辛，昼夜奋战在抗洪抢险第一线。坚决克服昼夜连续作战、长期得不到休整、身心极度疲惫、疲劳厌战等情绪，主动了解灾情，闻警即动，第一时间携带抗洪抢险救援装备，不畏艰险，排除一切困难，深入抗洪第一线，竭尽全力抢救人民群众生命财产。

（三）强化安全，全力保障。

抗洪救灾期间，总队先后两次下发《关于全力抓好当前抗洪抢险救灾安全工作的紧急通知》，督促各地严格落实领导干部带队、穿戴救生防护装备、设置现场警戒保护、开展行动风险评估、保持通讯联络畅通、防止二次垮塌掩埋等“六个必须”的安全措施，实现了参战官兵“零伤亡”。同时，紧急抽调政工干部，在救援现场进行政治鼓动，采取“火线入党、火线记功”等激励举措，极大地鼓舞了一线部队士气，并第一时间从成都储备库、省机动紧急救援队、总队仓库紧急调配抗洪抢险救援装备物资发放到一线，及时补充更换，确保部队连续作战需要。

山西临汾“7·1”中储棉总公司侯马代储库棉麻采购站棉花堆垛火灾扑救情况

2013年7月1日18时11分，山西省临汾市中储棉总公司侯马代储库发生火灾。省、市公安消防部门先后调集56辆消防车、334名官兵赶赴现场处置，同时调集武警官兵200名，政法干警、民兵预备役、企业工人1200余名，调动100余辆工程车辆、70余辆水泥罐车、6辆泵车等大型机械参与抢险救援。省公安消防总队政委孟应新连夜率总队全勤指挥部赶赴火场，在一线全程指挥灭火。7月2日16时许，火灾得到有效控制。7月4日12时，火灾被彻底扑灭，无人员伤亡，成功保住了露天棉垛4个、仓库20座、彩钢库2座。

一、基本情况

（一）地理位置。

山西省棉麻公司侯马采购供应站位于临汾侯马市晋生巷北二胡同，采购站东面是晋生巷北二胡同，西面是侯马市轻工城，南面是晋都西路，北面是程王西路。火场距辖区侯马中队10千米，约10分钟车程。

（二）单位情况。

山西省棉麻公司侯马采购供应站共有职工72人，占地面积134706平方米，建筑面积7976平方米，其中露天棉花46堆垛、仓库24座、彩钢库2座。采购站存有棉花34983吨，发生火灾的仓库内存有7600吨棉花，堆垛形式为重叠式堆垛。起火仓库始建于1984年，1986年投入运营，结构为砖混结构。

（三）水源情况。

厂区内有义务消防队员16人，3吨水罐消防车1辆，共有22个室外消火栓（压力不足），管径为65毫米，地下建有950吨消防水池1个。库区周边3000米范围内有8个消火栓，压力合格，管径为200毫米。

（四）天气情况。

当日阵雨，风向东南风，风速7.5米/秒。

（五）火灾特点。

一是燃烧猛烈，蔓延迅速，易形成大面积火灾。棉花堆垛起火后，燃烧速度快，实践表明棉花的燃烧速度要比木材的燃烧速度快16～25倍，在良好的通风条件下，火势沿着堆垛表面的棉绒和易燃的覆盖物迅速蔓延，特别是棉包崩散后，火势发展更快，很快进入全面燃烧阶段。

二是扩散途径多，易形成二次燃烧。棉花仓库发生火灾后，由于棉花质地松散，在大风或燃烧形成热气流的吹动、充实水流的冲击、建筑物结构或棉花堆垛倒塌时候形成的气浪的作用下，火星、燃烧的棉花团飞向空中，落到其他棉花垛上，易形成新的起火点，导致二次燃烧。

三是燃烧温度高，堆垛、仓库易坍塌。仓库内部棉花储量大、燃烧热值高，高温火焰直接作用于墙体结构，起火后短时间内墙体发生局部垮塌。棉花堆垛着火，打包的绳索被烧断后，棉包散落也易发生坍塌。

四是烟雾弥漫，能见度低，扑救难度大。由于棉花的理化性质，在发生火灾时，容易产生大量的烟雾，战斗员深入内部侦查空间大，能见度低，严重影响灭火行动。水流难以渗入堆垛内部，棉丝的性质决定了棉花的“排水性”，一旦水流冲击堆垛，致密的夹层被水流压缩得更紧，水流很难进入堆垛中心，灭火剂不能有效发挥作用，造成火场用水量大大增加，只能采取翻垛方式灭火，需要很长的时间和大量用水才能彻底消灭火势。

二、处置经过

（一）第一阶段：辖区大、中队到场处置。

2013年7月1日17时50分左右临汾市突降暴雨，当时风向为东南风，风速7.5米/秒。18时07分许，正在装卸作业的工人看见六区五垛棉垛顶部起火，随即摇警报器报警，单位负责人立即率义务消防队员及职工赶赴现场处置。18时11分，侯马市公安消防中队接到市110指挥中心报警，立即出动1辆泡沫车、2辆8吨水罐车、1辆高喷消防车和20名消防官兵赶赴现场。18时26分，大、中队官兵到达现场，此时火灾已成猛烈燃烧之势，指挥员根据现场情况立即下令：2辆水罐车占据着火堆垛西侧出3支水枪对东侧着火的4个堆垛进行火势压制，阻止火势向西蔓延，高喷车占据库区东侧对着火堆垛火势进行控制，泡沫车进行供水；同时向市公安消防支队指挥中心报告，请求增援。战斗展开后因现场消火栓压力不足（经询问库区工作人员得知消防泵无法启动），救援人员只能就近利用消防水池吸水确保火场供水。18时50分许，燃烧的堆垛倒塌，由于现场风势过大，着火的棉絮漫天乱飞，火势迅速蔓延扩大，严重威胁到救援人员的人身安全，参战官兵立即调整战斗部署，转而从外围对火势进行压制。

（二）第二阶段：市公安消防支队全勤指挥部及增援力量到场。

19时20分许，支队增援力量陆续到达现场，此时火势已蔓延整个露天堆垛区，并向仓库及周边民房蔓延。指挥部迅速调派洪洞、浮山、翼城等公安消防中队对火势进行压制，阻止火势向周边民房蔓延，同时配合当地政府及其他救援力量对火场附近的居民进行疏散。20时10分许，支队全勤指挥部到达，现场成立支队级指挥部。

根据现场情况，指挥部将救援人员分成两组，一组由支队长率领占据库区北侧，阻截火势向北侧库区及民房蔓延，并对着火库相邻库房进行降温、冷却（特别是3面受火势包围的4号库房，利用高喷、水炮降温的同时，由参谋长带人强行内攻降温，防止轰燃）。一组由支队政委率领占据库区南侧全力打压火势，并利用水枪、水炮等掩护强行开辟隔离带和灭火救援通道，阻止火势向南侧库区蔓延，并与当地政府救援力量对火场附近的居民进行疏散，安排库区工作人员转移、疏散其他未过火的堆垛。

（三）第三阶段：相邻地市消防及其他增援力量到场。

省公安消防总队接到增援请求后，立即调派运城、晋城、太原、吕梁等邻近公安消防支队赶赴增援，总队政委孟应新赶赴现场指挥。7月2日4点15分，4个相邻支队增援的23辆消防车，124名消防官兵，相继投入战斗。与此同时，市、县两级公安、武警、环卫、民兵等力量约1500余人也陆续赶到现场开展救援。

根据现场救援总指挥部安排，参战官兵主要采用接力供水确保火场的不间断供水，进一步压制火势。同时，利用挖掘机和铲车开辟隔离带和灭火救援通道，阻止火势扩大蔓延。在着火库区，利用混凝土泵车向2、6、7、8号仓库覆盖混凝土遏制火势发展；在露天堆垛区，利用高喷车压制火势，挖掘机逐垛分解着火堆垛，用水枪跟进逐片打压明火，并用黄土掩埋窒息灭火。

（四）第四阶段：全面控制，彻底歼灭。

截至7月3日3时许，现场火势已完全得到控制。根据救援指挥部的安排，救援人员对已控制住的着火堆垛及库房利用挖掘机分片挖掘，利用水枪、水炮压制，防止阴燃的棉垛二次复燃，并利用铲车将过火的棉包转运至安全区域用黄土覆盖窒息灭火，同时继续对与着火库相邻的库房进行冷却、降温。由于坍塌砖混结构厂房屋顶的埋压，导致埋压棉花未完全燃烧，挖掘时遇空气发生复燃，现场由挖掘机连夜清理，参战力量继续出水跟进扑灭余火。

在各方力量的协同配合下，经过66个小时的艰苦战斗，至7月4日12时，火势被彻底扑灭。根据火场指挥部命令，除侯马中队和襄汾中队留下继续清理火场外，其余增援力量陆续返回。

三、经验体会

（一）快速反应赢得灭火救援行动的主动权。

临汾市公安消防119指挥中心接到报

警后，第一时间调集全市20个大（中）队的33辆消防车、210名官兵到场参战，省公安消防总队也先后调集运城、太原、晋城、吕梁4个公安消防支队的23辆消防车、124名官兵赶赴增援，各参战单位接到命令后出动迅速、到场及时，为火灾的成功扑救奠定了基础。

（二）划区分段是成功扑救的有效战法。

针对火场面积大、情况复杂的实际情况，火场指挥部根据露天堆垛与储棉仓库将火场划分为南北两个作战区域，由作战经验丰富的支队领导和指挥长分片指挥。同时，坚持“先控制，后消灭”的原则，第一时间明确了火场的主要方面，采用“重点突破，堵截包围”、“内外夹攻，逐片消灭”等战术，利用水枪打压、灌浆封堵、黄土掩埋等方式，全力保护受火势威胁的毗邻建筑和重点部位，及时果断发起进攻，为减少财产损失起到了重要作用。

（三）协同作战是成功扑灭火灾的必要条件。

社会各联动力量在火场指挥部的统一指挥下，各司其职，密切配合。企业专职消防队服从调遣指挥，积极配合现役消防部队作战。安监、供水、120、环保等社会相关职能部门，各自认真履行职责，保证了灭火行动有序有效。调集的大型推土机、铲车等机械设备与消防车编配成组，在实战中发挥了重要作用。

（四）保证火场供水是成功扑灭火灾的保证。

采购站周边共有8个消火栓。灭火中，指挥部及时调集了霍州、曲沃、吉县、洪洞等中队8辆水罐车及10辆环保洒水车，采用外围运水供水，内部串联供水的方法，形成完整的供水体系，并指派经验丰富的指挥员负责供水干线，从而及时保证了整个火场的用水量。

（五）靠前指挥、英勇顽强是成功扑灭火灾的基础。

各级指挥员在火场上沉着冷静、靠前指挥，把握了灭火救援的有利战机。全体参战官兵面对浓烟、高温的威胁，不顾高温、炎热、大雨天气的影响，积极落实指挥部的各项指令和决策，毫不退缩，表现出了良好的业务素质和高度的责任感，在无轮换的条件下连续奋战66小时，成功保住了22座仓库及2个堆垛，避免了更大的影响和损失。

广东深圳“11·2”盛妆百货商场火灾扑救情况

2013年11月2日23时39分，广东省深圳市宝安区盛妆百货商场发生火灾。深圳市公安消防支队指挥中心接警后，先后调集石岩、光明、宝安、西乡、福永、松岗、龙华、大浪、观澜9个公安消防中队的34辆消防车、160余名官兵投入灭火战斗，于11月3日7时扑灭火灾，共营救被困群众5人，疏散周边群众近千名，保护了商场一层珠宝等商铺及五、六层行政办公室。

一、基本情况

（一）地理位置。

盛妆百货商场位于深圳市宝安区石岩街道宝石南路119号，东为宝石南路，南为亿康文体，西为千富大酒店，北为农村商业银行，距离最近的公安消防中队约6千米。

（二）单位情况。

该商场为钢筋混凝土结构，地上6层，地下1层，高28米，总建筑面积约2.04万平方米，每层面积约3400平方米。建筑东面和南面为玻璃幕墙，北面和西面为实体墙。一至四层为服装商场，其中一层经营服装、化妆品，二层经营女装，三层经营鞋类，四层经营服装，五至六层为行政办公室，负一层为停车场。商场内东侧、北侧中部设两部手扶电梯，扶梯空间贯通一至四层。

（三）内部消防设施。

该建筑一层西北侧设有消防控制室，商场设火灾自动报警、自动喷水灭火、防排烟、火灾应急广播、防火卷帘等自动消防设施。

（四）起火原因。

起火部位位于商场一层西北角扶手电梯驱动主机箱下方吊顶处，起火原因为该吊顶处电源线路故障引发火灾。火灾发生后沿扶手电梯向二、三、四层逐层蔓延，楼顶有5人被困。

（五）消防水源。

该建筑楼顶设有18立方米消防水池，建筑西北两侧设有水泵接合器；一至四层设有28个室内消火栓，其中一层5个，二层7个，三、四层各8个，均设置在楼内商铺之间。辖区中队到场后，二、三、四层消火栓已被烟热包围难以使用。起火建筑周围200米范围内共有室外消火栓11个，可用消火栓9个，部分消火栓水压不足。

（六）当日气象。

火灾发生当天多云，气温23℃～27℃，东北风4～5级。

（七）火灾特点。

1．火灾荷载大，燃烧猛烈。商场内部存放大量易燃、可燃物品，多为棉、麻、丝、毛及其他可燃物质，燃烧物热值高。内部装修、装饰材料多采用木材、塑料等可燃材料，着火后火势迅速蔓延，产生大量辐射热、浓烟及毒气，极易造成大量人员伤亡。

2．建筑结构复杂，排烟热困难。商场外部完全封闭，东面和南面为玻璃幕墙，北面和西面为实体墙，夜间商场关闭了安全出口及防火门，浓烟只能从实体墙内30多个小排气扇排除，导致室内热量大量聚集，极易引起轰燃。

3．“烟囱”效应强，火灾蔓延迅速。该建筑东侧和北侧均有手扶电梯贯通一至四层，加上电缆井、垃圾道等各种竖井和通风管道，着火后形成烟囱效应，使高温浓烟和火苗沿着手扶电梯、竖井和通风管道迅速蔓延、扩散，形成立体火灾。

4．起火商场跨度大、障碍物多。商场东西纵深达120米，铺面隔断多，商品堆积如山。

5．室内消防设施未动作。起火时因线路被烧断，室内消防设施未发挥作用。

二、扑救经过

（一）第一阶段：首战力量到场，开辟救援通道，控制火势蔓延。

11月2日23时39分，辖区石岩公安消防中队接到支队指挥中心命令后，于23时49分到达现场。通过侦察，发现多个火点，二、三、四层冒烟，楼梯被烟雾封堵，楼顶有5人被困。指挥员立即向指挥中心请求增援，并按照救人第一、科学施救的原则下达作战命令：云梯车在北面升梯营救被困人员；救援攻坚组负责从东北面楼梯口进攻，深入内部开辟救援通道；灭火攻坚组负责从北面楼梯口进攻，深入内部消灭一层火势；罗租专职队组织内攻，控制二层北面火势；应人石专职队组织内攻，控制二层西南方向火势；塘头专职队负责供水。

（二）第二阶段：增援力量到场，堵截控制火势，防止发生轰燃。

11月3日0时7分，宝安公安消防中队4辆消防车、15名官兵到场，负责组织破拆北面楼梯防火门，内攻堵截三、四层北面火势蔓延。

0时11分，光明公安消防中队3辆消防车、14名官兵到达现场，主要负责从西面楼梯口破拆防火门，内攻堵截二层、三层南面的火势蔓延。

0时25分，宝安区公安消防大队全勤指挥组人员到场，成立现场灭火救援指挥部。经了解5名被困人员已救出，消防官兵深入内部火情侦察发现二层、三层、四层北面、西面的楼梯间已浓烟弥漫，水枪手几次试图从防烟楼梯间进入内部灭火，都被热浪逼回。指挥员判断虽然商场外部未见明火，但内部火势已经蔓延至三、四层，热量在相对封闭的商场内部大量聚集，极易发生轰燃。大队指挥员随即请求指挥中心调集高喷车、云梯车、大功率水罐车、充气车到场增援；命令处于上风方向的石岩、宝安中队坚守阵地，处于下风方向的光明中队将水枪阵地撤至楼梯口处；要求石岩街道相关部门立即启动消防应急联动机制，增加现场供水管网压力，警戒好周边道路。

0时48分，西乡、福永、松岗、龙华、大浪等中队的增援力量相继到场，大队指挥员命令：西乡、福永中队高喷车负责对商场正东面的玻璃幕墙进行破拆排烟；福永中队官兵对商场东面的卷帘门进行破拆，从东面的手扶电梯进入二层灭火；龙华、大浪中队负责供水。

（三）第三阶段：实施统一指挥，全面控制火情，集中力量打歼灭战。

2时5分，支队全勤指挥部到场，听取大队指挥员的汇报后，决定集中力量打歼灭战，把主要力量集中到正东面进行排烟灭火，命令所有内攻水枪阵地撤至外部射水，谨防轰燃。

2时13分，商场二层正东面玻璃幕墙开始破裂，明火蹿出，整栋建筑发生了大面积轰燃，支队全勤指挥部当即命令福永、西乡、松岗中队高喷车，宝安中队1辆大功率水罐车在商场正东面出水炮对火势进行压制灭火；各中队水枪阵地在外部对商场火势进行合围。

（四）第四阶段：总攻时机成熟，彻底消灭残火，全面清理火场。

4时30分，火势已被压制，总攻时机成熟。支队指挥部决定采取内外结合，强攻近战的方法，命令石岩、松岗、福永、西乡、宝安、光明中队的灭火攻坚组，深入火场内部逐层消灭火灾。7时，明火全部被扑灭。9时30分，火场清理完毕。

三、经验体会

（一）快速反应，第一时间调足首

战力量。

深圳市公安消防支队指挥中心接警后，调集9个中队的34辆消防车、160余名官兵投入灭火战斗。同时，当地政府启动应急预案，调集联动力量到场协助处置。

（二）救人第一，准确判断灾情发展。

辖区中队指挥员到场后，迅速开辟2条救援通道，救出5名被困人员。大队全勤指挥组到场后，准确预判火势发展，迅速调集力量，调整力量部署，谨防轰燃。支队全勤指挥部及时下达内攻人员撤离命令，避免因轰燃导致战斗员伤亡的情况。

（三）科学指挥，集中优势兵力打歼灭战。

支队全勤指挥部到场后，合理调配力量，集中兵力打歼灭战，充分发挥装备优势，利用高喷车和大功率水罐车在正东面进行外攻，组织5个攻坚组展开内攻，一举歼灭大火。

河北唐山“11·17”滦南县永新造纸厂火灾扑救情况

2013年11月17日12时07分，唐山市滦南县永新造纸厂原料堆垛发生火灾，过火面积约2万平方米。唐山市公安消防支队调集12个公安消防中队、9个专职消防队、1个战勤保障大队共计35辆消防车、307名官兵赶赴现场处置，支队全勤指挥部遂行出动。省委副书记、省长张庆伟专门做出重要指示；省政府副省长杨汭，省长助理、省公安厅厅长董仚生，省公安消防总队总队长周天坐镇省消防指挥中心实时调度指挥；省公安厅张士良副厅长、总队梁志能政委连夜赶赴火场，在一线全程指挥。经过全体官兵42个小时的连续奋战，11月19日6时10分大火被基本扑灭，有效保护了厂区内部办公区、6条生产线、6个成品库、污水净化厂、自备热电厂等基础设施，厂区外部村庄、企业等单位场所。在灭火作战中，人民群众及所有参战官兵无一伤亡。

一、基本情况

（一）单位情况。

该单位占地面积56万平方米，共有职工917人，主导产品为海龙牛卡、地龙牛卡及再生纸，年生产能力约60万吨。厂区分为办公区和生产区，其中生产区设造纸原料堆垛15座（纸板7座、轻渣5座、污泥2座、木浆1座），每个堆垛长约120米、宽约11.5米、高约5米，成品仓库6间，生产线6条，沼气储存罐1个，沼气产生装置1个，污水净化厂1个，自备电厂1个，污水深度处理厂房1个。厂区有义务消防队员100人，3吨水罐消防车1辆。发生火灾时该厂库存成品约1万吨，造纸原料共6.8万余吨，轻渣3万余吨，生产用硫酸13吨、双氧水14吨、盐酸3吨、氢氧化钠6吨、沼气约为10立方米。

（二）地理位置。

永新造纸厂位于唐山市东南方向45千米的滦南县倴城镇和平路88号。东临文化路，西临王庄子村，南靠养鸡场、果树林，北临殡仪馆、民房。起火单位距辖区公安消防中队2千米，距离最远增援公安消防中队76.6千米。

（三）水源情况。

该厂共有52个室外消火栓（原料储存区26个、生产线26个），管径为150毫米的环状管网；消防泵房2个，消防泵10个，流量60升/秒；储水量11250吨冷却塔1座；储水量2000吨蓄水池2座。有机井8眼，靠潜水泵吸取地下水对厂区水源进行补给，2台潜水泵分别为2个蓄水池供水，6台潜水泵为冷却塔供水，每台潜水泵的流量为55升/秒。厂区外1000米范围内无市政消火栓。

（四）天气情况。

当日风力5～6级，瞬时7级，风向为西北风，气温-3℃～8℃。

（五）灾害特点。

一是风力大、飞火多，火势蔓延迅速。原料堆垛由纸板、轻渣、木浆组成，着火后燃烧猛烈，在大风及热气流的作用下，产生大量飞火，形成新火场。

二是现场情况复杂，存在爆炸危险。处于下风向的沼气生产装置、沼气罐，侧风向的硫酸罐、盐酸罐、双氧水罐受到严重威胁。沼气罐、硫酸罐、盐酸罐、双氧水罐一旦发生爆炸、泄漏，整个厂区及周边村庄、企业等将受到巨大损失。

三是可燃物多，作业面狭窄，扑救困难。堆垛高、风力大，燃烧的堆垛接连倒塌，堵塞通道，造成现场作业面狭窄，难以部署较多力量，扑救十分困难。

四是灭火用水量大，作战时间长。着火堆垛过火面积大，阴燃点隐蔽难以直接射水，需要长时间的翻垛。

五是参战力量多，通讯指挥困难。此次战斗共调集12个公安消防中队、9个专职消防队、1个战勤保障大队的35辆消防车、307名消防人员；调集安监、环保、交通、电力等相关技术专家11人，公安交警60余人；调派挖掘机、装载机等大型机械44辆，市政洒水车6辆到场协同作战。现场作战人员多、车辆多，通信不畅。

二、处置经过

11月17日12时7分，辖区滦南公安消防中队接到报警后，立即出动2辆水罐车、1辆泡沫车、1辆登高车。12时13分到达现场，经侦查发现：该厂区的4个堆垛已经起火，过火面积约为5000平方米，下风方向有个沼气反应罐，该厂义务消防队1辆消防车正在堆垛南侧（下风向）出2支水枪灭火。中队指挥员立即做出力量部署：1号车、2号车各出2支水枪保护沼气反应罐（使用手抬机动泵及浮艇泵从污水净化厂的水池内吸水为灭火车供水）；3号车及厂区消防车停到厂区东侧，控制火势蔓延；一名班长组织义务消防队员使用手抬机动泵连接消火栓单干线出2支水枪阻止火势向西侧废纸棚蔓延。同时，中队指挥员向市公安消防支队指挥中心请求增援，并调度该县乡镇政府志愿消防队5辆车赶往现场支援。

12时20分，支队指挥中心接到增援请求，立即调集西山道、缸窑路、胜利路、京唐港、滦县、乐亭、唐海等公安消防中队、特勤一中队、冀东油田高尚堡专职消防队等9个消防队的10辆水罐车赶往现场增援，并向值班首长汇报，全勤指挥部值班人员遂行出动。同时，立即向市公安局、市政府、省公安消防总队汇报，第一时间启动了《唐山市灾害事故应急救援联动预案》，调集公安、安监、环保、医疗卫生、交通、电力及市政等联动单位到场协助处置。

12时46分，乡镇志愿消防队5辆消防车、20人到场，部署在厂区南侧，负责消灭蔓延到厂区外面的飞火，确保相邻单位的安全。

13时40分，增援力量到场，根据现场情况，调整力量部署，确立了“确保重点、开辟通道、下风堵截”的作战方针。调集洒水车、挖掘机、装载机等大型机械到场协助灭火，将增援力量分成三个作战单元。

13时45分，火场指挥部根据火场情况又迅速增调曹妃甸中队远程供水系统，特勤一中队、特勤二中队，缸窑路、胜利路、新华道、南湖等公安消防中队，中润煤化工、佳华煤化工、唐山港集团等专职消防队，共计9个中队16辆消防车赶赴火场增援。

15时20分，副省长、唐山市委书记姜德果，市长陈学军，副市长、公安局长贾文雅等领导相继赶到现场，组织灭火战斗行动。

15时30分，曹妃甸公安消防中队远程供水系统等增援力量到场后，火场指挥部重新调整战斗部署，将火场划分为A、B、C三个战区（其中A区为厂房向东至中间绿化隔离带，从中间道路往北至堆垛最北段，B区为中间绿化带向东至厂区东侧围墙，从中间道路至北侧围墙，C区为中间道路以南的全部堆垛，实施分片指挥灭火），确立了“强攻A区、蚕食B区、严控C区，逐一消灭”的作战方案，将作战力量分为2个强攻组，2个监控组，3个供水组，1个后勤保障组。按照每辆主战车配置2台挖掘机、1台装载机，每车配备2名司机的原则，保证灭火战斗顺利展开。

17日18时30分许，省公安厅张士良副厅长、省公安消防总队梁志能政委到达现场。首先对灭火作战力量部署情况进行了解，巡视了各个区域灭火作战情况，肯定了支队的力量部署，并确定了“保卫重点、分隔堵截、包围歼灭”的战术措施，对火场发起总攻。

19日6时许，C区的明火被基本扑灭。

19日6时30分，根据火场指挥部命令，留下15辆车负责现场倒垛监护任务，其余20辆水罐车返回中队恢复执勤。

11月20日9时，完成倒垛监护任务，灭火作战任务全部结束。

三、经验体会

（一）快速反应，高效指挥，掌握灭火救援行动的主动权。

接到报警后，省、市领导高度重视，唐山市公安消防支队迅速反应，调集了充足力量，第一时间启动《唐山市灾害事故应急救援联动预案》，调集公安、安监、环保、医疗卫生、交通、电力及市政等联动单位到场协助处置，各参战单位出动迅速、到场及时、处置得力。

（二）科学决策，战法灵活，有效控制灾情发展。

针对火场情况和发展态势，现场指挥部确立“保卫重点、分隔堵截、包围歼灭”的战术措施，将火场划分为3个战区，由支队领导和作战经验丰富的指挥长分片指挥，明确任务目标，分段负责。利用水枪、水炮控制，挖掘机、装载机等大型机械配合倒垛的方式进行火灾扑救，有效保护受火势威胁的厂区内部办公区、生产区等基础设施和厂区外部的村庄、企业等单位场所。

（三）远程供水系统成功应用，保证火场供水不间断。

为保证火场不间断供水，指挥部科学决策，采用远程供水系统供水有效保证整个火场的灭火用水需求。此次灭火战斗，共计用水约4.3万吨，其中，远程供水系统铺设300毫米供水干线620米，累计供水近45小时，供水量约为4万吨，最大供水流量达到250升/秒，供水效能突显。

（四）联动机制健全，协同配合默契，保证灭火救援战斗有序开展。

充分发挥应急救援联动机制作用，在迅速调集充足的公安消防救援力量及各类专职消防队的同时，依托应急救援联动指挥平台，调集安监、环保、医疗卫生、交通、电力等相关技术专家11人，公安交警60人，调派市政洒水车6辆，挖掘机、装载机等大型机械44辆到场参与作战。各类参战队伍的密切协同确保了灭火救援战斗的顺利开展。

（五）战勤保障体系充分发挥作用。

战勤保障大队将火场所需保障物资用7辆保障车分32次，将水带、战斗服等2140件（套）物资运输到火灾现场，保障官兵饮食，搭建现场物资发放点。此次灭火战斗为各中队提供水带4000米，更换战斗服210余套，补充油料1240余升。

北京朝阳“11·19”小武基陈家村临38号院火灾扑救情况

2013年11月19日20时30分，北京市朝阳区小武基陈家村临38号院发生火灾。市公安消防总队指挥中心接警后，先后调集11个中队的52辆消防车、300余名官兵到场扑救，调集总队及朝阳支队全勤指挥部到场指挥，于23时2分将火灾扑灭，抢救出遇险人员13人。火灾扑救过程中，中共中央政治局委员、北京市委书记郭金龙，市委副书记、市长王安顺，常务副市长李士祥，市委政法委书记赵凤桐，副市长张延昆，公安部副部长、市委常委、市公安局局长傅政华，副局长丁世伟等领导到场指挥，市公安消防总队张高潮总队长、吴志强政委率有关人员赶赴现场指挥灭火战斗。

一、基本情况

（一）单位概况。

起火单位为朝阳区十八里店乡小武基陈家村三队京中发汽配城，建筑面积700平方米，由平房、库房、简易棚三部分组成。场地东侧为库房，由砖墙、角铁屋架、铁皮屋顶构成，主要存放机油、防冻液、保险杆和车灯；西侧南北各建一排平房，北侧平房为“L”形自建砖混结构，共9间，用于住宿、就餐；南侧平房为“一”字形的自建砖墙结构，共5间，用于办公和住宿；两排平房之间的空地搭建了钢架支撑、铁皮盖顶的简易棚，2间用于住宿，其余存放排气管、保险杆；简易棚和房屋之间的空地存放汽车配件、润滑油等油类易燃物品。整个院落通道狭窄，最宽处1.5米，最窄处仅0.5米，是典型的“合用场所”。

（二）单位周边情况。

起火单位位于朝阳区十八里店乡小武基村内，辖区内常住人口约4000人，流动人口约5万人，该辖区多为汽修、汽配、建材、陶瓷、仓储的集散地，各类作坊及仓库共208家，房屋紧密相连、格局混乱、用途广泛并与居民区连成一片。同时，生活在小武基村内居民大多为外来务工人员，对火灾预防及初期火灾扑救意识淡薄，一旦发生火灾，火势极易迅速蔓延，形成火烧连营态势，扑救十分困难。

（三）消防水源情况。

起火单位内部无消火栓，地处城乡接合部，周边2500米范围内无市政消火栓，距离火场最近的消火栓位于东四环外环辅路。

（四）当日气象。

火灾发生时气温为-1℃，东北风，风力3～4级。

（五）火灾特点。

1. 结构复杂，逃生通道狭窄，易造成大量人员伤亡。该建筑为私自搭建的砖混与铁皮混合结构，平房之间是钢架支撑、铁皮盖顶的简易棚，简易棚下有2间用瓦楞纸（包装箱纸）建造的简易宿舍，面积8平方米，简易棚和房屋之间的空地堆满了汽车配件、润滑油等油类易燃物品。整个院内仅有1条逃生通道且极其狭窄，发生火灾后人员不易逃生，加之妇女和小孩逃生能力弱，易造成大量人员伤亡。

2. 火灾荷载大，燃烧猛烈，蔓延迅速，短时间内造成大面积燃烧。该起火建筑存放物品多，且多为汽车润滑油及塑料制品等易燃、可燃物，火灾荷载大，燃烧猛烈，蔓延迅速。起火部位为西侧简易宿舍，起火后火势迅速蔓延，造成垮塌，在极短时间内形成大面积燃烧，致使进攻和疏散通道短时间内难以打开。

3. 埋压火点，浓烟聚集，灭火搜救受阻。铁皮钢架简易棚和简易宿舍着火后发生坍塌并扭曲变形，遮盖内部着火点，使水枪无法有效打击火点。搜救人员深入火场内部后，只能靠手刨对被困人员进行搜救，且现场聚集大量高温有毒浓烟，很大程度上延缓了人员搜救行动。

二、扑救经过

在这次火灾扑救过程中，前沿指挥部始终贯彻“救人第一”的指导思想和“先控制后消灭”的战术原则，成功保住了起火建筑北侧、东侧、南侧库房及周边毗邻建筑。期间，共占领使用地下消火栓2个，形成有效供水干线，设置水枪阵地8个，成立抢险救援攻坚组10余个。火灾扑救共分三个阶段：

（一）火灾初期阶段。

11月19日20时30分，总队指挥中心接警后，立即调集辖区十八里店、垡头、华威等3个中队的11辆消防车赶赴现场展开战斗，调集朝阳支队全勤指挥部到场指挥。

20时44分许，十八里店中队3辆消防车、21名官兵到场，经火情侦察，砖混结构库房和一排呈“L”形平房正处于猛烈燃烧阶段，钢架铁皮房顶和西侧简易宿舍已被烧塌。经询问知情人，西北侧平房内有人员被困，中队指挥员根据现场情况立即请示指挥中心调集增援力量。同时，成立1个搜救攻坚组从火场西侧大门口内攻进入搜救被困人员。部署1辆五十铃水罐车出3支水枪，其中1支掩护搜救，1支配合搜救组在西南侧内攻压制火势，1支在北侧堵截火势，防止火势向北蔓延；东风日产水罐车停放在火场西北侧，负责给主战消防车供水；云梯车停放在火场北侧待命。经过全力搜救，第一时间救出3名被困人员。

（二）搜救灭火攻坚阶段。

20时50分至21时许，垡头、华威、红庙等中队增援的15辆消防车、67名官兵相继到场。期间，支队全勤指挥部人员到场，立即成立现场指挥部，按照“救人第一”和“先控制、后消灭”的战术指导思想，全面进行战斗部署。各增援中队按照指挥部命令，立即展开灭火战斗。垡头、华威、红庙3个中队各成立1个搜救攻坚组，其中垡头、华威2个中队从火场西南侧强攻进入火场搜救被困人员；红庙中队从火场西北侧平房破拆墙体进入内部搜救被困人员。同时，垡头中队部署1辆水罐消防车在火场东北侧毗邻的屋顶出2支水枪阻止火势向北、向东蔓延。垡头、红庙、华威中队其余车辆分别占领有利地形采取串联供水方式给前方供水。

21时23分许，总队全勤指挥部到场指挥灭火战斗。

21时26分至22时30分许，总队领导相继到场，战勤保障大队，亦庄、大红门、石榴庄、狼垡、右安门、望京、程庄路等7个增援中队的34辆消防车、161名官兵到场处置，负责现场供水、照明、器材保障。成立6个搜救攻坚组进入火场内部搜救被困人员，先后搜救出13名被困人员，其中，西北侧平房厨房1人，西北侧平房2号宿舍3人，3号宿舍4人，4号宿舍2人，坍塌的简易棚废墟3人。

指挥部根据火场情况，对灭火力量进行调整：一是部署2辆水罐车出4支水枪在火场北侧、东侧压制堵截房顶火势；部署1辆五十铃水罐车出3支水枪，其中1支水枪掩护搜救，1支水枪配合搜救组在火场西南侧内攻压制火势，1支水枪在火场北侧堵截火势；部署1辆美国大力A类泡沫车出1支泡沫枪从西门深入火场内部扑救正在燃烧的汽车配件和润滑油火势。二是组织火场供水，由红庙中队、华威中队各出1辆消防车分别占领四环辅路2个市政消火栓采取串联方式不间断给前方供水。

23时2分许，火灾被彻底扑灭。

（三）火场清理阶段。

23时5分，指挥部根据现场情况重新做出部署，按照“绝不能遗漏一人、绝不能死灰复燃”的要求，命令十八里店、垡头、华威、红庙、望京、石榴庄等6个中队成立清理小组，出2支水枪在铲车配合下轮流对火场进行全面清理，其余参战力量返回。

11月20日1时17分，十八里店中队3辆水罐车留守现场外，其他车辆安全返回。20日3时50分，十八里店中队返回，现场移交给专职消防队看守。

三、经验体会

（一）调集力量及时。

市公安消防总队接警后，第一时间调集总队、支队两级全勤指挥部，以及11个公安消防中队的52辆消防车、300余名官兵到场处置，并调集公安、交通、环卫、应急、市政等相关单位到场协助处置，采取救人第一的战术指导思想，全面展开灭火战斗。

（二）合理调配资源。

在指挥部统一指挥下，打破参战单

位界限，合理调配警力资源，有效整合车辆、器材装备，各参战单位密切协同配合，充分发挥人员、车辆装备的战斗潜能，形成“一盘棋”局面，全力搜救被困人员，消灭火灾。

（三）官兵英勇顽强。

在火灾扑救中，市委、市政府、市公安局领导到场指挥，各级领导身先士卒、率先垂范，深入火场一线指挥灭火战斗，极大地鼓舞了现场官兵的士气。参战官兵执行命令坚决、不怕牺牲、英勇顽强、连续奋战，成功将大火扑灭，避免火势向周边扩大蔓延。

沪陕高速安徽六安合六叶段“11·22”特大交通事故灭火救援情况

2013年11月22日8时26分，因受大雾影响，沪陕高速合六叶段667千米处，先后发生多车、多点连环相撞事故，撞击点达28处，造成数十人被困，13辆事故车辆起火燃烧，1辆储存18吨液化天然气的槽车发生泄漏。安徽省公安消防总队接报后迅速调集六安、合肥市公安消防支队的15个公安消防中队、1个战勤保障大队的35辆消防车、160余名官兵赶赴现场处置，疏散和营救69名遇险群众（其中9人遇难），对泄漏的液化天然气槽罐车实施堵漏和安全转移，避免了次生灾害事故的发生。

一、基本情况

（一）事发情况。

沪陕高速合六叶段，东起合肥市肥西县长岗乡，终于六安市叶集区境内，全长122.3千米，为全封闭高速公路。事故发生路段位于合肥至六安方向664～672千米路段。事故发生时正值大雾天气，能见度不足10米。事故涉及高速公路双向车道，在长达8千米的事故带中，65辆车分别在28个事故点发生相撞，多人被困；事故核心区域为667千米处，13辆着火事故车连环撞击形成近100米长的燃烧区域。

距事故路段最近的出入口有2个，分别为六安城北收费站和合肥高刘收费站，2个出入口分别距事故路段30千米和7千米。事故造成高速公路双向拥堵，合肥高刘收费站入口被迫关闭，合肥方向需由合肥西枢纽出入口进入，经37千米到达事故现场。距离六安城北收费站入口最近的消防队为六安经济开发区公安消防大队和金安区公安消防大队，距高速入口大约15千米。高速公路及匝道附近10千米范围内无市政消火栓和天然水源。距离事故路段最近的新桥服务区由于道路堵塞无法进出取水。

（二）当日气象。

多云，气温10℃～18℃，东北风，风力2级。

（三）救援难点。

1．三重危机并存，救援难度较大。救援过程中，多名人员多点被困、多车起火以及危险化学品泄漏三种险情同时存在。起火的13辆事故车中，有6辆重型半挂车、3辆大巴车、4辆小型汽车，且可燃物较多，扑救难度大。事故造成17辆车油箱破损泄漏，1辆载有18吨液化天然气的槽车在撞击后阀门变形发生泄漏。泄漏点与被困人员车辆相距仅30米，距离燃烧车辆仅有50米左右，与最近村庄相距约200米。现场大量群众围观，一旦发生燃烧爆炸，将造成重大人员伤亡。

2．现场情况复杂，影响救援进程。事故涉及路段较长，事故点多、被困人员多、着火车辆多。事故发生时大雾弥漫，现场能见度低，事故现场滞留车辆超过几十千米，道路交通拥堵，交通管制困难，存在再次发生交通事故的危险。事故及滞留车辆占据了双向行车道，部分车辆停放在应急车道内，导致灭火救援车辆无法迅速到达事故现场。

3．现场水源缺乏，供水保障困难。事故路段附近没有可用市政消防水源和天然水源，加之最近的合肥高刘收费站出入口因事故关闭，最近的取水点需途经六安城北收费站出口，距事故现场约40千米。消防车到达取水整个过程需要约55分钟。

二、处置经过

（一）迅速响应，调集充足力量投入救援。

11月22日8时26分，六安市公安消防支队接到报警，迅速调集1个战勤保障大队、3个公安消防中队的14辆消防车、51名官兵赶赴现场处置，并立即启动应急联动响应预案，协调地方政府调集安监、医疗等联动单位及吊车拖车到场。支队领导率全勤指挥部遂行出动，在途中向省公安消防总队报告情况请求增援。9时4分，合肥市公安消防支队参谋长率工作组途经事故现场，迅速联系合肥支队指挥中心，调集救援力量赶赴现场处置，并向总队全勤指挥部报告情况。接到六安、合肥支队报告后，总队曹忙根政委第一时间赶到指挥中心调度指挥，并派总队全勤指挥部赶赴现场。针对事故范围大、事故点多、被困人员多、水源缺乏、着火车辆多等情况，调集了合肥支队的12个中队的18辆消防车、110名官兵到场增援，并要求合肥、六安支队增派重型水罐消防车，以满足现场灭火供水需要。

（二）双向推进，第一时间疏散抢救人员。

9时20分、52分，六安、合肥支队首批作战力量分别到达现场。由于事故路段双向堵车严重，救援力量在交警部门配合下逐步向各事故点推进。一是迅速组织侦察组对事故路段进行侦察，重点查清被困人员数量和情况；二是与交管部门协调立即进行交通管制，确保救援现场安全，并为大型消防车开辟临时通道，加快救援力量推进速度；三是在大型车辆无法迅速推进的情况下，支队指挥员坚持救人第一的原则，命令救援人员携带器材装备徒步行进到事故点，按照“先易后难、先重伤后轻伤”的战术原则沿路段对被困者实施救援；四是配合现场交警对围观群众进行引导疏散。

（三）分段负责，快速有效处置各类险情。

10时许，总队全勤指挥部到达现场，根据现场多人被困、多车燃烧、液化天然气槽车泄漏等险情同时存在的情况，将现场分为若干战斗段，并按照各路段不同的事故重点将任务进行分解，确定了灭火、救人、堵漏3个救援重点任务。命令合肥支队重点负责人员搜救和天然气堵漏工作，六安支队负责着火车辆的灭火工作。支队之间相互协调配合，做好自身安全防护和道路警戒，确保救援行动安全。参战部队先后组织6个灭火攻坚组、8个救人攻坚组和1个堵漏攻坚组，采取分点、分段、分梯次进攻的方式深入事故现场，同时展开扑救车辆火灾、搜救被困人员、堵漏排险行动。11时10分，救援人员完成对事故现场8千米范围内的搜救，共救出遇险群众69人，疏散500余人。11时17分，合肥支队对天然气槽车泄漏点成功实施了冷冻堵漏，并安排专门力量对槽车拖离及倒罐实施了全程监护。12时40分，事故现场着火车辆明火被基本扑灭。

（四）监护清理，确保事故路段安全通车。

为确保现场清理期间不发生复燃，指挥部安排专门力量留守监护，配合清理工作。合肥支队现场保留6辆水罐车、1辆抢险救援车、1辆照明车，六安支队保留2辆水罐车、1辆抢险救援车进行现场监护，定时向过火车辆及货物射水降温防止复燃，对被起吊车辆射水保护，配合现场清障工作。由于烧毁车辆较多，且烧毁车辆多为大型车辆，起吊难度大，整个清障过程历时18小时。23日9时许，清理工作全部完成，事故路段恢复正常通车。

三、经验体会

（一）建立完善联动体系是关键。

高速公路交通事故救援行动涉及公安、医疗、环保、气象、特种车辆设备和公安消防、公安交管等多部门、多单位，必须建立完善以响应方式、职责分工、处置程序、资源共享、后勤保障等机制为主要内容的高速公路救援联动体系，在救援现场实行统一调度指挥，才能确保路线引导、交通管制、安全警戒、清障疏通、排险救人、医疗救护等救援行动高效展开。

（二）规范灭火救援作战是前提。

高速公路救援行动专业性、技术性强，必须有针对性地开展高速公路灭火救援业务训练和理论知识培训，强化警戒、侦检、堵漏、防毒、破拆、救生、稀释、洗消等高速公路救援课目模拟训练，熟练各类抢险救援器材的使用，进一步规范各类车辆灾害事故的处置程序，切实提升各级部队高速公路灭火救援实战能力。

（三）强化供水措施是保障。

由于高速公路上水源缺乏，且为全封闭式道路，因此在调派车辆时一定要根据灾害事故的不同特点，充分考虑各种灭火剂所需数量，满足灭火需要。要优先调集大吨位水罐消防车，同时携带性能良好、功率较大的手抬机动泵，以便就近利用天然水源。

（四）明确主攻方向是重点。

在此次灭火救援行动中，参战官兵严格贯彻现场指挥部“救人第一、迅速排险”的指导思想，将抢救人员生命和危化品泄漏处置作为战斗行动的重点，按照各战斗段的重点任务，分工负责，灭火、救人、堵漏同时实施，有效排除了险情。

中石化西南成品油输油管道贵州贵阳段“11·26”泄漏事故抢险救援情况

2013年11月26日22时许，沪昆铁路客运专线第七标段施工塔吊发生倒塌，造成中石化西南成品油输油管道破损，大量成品汽油从泄漏点喷涌而出。贵州省公安消防总队接警后，快速响应，先后调集203名官兵、36辆消防车、52吨泡沫及各类抢险救援装备投入战斗。党中央、国务院高度重视，张高丽、马凯、杨晶、郭声琨等中央领导同志分别做出批示；贵州省委副书记、省长陈敏尔，省委常委、政法委书记、副省长秦如培，省政府党组成员、省长助理、省公安厅厅长孙立成等领导赶赴现场指挥。经过50个小时生死鏖战和60个小时后续监护处置，有效防止了爆炸伤亡事故的发生，确保了沪昆铁路、西南成品油输油管道两大动脉及周边群众的安全。

一、基本情况

（一）现场情况。

发生事故的西南成品油管道位于贵州省贵阳市贵安新区高峰镇王家院村，地处中铁十四局沪昆铁路客运专线第七标段施工地段，距离平坝县城约18千米，距安顺市区约57千米，距贵阳市约45千米。事故地点东面为中铁十四局施工工地和工人临时住宿区；南面约30米处为沪昆珠六铁路复线；西面紧邻居民住宅；北面为102省道，距离路边约20米。事故地点周边2千米内有601油库、马场油库、力行石材机械制造有限公司、玖久制药厂、170厂等大型厂矿企业。现场因中铁十四局施工过程中距事故点约40米的塔吊发生倒塌（塔吊型号为tc5013a，高度28.6米，工作臂长50米），4块配重块（总重12吨，每块长2.56米、宽1.11米、厚0.14～0.31米，材质为钢筋混凝土）砸落，导致埋于地面以下的输油管道变形泄漏。

（二）管道概况。

发生泄漏的输油管道名称为中国石油化工股份有限公司华南分公司西南成品油输油管道，管道流向由东向西，从广东茂名流至云南昆明，全长3388公里。管道管径为400毫米，介质流向反面高（即贵阳方向高，平坝方向低），运输流量每小时790立方米，输送压力为6～8兆帕，年平均运输量360万吨，材质为X60高强合金钢。管道泄漏段两侧修有防护堤（未封顶），堤长60米、高3.5米、宽0.8米，两个防护堤之间相距4.2米。管道泄漏点距两侧阀门东侧约11千米、西侧约12千米；管道埋入地下，最上沿距地面约1.3米；泄漏部位经撞击呈凹陷状，凹陷面直径约30厘米，泄漏口长12厘米、宽2毫米。

（三）灾害特点。

1．现场情况复杂。事故发生时正是深夜，能见度低、视线受阻；通往现场的公路交通不便，泄漏区域四周空旷不利于管控；邻近的建筑、人员多疏散不易；泄漏处形状不规则堵漏困难。

2．泄漏后扩散面积大。泄漏的油品呈喷涌状，泄漏出来的油品上百吨，地面形成约2000平方米的油品聚集区，周边2万余平方米范围内土层形成了油品渗透区。

3．极易发生燃烧爆炸。汽油属易燃品，闪点为-38℃～-46℃，具有较强的挥发性和流动性，挥发油气爆炸浓度极限为1.3%～6%，如现场处置不当极可能发生燃烧和爆炸。

4．涉及面广影响大。事故造成沪昆铁路株六复线被迫停运，交通大动脉受阻；输油管道关闭致滇、黔、桂成品油供给受到影响；贵阳、安顺饮用水源地红枫湖面临被污染的危险；附近居民需大面积转移安置等，社会影响非常大。

（四）水源情况。

距离现场1.5千米处有一条河流，水源充足；位于玖久制药厂内有1个消防水池，储量200吨，距离现场1.2千米；位于170厂区内有1个室外消火栓，流量压力充足，距离现场3千米。

（五）气象。

11月26日晚，小雨，西北风，风力三级，温度5℃～14℃；

11月27日，阴转小雨，南风，风力三级，温度4℃～9℃；

11月28日，阴，南风，风力三级，温度4℃～8℃；

11月29日，阴，南风，风力三级，温度6℃～10℃；

11月30日，阴，南风，风力三级，温度6℃～8℃；

12月1日，多云，东南风转南风，风力三级，温度4℃～15℃。

二、处置经过

（一）快速响应，第一时间调集攻坚力量。

11月26日22时10分，平坝县公安消防大队接警后，立即出动3辆消防车、14名官兵赶赴现场，同时迅速向安顺市公安消防支队、省公安消防总队报告，并通知中石化关闭事故输油管两端阀门，要求当地政府组织疏散周边群众和断火断电。总队接报后，迅速启动重特大灾害事故跨区域灭火救援预案，先后调集安顺支队、贵阳支队和贵安新区消防机构筹备办的189名官兵、33辆消防车、46吨泡沫以及远程供水车组到场增援。吴晏平政委、罗灿总队长率全勤指挥部遂行出动指挥抢险救援工作。省政府调集公安、武警、安监、中石化、铁路、交通、供电、医疗等单位1000余人赶赴事故现场，并成立了救援总指挥部。

（二）侦察警戒，紧急疏散周边群众。

26日22时42分，安顺支队平坝中队首战力量到场后，14名官兵分3组进行处置：侦查检测组利用可燃气体探测仪对现场进行侦检；救援组用2支喷雾水枪对现场进行稀释和驱散，降低汽油蒸汽浓度，用沙土覆盖泄漏汽油，防止汽油进一步扩散；警戒疏散组依据侦检结果，配合辖区先期开展工作的相关单位立即在泄漏点上风方向1000米、下风方向1500米设立警戒线，实施交通管制，禁绝一切火源、电源，严防发生燃烧爆炸，对方圆2千米范围内的1350余名群众进行安全转移。总队全勤指挥部到场后，立即成立以吴晏平政委、罗灿总队长为总指挥的现场消防救援指挥部，迅速派出安顺支队、贵阳支队共10个小组，沿泄漏点四周进行地毯式的侦检和排查，沿下游方向排查至距泄漏点2千米处，并在距泄漏点220米处设置了重点防控区，设置力量进行现场监护。同时，请求总指挥部调派公安民警和武警部队加强现场警戒力量。

（三）科学部署，多重防护创造决战条件。

现场控制后，总指挥部决定清理泄漏现场，并对泄漏油品进行输转回收，为堵漏创造条件。根据总指挥部决策，总队确立了“抑火防爆、稀释驱散、泡沫覆盖、输转堵漏”等战术措施，将事故现场划分为核心泄漏区、输转回收区、油品渗透区3个重点作战区域，组建了侦检警戒、泡沫覆盖、稀释驱散、作业保护、筑堤防护、战勤保障、通讯联络、联动协调等作战单元。27日2时45分，安顺支队平坝中队、开发区中队、黄果树大街中队采取高倍数泡沫覆盖、喷雾水枪稀释和泡沫管枪、移动水炮掩护等三道安全措施，配合中石化将4块塔吊配重石安全吊移。7时38分，泄漏现场清理完毕。

清理后的现场聚集了大量的回渗汽油，7时50分，开始对核心泄漏区油品实施输转和回收。贵阳和安顺2个支队组成4个侦察监测组，与中石化技术人员不间断对现场进行监测，为指挥部提供决策依据；安顺支队平坝中队、开发区中队架设2支泡沫管枪阵地对泄漏点周边实施全泡沫覆盖，设置2支喷雾水枪对现场进行稀释驱散降低油气浓度，平坝中队设1辆高喷车占据有利地形，随时做好应急准备。在油品渗透区，安顺支队黄果树大街中队、特勤中队攻坚队员在水枪掩护下，协同武警水电部队在距泄漏点200～220米的区域内挖开了3条长约30米的防护沟和7个集油深坑，有效防止油品继续向下游方向渗透，为汽油输转、回收创造了条件。因前方稀释和泡沫覆盖需大量用水，指挥部命令贵阳支队特勤大队供水模块车组从距离1.5千米处的天然水源取水，形成了每秒240升的大流量向安顺支队前沿阵地供水；安顺支队、贵阳支队、贵安新区筹备办9辆大吨位水罐消防车编成2个运水供水小组，确保现场供水不间断。

（四）监护封堵，明火焊接作业决战决胜。

27日上午，中石化专业技术人员、封堵器材、消防保卫力量全部就位后，总指挥部做出了“管夹堵漏、明火焊接，先堵后焊”的管道封堵决策。15时40分，中石化派出工程技术人员采取“管夹”方法对管道实施封堵，安顺支队设置4支喷雾水枪和泡沫管枪阵地实施全程保护。19时51分，管道封堵成功。28日4时50分，总指挥部根据封堵后测试结果和专家建议，决定由中石化负责明火焊接，消防负责现场保护，其他力量负责警戒和油品回收。按照总指挥部的统一部署，消防参战官兵由安顺支队平坝中队、开发区中队攻坚力量先用4支喷雾水枪稀释驱散，架设4支泡沫管枪全程保护；贵阳支队特勤大队架设2台高倍数泡沫发生器对作业现场进行全泡沫覆盖并全程监护，3名攻坚队员利用干粉灭火器近距离监护，并统一设置安全员明确了紧急撤离信号和撤离路线。另外，中石化技术人员在现场用防火沙、防火石棉等与渗透油品隔绝形成作业面，用氮气轴流风机向现场充斥惰性气体，2名焊接操作人员着隔热服，采取吊车保护的方法，做好焊接准备。28日11时，焊接作业正式开始。焊接过程中，由于回流油品浸透防火棉，每间隔一段时间便会产生一次燃烧，历时2个小时发生3次燃烧后，作业区焊接被迫中断。总指挥部进行了进一步的研究调整，采纳了罗灿总队长建议，在泄漏点两端和底部浇筑速凝水泥隔断和其他防火材料形成作业面，在操作区下方挖出一个引流坑，设置输油泵不间断抽油，减少作业现场汽油量。28日17时38分，按照新调整方案，各项准备全部就绪，决战正式打响。在焊接过程当中，消防官兵精准打击，共扑灭明火22起，覆盖高倍数泡沫12次。11月29日0时3分，历时近7个小时焊接作业全部结束。在后续的24小时监护过程中，中石化监护人员发现焊接点有3个砂眼，为降低风险，现场指挥部决定待12月1日凌晨柴油通过管道后进行补焊。12月1日10时18分，补焊工作开始，11时，所有处置工作全部结束，堵漏取得圆满成功。12时30分，指挥部命令安顺支队平坝中队留守监护，其余力量全部撤回。

三、经验体会

（一）各级领导率先垂范、靠前指挥。

泄漏事故发生后，省长陈敏尔、副省长秦如培，省公安厅厅长孙立成等领导亲临现场指挥救援工作。秦如培副省长全程坐镇，调集了社会联动单位和专家队伍到场协同作战，为圆满完成抢险救援作战任务奠定了基础。

（二）现场指挥部科学决策、专业处置。

总队主要领导率全勤指挥部赶赴一线指挥，按照“救人第一”的指导思想，第一时间将危险区域内的群众全部疏散至安全地段。救援过程中，采取“先监测，再预判，后操作”的工作程序，层层设防，层层监护，确立了“抑火防爆、稀释驱散、泡沫覆盖、输转堵漏”等战术措施。在堵漏技术上，总队积极建言献策，为成功完成堵漏任务发挥了关键性作用。

（三）参战官兵英勇顽强、攻坚克难。

在此次作战行动中，全体官兵将人民生命财产安全放在首位，从总队领导到参战的官兵，始终战斗在第一线，冒着随时爆炸危及生命的危险，连续5天6夜110个小时坚守阵地，发扬了不怕牺牲和“特别能吃苦、特别能战斗、特别能奉献”的大无畏革命精神。

（四）救援现场保障有力、部署周密。

总队战勤保障人员与作战力量同步到位，全力做好现场后勤保障工作，调派3辆卫星通信指挥车、1辆生活保障车、2辆泡沫运输车、1辆装备抢修车、1辆油料补给车及各类保障物资同步到位，实施部队自我保障；利用单兵图传等手段将现场救援情况实时传输到指挥车和总队指挥中心，确保了前后方通信畅通，为指挥部准确掌握灾情、科学决策指挥提供了强有力的信息支撑。

广东深圳“12·11”光明新区荣健农副产品批发市场火灾扑救情况

2013年12月11日1时29分，广东省深圳市光明新区公明办事处荣健农副产品批发市场发生火灾。深圳市公安消防支队指挥中心接警后，先后调集8个中队的

29辆消防车、145名官兵赶赴现场扑救，于3时将火灾扑灭，共抢救被困群众21人，其中5人生还、16人死亡，过火面积约1179平方米。

一、基本情况

（一）单位概况。

荣健农副产品批发市场位于深圳市光明新区公明办事处根竹园南环路“东江仔”工业区，原为该片区21栋厂房，后改造成市场，主要经营水果、副食、禽蛋等农副产品。该批发市场共分成5个区域，A区占地面积1.5万平方米，建筑面积7500平方米，有52家店面，为市场配套设施和仓库；B区占地面积4.5万平方米，建筑面积约1.5万平方米，有236家店面，为水果批发区；C区为二层工业厂房改造，占地面积1.39万平方米，有204家店面，一层为蔬菜批发、零售区，二层为茶叶、海味及干果区；D区厂房为根竹园社区所有，租给辉煌万家装饰家居广场使用（不属于荣健农副产品贸易有限公司），未营业；H区占地面积2万平方米，建筑面积约1.5万平方米，有74家店面，暂未招商经营。该市场为典型的“三合一”场所，集经营、住宿、储存于一体，商铺内住宿区域与其他区域未设置有效的防火分隔，极易造成火势蔓延。

（二）建筑情况。

起火建筑位于荣建农批市场B区A栋，东面为长盛发塑胶厂生产车间，间距6米，且两处顶部以铁皮棚相连；西面为商铺，间距约10米；南面为临街商住楼（共3层，首层为商铺，二、三层为宿舍）；北面为商铺。着火区域南北长134米，东西宽8.8米，有商铺22家（编号A39～A60）。整栋建筑物互相连通，空间大、跨度大。商铺大部分以1米高的砖墙为基础，在砖墙上方安装钢架、铁网，形成墙体。每个商铺长约8.8米、宽4.7米、高4.5米。部分商铺以彩钢板、木板为材料，搭建阁楼，并大量使用聚氨酯泡沫板保温隔热，商铺顶部均用铁皮封闭，商铺相连，未进行防火分隔。商铺内部堆积大量水果、纸盒、塑料及家用物品，火灾荷载大。各商铺根据需要存在不同程度的改造，如加建冷库、厨房、住人阁楼、洗手间等。

（三）燃烧物品理化性质。

聚氨酯泡沫塑料，化学成分为聚氨基甲酸酯、聚氨酯，英文名Polyurethane。聚氨酯泡沫材料易燃烧，燃烧时释放大量有毒气体，包括一氧化碳、氰化氢、氯化氢、二氧化硫、氮氧化物、光气及异氰酸化合物。当人体超过50%的血红蛋白与一氧化碳结合时就会致命。

（四）内部消防设施。

市场内设有室内消火栓系统，周边共设有42个室内消火栓（有水、压力不足），1个地上消火栓（有水、压力不足），无消防水泵，该市场供水管网直接与市政管网连接，直径150毫米，测试压力为0.15～0.2兆帕。

（五）周边水源情况。

市场周边2千米范围内共有64个市政消火栓，其中30个无水，主要分布在楼岗大道两侧和公明西环大道西侧；周边1千米范围内共有15个市政消火栓，仅有3个可满足消防车取水需求，均位于批发市场东侧700米处公明南环大道两侧，测试压力为0.35兆帕。周边市政供水管网为枝状，管径300毫米，属于城市供水管网的末端。

（六）当日气象。

气温15℃～19℃，多云。风力3～4级，无持续方向，火灾发生时，通道内风向为北风。

（七）火灾特点。

1．燃烧速度快，蔓延迅速。商铺内部大量使用聚氨酯泡沫板保温隔热，并堆积大量纸盒、塑料及家用物品，火灾荷载大。商铺相连，极易造成火势蔓延。辖区中队到达现场时，B区A东约22个商铺均起火，火势呈猛烈燃烧状态。

2．烟雾浓、毒性大。聚氨酯泡沫板、塑料、纸盒燃烧后产生大量有毒浓烟，是造成人员重大伤亡的主要原因。

3．人员搜救困难。一是各过火商铺卷帘门处于锁闭状态，既阻碍了人员逃生，又给搜救工作增加了难度；二是现场火势猛烈，烟雾浓、温度高，影响搜救工作的开展；三是火场存有液化石油气瓶，电动单车等物品，在扑救的过程中爆炸时有发生，严重阻碍搜救工作；四是各过火商铺内部钢架、铁丝、顶部铁皮倒塌，货物堆放密集，搜救行动困难。

二、扑救经过

12月11日1时29分，公明公安消防中队接到荣健农产品批发市场B区商铺发生火灾、有人员被困的报警后，立即出动11辆消防车、50名官兵赶往现场扑救。1时35分，消防官兵到场，发现火势已经处于猛烈燃烧阶段，中队指挥员立即向大队全勤指挥组报告并请求增援。1时51分，光明公安消防大队全勤指挥组到达现场，并向市公安消防支队指挥中心请求增援。支队指挥中心先后调出光明、松岗、石岩、沙井、特勤二、福永、观澜等公安消防中队到场增援。3时10分，支队全勤指挥部到达现场，指挥火场搜救和火场清理工作。

（一）第一阶段：辖区中队力量作战情况。

公明中队到达火灾现场后，经火情侦察，发现现场 22间商铺已成连体燃烧，火势大，处于猛烈燃烧阶段，现场烟雾浓，不时响起爆炸声。通过询问知情人，得知42号、43号商铺及南面商住楼有人员被困，各商铺卷帘门呈锁闭状态。经初步了解，火场燃烧物为塑胶、纸盒等易燃物品；室内消火栓有水，但无法满足现场灭火需求；西面拐角处有1个室外消火栓；现场电源已切断；火势有向东面长盛发塑胶厂生产车间、西面商铺、南面商住楼、北面商铺蔓延的趋势。

根据火情侦察掌握的情况，中队指挥员立即采取救人与控火同时进行的战术措施。根据知情人提供的信息，中队指挥员迅速组织3个抢险救援攻坚组分别对42号、43号商铺及南侧商住楼进行破拆和搜救。命令五号“马基路斯”水罐车停在B区通道着火部位正南面，出3支水枪进行搜救掩护和灭火，同时防止火势朝南面商住楼蔓延，三号水罐泡沫车停靠于楼岗大道上给五号“马基路斯”水罐车供水；命令四号水罐泡沫车停靠于着火部位东面长盛发塑胶厂内，出3支水枪防止火势蔓延，六号“斯太尔”水罐车给四号水罐泡沫车供水；命令二号压缩空气泡沫车在B区着火部位西北面出2支水枪进行灭火，并防止火势朝北面商铺蔓延，七号“斯太尔”水罐车进行供水；命令马山头分队协助对42号、43号商铺进行破拆和搜救，塘尾、李松朗分队从南面商住楼进行内部搜救，楼村、长圳分队负责疏散周围住宅、商铺人员、外围警戒及寻找水源。

1时45分，搜救小组在43号商铺救出2名被困者。1时50分，搜救小组利用二节拉梯从南侧商住楼救出3名被困者。1时54分，在北侧64 号商铺搜救出1名被困人员。至1时54分，中队全体官兵共搜救出被困人员6名（后经医务人员检查，其中3人死亡），疏散周边群众100多人。

（二）第二阶段：辖区大队力量作战情况。

1．光明大队到场情况。光明大队全勤指挥组于1时51分到达现场，此时公明、光明2个中队的15辆消防车已到场。经初步侦察，发现现场火势较大，仍有人员被困。公明中队和光明中队已采取了破拆、搜救、内攻和控火等措施。

2．大队到场部署情况。大队全勤指挥组到达现场后，立即成立大队现场指挥部，按照“救人第一”的指导思想和“先控制，后消灭”的战术原则，对各参战中队下达作战命令。

（1）命令公明中队组织攻坚组由南往北商铺逐个进行破拆搜救，并继续防止火势向东面长盛发塑胶厂、西面商铺及南面宿舍楼蔓延。1时56分，在南面商住楼搜救出1名被困人员。1时59分，在A43号商铺搜救出2名被困人员。

（2）命令光明中队组织攻坚组由北往南商铺逐个进行破拆搜救，并给在东面长盛发塑胶厂的公明中队主战车供水，利用主战车出3支水枪进行灭火。2时4分，在A47号商铺搜救出1名被困人员。

（3）1时53分，松岗中队到场，由于现场水源缺乏，火势大，命令松岗中队1辆水罐车在市场正门处向公明中队5号车供水，1辆水罐车在火场北面向公明中队2号车供水，1辆水罐车从南面出2支水枪协助灭火；命令大队值班参谋专门负责火场供水。

（4）2时13分，石岩中队到场，命令该中队给光明中队1号水罐车供水，和光明中队一起在火场东面长盛发塑胶厂出3支水枪进行灭火，并利用移动照明灯具对火场照明。此时，现场火势已得到初步控制，为加大搜救力度，大队全勤指挥组命令在火场东面长盛发塑胶厂控制火势的部分官兵转移至起火商铺，参与搜救。

（5）2时37分，沙井中队、特勤二中队到达到现场，命令沙井中队1辆水罐车在火场北面给公明中队主战车供水，特勤二中队1辆水罐车在火场南面为公明中队主战车供水，特勤二中队移动充气车停靠于楼岗大道，对现场进行空气呼吸器充气，安排队员协助现场破拆工作。3时，火势被基本扑灭，之后继续组织力量全力搜救被困人员和消灭残火。

（三）第三阶段：支队全勤指挥部指挥作战情况。

1．3时10分，支队全勤指挥部到达现场，此时明火已消灭，只剩余部分阴燃杂物，内部烟雾弥漫、温度高，且大部分商铺内部阁楼、铁皮已坍塌，货物堆放凌乱，内部环境情况复杂。

2．立即成立火场指挥部，重新进

行战斗部署，将现场划分成3个片区进行搜救。第一片区由公明中队、福永中队负责，对A38号至A48号商铺进行破拆搜救；第二片区由松岗中队、沙井中队负责，对A49号至A61号商铺进行破拆搜救；第三片区由公明中队、光明中队负责，对南面临近商铺进行破拆搜救。命令福永中队在B区大门口处向光明中队主战车供水，观澜中队在B区大门口向沙井中队水罐车供水，其余灭火力量保持不变。经过现场破拆搜寻，相继在A42号商铺发现4名被困者，A43号商铺发现2名被困者，A55号商铺发现1名被困者，A57号商铺发现4名被困者。

（四）第四阶段：火场清理阶段。

现场明火已扑灭，个别商铺存在阴燃现象，且商铺内堆积货物多，大量铁皮、铁网倒塌，给官兵深入搜救带来很大难度。支队全勤指挥部根据现场实际情况，命令公明中队五号“马基路斯”水罐车留守，出2支水枪配合火场清理工作，利用现场提供的挖掘机，对A39～A60商铺内部物品进行清理。同时，组织力量反复对过火商铺进行搜索。至12日2时30分，现场彻底清理完毕，公明中队归队。

三、经验体会

（一）领导重视，亲临指挥。

火灾发生后，中央政治局常委、国务院总理李克强，中央政治局委员、广东省委书记胡春华，国务委员、公安部部长郭声琨，广东省委副书记、省长朱小丹，广东省委副书记马兴瑞，广东省副省长刘志庚，广东省副省长、公安厅厅长李春生等领导分别做出重要指示，要求全力抢救受伤人员，妥善处理善后事宜。接到报告后，广东省副省长、公安厅厅长李春生等领导赶赴火灾现场指挥灭火救援和善后处置工作。

（二）反应迅速，科学调度。

火灾发生后，深圳市公安消防支队指挥中心迅速调集了8个中队共29辆消防车、145名官兵赶赴现场处置。同时，迅速启动应急事故处置联动机制，通知新区应急指挥中心、公安分局、交警大队、新区人民医院、水务局、供电公司等社会联动力量到场协助处置。

（三）战术得当，措施得力。

一是坚决贯彻“救人第一”的指导思想，集中优势兵力全力抢救被困人员。参战官兵坚决执行各级指挥员的命令，积极救人，成功从火场中救出5名生还者。二是战术运用合理，采取围堵、夹击的战术，最大限度地控制火势蔓延。

（四）英勇顽强，不怕牺牲。

参战官兵冒着烈火和浓烟，发扬不怕苦不怕累的战斗精神，临危不惧，顽强作战，全力搜救人员，全力控制火势蔓延，得到各级领导及人民群众的高度评价。

广东广州“12·15”建业大厦火灾扑救情况

2013年12月15日18时50分，广东省广州市越秀区起义路217号建业大厦因电线短路发生火灾。广州市公安消防支队指挥中心接警后，先后调集28个公安消防中队的58辆消防车、1艘消防船、380余名官兵参加扑救。16日3时30分，火势被控制。5时55分，大火被扑灭。公安消防官兵成功救出遇险群众3人，疏散大楼内被困群众16人、安全转移周边居民1600多人。火灾过火面积1.25万平方米，无人员伤亡。

一、基本情况

（一）单位概况。

建业大厦为钢混结构建筑，地下3层，地上25层，建筑高度91米，建筑面积2.06万平方米。大厦内设有疏散楼梯2个、电梯4部，外墙由铝塑板和玻璃幕墙装饰。

1995年，该大厦开始施工。1998年，因开发商资金问题导致大厦主体结构完工后形成烂尾楼。原设计用途地下三层为汽车库和设备用房，首层至五层为商场，六层及以上为办公室。起火时地下一至三层为车库，首层至二十五层作为鞋品临时仓库。大厦虽然建有自动报警、自动喷水、消火栓、防排烟、消防电梯等消防设施，建筑尚未完工，未能启用。

建业大厦东面为起义路，西面为居民房和回民小学，南面、北面为居民房。大厦周边500米范围内有消火栓35个，建筑南面1.5千米处为珠江。

（二）火灾特点。

1. 建筑结构复杂。建业大厦整体造型呈阶梯式金字塔布局，单层面积逐渐缩减。大厦租户自行划分区域堆放货物，使每层布局各不相同，隐蔽空间多，内部通道狭窄错综复杂，货物库房、加工作坊、办公用房混为一体。部分楼层疏散通道堆放大量货物，给内攻、搜救造成极大困难。

2. 火灾荷载大。大厦一至十九层、二十一至二十二层和二十四层存有大量皮鞋、服装、纸箱、塑料等易燃物品，部分楼层设有货架，并摆放有办公桌椅和电脑等电器设备。货物摆放密集、随意，没有进行有效防火分割，部分仅采用木板、钢丝网实施隔挡。建筑内部火灾荷载大，物品燃烧热值高。起火后火势发展猛烈，蔓延迅速，火场温度高、烟雾浓度大，尤其是橡胶、塑料等高分子材料熔化燃烧，毒性大、浸水性差，扑救困难。

3. 蔓延途径多。由于大厦尚未完工，一至五层原设计安装扶手梯的部位形成一个长11米、宽4米的“天井”，上下贯通，火灾发生时四至五层防火卷帘未完全放下。六至二十五层的电缆井（2.4米×0.4米）、消防竖管（2.0米×0.8米）、排烟井（3.0米×0.5米）等竖向管道井上下贯通，未进行封堵。一层鞋品库房着火后，高温烟气迅速沿天井向上蔓延，通过四、五层防火卷帘缝隙引燃附近堆放的货物，火势又沿管道竖井蔓延扩大，突破窗口沿铝塑板等外墙装修材料向上下蔓延。内外部烟囱效应明显，火借风势，蔓延迅速，短时间内形成大面积立体燃烧。

4. 内部消防设施失效。建业大厦设计安装的消防设施未完工，未与市政供电、给水管网连接。日常用电、用水仅靠施工使用的临时供电、供水系统，消防设施处于瘫痪状态，形同虚设，影响初战控火作战效能。

5. 周边作业空间狭窄。大厦北、西、南侧紧邻居民楼，消防车道仅为6

米、3.2米、3.3米，并有围墙分割，车辆不能通行，加之着火后玻璃幕墙和铝塑板烧融不断掉落，威胁参战车辆和官兵安全，外攻水枪、水炮阵地只能设置在毗邻居民建筑楼顶。同时，由于东面起义路上空架设4条电车电缆，举高车、高喷车展开受阻，无法靠近大厦实施近距离灭火。

6. 恶劣天气加速火势蔓延。火灾发生当日，广州市城区普降大到暴雨，气温7℃，北风4～5级。在强风作用下，风助火势迅速形成猛烈燃烧，瞬间造成大面积火灾。

二、扑救经过

12月15日18时50分，广州市公安消防支队指挥中心接警后，立即调集越秀、解放北路2个公安消防中队的7辆消防车、39名官兵赶赴现场扑救，越秀公安消防大队指挥员遂行指挥。18时56分，辖区越秀公安消防中队到场侦察发现，大楼内有人员被困，五层火势已突破西、南面建筑外窗向上翻卷，不断有飞火落下，危及周边居民楼和学校安全。中队指挥员立即向支队请求增援，迅速组织2个攻坚组深入内部搜救人员，利用防烟楼梯间铺设水带线路，在一、二、四、六层分别设置1支、五层设置2支水枪内攻堵截控火，并部署1辆云梯车在大厦东面起义路上出水炮压制外围火势，在南面毗邻居民楼顶设置2个水枪阵地控制火势蔓延，消除飞火。19时8分，大队指挥员及5个增援公安消防中队的10辆消防车相继到场。大队指挥员命令增援中队组织3个小组进入楼内搜救、2个小组疏散毗邻居民楼内人员；在大厦东面部署1辆高喷车，在南面居民楼顶增设1门移动水炮，实施外攻灭火。19时22分，参战官兵先后从大厦内部疏散出16名群众。

19时31分，广州市公安消防支队全勤指挥部到达现场，并向支队总指挥报告。根据总指挥要求，全市公安消防部队立即启动灭火救援一级响应机制，要求疏散周边150米范围内的居民。此时，五层火势燃烧猛烈，六至八层西侧已有明火突破窗口，其余大多数楼层均有浓烟冒出，群众反映二十至二十五层有3名人员被困。支队指挥员立即组织5个攻坚组，每组负责5个楼层，深入内部展开搜救；组织3个小组疏散毗邻居民楼人员，并在毗邻建筑顶部增设水枪、水炮阵地，实施外部控火、消灭飞火；调集战勤保障大队、特勤一中队到场增援。19时48分，支队主官以及其他党委成员相继到达现场。19时55分，参战官兵先后从二十二、二十五层救出3名被困人员。

20时10分，十一、十二、十七、十八层相继发生轰燃，火势从外窗迅速向上蔓延。指挥部在确认被困人员全部救出的情况下，立即下达了紧急撤退命令，要求所有内攻人员撤出，保留外部力量继续灭火。内攻人员撤出后，指挥部迅速做出力量调整，部署5辆举高车、1辆大功率水罐泡沫车从大厦东面利用车载炮，从高、中、低三个层面实施外攻灭火；在毗邻南、西、北面居民楼顶设置6个移动水炮、7个水枪阵地实施控火和消灭飞火。20时25分，市政府相关领导到达现场，明确由公安消防部队负责一线灭火救援工作，要求参战官兵注意自身安全，全力抢救被困人员，防止火势向周边建筑蔓延。20时50分，大火已烧到大厦顶层。21时30分，广东省公安消防总队政委陈国祥率总队全勤指挥部到场。22时30分，广州市建委专家对大厦建筑结构进行评估，认为存在安全隐患，不宜进入内部施救。16日0时许，省、市两级政府主要领导相继到场，指导火灾扑救工作。0时30分，根据省、市政府领导指示和专家评估意见，现场指挥员命令除留下少数装备操作人员外，其余人员全部撤出，再次确认周边150米范围内已无居民，防止起火建筑坍塌导致人员伤亡。

16日2时许，增援的邻近公安消防支队力量相继到场，现场指挥员组织力量从外部开始逐层灭火。3时30分，火势被控制。5时55分，大火基本扑灭，现场转入由外围向内打水清理残火阶段，直至当日18时许，整个灭火战斗结束。现场留下6个公安消防中队及战勤保障大队实施监护，防止死灰复燃。17日14时许，经市政府组织建筑专家评估，确认大厦主体结构无坍塌危险，公安消防官兵进入楼内清理现场。18日12时，现场清理完毕，部队全部撤离。

三、经验体会

（一）主攻方向明确，作战思路清晰。

各级指挥部合理采取“救人第一，救人与灭火同步”的战术措施，及时调整力量部署，成功解救遇险群众3人，疏散大楼内被困群众16人，安全转移周边居民1600多名，未造成人员伤亡。

（二）战术应用得当，力量部署合理。

此次火灾综合了高层建筑与仓库火灾的特点，不仅灭火救援难度极大，而且飞火四溅极易引燃周边建筑。支队接到火警后，准确预判火灾形势，多点部署灭火力量，避免了灾情扩大。

（三）官兵英勇顽强，后勤保障有力。

在这次火灾扑救中，攻坚组队员冒着浓烟高温和玻璃幕墙随时爆裂坠落的危险，深入顶层抢救被困人员，全体参战官兵克服天气阴冷等不利条件，在风雨中连续奋战66小时，最终将大火彻底扑灭。期间，战勤保障部门保障饮食、油料、器材、灭火剂充分供给，确保了火灾扑救行动的顺利开展。

第八篇

全国消防业务统计资料

第一章　火灾统计

第一节　全国火灾情况

2013 年全国火灾情况

2013年，全国共统计火灾38.8万起，死亡2113人，受伤1637人，直接财产损失48.5亿元。另外，接报森林、草原、矿井地下部分及铁路、交通港航火灾4085起，死亡76人，受伤36人，直接财产损失2.7亿元，受灾森林13724公顷，受灾草原35077公顷。

一、火灾分布特点与往年大致相同，但城乡接合部、小城镇等火灾多发。从全年火灾看，一是农村火灾比重较大，占总数的32.4%，分别高于县城集镇和城市火灾所占的比重；二是东部火灾多发，共发生火灾17.3万起，占总数的44.6%，超过中部17.4%、西部22.8%和东北15.3%的比重；三是居民住宅火灾亡人多，共发生火灾11.7万起，造成1215人死亡，起数占总数的30.1%，亡人占总数的57.5%；四是电气火灾比例最高，违反电气安装使用规定等引发的火灾共11.6万起，死亡745人，受伤538人，分别占总数的29.7%、35.3%和32.9%。此外，一些城乡接合部、小城镇等区域消防基础设施“欠账”较多、单位消防管理滞后、火灾隐患集中，消防安全问题日益凸显，火灾明显多发，应引起重视。一是城乡接合部大火较多，北京市朝阳区小武基村京中发汽配城火灾、吉林宝源丰禽业有限公司火灾爆炸事故等都发生在城乡接合部；二是小城镇火灾伤亡比重大，虽然火灾只占总数的29.4%，但人员死、伤和损失分别占33.9%、38.2%和38%；三是因电动车充电短路、故障等引发的较大火灾共14起，占较大火灾总数的11.9%，较往年明显突出。另外，放火引发的火灾虽仅占总数的1.8%，但人员死、伤分别占总数的16.9%和12.2%，其中发生了福建厦门公交车、黑龙江海伦敬老院2起重特大放火案件。

二、较大火灾多发生在住宅、商业场所，重特大火灾有所增加。全年共发生较大火灾117起（其中23起为放火），死亡449人，受伤107人，直接财产损失3.7亿元，发生概率为1/3323起，低于2012年的1/2535起，其中55起发生在住宅，16起在商业场所，9起在集体宿舍，9起在生产厂房，8起在仓储场所，3起在建筑工地，2起在养老院，2起在餐饮场所，1起在宾馆饭店，12起在其他场所；

发生重大火灾4起（其中1起为放火），死亡53人，受伤56人，直接财产损失590.5万元，比2012年增加2起；发生特别重大火灾2起，其中1起为吉林长春德惠市宝沅丰禽业有限公司厂房起火爆炸事故，另1起为福建厦门公交车放火案件，共造成168人死亡，112人受伤，直接财产损失1.8亿元，2012年未发生特别重大火灾。

三、消防队伍出警首次超过百万起，比2012年增加36.5%。全国各类消防队伍共接警出动103.3万起，比上年增加27.7万起，共出动消防人员1102.6万人次，出动消防车辆183.2万辆次，营救遇险被困人员17.5万人，抢救和保护财产价值359亿多元。其中，火灾扑救38.5万起，抢险救援26.3万起，社会救助21.9万起，公务执勤1.3万起，其他出动15.3万起。在灭火救援战斗中，共有14名现役公安消防官兵、1名专职消防员英勇牺牲。

分地区火灾综合情况表

地区	火灾概况						较大火灾				重大火灾				特别重大火灾			
	起数	死人	伤人	损失			起数	死人	伤人	直接损失(万元)	起数	死人	伤人	直接损失(万元)	起数	死人	伤人	直接损失(万元)
				直接损失(万元)	烧毁建筑(平方米)	受灾户数												
合计	388821	2113	1637	484670.2	25889251	131050	117	449	107	36535.3	4	53	56	590.5	2	168	112	18270.0
北京	4119	53	18	5265.9	85845	229	3	8		1434.5	1	12	4	200.0				
天津	4195	43	39	5048.0	112466	1392	1	3		6.4								
河北	12571	85	49	22260.0	1488057	3540	5	27	3	308.7								
山西	8153	24	43	16216.4	809417	1155	2	3		4840.4								
内蒙古	11749	40	16	12634.7	1453105	1403	1	5	5	20.4								
辽宁	31655	94	50	21207.2	742771	2930	4	14	1	2217.9								
吉林	12370	138	85	24354.5	405806	1320	1	3	1	4.0					1	121	76	18200.0
黑龙江	15395	45	54	14342.7	7042857	4498	4	11	25	1654.2	1	11		16.6				
上海	9031	73	79	12417.4	122753	1475	4	15	17	2916.0								
江苏	30469	165	167	28583.5	612355	47492	5	22	4	56.4								
浙江	46141	163	136	56715.5	1428309	12740	12	56	9	1813.6								
安徽	11671	61	56	16320.2	788171	1559	5	16		2206.9								
福建	11972	95	68	16526.3	420844	3596	2	9	4	323.0					1	47	36	70.0
江西	7207	61	22	19684.1	361639	1803	7	29		4980.4								
山东	32353	75	54	27367.1	1263901	2645	6	20	7	236.3								
河南	13562	72	61	14850.2	1230950	4502	8	39	10	45.5								
湖北	11263	66	99	8020.8	258025	2124	3	9	1	348.9	1	14	47	186.9				
湖南	15611	80	59	28302.3	711557	3062	7	26		6399.9								
广东	21118	202	143	39525.8	686875	4133	16	69	12	4328.6	1	16	5	187.0				
广西	3710	83	45	10964.5	543755	1707	3	10		30.6								
海南	1285	13	21	2520.6	676153	116	1	3		5.7								
重庆	6049	52	47	5644.0	173650	2219	2	7		4.4								
四川	19765	51	62	11746.0	290492	3237	3	10	2	29.1								
贵州	2900	66	41	11178.0	196452	2534	6	20	4	113.7								
云南	8502	85	33	15059.4	550840	8253	3	9		34.8								
西藏	112	4		817.3	15890	156	1	3		1.7								
陕西	11871	51	23	16223.0	806786	858												
甘肃	6455	22	35	7654.1	1034650	4408	2	3	2	2173.2								
青海	1511	10	6	2385.4	286610	432												
宁夏	4161	9		2149.6	118217	510												
新疆	11895	32	26	8685.7	1170057	5022												

分月季火灾综合情况表

项目		起数	所占比例(%)	死人	所占比例(%)	伤人	所占比例(%)	直接损失(万元)	所占比例(%)	较大火灾				重大火灾				特别重大火灾			
										起数	死人	伤人	直接损失(万元)	起数	死人	伤人	直接损失(万元)	起数	死人	伤人	直接损失(万元)
	合计	388821	100	2113	100	1637	100	484670.2	100.0	117	449	107	36535.3	4	53	56	590.5	2	168	112	18270.0
一季度	小计	105557	27.1	520	24.6	353	21.6	109532.2	22.6	32	120	34	8127.3								
	一月	34325	8.8	206	9.7	129	7.9	39317.0	8.1	15	53	22	5549.2								
	二月	36271	9.3	179	8.5	99	6.0	32893.3	6.8	12	47	7	2528.0								
	三月	34961	9.0	135	6.4	125	7.6	37321.9	7.7	5	20	5	50.1								
二季度	小计	92084	23.7	581	27.5	487	29.7	127484.6	26.3	25	105	13	2958.2	1	14	47	186.9	2	168	112	18270.0
	四月	33593	8.6	176	8.3	154	9.4	38926.3	8.0	12	46	10	2169.7	1	14	47	186.9				
	五月	31302	8.1	143	6.8	105	6.4	37517.7	7.7	9	45	3	87.6								
	六月	27189	7.0	262	12.4	228	13.9	51040.6	10.5	4	14		700.9					2	168	112	18270.0
三季度	小计	83320	21.4	325	15.4	380	23.2	107246.8	22.1	29	108	22	12131.3	1	11		16.6				
	七月	28851	7.4	111	5.3	138	8.4	42731.9	8.8	10	26	2	11300.1	1	11		16.6				
	八月	29670	7.6	102	4.8	135	8.2	31345.5	6.5	10	45	17	399.1								
	九月	24799	6.4	112	5.3	107	6.5	33169.3	6.8	9	37	3	432.1								
四季度	小计	107860	27.7	687	32.5	417	25.5	140406.6	29.0	31	116	38	13318.6	2	28	9	387.0				
	十月	33385	8.6	145	6.9	137	8.4	44118.2	9.1	9	32	19	6330.3								
	十一月	32411	8.3	209	9.9	118	7.2	37508.9	7.7	9	39	12	315.6	1	12	4	200.0				
	十二月	42064	10.8	333	15.8	162	9.9	58779.6	12.1	13	45	7	6672.7	1	16	5	187.0				

分起火场所火灾情况表

项目		火灾概况						较大火灾				重大火灾				特别重大火灾				起火原因（起）										
		起数	死人	伤人	直接损失（万元）	烧毁建筑（平方米）	受灾户数	起数	死人	伤人	直接损失（万元）	起数	死人	伤人	直接损失（万元）	起数	死人	伤人	直接损失（万元）	放火	电气	生产作业	用火不慎	吸烟	玩火	自燃	雷击	静电	不明确原因	其他
合计		388821	2113	1637	484670.2	25889251	131050	117	449	107	36535.3	4	53	56	590.5	2	168	112	18270.0	7089	115598	13046	69080	26226	12982	11547	519	252	24655	107827
住宅		117063	1215	641	66997.9	2373043	38452	55	215	49	3377.6									1985	47851	1157	30130	4246	2970	958	131	19	5552	22064
宿舍		26105	167	106	13698.7	605299	6382	9	36	3	227.6									649	10300	402	5352	1185	672	210	24	6	1345	5960
办公场所		2609	14	24	2789.2	57981	498	1	3		0.3									40	1477	98	211	111	32	23	7		118	492
学校		1345	1	1	584.5	21339	188													24	598	34	215	60	28	26	2		64	294
商业场所	小计	10491	134	123	53905.4	464374	4886	16	59	16	7823.2	1	16	5	187.0					239	5166	370	1347	350	161	107	7	2	555	2187
	商场	1256	8	9	17278.2	124464	655	2	2		2886.4									31	663	56	118	51	19	6	2		83	227
	超市	1059	12	3	6328.4	42593	377	3	10		1879.2									17	598	22	117	38	21	6	1	1	51	187
	室内市场	851	31	34	9049.6	45257	670	2	13	16	2943.0	1	16	5	187.0					13	477	27	93	25	9	5	1		47	154
	室外集贸市场	1439	6	5	6088.7	61631	790													39	594	40	185	76	31	22	1		93	358
	其他	5886	77	72	15160.5	190429	2394	9	34		114.5									139	2834	225	834	160	81	68	2	1	281	1261
文博馆		95		4	99.1	1690	13													1	30	5	11	6	4	3			5	30
宾馆、招待所		1250	14	31	1592.4	28467	348	1	3	4	0.3									39	548	58	208	89	21	2			57	228
餐饮场所		6508	18	55	3972.1	91115	1907	2	8	1	7.9									46	1579	174	3581	77	23	17	1		171	839
医院		611	2		375.8	6349	98													16	311	25	50	44	1	5			30	129
养老院		107	33	4	112.1	2403	31	2	8	2	20.9	1	11		16.6					5	34	1	30	10					5	22
公共娱乐场所		953	19	59	2076.7	35467	253					1	14	47	186.9					22	504	38	104	53	7	10			45	170
体育场馆		84			78.0	5305	13													1	25	11	5	6	2	1			4	29
金融交易场所		103			122.9	801	23													2	69	5	4	4					2	17
交通枢纽站		1820		2	1156.2	16934	222													41	647	63	89	92	15	119	1		122	631
科研试验场所		41			177.6	2913	6														24	4	3	1					2	7
广播电视中心		17			32.3	402	1														11	2	1							3
邮电通信场所		557			393.3	6941	113													12	366	14	16	9	7	1	7	1	29	95

分起火场所火灾情况表（续）

项目		火灾概况						较大火灾				重大火灾				特别重大火灾				起火原因（起）										
		起数	死人	伤人	直接损失（万元）	烧毁建筑（平方米）	受灾户数	起数	死人	伤人	直接损失（万元）	起数	死人	伤人	直接损失（万元）	起数	死人	伤人	直接损失（万元）	放火	电气	生产作业	用火不慎	吸烟	玩火	自燃	雷击	静电	不明确原因	其他
文物古建筑		42			1176.0	5449	30													2	12	3	5	4	3				4	9
宗教场所		406		1	1683.8	21251	122													13	81	5	161	5	3	6	6		24	102
会议展览中心		9			38.2	852	1														4								1	4
物资仓储场所		8905	46	75	97047.5	1095877	3152	8	15	2	21121.4	1	12	4	200.0					209	2863	1031	890	410	266	315	33	16	666	2206
厂房		15814	216	226	112438.4	1786985	4483	9	44	8	1187.8					1	121	76	18200.0	113	6331	3595	747	275	88	302	54	90	898	3321
加油加气站		185	1	9	537.3	7791	18													4	54	23	12	9	4	2	1	1	10	65
汽车库		779	1	2	2461.4	19465	324													16	316	46	53	26	24	36	1	1	53	207
农副业场所		25722	18	15	11998.8	9398099	5808	1	3		0.3									840	1557	308	6736	3192	2380	654	38	7	2404	7606
石油化工企业		519	11	29	4618.2	67952	94	1	4		697.0									7	81	219	26	12	6	16	3	9	25	115
露天框架		3177	2	1	1211.2	77336	486													65	1041	129	405	431	216	85	11	1	221	572
交通工具	小计	35280	69	82	64253.2	272487	5344	1			1514.7					1	47	36	70.0	613	11818	2663	485	666	212	5482	7	35	2395	10904
	机动车	31817	64	74	59382.2	235985	4758	1			1514.7					1	47	36	70.0	554	10567	2483	361	572	176	5091	5	34	2191	9783
	铁路列车	15			51.8	647	3														2	2		1		4		1		5
	船舶	364	5	2	623.9	8794	76													2	105	65	34	12	4	10	1		23	108
	航空（天）器	3			1.6	260																							2	1
	城市轨道交通工具	87		1	408.6	462	6													2	18	4		2	1	11			6	43
	其他	2994		5	3785.1	26339	501													55	1126	109	90	79	31	366	1		173	964
建筑工地		2816	18	17	3131.0	137728	429	3	16	15	57.8									43	650	663	198	251	52	42	4		165	748
公园		1661			561.0	35152	87													57	172	11	152	304	135	31	2	1	212	584
三合一、多合一场所		228	13	4	466.6	6977	79	1	9		14.0									4	110	7	29	5	6	6	1		17	43
动拆迁工地		1255	5		406.6	34493	112													26	214	179	125	116	33	22	2	1	95	442
垃圾及废弃物		28873	3	9	2685.4	401812	2169													562	865	197	3763	5494	1388	995	9	5	2216	13379
其他		93391	93	117	31791.6	8798724	54878	7	26	7	484.4									1393	19889	1506	13936	8683	4223	2071	167	57	7143	34323

分行业类别火灾情况表

项目		火灾概况						较大火灾				重大火灾				特别重大火灾				起火原因（起）										
		起数	死人	伤人	损失			起数	死人	伤人	直接损失（万元）	起数	死人	伤人	直接损失（万元）	起数	死人	伤人	直接损失（万元）	放火	电气	生产作业	用火不慎	吸烟	玩火	自燃	雷击	静电	不明确原因	其他
					直接损失（万元）	烧毁建筑（平方米）	受灾户数																							
合计		86871	570	693	302392.0	14105322	26120	46	176	51	27255.1	4	53	56	590.5	1	121	76	18200.0	1848	24042	6829	15854	5959	3889	2197	178	139	5642	20294
第一产业	小计	32517	148	104	43533.4	10483725	8739	2	5		4838.7					1	121	76	18200.0	1058	2433	638	8348	4105	3196	856	47	8	2796	9032
	农业	24561	18	17	15821.1	6290904	7098	2	5		4838.7									821	1442	351	6807	3186	2597	620	37	6	2112	6582
	林业	4127	1		3484.4	2237561	620													127	183	120	839	602	316	151	5	1	389	1394
	畜牧业	2330	121	77	21342.1	1838197	669									1	121	76	18200.0	62	553	83	494	215	205	42	4	1	174	497
	渔业	137			502.0	6329	65													3	47	11	19	4	4	2			5	42
	农、林、牧、渔服务业	1362	8	10	2383.8	110734	287													45	208	73	189	98	74	41	1		116	517
第二产业	小计	22470	124	209	123242.0	2235986	5857	14	62	12	2736.1									211	9443	4489	1049	479	175	515	94	115	1221	4679
	采矿业	250	7	16	1352.0	12171	56	1	7		30.0									7	82	40	20	10	1	24		3	12	51
	制造业	17638	108	178	117787.2	2111927	4977	12	52	12	2705.8									155	6944	4040	788	333	111	399	72	104	999	3693
	电力、燃气及水的生产和供应业	2709	2	14	2360.2	40864	372													14	1876	142	70	28	17	60	19	7	94	382
	建筑业	1873	7	1	1742.7	71024	452	1	3		0.3									35	541	267	171	108	46	32	3	1	116	553
第三产业	小计	31884	298	380	135616.5	1385611	11524	30	109	39	19680.3	4	53	56	590.5					579	12166	1702	6457	1375	518	826	37	16	1625	6583
	交通运输	3394	8	16	9170.4	92934	1089													62	1252	404	77	88	25	425	1	4	145	911
	邮政业	88			72.1	866	22													3	44	3	6	4	2	1			7	18
	仓储业	3330	12	12	52057.5	474583	1428	3	2		11432.7									69	1084	355	285	173	99	127	13	5	266	854
	信息传输、计算机服务和软件业	249	1	8	1338.1	4314	72													5	161	7	21	4	3	4	3		10	31
	批发和零售业	6480	137	121	45413.9	379920	3578	16	61	19	6872.3	2	28	9	387.0					156	3284	204	715	238	109	57	7	1	410	1299
	住宿和餐饮业	8547	37	96	7171.6	136526	2620	4	14	5	8.5									100	2407	239	3846	215	75	39	2		300	1324
	金融保险业	162			312.8	1744	40													4	105	6	9	10	3				4	21
	房地产业	379	12	13	185.1	12116	95	2	10	13	30.4									5	123	44	36	25	12	3	1		26	104
	商务服务业	2242	29	29	10058.0	115469	919	2	11		1314.0									48	1074	131	316	103	32	19	2	2	91	424
	科学研究、技术服务和地质勘查业	64		5	768.3	4213	8														29	9	6	4	1			1	5	9
	水利、环境和公共设施管理业	813		1	297.1	11806	94													12	113	15	189	139	28	62	3	1	51	200
	社会服务业	3486	28	29	6432.8	95025	1058	3	11	2	22.4									64	1346	200	576	207	71	47	3	1	182	789
	教育 小计	907	1	1	527.8	17241	140													11	393	22	161	44	21	17	1		51	186
	教育 高等教育	208			260.9	6597	39													2	78	10	44	15	4	3			9	43
	教育 初中等教育	403		1	111.4	5984	51													6	174	6	74	17	8	9	1		22	86
	教育 学前教育	200	1		128.7	3040	35													3	103	1	30	5	8	3			13	34
	教育 职业业余教育	96			26.8	1620	15														38	5	13	7	1	2			7	23
	卫生、社会保障和社会福利业	653	18	1	360.4	9824	111					1	11		16.6					16	291	24	80	49	9	5	1	1	28	149
	文化、体育和娱乐业	759	14	48	1225.6	21343	178					1	14	47	186.9					13	328	32	88	46	24	16			32	180
	机关团体	318	1		224.3	7470	71													11	130	7	46	24	4	4			17	75
	国际组织	13			0.8	219	1														2			2						9

起火原因情况表

项目		火灾概况						较大火灾				重大火灾				特别重大火灾			
		起数	死人	伤人	直接损失(万元)	烧毁建筑(平方米)	受灾户数	起数	死人	伤人	直接损失(万元)	起数	死人	伤人	直接损失(万元)	起数	死人	伤人	直接损失(万元)
合计		388821	2113	1637	484670.2	25889251	131050	117	449	107	36535.3	4	53	56	590.5	2	168	112	18270.0
电气	小计	115599	745	538	193686.2	3715117	34069	45	189	42	9871.0	3	42	56	573.9	1	121	76	18200.0
	电气线路故障	69376	544	378	147853.2	2496757	21291	34	146	34	9267.4	2	30	52	373.9	1	121	76	18200.0
	电器设备故障	26153	101	109	24995.5	551714	7008	8	33	8	296.0	1	12	4	200.0				
	电加热器具火灾	6376	54	23	6088.6	130531	2177	1	3		131.5								
	其他	13694	46	28	14748.8	536114	3593	2	7		176.0								
生产作业	小计	13046	110	230	55132.2	1060854	3704	13	52	31	4580.1								
	焊割	3362	44	52	20029.1	329794	971	7	23	5	4255.1								
	烘烤	2134	3	33	3209.4	121532	755												
	熬炼	279	1	2	257.1	8348	75												
	化工火灾	416	12	54	4847.0	45302	83												
	机械设备类故障	4028	15	19	17014.2	221695	1077	2	10	1	115.0								
	其他	2827	35	70	9775.4	334182	743	4	19	25	210.0								
生活用火不慎	小计	69080	302	274	32813.1	10537003	20930	10	29	2	2225.6								
	余火复燃	4142	9	4	2816.5	141977	1705												
	照明不慎	1721	14	5	1343.3	43056	608												
	烘烤不慎	5807	69	15	3871.9	159741	2502	1	3		10.0								
	敬神祭祖	1882	14	6	1372.4	480469	652	2	6		32.1								
	油锅起火	9457	6	10	2413.0	71522	2508												
	炉具故障及使用不当	9860	50	137	4699.1	124754	3201	2	6		3.8								
	烟道过热蹿火、飞火等	4387	10	7	4617.0	156946	1812	1			2167.0								
	烧荒、野外生火不慎	12552	2	5	1940.4	8215646	2224												
	使用蚊香不慎	950	16	10	401.5	14661	374	2	7	2	6.7								
	其他	18322	112	75	9338.1	1128231	5344	2	7		6.0								
吸烟	小计	26226	157	44	8134.6	1137603	5003	4	13		22.3								
	违章吸烟	759	2	4	237.8	19694	192												
	卧床吸烟	1084	99	13	480.7	14599	395	1	3		7.7								
	乱扔烟头、火柴等	22185	17	13	4111.1	988402	3948												
	其他	2198	39	14	3304.9	114908	468	3	10		14.5								
玩火	小计	12982	70	31	7823.0	2155476	3765	5	22	3	132.0								
	小孩玩火	7166	61	27	3844.3	979505	2306	4	18	1	4.0								
	燃放烟花爆竹	4849	7	2	2813.2	1122887	1268	1	4	2	128.0								
	其他	967	2	2	1165.5	53085	191												
自燃		11547	3	7	17283.5	289786	1798	1			1514.7								
雷击		519		1	7140.7	43949	111	1			4838.7								
静电		252	1	19	1873.7	43940	51												
不明确原因		24656	102	88	46355.8	2114684	4286	3	8	1	4678.6								
放火		7089	358	200	15893.5	593541	2393	23	94	19	1028.8	1	11		16.6	1	47	36	70.0
其他		107825	265	205	98533.9	4197300	54940	12	42	9	7643.6								

分地区火灾基本情况表

项目	火灾概况				起火原因																					
	起数	死人	伤人	直接损失(万元)	放火		电气		生产作业		用火不慎		吸烟		玩火		自燃		雷击		静电		不明确原因		其他	
					起数	直接损失(万元)	起数	直接损失(万元)	起数	直接损失(万元)	起数	直接损失(万元)	起数	直接损失(万元)	起数	直接损失(万元)	起数	直接损失(万元)	起数	直接损失(万元)	起数	直接损失(万元)	起数	直接损失(万元)	起数	直接损失(万元)
合计	388821	2113	1637	484670.2	7089	15893.5	115598	193686.1	13046	55132.2	69080	32813.1	26226	8134.6	12982	7823.0	11547	17283.5	519	7140.7	252	1873.7	24655	45855.8	107827	99034.0
北京	4119	53	18	5265.9	133	211.8	1337	3110.8	165	526.2	632	179.9	103	74.7	54	40.1	111	87.1	14	9.5	3	3.2	18	3.0	1549	1019.7
天津	4195	43	39	5048.0	92	218.4	702	1086.9	126	1128.0	775	174.2	295	39.1	59	24.7	31	10.4	4	1.9	4	33.0	293	417.9	1814	1913.3
河北	12571	85	49	22260.0	330	1278.3	4347	10675.3	712	2171.2	2360	1173.4	1672	298.1	760	307.6	317	542.4	48	128.7	11	19.5	29	292.0	1985	5373.4
山西	8153	24	43	16216.4	133	1020.5	1950	3285.2	254	890.4	852	529.7	664	176.7	331	102.9	247	186.3	9	4853.5			1042	890.1	2671	4281.2
内蒙古	11749	40	16	12634.7	129	599.5	2315	4715.0	508	2126.6	2630	1295.4	1430	226.1	820	242.8	350	365.6	17	70.2	3	2.1	916	2123.8	2631	867.6
辽宁	31655	94	50	21207.2	498	399.9	5366	6630.3	513	1972.5	6317	1401.3	2418	774.9	1091	431.1	687	2064.5	52	48.6	13	24.9	1832	1280.4	12868	6178.8
吉林	12370	138	85	24354.5	503	272.0	2597	20057.4	219	372.7	2810	1170.9	606	57.8	201	71.5	178	98.7	5	1.6	3	0.1	1476	850.9	3772	1400.9
黑龙江	15395	45	54	14342.7	241	785.1	4752	5597.2	469	2174.8	5444	1724.7	2451	242.6	590	78.7	411	484.1	26	296.4	37	6.4	149	1797.2	825	1155.6
上海	9031	73	79	12417.4	98	41.6	3453	7938.1	338	2483.0	1859	606.4	367	67.7	100	73.7	127	54.6	14	2.9	3	10.0	120	21.7	2552	1117.8
江苏	30469	165	167	28583.5	449	460.8	12654	12172.6	1104	5350.3	4664	1294.4	1895	267.4	606	367.4	1431	1284.6	38	139.7	47	280.1	888	1768.3	6693	5197.9
浙江	46141	163	136	56715.5	428	1855.8	15972	22131.1	1969	7967.5	6590	2766.2	1838	2180.4	669	1859.7	1859	1874.9	47	106.0	35	111.4	2949	4815.3	13785	11047.1
安徽	11671	61	56	16320.2	270	264.3	3579	5658.7	428	1704.5	1631	591.4	990	172.2	516	186.3	318	764.6	16	10.2	4	187.4	446	1235.7	3473	5545.0
福建	11972	95	68	16526.3	104	532.3	4436	8515.4	324	1604.7	2039	1204.7	337	213.2	205	171.3	411	477.9	5	8.6	7	16.4	748	909.1	3356	2872.7
江西	7207	61	22	19684.1	153	1082.9	2447	4971.2	276	1423.0	1141	815.6	365	118.2	217	223.0	329	985.0	11	28.4	2	0.3	547	6341.2	1719	3695.5
山东	32353	75	54	27367.1	1045	1741.1	5248	6721.0	547	3697.2	3254	1878.4	1884	442.0	559	103.2	802	1669.7	11	15.0	15	15.7	5357	3557.1	13631	7526.7
河南	13562	72	61	14850.2	283	663.5	4888	4548.2	599	3765.0	1935	718.5	1276	207.4	606	164.0	322	764.5	10	7.0	7	5.8	921	1688.8	2715	2317.6
湖北	11263	66	99	8020.8	185	161.8	3542	3484.3	390	546.7	1607	576.8	599	48.7	243	102.6	357	407.1	13	2.9	3	8.2	691	565.2	3633	2116.5
湖南	15611	80	59	28302.3	220	408.4	6422	6742.1	482	3048.9	2482	1560.9	923	515.8	324	216.1	536	701.1	36	254.5	5	0.3	736	4652.3	3444	10201.7
广东	21118	202	143	39525.8	362	343.8	7931	22438.0	957	4708.2	2698	1550.3	524	81.1	233	246.3	768	1392.7	35	7.4	23	106.1	1181	2830.6	6406	5821.5
广西	3710	83	45	10964.5	139	559.2	1718	4077.8	202	1715.1	707	288.7	74	20.7	87	97.4	115	106.2	12	915.5			50	324.8	606	2859.2
海南	1285	13	21	2520.6	34	108.6	273	395.2	29	400.3	158	84.9	16	290.4	23	6.2	57	68.7	2	12.0			278	300.8	415	853.4
重庆	6049	52	47	5644.0	104	144.7	2491	1770.4	128	719.3	1136	359.4	231	42.6	119	84.2	99	358.7	8	11.6	2	0.5	63	158.6	1668	1994.1
四川	19765	51	62	11746.0	219	185.8	7366	5000.5	480	1015.0	4358	1246.7	1141	143.5	425	359.3	662	455.2	54	55.3	9	10.7	411	1597.8	4640	1676.2
贵州	2900	66	41	11178.0	68	219.2	1272	5728.0	110	586.4	515	1350.1	64	91.2	111	172.6	57	244.7	6	9.5			125	1091.9	572	1684.4
云南	8502	85	33	15059.4	193	1443.2	1192	3657.3	500	789.4	2970	3124.8	1233	907.7	865	1532.8	227	217.5	12	9.0	4	16.9	93	543.0	1213	2817.8
西藏	112	4		817.3	1	1.0	27	147.8	4	51.7	32	112.9			16	5.8	3	5.6					13	379.3	16	113.2
陕西	11871	51	23	16223.0	339	203.2	2642	4307.9	241	629.8	1346	660.5	678	207.8	383	157.2	257	796.6	7	80.4	2	980.0	2401	4417.1	3575	3782.4
甘肃	6455	22	35	7654.1	133	270.7	854	1620.3	181	361.7	1927	2889.7	426	61.3	793	100.3	96	39.0	4	54.1	1	33.0	485	573.9	1555	1650.2
青海	1511	10	6	2385.4	48	10.4	283	1579.7	68	35.2	355	228.6	195	14.0	263	26.3	34	16.8	1		1	0.4	125	277.9	138	196.0
宁夏	4161	9		2149.6	31	196.7	482	595.4	77	304.7	976	423.7	587	52.4	806	113.8	69	82.9	1	0.3	6	1.0	237	91.6	889	287.0
新疆	11895	32	26	8685.7	124	209.0	3060	4327.1	646	862.2	2880	830.2	944	98.6	907	154.2	279	675.7	1	0.2	2	0.4	35	58.4	3017	1469.5

分经济类型火灾情况表

项目		火灾概况						较大火灾				重大火灾				特别重大火灾				起火原因（起）										
		起数	死人	伤人	直接损失(万元)	烧毁建筑(平方米)	受灾户数	起数	死人	伤人	直接损失(万元)	起数	死人	伤人	直接损失(万元)	起数	死人	伤人	直接损失(万元)	放火	电气	生产作业	用火不慎	吸烟	玩火	自燃	雷击	静电	不明确原因	其他
合计		86150	566	692	305613.5	14089933	26197	46	171	43	31245.1	4	53	56	590.5	1	121	76	18200.0	1845	23611	6781	15736	5979	3905	2195	171	139	5627	20161
公有经济	小计	11356	48	68	31978.3	3638845	2412	5	19	15	8824.4	1	11		16.6					336	3831	684	1421	1015	396	304	36	14	723	2596
	国有经济	3770	35	45	16832.6	834737	725	4	16	14	8477.8	1	11		16.6					84	1706	283	358	275	99	117	26	6	180	636
	集体经济	2350	4	4	7306.8	1895148	613													52	753	196	344	216	101	61	3	4	149	471
	其他	5236	9	19	7838.8	908960	1074	1	3	1	346.6									200	1372	205	719	524	196	126	7	4	394	1489
非公有经济	小计	74794	518	624	273635.2	10451089	23785	41	152	28	22420.7	3	42	56	573.9	1	121	76	18200.0	1509	19780	6097	14315	4964	3509	1891	135	125	4904	17565
	私有经济	50234	426	505	230577.6	6896009	17330	32	119	22	21368.5	2	30	52	373.9	1	121	76	18200.0	1017	15275	4982	9568	2992	2140	1181	80	100	3109	9790
	港澳台经济	185	1	5	3173.2	30889	52													2	77	55	5	2	1	9		7	6	21
	外商经济	171	2	5	3388.9	19401	26													1	61	56	11			8		3	7	24
	其他	24204	89	109	36495.6	3504790	6377	9	33	6	1052.3	1	12	4	200.0					489	4367	1004	4731	1970	1368	693	55	15	1782	7730

分区域火灾情况表

区域	火灾概况								较大火灾				重大火灾				特别重大火灾				起火原因（起）										
	起数	扑救起数	所占比例(%)	死人	伤人	直接损失(万元)	烧毁建筑(平方米)	受灾户数	起数	死人	伤人	直接损失(万元)	起数	死人	伤人	直接损失(万元)	起数	死人	伤人	直接损失(万元)	放火	电气	生产作业	用火不慎	吸烟	玩火	自燃	雷击	静电	不明确原因	其他
合计	383821	384617	98.9	2113	1637	484670.2	25889251	131050	117	449	107	36535.3	4	53	56	590.5	2	168	112	18270.0	7089	115598	13046	69080	26226	12982	11547	519	252	24655	107827
城市市区	117103	116725	99.7	611	559	124473.1	1936267	22072	35	120	41	19582.7	2	26	51	386.9	1	47	36	70.0	1766	39331	3049	19680	8261	3043	2928	88	58	5624	33275
县城城区	56525	55822	98.8	270	235	72170.1	1643225	15259	21	93	18	381.0	1	11		16.6					1076	20704	1957	9524	3144	1621	1697	66	23	3879	12834
集镇镇区	57968	57363	99.0	446	390	111770.1	2409212	12687	19	76	25	6165.5	1	16	5	187.0	1	121	76	18200.0	892	20099	2565	8587	2615	1206	1918	119	57	3176	16734
农村	125941	123788	98.3	723	378	113670.5	16798707	34046	37	147	20	7909.6									2955	28441	3023	28832	10196	6580	2575	209	63	9590	33477
开发区、旅游区	9874	9816	99.4	41	51	24905.5	487273	1612	4	13	3	981.8									139	2766	891	1212	745	220	402	18	31	753	2697
其他	21410	21103	98.6	22	24	37681.0	2614567	45374	1			1514.7									261	4257	1561	1245	1265	312	2027	19	20	1633	8810

分月季火灾基本情况表

项目		火灾概况						较大火灾				重大火灾				特别重大火灾				起火原因（起）										
		起数	死人	伤人	直接损失（万元）	烧毁建筑（平方米）	受灾户数	起数	死人	伤人	直接损失（万元）	起数	死人	伤人	直接损失（万元）	起数	死人	伤人	直接损失（万元）	放火	电气	生产作业	用火不慎	吸烟	玩火	自燃	雷击	静电	不明确原因	其他
合计		388821	2113	1637	484670.2	25889251	131050	117	449	107	36535.3	4	53	56	590.5	2	168	112	18270.0	7089	115598	13046	69080	26226	12982	11547	519	252	24655	107827
一季度	小计	105557	520	353	109532.2	5000156	25871	32	120	34	8127.3									1863	28712	2821	18124	7522	7350	2530	78	68	7109	29380
	一月	34325	206	129	39317.0	996978	8328	15	53	22	5549.2									643	10705	1176	5694	2282	1266	878	7	18	2351	9305
	二月	36271	179	99	32893.3	1352001	9127	12	47	7	2528.0									588	9261	570	6081	2344	4719	732	27	17	2350	9582
	三月	34961	135	125	37321.9	2651177	8416	5	20	5	50.1									632	8746	1075	6349	2896	1365	920	44	33	2408	10493
二季度	小计	92084	581	487	127484.6	12625019	64215	25	105	13	2958.2	1	14	47	186.9	2	168	112	18270.0	1726	26354	3265	17901	7228	2310	2603	156	71	5543	24927
	四月	33593	176	154	38926.3	7932770	8110	12	46	10	2169.7	1	14	47	186.9					602	8956	1240	6711	2864	991	846	28	28	1961	9366
	五月	31302	143	105	37517.7	1888591	49708	9	45	3	87.6									532	8645	1074	6235	2548	818	892	45	24	1854	8635
	六月	27189	262	228	51040.6	2803658	6397	4	14		700.9					2	168	112	18270.0	592	8753	951	4955	1816	501	865	83	19	1728	6926
三季度	小计	83320	325	380	107246.8	3241036	17770	29	108	22	12131.3	1	11		16.6					1285	30075	3091	13568	4368	1187	3393	274	46	4498	21535
	七月	28851	111	138	42731.9	725783	6257	10	26	2	11300.1	1	11		16.6					409	11201	1026	4723	1438	350	1184	82	15	1484	6939
	八月	29670	102	135	31345.5	1808892	5955	10	45	17	399.1									418	10832	1021	4539	1533	442	1285	158	12	1545	7885
	九月	24799	112	107	33169.3	706361	5558	9	37	3	432.1									458	8042	1044	4306	1397	395	924	34	19	1469	6711
四季度	小计	107860	687	417	140406.6	5023040	23194	31	116	38	13318.6	2	28	9	387.0					2215	30457	3869	19487	7108	2135	3021	11	67	7505	31985
	十月	33385	145	137	44118.2	1485662	7090	9	32	19	6330.3									666	9398	1254	6169	2170	735	1020	4	19	2201	9749
	十一月	32411	209	118	37508.9	1094351	6832	9	39	12	315.6	1	12	4	200.0					633	9035	1209	5799	2298	610	907	5	23	2244	9648
	十二月	42064	333	162	58779.6	2443027	9272	13	45	7	6672.7	1	16	5	187.0					916	12024	1406	7519	2640	790	1094	2	25	3060	12588

消防监督分级管理单位火灾基本情况表

项目	火灾概况						较大火灾				重大火灾				特别重大火灾				起火原因（起）										
	起数	死人	伤人	直接损失（万元）	烧毁建筑（平方米）	受灾户数	起数	死人	伤人	直接损失（万元）	起数	死人	伤人	直接损失（万元）	起数	死人	伤人	直接损失（万元）	放火	电气	生产作业	生活用火不慎	吸烟	玩火	自燃	雷击	静电	不明确原因	其他
合计	388821	2113	1637	484670.2	25889251	131050	117	449	107	36535.3	4	53	56	590.5	2	168	112	18270.0	7089	115598	13046	69080	26226	12982	11547	519	252	24655	107827
一级管理单位	5819	20	30	12852.5	229593	816	1	4		697.0									184	2032	367	604	308	71	168	2	2	406	1675
二级管理单位	18087	104	119	68828.2	1238944	4579	9	30	18	12739.9	1	11		16.6					341	6329	1301	2649	904	486	547	30	32	1292	4176
派出所管理单位（场所）	364915	1989	1488	402989.6	24420714	125655	107	415	89	23098.4	3	42	56	573.9	2	168	112	18270.0	6564	107237	11378	65827	25014	12425	10832	487	218	22957	101976

注：“一级管理单位”指直辖市消防总队或地（市）消防支队直接监督管理的单位（也称一级重点单位）；“二级管理单位”指大、中城市的区消防处（科）或县（市）消防大队监督管理的单位；“派出所管理单位（场所)”指公安派出所监督管理的单位。

分引火源火灾情况表

项目	火灾概况						较大火灾				重大火灾				特别重大火灾				起火原因（起）										
	起数	死人	伤人	直接损失(万元)	烧毁建筑(平方米)	受灾户数	起数	死人	伤人	直接损失(万元)	起数	死人	伤人	直接损失(万元)	起数	死人	伤人	直接损失(万元)	放火	电气	生产作业	用火不慎	吸烟	玩火	自燃	雷击	静电	不明确原因	其他
合 计	388821	2113	1637	484670.2	25889251	131050	117	449	107	36535.3	4	53	56	590.5	2	168	112	18270.0	7089	115598	13046	69080	26226	12982	11547	519	252	24655	107827
建筑构件、材料	33829	322	192	64510.6	1662340	11402	13	47	18	2435.1					1	121	76	18200.0	1351	13335	1825	7893	1085	815	210	102	6	2052	5155
家具、设备及竹、木等制品	109115	910	555	119260.7	2675329	75894	42	183	21	1314.4	3	41	52	390.5					1410	66708	2478	20054	2825	1675	1373	129	25	3621	8817
轻工业品、纺织品	25471	268	107	104394.5	1398121	8114	17	51	5	18259.2									617	6916	2325	3979	3708	1293	828	35	42	1245	4483
易燃、易爆物品	15361	184	458	40427.3	511422	4544	14	52	30	1042.7					1	47	36	70.0	263	1705	2492	7075	431	187	760	14	90	512	1832
农副产品	11551	38	39	13673.1	2368390	4954	4	16	15	3474.9									423	786	350	4095	1347	1058	284	10	2	835	2361
山林野外（露天）	64154	10	14	11248.8	13160130	8176													1489	2689	358	14396	11129	5736	2108	88	18	6527	19616
其 他	129340	381	272	131155.3	4113520	17966	27	100	18	10009.0	1	12	4	200.0					1536	23459	3218	11588	5701	2218	5984	141	69	9863	65563

分建筑类别火灾情况表

项目	火灾概况						较大火灾				重大火灾				特别重大火灾				起火原因（起）										
	起数	死人	伤人	直接损失（万元）	烧毁建筑（平方米）	受灾户数	起数	死人	伤人	直接损失（万元）	起数	死人	伤人	直接损失（万元）	起数	死人	伤人	直接损失（万元）	放火	电气	生产作业	用火不慎	吸烟	玩火	自燃	雷击	静电	不明确原因	其他
合计	202299	1962	1448	376028.2	7048557	64422	114	440	105	34992.9	4	53	56	590.5	1	121	76	18200.0	3613	81333	7814	44272	7478	4541	2282	296	151	10033	40486
高层	4989	65	100	13831.8	98620	1614	8	29	28	4099.4									96	1933	273	1073	278	250	28		1	138	919
多层	100774	1066	848	148517.8	2336887	30489	70	277	42	17276.0	1	14	47	186.9					1442	43987	2644	23226	3668	2044	808	102	53	4016	18784
单层	95597	820	493	212785.1	4587444	32083	34	126	30	13595.4	3	39	9	403.6	1	121	76	18200.0	2049	35111	4843	19888	3473	2205	1411	193	93	5809	20522
地下	939	11	7	893.5	25606	236	2	8	5	22.0									26	302	54	85	59	42	35	1	4	70	261

火灾损失、死人分段情况表

项　目		起　数	死　人	伤　人	直接损失（万元）
损失分段	合　计	388821	2113	1637	484670.2
	0.1万元以下	227162	148	130	5314.4
	0.1万元～1万元	124975	609	464	35256.3
	1万元～5万元	25272	529	356	48960.7
	5万元～10万元	5622	195	149	36310.6
	10万元～20万元	2452	133	93	31206.2
	20万元～30万元	1220	73	76	28105.3
	30万元～100万元	1518	177	179	74981.7
	100万以上	600	249	190	224535.1
死人分段	合　计	388821	2113	1637	484670.2
	无	387469		1062	438308.9
	1人	1029	1029	201	10077.8
	2人	209	418	99	7727.2
	3人	54	162	43	4759.9
	4人～5人	36	157	40	4503.8
	6人～9人	18	126	24	432.0
	10人～29人	4	53	56	590.5
	30人以上	2	168	112	18270.0

注：损失金额含下限(左)不含上限（右）。

每日火灾情况表

日期	星期	一月				星期	二月				星期	三月				星期	四月				星期	五月				星期	六月			
		起数	死人	伤人	直接损失(万元)		起数	死人	伤人	直接损失(万元)		起数	死人	伤人	直接损失(万元)		起数	死人	伤人	直接损失(万元)		起数	死人	伤人	直接损失(万元)		起数	死人	伤人	直接损失(万元)
合计		34325	206	129	39317.0		36271	179	99	32893.3		34961	135	125	37321.9		33593	176	154	38926.3		31302	143	105	37517.7		27189	262	228	51040.6
1	二	1122	6	3	2063.3	五	1124	7	2	1259.7	五	1008	3	5	572.4	一	972	3	1	673.3	三	1006	9	9	734.7	六	954	4	5	1214.3
2	三	1216	6	1	836.0	六	1050	17	2	633.1	六	1066	6	4	872.4	二	1050	3	3	1154.8	四	990	7	7	1721.2	日	992	8	8	3561.9
3	四	1208	5	4	819.0	日	1005	2	4	1325.0	日	1257	4	1	1396.7	三	1088	6	2	1273.9	五	1107	6	4	1874.4	一	957	123	78	19392.8
4	五	1191	12	8	1541.7	一	1034	4	8	638.4	一	1271	3	3	1684.5	四	1281	8	1	1307.3	六	1229	7	4	843.4	二	974	3	3	1828.3
5	六	1113	2	19	1333.3	二	942	1	3	753.3	二	1313	3	1	2177.8	五	803	2	2	594.0	日	1241	2	3	1503.2	三	942		3	1746.6
6	日	1167	11	21	4731.1	三	1008	3	6	2746.5	三	1294	10	1	1160.0	六	971	3		1362.1	一	1069	10	6	1029.8	四	893	5		798.9
7	一	1054	4	4	2219.1	四	1105	10	4	947.0	四	1399	6	25	1660.0	日	1014	3	7	690.8	二	1159	2	3	1383.4	五	835	51	36	706.1
8	二	1093	13	7	1535.7	五	1189	7	4	813.6	五	1572	3	6	1021.7	一	974	3	4	959.5	三	1236	1	2	2028.7	六	855	2	10	745.1
9	三	1099	10	2	1167.0	六	3208	3	1	1871.0	六	2300	4	3	2854.4	二	993	17	5	799.8	四	900	1	2	718.7	日	916	4	2	503.0
10	四	1194	13	5	1142.4	日	3102	17	9	1861.3	日	1533	4	8	803.1	三	1075	4	2	1504.4	五	943	4	4	1280.9	一	827	1		1062.3
11	五	1130	12	13	813.0	一	1528	8	6	868.3	一	1144	2	1	2093.0	四	1143	2	5	1279.0	六	1107	11	9	1428.8	二	749	7	4	897.5
12	六	1093	11	3	1049.3	二	1219	4	1	1434.5	二	1063	11	4	879.6	五	1182	3	2	1778.5	日	1192	2	3	1420.2	三	884	5	4	2145.3
13	日	1036	7		973.3	三	1240	1	7	866.3	三	973	5	6	983.6	六	1383	8	1	1538.0	一	1165	2		1393.5	四	996	1	3	1047.0
14	一	1049	5	2	629.4	四	1247	1	3	1349.3	四	969	2	3	578.6	日	1392	16	55	1773.5	二	1162	3		1547.1	五	946	3	7	917.5
15	二	982	4	2	847.0	五	1122	3	3	891.1	五	974	2		589.1	一	1426	4	5	1486.0	三	1009	6	3	1579.8	六	930		3	661.4
16	三	989	4	4	1569.5	六	1205	5	5	1729.1	六	1045	5	9	992.3	二	1124	5	7	935.9	四	1013	7	4	725.3	日	950	9	7	597.7
17	四	1090	9	2	763.9	日	1097	1	1	1731.7	日	1043	4	3	983.9	三	1221	6	1	957.9	五	862	1		666.8	一	964	3	4	551.3
18	五	1116	4		587.9	一	1002	11		1488.5	一	903	10	14	602.2	四	1110	7	4	1927.3	六	908	6	2	1963.0	二	978	4	3	879.3
19	六	1207	6	3	1333.6	二	976	4	3	500.6	二	931	1		705.1	五	1106	6	7	794.5	日	898	2	2	1877.3	三	1001	1	2	541.7
20	日	1077	7	2	1130.5	三	972	7	5	1017.2	三	957	5		2018.6	六	1102	6	4	3034.0	一	928	2	4	1164.1	四	1054	2	6	1972.7
21	一	973	2	2	1693.0	四	1043	5		701.8	四	990	3		1708.1	日	1160	4		2273.5	二	874	5	4	1396.7	五	890			904.8
22	二	934	4	2	1103.1	五	1046	6	3	937.5	五	988	2	4	1738.5	一	1231	8	1	741.6	三	906	7	10	560.7	六	902	2	1	679.3
23	三	1036	7		673.0	六	1204	18	2	792.6	六	1031	4		1095.7	二	928	8	3	1209.2	四	969	6	2	659.1	日	840	2	1	930.5
24	四	1090	10	3	737.7	日	2770	7	5	1965.9	日	968	4	3	634.2	三	1015	10	4	621.7	五	906	9	4	573.2	一	847	4	7	1474.3
25	五	1122	2	1	1036.9	一	1174	10	7	1273.9	一	928	2		1136.5	四	1004	3	5	1812.1	六	999	2	2	1246.6	二	889	3	5	579.8
26	六	1167	6	9	1420.5	二	901	7		818.7	二	983	5	2	469.1	五	1081	6	6	1288.6	日	909		2	774.9	三	815	3	6	573.5
27	日	1214	5	1	1866.8	三	860	3	3	811.7	三	966	7	3	1904.8	六	1400	10	3	2274.3	一	842	2	1	1091.5	四	812	1	3	569.2
28	一	1177	5	2	843.2	四	898	7	2	865.5	四	944	6	8	815.4	日	1267	6	5	883.0	二	828	11	3	1197.5	五	908	2	5	1295.2
29	二	1091	7	1	792.7						五	950	2	5	845.8	一	1079	2	2	1234.9	三	873	2	3	580.6	六	838	5	1	715.7
30	三	1191	3	3	1408.9						六	1125	2	1	862.9	二	1018	4	7	762.8	四	970	7	1	1175.4	日	851	4	11	1547.5
31	四	1104	4		655.5						日	1073	5	2	1482.0						五	1102	1	2	1376.9					

每日火灾情况表（续）

日期	星期	七月				星期	八月				星期	九月				星期	十月				星期	十一月				星期	十二月			
		起数	死人	伤人	直接损失(万元)		起数	死人	伤人	直接损失(万元)		起数	死人	伤人	直接损失(万元)		起数	死人	伤人	直接损失(万元)		起数	死人	伤人	直接损失(万元)		起数	死人	伤人	直接损失(万元)
合计		28851	111	138	42731.9		29670	102	135	30845.4		24799	112	107	33169.3		33385	145	137	44118.2		32411	209	118	37508.9		42064	333	162	58779.6
1	一	906	4	1	5548.4	四	1004	1	2	1585.6	日	808	2	7	769.0	二	944	6	1	1229.8	五	905	7	1	1130.4	日	1391	7	6	4506.8
2	二	958	1	3	5792.9	五	862			474.9	一	868	7	2	1097.3	三	1022		1	800.2	六	889	8	2	1219.3	一	1201	7	8	1079.3
3	三	1017	2	3	1190.2	六	905	3	3	740.2	二	795	12	2	828.4	四	1110	3	3	641.7	日	1028	16	4	925.3	二	1268	3	4	1768.9
4	四	996	4	4	1326.2	日	893	1	6	792.0	三	815	3	5	1696.1	五	1123	3	5	1860.9	一	949	9	7	589.0	三	1251	8	3	913.4
5	五	941	4	2	2048.2	一	1091	8	7	1032.4	四	777	3	3	2393.7	六	1183	1	1	1720.8	二	990	3	1	1479.4	四	1133	8	4	2071.4
6	六	924	3	1	629.8	二	1135		3	648.9	五	724	1	1	612.4	日	1126	4	5	1388.2	三	1073	4	3	715.6	五	1071	2		927.2
7	日	872	3	2	1098.2	三	1286	2	4	1297.3	六	710	9	4	905.1	一	1153	5		992.5	四	1064	4	1	901.6	六	1081	10	7	1114.3
8	一	1018	2	5	2688.3	四	1230	10	2	1320.7	日	706	5	7	501.4	二	1063	3	3	507.5	五	1044	3	3	935.9	日	1130	6	2	1298.3
9	二	962	1	5	638.3	五	1023	5	7	1295.2	一	662	5	2	961.4	三	1040	2	6	903.1	六	1055	9	1	1104.7	一	1119	7	2	1952.7
10	三	995	5	10	2051.1	六	1138	4	6	1256.4	二	746	1	8	940.8	四	1069	9	3	864.0	日	968	4	5	1015.4	二	1262	6	14	1232.1
11	四	1018	7	6	1527.4	日	1180	5	5	1732.0	三	750	2	1	1672.5	五	1016	3	2	3080.0	一	914	4	10	1661.9	三	1323	28	8	2045.6
12	五	953	1	5	879.2	一	1073	2	5	738.5	四	762		4	897.5	六	1093	5	14	959.7	二	956	3	4	852.1	四	1364	13	7	2370.9
13	六	939		3	1378.9	二	1096		3	779.2	五	780	5	4	1555.7	日	1285	2		762.6	三	974	3		794.2	五	1283	7	3	1515.5
14	日	884	3	7	946.1	三	1083	3	6	637.4	六	802	11	8	640.1	一	1016	6	3	1516.3	四	928	5	2	1503.7	六	1270	9	15	1623.7
15	一	860	5	5	824.5	四	1043	3	13	2807.1	日	839	3		1333.0	二	1040	5	2	698.8	五	1060	4	1	685.9	日	1241	9	7	5087.9
16	二	839	5	5	430.8	五	1034	5	10	572.7	一	848	2	1	1030.0	三	1066	3	3	1831.6	六	1161		4	1332.2	一	1208	9	10	1677.1
17	三	879	4	2	710.2	六	1044	2	1	913.3	二	913	1	2	1185.6	四	1047	7	17	5952.3	日	1413	10	6	3105.0	二	1089	8	4	719.0
18	四	839	1	3	1023.7	日	1056	2	2	499.7	三	933	1	1	1341.7	五	1115	6	4	1101.8	一	1242	6	4	1414.9	三	1054	9	1	1071.1
19	五	816	1	2	520.8	一	929		2	1043.2	四	995	7	2	888.8	六	1052	6	6	1050.7	二	1176	22	6	1388.5	四	1145	11	6	2617.7
20	六	818	3	2	666.5	二	896	2	8	1024.7	五	901	1	7	1647.4	日	994	4	9	1633.2	三	1091	6	5	1028.7	五	1200	16	5	1883.2
21	日	750	4	6	615.7	三	1024	1	7	657.2	六	890		3	1205.3	一	1044	6	11	980.7	四	1064	9	10	1474.7	六	1406	7	3	1401.2
22	一	796	4	2	873.0	四	830	6	1	650.9	日	839	2	3	889.7	二	1123	7	5	1673.7	五	1055	15	8	2468.7	日	1387	13	1	2020.6
23	二	844	1		2364.7	五	759	5		557.4	一	757	5	2	341.2	三	1014	2		764.5	六	1069	5	1	935.9	一	1295	7	4	1910.6
24	三	938	5	2	602.3	六	811			536.5	二	821	3	2	1700.5	四	1093	7	1	1061.8	日	863	1		657.0	二	1381	22	7	2403.9
25	四	1053	2	23	784.5	日	746	4	1	991.9	三	831	3	1	722.3	五	1162	7	6	1750.0	一	1021	7	2	1404.4	三	1400	8	6	1277.0
26	五	975	18	17	652.3	一	744	4		760.0	四	953	4	9	928.4	六	1175	3	1	1218.4	二	1065	2	2	764.4	四	1568	18	2	2003.5
27	六	901	4	9	1038.0	二	757		6	668.0	五	967	1	2	1207.6	日	1268	5	8	2099.8	三	1126	8	5	1526.5	五	1753	18	4	1785.1
28	日	1027		1	880.7	三	767	11	10	2027.7	六	880	3	5	800.5	一	1024	7	5	1649.5	四	1334	9	8	1143.5	六	1909	8	3	2715.4
29	一	1053	1	1	1470.7	四	755		2	1608.3	日	824	5	3	1467.8	二	1031	3	5	1611.8	五	1461	8	9	2195.2	日	1942	18	4	1746.8
30	二	1043	12	1	726.7	五	768	13	9	664.2	一	903	5	6	1008.3	三	990	9	1	1127.2	六	1473	15	3	1154.9	一	1870	17	4	2500.8
31	三	1037	1		803.8	六	708		4	531.9						四	904	6	6	685.0						二	2069	14	8	1538.3

火灾 24 小时分布情况表

时间	火灾概况						较大火灾				重大火灾				特别重大火灾				起火原因(起)										
	起数	死人	伤人	直接损失(万元)	烧毁建筑(平方米)	受灾户数	起数	死人	伤人	直接损失(万元)	起数	死人	伤人	直接损失(万元)	起数	死人	伤人	直接损失(万元)	放火	电气	生产作业	生活用火不慎	吸烟	玩火	自燃	雷击	静电	不明确原因	其他
合计	388821	2113	1637	484670.2	25889251	131050	117	449	107	36535.3	4	53	56	590.5	2	168	112	18270.0	7089	115598	13046	69080	26226	12982	11547	519	252	24655	107827
00～02	21181	262	112	41244.5	781734	6134	14	62	5	137.3	2	27	5	203.6					648	6903	651	2888	1371	708	651	37	8	1461	5855
02～04	15867	276	141	40696.3	656578	4937	31	117	24	2985.1									576	5570	578	2076	887	190	547	44	9	1092	4298
04～06	13685	226	145	36357.9	624063	4023	15	64	21	217.2									378	5008	579	1844	684	161	480	38	9	896	3608
06～08	17749	279	234	48527.2	527830	4226	9	36	13	2501.9	1	14	47	186.9	1	121	76	18200.0	301	6303	657	2933	857	255	620	28	11	1065	4719
08～10	30392	144	120	31302.8	1011011	49070	6	19	10	3251.3									430	9810	1394	5854	1684	613	889	25	28	1765	7900
10～12	40993	115	137	41972.1	2033405	8928	6	21	6	1793.5									628	11614	1679	8642	2633	1241	1151	20	35	2447	10903
12～14	42924	96	101	43476.0	8132211	9363	3	8	5	4693.3									689	11193	1384	8757	3110	1668	1224	31	31	2791	12046
14～16	48413	116	147	47357.4	4876382	10386	5	20	1	5738.7									760	12232	1837	9140	3731	2153	1474	46	33	3219	13788
16～18	45101	118	82	32258.4	3522338	9972	6	23	1	829.6									676	12394	1561	8526	3170	1887	1239	58	34	2853	12703
18～20	45800	138	131	45309.4	1369881	9259	8	16		11015.2					1	47	36	70.0	658	13506	1099	8147	3270	1852	1302	83	18	2851	13014
20～22	38973	159	151	38585.7	1585514	8096	5	22	16	3128.8	1	12	4	200.0					678	12172	901	6163	2832	1453	1146	53	19	2466	11090
22～24	27743	184	136	37582.7	768304	6656	9	41	5	243.5									667	8893	726	4110	1997	801	824	56	17	1749	7903

注：时间含上限（左）不含下限（右）。

人员死亡火灾分地区情况表

地区	四项数字				一次死亡1～2人				一次死亡3～9人				一次死亡10～29人				一次死亡30人以上			
	起数	死人	伤人	直接损失(万元)	起数	死人	伤人	直接损失(万元)	起数	死人	伤人	直接损失(万元)	起数	死人	伤人	直接损失(万元)	起数	死人	伤人	直接损失(万元)
合计	388821	2113	1637	484670.2	1238	1447	300	17805.0	108	445	107	9695.8	4	53	56	590.5	2	168	112	18270.0
北京	4119	53	18	5265.9	29	35	3	1364.5	2	6		134.5	1	12	4	200.0				
天津	4195	43	39	5048.0	37	40	1	187.2	1	3		6.4								
河北	12571	85	49	22260.0	51	58	8	414.4	5	27	3	308.7								
山西	8153	24	43	16216.4	20	21	27	109.6	1	3		1.7								
内蒙古	11749	40	16	12634.7	33	35	3	1172.4	1	5	5	20.4								
辽宁	31655	94	50	21207.2	74	80	2	264.9	3	14	1	703.2								
吉林	12370	138	85	24354.5	13	14	3	24.3	1	3	1	4.0					1	121	76	18200.0
黑龙江	15395	45	54	14342.7	19	23	11	166.5	3	11	25	67.8	1	11		16.6				
上海	9031	73	79	12417.4	51	58	19	533.6	4	15	17	2916.0								
江苏	30469	165	167	28583.5	130	143	28	2097.2	5	22	4	56.4								
浙江	46141	163	136	56715.5	92	107	31	2219.7	12	56	9	1813.6								
安徽	11671	61	56	16320.2	39	45	16	148.4	4	16		108.3								
福建	11972	95	68	16526.3	31	39	5	246.6	2	9	4	323.0					1	47	36	70.0
江西	7207	61	22	19684.1	29	34	2	4863.7	6	27		317.5								
山东	32353	75	54	27367.1	47	55	15	328.3	6	20	7	236.3								
河南	13562	72	61	14850.2	25	33	10	253.2	8	39	10	45.5								
湖北	11263	66	99	8020.8	31	43	15	343.0	3	9	1	348.9	1	14	47	186.9				
湖南	15611	80	59	28302.3	47	54	5	869.3	6	26		1728.7								
广东	21118	202	143	39525.8	92	117	24	360.2	15	69	12	328.6	1	16	5	187.0				
广西	3710	83	45	10964.5	60	73	7	257.0	3	10		30.6								
海南	1285	13	21	2520.6	8	10	18	28.2	1	3		5.7								
重庆	6049	52	47	5644.0	39	45	4	93.4	2	7		4.4								
四川	19765	51	62	11746.0	36	41	4	160.5	3	10	2	29.1								
贵州	2900	66	41	11178.0	40	46	2	333.3	6	20	4	113.7								
云南	8502	85	33	15059.4	63	76	10	662.0	3	9		34.8								
西藏	112	4		817.3	1	1		0.1	1	3		1.7								
陕西	11871	51	23	16223.0	43	51	5	162.7												
甘肃	6455	22	35	7654.1	17	19	5	50.2	1	3	2	6.2								
青海	1511	10	6	2385.4	8	10	5	42.3												
宁夏	4161	9		2149.6	6	9		10.9												
新疆	11895	32	26	8685.7	27	32	12	37.4												

死亡1～2人火灾分地区情况表

地区	火灾概况				起火原因																					
					放火		电气		生产作业		用火不慎		吸烟		玩火		自燃		雷击		静电		不明确原因		其他	
	起数	死人	伤人	直接损失(万元)	起数	直接损失(万元)	起数	直接损失(万元)	起数	直接损失(万元)	起数	直接损失(万元)	起数	直接损失(万元)	起数	直接损失(万元)	起数	直接损失(万元)	起数	直接损失(万元)	起数	直接损失(万元)	起数	直接损失(万元)	起数	直接损失(万元)
合计	1238	1447	300	17805.0	177	504.7	327	5411.0	45	2251.7	241	807.3	141	1501.6	36	629.7	2	4.0			1	0.2	80	5273.2	188	1421.6
北京	29	35	3	1364.5			8	1334.2	1	1.0	4	3.0	7	13.8	1	0.2					1	0.2			7	12.2
天津	37	40	1	187.2			11	11.7	2	2.5	4	0.5	8	2.1									2	1.8	10	168.7
河北	51	58	8	414.4	5	2.5	14	19.0	3	305.3	10	10.2	8	5.9	2	1.0									9	70.5
山西	20	21	27	109.6	3	6.2	4	28.3	1	2.2	3	3.8	2	0.2	1	1.7							3	36.9	3	30.3
内蒙古	33	35	3	1172.4	6	1.4	3	1097.1	2	14.5	7	22.9	6	10.9	1		1	2.0					4	4.8	3	18.9
辽宁	74	80	2	264.9	3	0.8	23	221.4			11	7.7	21	18.7	1	0.8							5	5.0	10	10.6
吉林	13	14	3	24.3	4	4.8					3	2.0	2	2.6									2	13.9	2	1.0
黑龙江	19	23	11	166.5			4	6.9	1	81.8	9	60.8	3	13.5									1	3.3	1	0.2
上海	51	58	19	533.6	6	4.8	21	398.7	6	54.6	3	9.7	6	13.8	1	0.7							2	0.8	6	50.5
江苏	130	143	28	2097.2	12	19.4	25	207.0	10	1184.1	30	37.0	12	13.0	2	0.4							6	30.4	33	605.9
浙江	92	107	31	2219.7	11	25.1	34	499.0	3	91.4	8	13.6	12	963.4	2	549.7							7	38.6	15	38.8
安徽	39	45	16	148.4	4	11.3	12	40.4			6	9.5	3	2.3	1	0.2							3	36.6	10	48.1
福建	31	39	5	246.6	2	1.8	16	163.7			4	35.4	2	2.3	1	1.0							3	30.8	3	11.7
江西	29	34	2	4863.7	8	57.0	6	65.2			4	11.7			2	50.0							4	4678.0	5	1.8
山东	47	55	15	328.3	4	0.8	10	9.9	4	295.9	13	8.7	1	2.0									6	4.4	9	6.6
河南	25	33	10	253.2	9	157.3	5	58.2	1	0.5	4	21.0	3	0.8											3	15.5
湖北	31	43	15	343.0	7	5.5	8	246.1	3	36.3	7	42.9	1	0.1	1	2.4									4	9.8
湖南	47	54	5	869.3	3	9.1	15	126.5			14	25.4	5	377.6									5	277.8	5	53.0
广东	92	117	24	360.2	28	24.5	33	128.6	2	84.7	8	5.2	1	0.1	6	11.7							1	0.1	13	105.3
广西	60	73	7	257.0	10	8.8	21	170.8			12	29.5	1	0.3	5	4.0	1	2.0					2	2.5	8	39.1
海南	8	10	18	28.2	1	0.2	1	18.9	1	0.9	2	1.4											3	6.9		
重庆	39	45	4	93.4	17	15.8	7	45.1			8	7.0	2	6.9											5	18.6
四川	36	41	4	160.5	4	4.2	8	92.1			11	31.6	8	18.1	2	1.3							1	2.4	2	10.8
贵州	40	46	2	333.3	8	9.4	10	171.3	1	40.0	9	72.6	4	5.6	2	0.4							2	32.0	4	2.1
云南	63	76	10	662.0	11	109.8	12	160.6	1	44.5	21	274.7	10	22.6	3	1.7							1	0.5	4	47.7
西藏	1	1		0.1							1	0.1														
陕西	43	51	5	162.7	1	0.1	10	67.4			13	29.0	4	2.8									12	61.3	3	2.2
甘肃	17	19	5	50.2	4	1.9	2	11.4			3	19.9	1	0.4									3	0.9	4	15.7
青海	8	10	5	42.3	1	3.5	1	8.0	1	1.1	1	4.6											2	3.4	2	21.8
宁夏	6	9		10.9	2	0.9			1	9.1	1	0.1	1												1	0.8
新疆	27	32	12	37.4	3	18.1	3	3.9	1	1.3	7	6.2	7	2.1	2	2.6									4	3.3

死亡1～2人火灾分月季情况表

项目		火灾概况						较大火灾				重大火灾				特别重大火灾				起火原因（起）										
		起数	死人	伤人	直接损失（万元）	烧毁建筑（平方米）	受灾户数	起数	死人	伤人	直接损失（万元）	起数	死人	伤人	直接损失（万元）	起数	死人	伤人	直接损失（万元）	放火	电气	生产作业	生活用火不慎	吸烟	玩火	自燃	雷击	静电	不明确原因	其他
合计		1238	1447	300	17805.0	144661	1395	2	4		5962.8									177	327	45	241	141	36	2		1	80	188
一季度	小计	341	400	90	3713.3	29562	330													57	93	11	76	35	10				18	41
	一月	132	153	20	500.3	5838	90													19	31	6	39	13	3				6	15
	二月	108	132	20	760.0	9272	114													19	35		23	12	3				5	11
	三月	101	115	50	2453.0	14453	126													19	27	5	14	10	4				7	15
二季度	小计	255	294	51	3115.0	31842	302													39	65	7	41	36	10				14	43
	四月	104	116	10	1041.8	11817	139													11	22	2	20	17	5				6	21
	五月	82	98	25	1497.7	10796	101													14	28	2	8	13	3				2	12
	六月	69	80	16	575.4	9229	62													14	15	3	13	6	2				6	10
三季度	小计	165	206	87	1979.4	29113	205													24	48	11	25	18	6	1			13	19
	七月	61	74	54	449.9	4971	55													10	17	5	13	5	1				4	6
	八月	43	57	20	336.9	5862	25													4	16	3	1	5	2	1			6	5
	九月	61	75	13	1192.6	18280	125													10	15	3	11	8	3				3	8
四季度	小计	477	547	72	8997.3	54144	558	2	4		5962.8									57	121	16	99	52	10	1		1	35	85
	十月	107	117	30	6686.1	18579	207	2	4		5962.8									16	29	3	19	7	4				12	17
	十一月	136	158	23	914.3	7179	127													16	33	9	17	20	3	1			9	28
	十二月	234	272	19	1396.9	28386	224													25	59	4	63	25	3			1	14	40

死亡3～9人火灾分地区情况表

地区	火灾概况				起火原因																					
					放火		电气		生产作业		用火不慎		吸烟		玩火		自燃		雷击		静电		不明确原因		其他	
	起数	死人	伤人	直接损失(万元)	起数	直接损失(万元)	起数	直接损失(万元)	起数	直接损失(万元)	起数	直接损失(万元)	起数	直接损失(万元)	起数	直接损失(万元)	起数	直接损失(万元)	起数	直接损失(万元)	起数	直接损失(万元)	起数	直接损失(万元)	起数	直接损失(万元)
合计	108	445	107	9695.8	23	1028.8	43	4571.0	12	2993.6	9	58.6	4	22.3	5	132.0							2	15.7	10	873.7
北京	2	6		134.5			2	134.5																		
天津	1	3		6.4									1	6.4												
河北	5	27	3	308.7			3	263.7	2	45.0																
山西	1	3		1.7																					1	1.7
内蒙古	1	5	5	20.4					1	20.4																
辽宁	3	14	1	703.2	1	6.2			2	697.0																
吉林	1	3	1	4.0	1	4.0																				
黑龙江	3	11	25	67.8					2	60.0													1	7.8		
上海	4	15	17	2916.0	1	0.5	1	2912.0			1	3.0	1	0.5												
江苏	5	22	4	56.4			4	54.6																	1	1.8
浙江	12	56	9	1813.6	3	853.5	6	501.5			1	5.7													2	453.0
安徽	4	16		108.3	1	24.4	1	1.8			1	32.1													1	50.0
福建	2	9	4	323.0	1	30.0			1	293.0																
江西	6	27		317.5	1	5.0	4	307.5																	1	5.0
山东	6	20	7	236.3	1	0.3	1	5.0	2	220.0															2	11.0
河南	8	39	10	45.5	4	37.4	3	6.7							1	1.4										
湖北	3	9	1	348.9	1	0.3	1	2.0																	1	346.6
湖南	6	26		1728.7	3	50.1	1	13.0	1	1658.0			1	7.6												
广东	15	69	12	328.6	2	6.0	10	189.6			1	0.3			1	128.0									1	4.7
广西	3	10		30.6	1	0.04	1	29.8			1	0.8														
海南	1	3		5.7							1	5.7														
重庆	2	7		4.4			1	4.1	1	0.3																
四川	3	10	2	29.1			1	27.2			1	0.9			1	0.9										
贵州	6	20	4	113.7	1	7.0	1	90.9			1	0.1	1	7.7	1	0.01							1	7.9		
云南	3	9		34.8	1	4.0	1	20.8			1	10.0														
西藏	1	3		1.7											1	1.7										
陕西																										
甘肃	1	3	2	6.2			1	6.2																		
青海																										
宁夏																										
新疆																										

死亡3～9人火灾分月季情况表

项目		火灾概况						较大火灾				重大火灾				特别重大火灾				起火原因（起）										
		起数	死人	伤人	直接损失(万元)	烧毁建筑(平方米)	受灾户数	起数	死人	伤人	直接损失(万元)	起数	死人	伤人	直接损失(万元)	起数	死人	伤人	直接损失(万元)	放火	电气	生产作业	生活用火不慎	吸烟	玩火	自燃	雷击	静电	不明确原因	其他
合计		108	445	107	9695.8	54169	367	108	445	107	9695.8									23	43	12	9	4	5				2	10
一季度	小计	30	120	34	4373.9	14257	177	30	120	34	4373.9									9	13		3	1	3					1
	一月	14	53	22	3962.8	10954	141	14	53	22	3962.8									3	8		2		1					
	二月	11	47	7	361.0	2434	15	11	47	7	361.0									4	3		1		2					1
	三月	5	20	5	50.1	869	21	5	20	5	50.1									2	2			1						
二季度	小计	25	105	13	2958.2	12610	58	25	105	13	2958.2									8	9	2		1					2	3
	四月	12	46	10	2169.7	8663	49	12	46	10	2169.7									2	5	1		1					1	2
	五月	9	45	3	87.6	899	6	9	45	3	87.6									5	3								1	
	六月	4	14		700.9	3048	3	4	14		700.9									1	1	1								1
三季度	小计	26	108	22	1106.6	16596	46	26	108	22	1106.6									5	10	3	2	1	2					3
	七月	7	26	2	275.4	677	11	7	26	2	275.4									1	3	1		1	1					
	八月	10	45	17	399.1	8329	12	10	45	17	399.1									2	4	1	1		1					1
	九月	9	37	3	432.1	7590	23	9	37	3	432.1									2	3	1	1							2
四季度	小计	27	112	38	1257.1	10706	86	27	112	38	1257.1									1	11	7	4	1						3
	十月	7	28	19	367.4	1622	57	7	28	19	367.4										1	4		1						1
	十一月	9	39	12	315.6	2172	10	9	39	12	315.6										5	1	2							1
	十二月	11	45	7	574.1	6913	19	11	45	7	574.1									1	5	2	2							1

死亡 10 ~ 29 人火灾分地区情况表

地区	火灾概况				起火原因																			
					放火		电气		生产作业		用火不慎		吸烟		玩火		自燃		雷击		静电		不明确原因		其他	
	起数	死人	伤人	直接损失(万元)	起数	直接损失(万元)	起数	直接损失(万元)	起数	直接损失(万元)	起数	直接损失(万元)	起数	直接损失(万元)	起数	直接损失(万元)	起数	直接损失(万元)	起数	直接损失(万元)	起数	直接损失(万元)	起数	直接损失(万元)	起数	直接损失(万元)
合计	4	53	56	590.5	1	16.6	3	573.9																		
北京	1	12	4	200.0			1	200.0																		
天津																										
河北																										
山西																										
内蒙古																										
辽宁																										
吉林																										
黑龙江	1	11		16.6	1	16.6																				
上海																										
江苏																										
浙江																										
安徽																										
福建																										
江西																										
山东																										
河南																										
湖北	1	14	47	186.9			1	186.9																		
湖南																										
广东	1	16	5	187.0			1	187.0																		
广西																										
海南																										
重庆																										
四川																										
贵州																										
云南																										
西藏																										
陕西																										
甘肃																										
青海																										
宁夏																										
新疆																										

死亡 10 ~ 29 人火灾分月季情况表

项目		火灾概况						较大火灾				重大火灾				特别重大火灾				起火原因（起）										
		起数	死人	伤人	直接损失(万元)	烧毁建筑(平方米)	受灾户数	起数	死人	伤人	直接损失(万元)	起数	死人	伤人	直接损失(万元)	起数	死人	伤人	直接损失(万元)	放火	电气	生产作业	生活用火不慎	吸烟	玩火	自燃	雷击	静电	不明确原因	其他
合计		4	53	56	590.5	2180	43					4	53	56	590.5					1	3									
一季度	小计																													
	一月																													
	二月																													
	三月																													
二季度	小计	1	14	47	186.9	510	13					1	14	47	186.9						1									
	四月	1	14	47	186.9	510	13					1	14	47	186.9						1									
	五月																													
	六月																													
三季度	小计	1	11		16.6	170						1	11		16.6					1										
	七月	1	11		16.6	170						1	11		16.6					1										
	八月																													
	九月																													
四季度	小计	2	28	9	387.0	1500	30					2	28	9	387.0						2									
	十月																													
	十一月	1	12	4	200.0	500						1	12	4	200.0						1									
	十二月	1	16	5	187.0	1000	30					1	16	5	187.0						1									

死亡 30 人以上火灾分地区情况表

地区	火灾概况				起火原因																					
	起数	死人	伤人	直接损失(万元)	放火		电气		生产作业		用火不慎		吸烟		玩火		自燃		雷击		静电		不明确原因		其他	
					起数	直接损失(万元)	起数	直接损失(万元)	起数	直接损失(万元)	起数	直接损失(万元)	起数	直接损失(万元)	起数	直接损失(万元)	起数	直接损失(万元)	起数	直接损失(万元)	起数	直接损失(万元)	起数	直接损失(万元)	起数	直接损失(万元)
合计	2	168	112	18270.0	1	70.0	1	18200.0																		
北京																										
天津																										
河北																										
山西																										
内蒙古																										
辽宁																										
吉林	1	121	76	18200.0			1	18200.0																		
黑龙江																										
上海																										
江苏																										
浙江																										
安徽																										
福建	1	47	36	70.0	1	70.0																				
江西																										
山东																										
河南																										
湖北																										
湖南																										
广东																										
广西																										
海南																										
重庆																										
四川																										
贵州																										
云南																										
西藏																										
陕西																										
甘肃																										
青海																										
宁夏																										
新疆																										

死亡 30 人以上火灾分月季情况表

项目		火灾概况						较大火灾				重大火灾				特别重大火灾				起火原因（起）											
		起数	死人	伤人	直接损失（万元）	烧毁建筑（平方米）	受灾户数	起数	死人	伤人	直接损失（万元）	起数	死人	伤人	直接损失（万元）	起数	死人	伤人	直接损失（万元）	放火	电气	生产作业	生活用火不慎	吸烟	玩火	自燃	雷击	静电	不明确原因	其他
合计		2	168	112	18270.0	17264.5										2	168	112	18270.0	1	1									
一季度	小计																													
	一月																													
	二月																													
	三月																													
二季度	小计	2	168	112	18270.0	17264.5										2	168	112	18270.0	1	1									
	四月																													
	五月																													
	六月	2	168	112	18270.0	17264.5										2	168	112	18270.0	1	1									
三季度	小计																													
	七月																													
	八月																													
	九月																													
四季度	小计																													
	十月																													
	十一月																													
	十二月																													

分场所死亡人员基本情况表

场所	死亡(人)	性别		年龄段(岁)			健康情况					来源						受教育程度				职业									
								不健康				常住人口			流动人口								有职业								
		男	女	0~18	19~59	≥60	健康	残疾	精神病	瘫痪	其他	国内	国外	港澳台地区	国内	国外	港澳台地区	高等	中等	初等	未受教育	无业	党政组织、事业单位负责人	专业技术人员	办事人员和有关人员	商业和服务人员	农林牧渔水利业	生产、运输设备操作人员及有关人员	军人	不便分类的其他人员	学生
合计	2113	1252	861	397	1113	603	1483	80	83	177	290	1780	5	2	323	2	1	87	388	1028	610	1134	4	17	24	146	57	249	6	335	141
住宅	1215	710	505	232	527	456	729	62	64	147	213	1087	3	1	122	1	1	36	191	538	450	829	3	8	11	65	42	20		160	77
宿舍	167	110	57	41	72	54	103	11	9	13	31	132			35			7	30	76	54	94	1		6	9	3	7		35	12
办公场所	14	13	1		12	2	12		1		1	11			3			1	7	4	2	4				1		1		8	
学校	1	1				1	1					1									1	1									
商业场所	134	71	63	38	88	8	131	1		1	1	88			46			12	33	69	20	52		8		45		1	2	13	13
文博馆																															
宾馆、招待所	14	11	3	1	13		14					6			8			2	6	6		4			2	2		2		4	
餐饮场所	18	8	10	4	13	1	18					14			3	1			6	10	2	8			1	4				5	
医院	2	2				2				1	1	2							1	1		2									
养老院	33	27	6		8	25		1	2	8	22	33						1		23	9	31								2	
公共娱乐场所	19	8	11	2	15	2	19					18			1			1	13	4	1	2				2				15	
体育场馆																															
金融交易场所																															
交通枢纽站																															
科研试验场所																															
广播电视中心																															
邮电通信场所																															
文物古建筑场所																															
宗教场所																															
会议、展览中心																															
物资仓储场所	46	35	11	19	22	5	44	1			1	27			19			1	6	27	12	15				3	1	12	3	5	7
厂房	216	100	116	20	187	9	209		3		4	186		1	29			2	28	175	11	10				3	1	178	1	20	3
加油加气站	1	1			1		1					1							1											1	
汽车库	1	1				1				1		1									1	1									
农副业场所	18	8	10	2	9	7	12	1	1	1	3	18						1		11	6	11					2			5	
建筑工地	18	14	4		17	1	18					17			1					18		10						6		2	
石油化工企业	11	11			11		10				1	10			1			2	7	2							1	9		1	
露天框架	2	1	1		2		2					2								2		2									
交通工具	69	40	29	9	57	3	66		1	1	1	39	1		29			18	35	11	5	10			1	5	5	2		31	15
垃圾及废弃物	3	2	1		1	2	3					3								2	1	2								1	
公园																															
三合一、多合一场所	13	7	6	7	5	1	13					12			1					7	6	2				1		3		3	4
动拆迁工地	5	4	1	1	3	1	3	1	1			3	1		1					1	4	2								3	
其他	93	67	26	21	50	22	75	2	1	4	11	69			24			3	24	41	25	42		1	3	6	2	8		21	10

人员密集场所火灾分类别情况表

项目	火灾概况				较大火灾				重大火灾				特别重大火灾			
	起数	死人	伤人	直接损失(万元)	起数	死人	伤人	直接损失(万元)	起数	死人	伤人	直接损失(万元)	起数	死人	伤人	直接损失(万元)
合计	26391	235	304	68586.3	22	81	23	7852.6	3	41	52	390.5				
商场市场	10491	134	123	53905.4	16	59	16	7823.2	1	16	5	187.0				
办公场所	2609	14	24	2789.2	1	3		0.3								
宾馆招待所	1250	14	31	1592.4	1	3	4	0.3								
餐饮场所	6508	18	55	3972.1	2	8	1	7.9								
娱乐场所	953	19	59	2076.7					1	14	47	186.9				
学校	1345	1	1	584.5												
医院	611	2		375.8												
交通枢纽	1820		2	1156.2												
其他	804	33	9	2134.1	2	8	2	20.9	1	11		16.6				

注：学校含幼儿园，娱乐场所含歌厅、舞厅及其他休闲娱乐场所，其他指养老院、文博馆、体育场馆、金融交易场所、宗教场所、会议展览中心等人员密集场所。

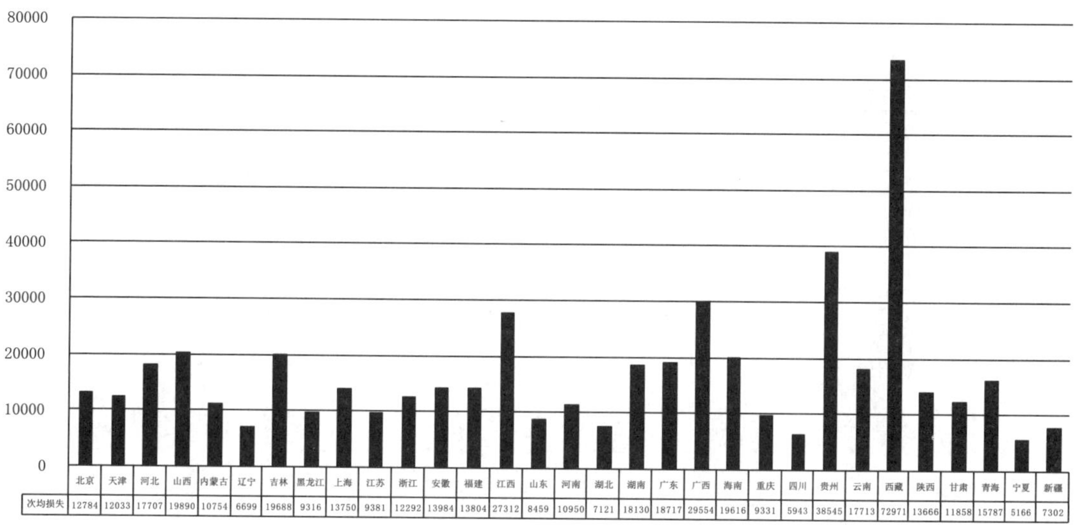

	北京	天津	河北	山西	内蒙古	辽宁	吉林	黑龙江	上海	江苏	浙江	安徽	福建	江西	山东	河南
次均损失	12784	12033	17707	19890	10754	6699	19688	9316	13750	9381	12292	13984	13804	27312	8459	10950

	湖北	湖南	广东	广西	海南	重庆	四川	贵州	云南	西藏	陕西	甘肃	青海	宁夏	新疆
次均损失	7121	18130	18717	29554	19616	9331	5943	38545	17713	72971	13666	11858	15787	5166	7302

分地区火灾次均损失图

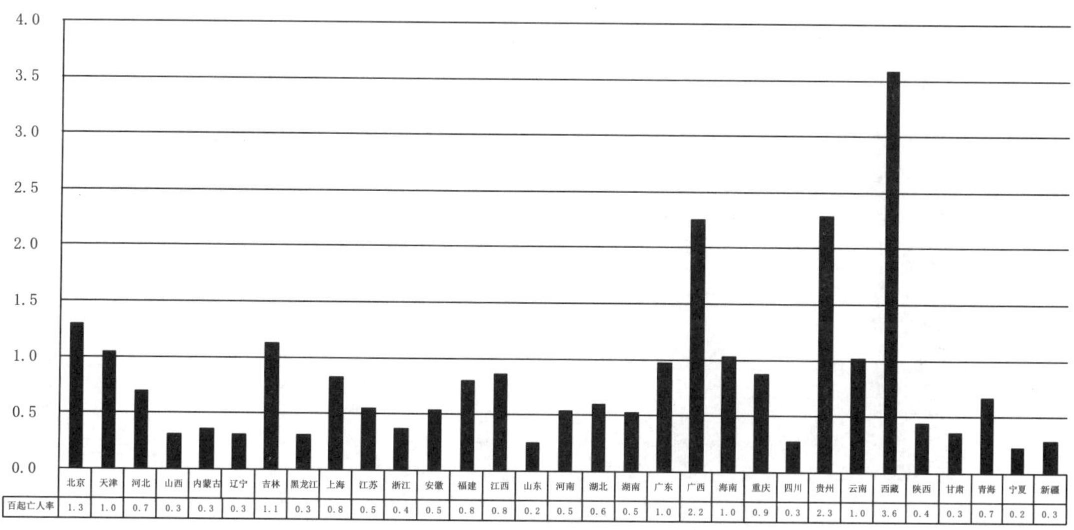

	北京	天津	河北	山西	内蒙古	辽宁	吉林	黑龙江	上海	江苏	浙江	安徽	福建	江西	山东	河南
百起亡人率	1.3	1.0	0.7	0.3	0.3	0.3	1.1	0.3	0.8	0.5	0.4	0.5	0.8	0.8	0.2	0.5

	湖北	湖南	广东	广西	海南	重庆	四川	贵州	云南	西藏	陕西	甘肃	青海	宁夏	新疆
百起亡人率	0.6	0.5	1.0	2.2	1.0	0.9	0.3	2.3	1.0	3.6	0.4	0.3	0.7	0.2	0.3

分地区百起火灾亡人率图

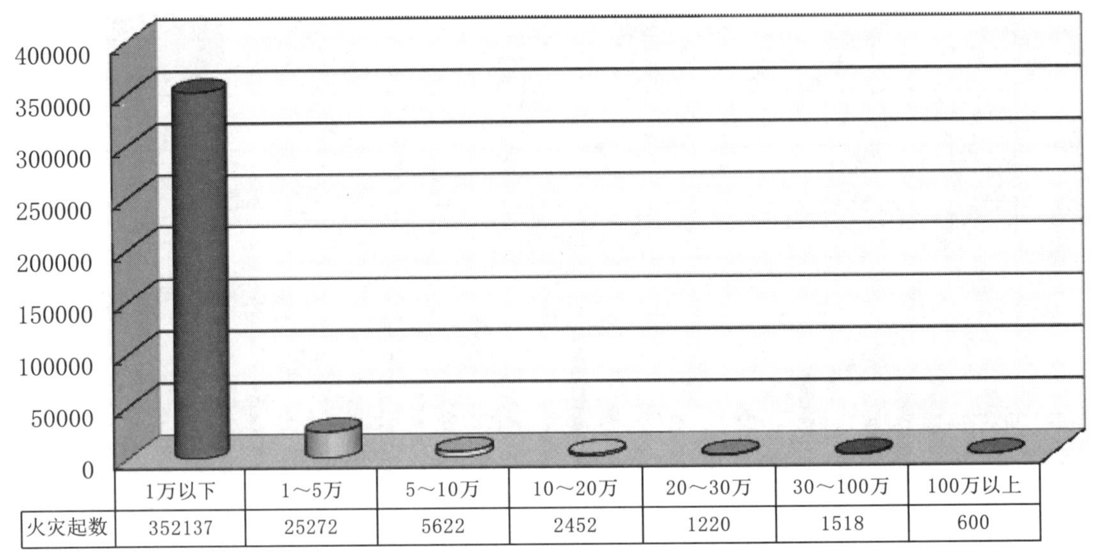

火灾损失分段情况图

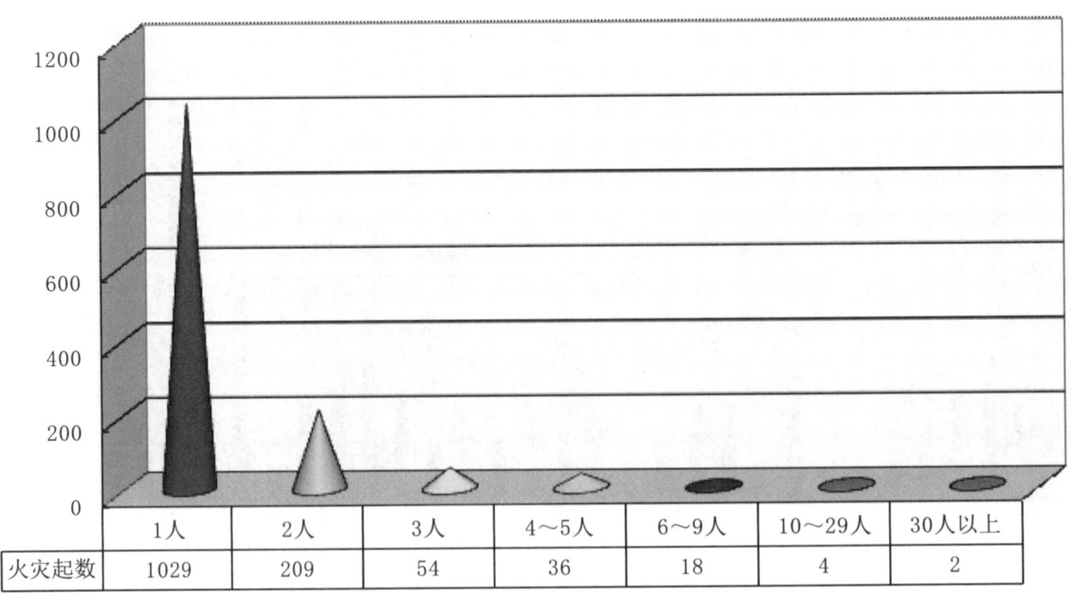

火灾死亡人数分段情况图

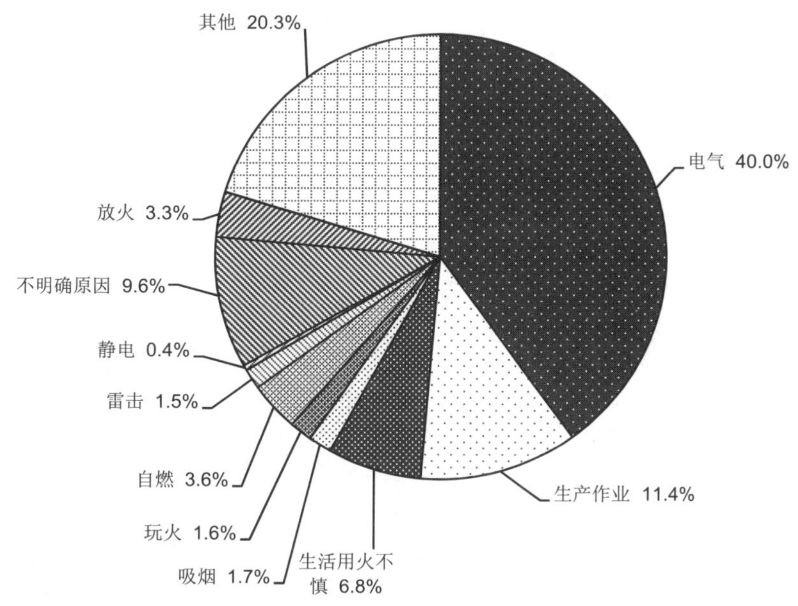

起火原因损失比例图

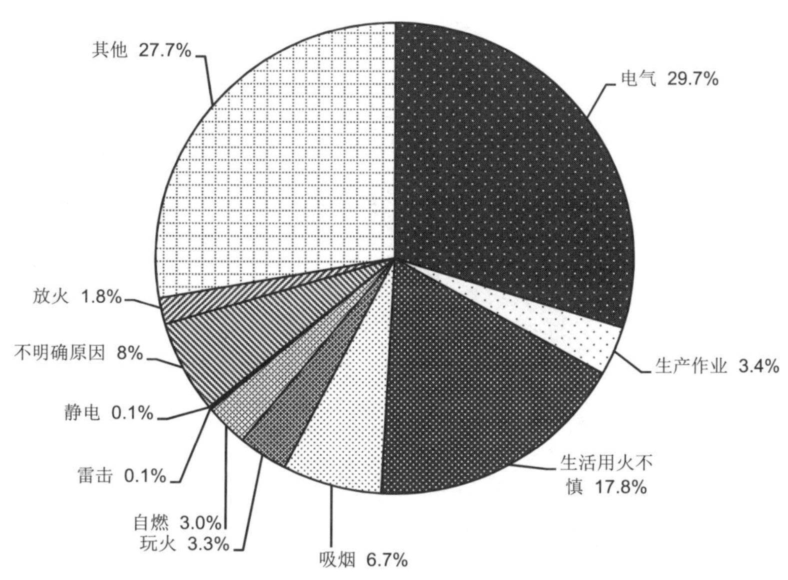

起火原因起数比例图

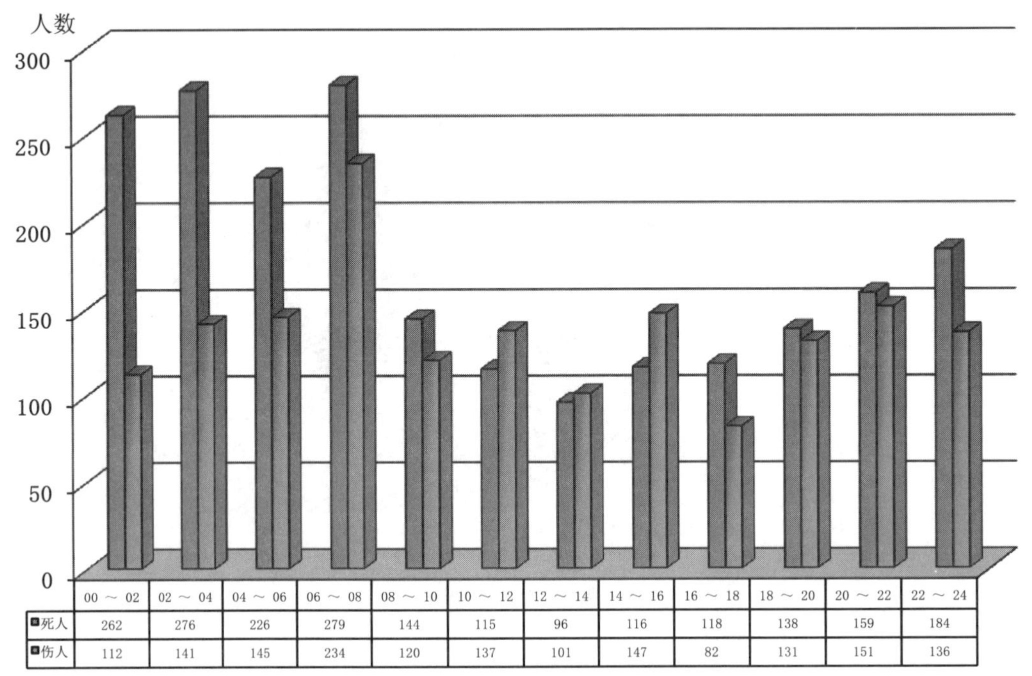

	00～02	02～04	04～06	06～08	08～10	10～12	12～14	14～16	16～18	18～20	20～22	22～24
死人	262	276	226	279	144	115	96	116	118	138	159	184
伤人	112	141	145	234	120	137	101	147	82	131	151	136

火灾伤亡人数 24 小时分布图

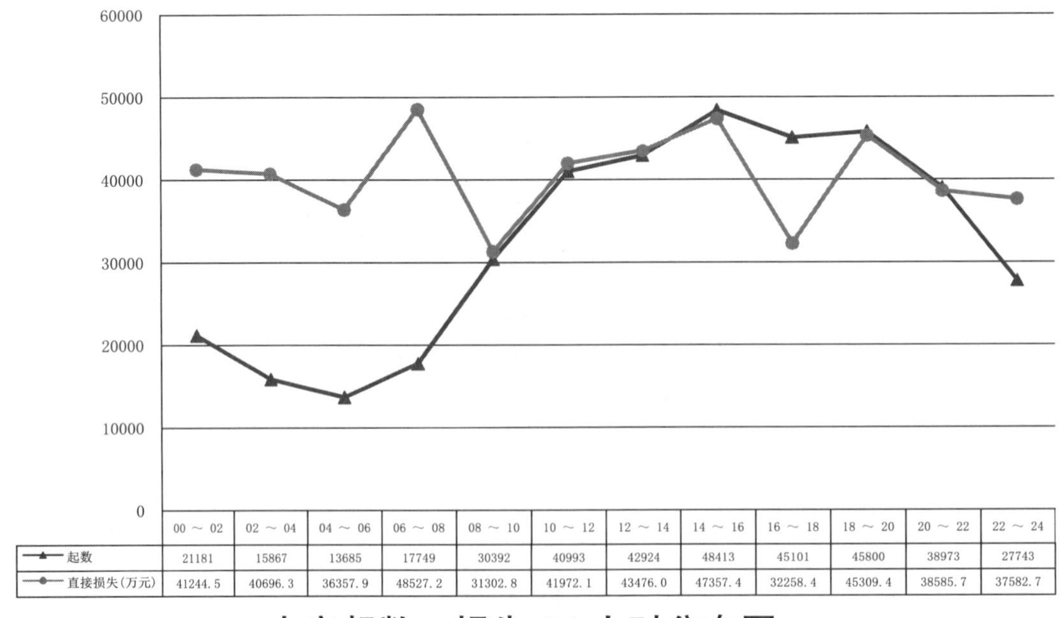

	00～02	02～04	04～06	06～08	08～10	10～12	12～14	14～16	16～18	18～20	20～22	22～24
起数	21181	15867	13685	17749	30392	40993	42924	48413	45101	45800	38973	27743
直接损失(万元)	41244.5	40696.3	36357.9	48527.2	31302.8	41972.1	43476.0	47357.4	32258.4	45309.4	38585.7	37582.7

火灾起数、损失 24 小时分布图

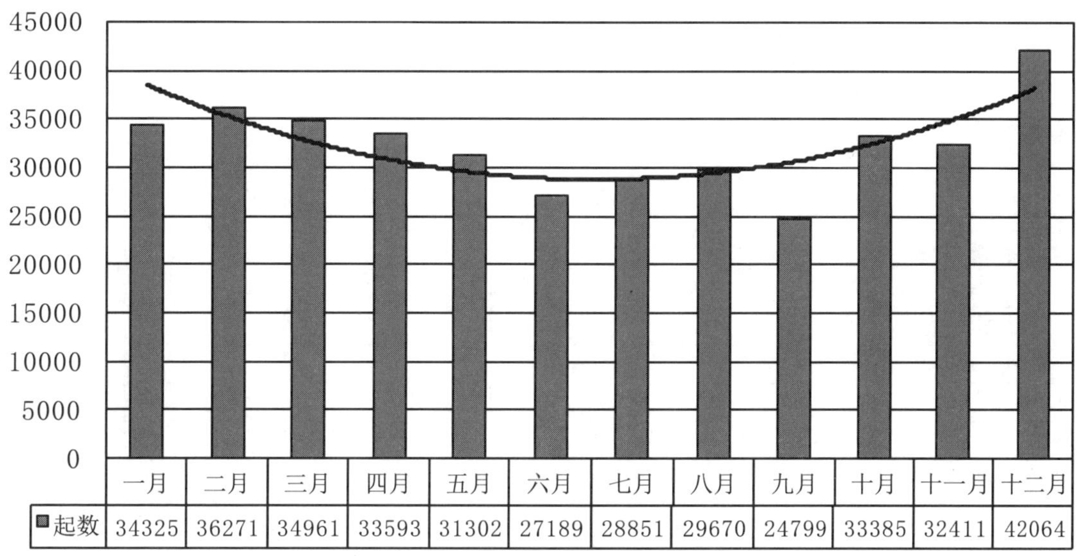

火灾起数分月趋势图

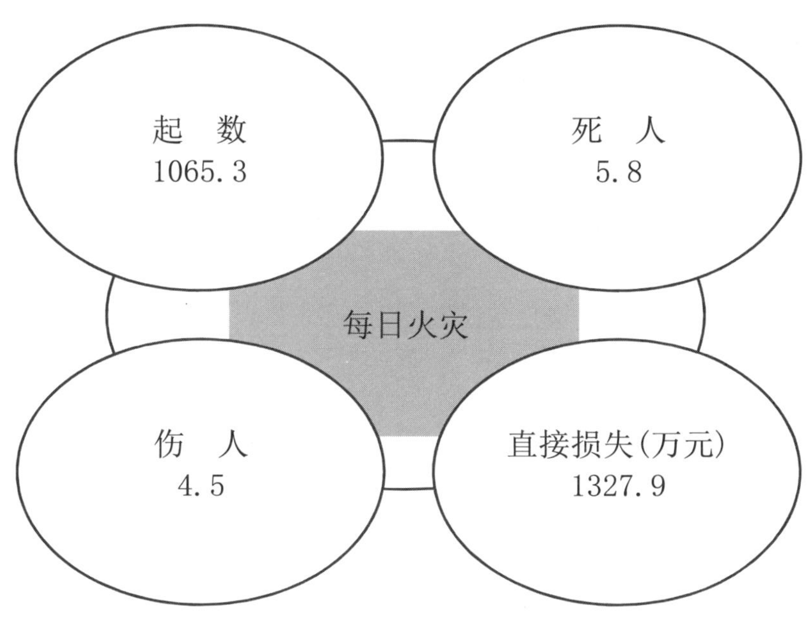

每日火灾情况图

春节期间火灾分地区综合情况表

地区	火灾概况						较大火灾				重大火灾				特别重大火灾			
	起数	死人	伤人	损失			起数	死人	伤人	直接损失(万元)	起数	死人	伤人	直接损失(万元)	起数	死人	伤人	直接损失(万元)
				直接损失(万元)	烧毁面积(平方米)	受灾户数												
合　计	11544	34	27	8250.8	492170	2945	2	7	2	128.1								
北　京	145			36.1	1040	9												
天　津	142	1		86.0	995	61												
河　北	263	1		192.4	5951	54												
山　西	232			70.1	4026	17												
内蒙古	620		1	215.8	14624	46												
辽　宁	1245			151.3	17370	101												
吉　林	291			75.7	6286	25												
黑龙江	408			202.1	8228	121												
上　海	168	1	1	118.2	1732	49												
江　苏	636	2	1	1239.7	5901	120												
浙　江	980	4	3	1122.7	21596	352												
安　徽	343	1	1	133.3	4530	35												
福　建	308	2		340.0	8960	105												
江　西	215	1	1	184.5	6001	50												
山　东	988			268.8	20219	71												
河　南	198		1	96.9	4149	72												
湖　北	335	2	1	82.9	8624	65												
湖　南	353	1	1	299.0	7924	112												
广　东	515	9	10	940.4	14260	104	1	4	2	128.0								
广　西	79			125.9	1773	35												
海　南	31			16.0	356	1												
重　庆	195	1		58.0	41624	63												
四　川	742	1		360.9	9344	103												
贵　州	67	3	1	153.2	4977	66	1	3		0.1								
云　南	713	2		631.5	57731	667												
西　藏	4			2.5	136	2												
陕　西	352		4	250.2	9068	21												
甘　肃	388	1	1	192.7	56065	234												
青　海	103			483.0	137506	31												
宁　夏	255			29.1	5227	29												
新　疆	230	1		92.0	5948	124												

注：2013年春节期间是指2月9日～2月14日（农历除夕至正月初五）。

春节期间起火原因基本情况表

项目		火灾概况						较大火灾				重大火灾				特别重大火灾			
		起数	死人	伤人	直接损失(万元)	烧毁建筑(平方米)	受灾户数	起数	死人	伤人	直接损失(万元)	起数	死人	伤人	直接损失(万元)	起数	死人	伤人	直接损失(万元)
合计		11544	34	27	8250.8	492170	2945	2	7	2	128.1								
电气	小计	2620	8	12	3177.5	54770	808												
	电气线路故障	1411	4	5	2640.6	35011	455												
	电器设备故障	665	2	7	253.3	9508	193												
	电加热器具火灾	235	2		109.7	3977	70												
	其他	309			173.9	6274	90												
生产作业	小计	101		1	102.7	2626	32												
	焊割	9			2.3	215													
	烘烤	36			12.7	868	13												
	熬炼	4			1.2	27	4												
	化工火灾	2			1.7	52													
	机械设备类故障	23			57.6	605	9												
	其他	27		1	27.2	859	6												
生活用火不慎	小计	1857	9	6	1063.5	292783	646	1	3		0.1								
	余火复燃	119			64.3	4063	55												
	照明不慎	59		1	14.1	950	28												
	烘烤不慎	187	1	1	118.9	4701	86												
	敬神祭祖	196	7	1	222.8	201372	90	1	3		0.1								
	油锅起火	212			67.9	1415	60												
	炉具故障及使用不当	154		1	32.2	1833	52												
	烟道过热蹿火、飞火等	116			21.5	2475	29												
	烧荒、野外生火不慎	217			166.0	39914	69												
	使用蚊香不慎	12		2	2.9	180	6												
	其他	585	1		352.9	35881	171												
吸烟	小计	696	3		102.6	11431	182												
	违章吸烟	10			1.1	157	3												
	卧床吸烟	35	2		11.4	793	13												
	乱扔烟头、火柴等	590	1		63.1	9262	155												
	其他	61			27.1	1219	11												
玩火	小计	2403	6	3	1201.6	54194	685	1	4	2	128.0								
	小孩玩火	310	1	1	46.1	6803	101												
	燃放烟花爆竹	2010	5	2	1143.1	45614	571	1	4	2	128.0								
	其他	83			12.4	1778	13												
自燃		178		1	194.2	4100	30												
雷击		8			6.8	200													
静电		5			0.6	22													
不明确原因		687			788.3	21953	204												
放火		149	4		200.9	7284	48												
其他		2840	4	4	1412.0	42808	310												

注：2013年春节期间是指2月9日～2月14日（农历除夕至正月初五）。

春节期间消防队伍接警出动情况表

地区	出动情况							参战人员			出动车辆			消防人员伤亡(人)			战斗结果		
	起数	火灾扑救	抢险救援	反恐排爆	公务执勤	社会救助	其他出动	小计	现役	其他	小计	现役	其他	小计	死人	伤人	救出人员(人)	疏散人员(人)	抢救财产价值(万元)
合计	22335	11502	3934	6	453	2684	3756	239068	229297	9771	40270	38489	1781				1659	12455	31047.0
北京	609	150	42			88	329	8653	8646	7	1322	1321	1				12	41	60.0
天津	908	145	59			139	565	12861	12861		1949	1949					17	28	176.0
河北	485	262	72		15	116	20	5042	3783	1259	930	722	208				57	175	274.0
山西	317	232	35			6	44	3188	3033	155	554	530	24				46	424	399.0
内蒙古	668	629	23			7	9	4741	4705	36	854	846	8				28	272	1168.0
辽宁	1459	1275	48		5	100	31	11425	11332	93	2238	2221	17				31	53	1246.0
吉林	338	294	12	2		4	26	2706	2672	34	582	573	9				16	99	253.0
黑龙江	587	409	56	2	4	61	55	5960	5869	91	1321	1302	19				39	119	279.0
上海	1211	172	181		9	346	503	21042	21022	20	2456	2453	3				19	56	2628.0
江苏	1575	634	149		11	34	747	17294	15139	2155	3240	2833	407				117	524	640.0
浙江	1487	946	361		1	46	133	16515	16449	66	2786	2776	10				100	358	917.0
安徽	541	342	99			85	15	4496	4401	95	751	736	15				60	794	418.0
福建	561	310	174		2	23	52	5859	5735	124	991	970	21				124	584	783.0
江西	290	217	43		1	21	8	3001	3001		462	462					50	695	1827.0
山东	1413	1002	102	1	2	242	64	15228	15029	199	2433	2402	31				118	641	1794.0
河南	923	198	500		1	56	168	9766	9065	701	1687	1576	111				68	661	1127.0
湖北	1130	335	400		134	186	75	10757	10553	204	1831	1803	28				113	1090	539.0
湖南	473	359	52		1	16	45	5544	5445	99	890	875	15				53	477	11381.0
广东	1509	544	437			128	400	18296	16695	1601	3407	3058	349				168	923	978.0
广西	209	78	87		16	25	3	2268	2254	14	420	418	2				63	233	474.0
海南	81	33	9		30	8	1	767	767		142	142					4	122	24.0
重庆	875	196	95		2	413	169	9498	9498		1398	1398					36	263	183.0
四川	1843	753	510		54	455	71	16902	14285	2617	2984	2517	467				152	797	443.0
贵州	158	52	29		18	11	48	1825	1825		332	332					19	856	782.0
云南	923	592	214		3	33	81	7409	7367	42	1354	1348	6				43	942	677.0
西藏	115	4	1		109	1		1360	1360		202	202					1		
陕西	469	366	36	1		11	55	5287	5287		870	870					34	479	318.0
甘肃	449	385	17		22	9	16	4049	3902	147	608	580	28				14	99	369.0
青海	123	103	9			4	7	1407	1407		214	214					5	255	278.0
宁夏	326	260	58			2	6	2852	2852		427	427					35	309	177.0
新疆	280	225	24		13	8	10	3070	3058	12	635	633	2				17	86	435.0

注：2013年春节期间是指2月9日～2月14日（农历除夕至正月初五）。

国庆节期间火灾分地区综合情况表

地区	火灾概况						较大火灾				重大火灾				特别重大火灾			
	起数	死人	伤人	直接损失(万元)	烧毁面积(平方米)	受灾户数	起数	死人	伤人	直接损失(万元)	起数	死人	伤人	直接损失(万元)	起数	死人	伤人	直接损失(万元)
合　计	7661	22	16	8634.2	375087	1637												
北　京	42			18.5	339	2												
天　津	54			118.4	649	13												
河　北	262	1		459.9	27011	77												
山　西	196	1	2	47.2	77243	27												
内蒙古	231	1		219.8	13628	23												
辽　宁	465			102.3	5811	30												
吉　林	234			64.1	7853	18												
黑龙江	334		1	74.0	10409	106												
上　海	121			725.8	3678	23												
江　苏	590	2	5	400.1	7769	90												
浙　江	1058	2		1756.5	36885	288												
安　徽	200	1		214.9	2965	28												
福　建	322	1		359.3	10479	65												
江　西	166	1		621.7	12325	33												
山　东	654	1	2	329.3	28034	81												
河　南	338	1		190.2	10179	114												
湖　北	214			98.5	5361	33												
湖　南	326			165.5	10658	63												
广　东	546	2	1	1083.7	15591	83												
广　西	74	1	1	97.7	3233	25												
海　南	24			14.8	857	1												
重　庆	86		2	74.8	1485	43												
四　川	249	1	1	161.5	2560	38												
贵　州	63	3		209.0	2872	33												
云　南	85	1		398.2	3392	90												
西　藏	2			58.7	314	10												
陕　西	195	2		175.1	3672	11												
甘　肃	94			63.0	41055	65												
青　海	22			13.2	2540	4												
宁　夏	89			12.0	2760	6												
新　疆	325		1	306.6	23484	114												

注：国庆节期间指10月1日～10月7日。

国庆节期间起火原因基本情况表

项目		火灾概况						较大火灾				重大火灾				特别重大火灾			
		起数	死人	伤人	直接损失(万元)	烧毁建筑(平方米)	受灾户数	起数	死人	伤人	直接损失(万元)	起数	死人	伤人	直接损失(万元)	起数	死人	伤人	直接损失(万元)
合计		7661	22	16	8634.2	375087													
电气	小计	2221	7	6	2660.4	89578													
	电气线路故障	1337	6	6	1316.8	33455													
	电器设备故障	500	1		608.2	12689													
	电加热器具火灾	89			29.9	1660													
	其他	295			705.5	41775													
生产作业	小计	252			2231.9	23359													
	焊割	50			740.9	5600													
	烘烤	35			35.3	1127													
	熬炼	6			3.8	310													
	化工火灾	9			24.8	379													
	机械设备类故障	82			1155.1	7785													
	其他	70			271.9	8159													
生活用火不慎	小计	1375	1	4	426.4	41484													
	余火复燃	73			25.0	1715													
	照明不慎	23			3.3	302													
	烘烤不慎	80			20.3	1788													
	敬神祭祖	30			68.1	2415													
	油锅起火	155			13.1	628													
	炉具故障及使用不当	210	1	1	68.0	2641													
	烟道过热蹿火、飞火等	81			12.5	1180													
	烧荒、野外生火不慎	346			38.6	22877													
	使用蚊香不慎	20			3.7	137													
	其他	357		3	173.8	7800													
吸烟	小计	466	2		124.9	30730													
	违章吸烟	13			2.7	271													
	卧床吸烟	14	1		24.4	130													
	乱扔烟头、火柴等	398			79.5	28766													
	其他	41	1		18.4	1562													
玩火	小计	217	1		315.3	8446													
	小孩玩火	166			303.4	6716													
	燃放烟花爆竹	36			9.9	1345													
	其他	15	1		2.0	386													
自燃		237			395.1	4999													
雷击		1			0.1	50													
静电		1		1	11.2	100													
不明确原因		484	3	1	448.0	22097													
放火		161	2	2	191.3	10715													
其他		2246	6	2	1829.6	143530													

注：国庆期间指10月1日～10月7日。

第二节　各省、自治区、直辖市火灾情况

北京市分地区火灾综合情况表

地区	火灾概况						较大火灾				重大火灾				特别重大火灾			
	起数	死人	伤人	损失			起数	死人	伤人	直接损失(万元)	起数	死人	伤人	直接损失(万元)	起数	死人	伤人	直接损失(万元)
				直接损失(万元)	烧毁建筑(平方米)	受灾户数												
合计	4119	53	18	5254.4	85845	229	3	8		1434.5	1	12	4	200.0				
东城区	147	2		31.4	538													
西城区	138	1		95.9	756	7												
朝阳区	578	17	4	710.5	5014	6					1	12	4	200.0				
海淀区	441	8	7	400.0	2850	42	1	3		131.5								
丰台区	436	4		454.5	6652	8												
石景山区	98	2	2	1384.2	2249	43	1	2		1300.0								
门头沟区	45	1		84.2	2223	2												
房山区	400	3	2	603.6	8079													
通州区	344	4		627.2	6871	5												
顺义区	305	1		163.1	5788	1												
昌平区	361	6		168.3	7403	7	1	3		3.0								
大兴区	257	2		148.6	23853	33												
怀柔区	109			20.7	1649													
平谷区	222	1	3	132.5	8403	19												
密云县	93	1		59.8	937	50												
延庆县	123			139.1	2182	2												
北京西站																		
燕山	3			28.3	108	2												
亦庄	13			2.5	183	2												
公交总队																		
天安门																		
清河农场																		

天津市分地区火灾综合情况表

地区	火灾概况						较大火灾				重大火灾				特别重大火灾			
	起数	死人	伤人	损失			起数	死人	伤人	直接损失(万元)	起数	死人	伤人	直接损失(万元)	起数	死人	伤人	直接损失(万元)
				直接损失(万元)	烧毁建筑(平方米)	受灾户数												
合　计	4195	43	39	5048.0	112466	1392	1	3		6.4								
和平区	83	1	2	9.8	1165	34												
河东区	221	3	5	187.3	1689	43												
河西区	247		1	115.7	1121	92												
南开区	153	3		408.6	1507	107												
河北区	212	2	1	100.8	1853	93												
红桥区	165	1		78.1	483	63												
高新区	7			807.1	3670													
塘沽区	237	3	6	240.9	6821	78												
汉沽区	49			49.7	574	11												
大港区	201	1	3	340.7	18793	82												
开发区	54		3	12.8	339	15												
保税区	18		2	12.2	192	2												
东丽区	303	2	8	157.6	6920	178												
西青区	470	9	5	891.6	20525	128												
津南区	295	1		59.5	4966	61												
北辰区	375	5	2	386.2	6935	62	1	3		6.4								
武清区	253	3	1	534.5	5814	36												
宝坻区	187	1		343.8	8033	37												
宁河县	80	3		85.3	5849	8												
静海县	366	4		192.1	10444	183												
蓟　县	216	1		32.8	4730	79												
市管单位	3			1.0	45													

河北省分地区火灾综合情况表

地区	火灾概况						较大火灾				重大火灾				特别重大火灾			
	起数	死人	伤人	损失			起数	死人	伤人	直接损失(万元)	起数	死人	伤人	直接损失(万元)	起数	死人	伤人	直接损失(万元)
				直接损失(万元)	烧毁建筑(平方米)	受灾户数												
合计	12571	85	49	22260.0	1488057	3540	5	27	3	308.6								
石家庄市	1948	13	7	3349.5	349115	243	1	6	2	27.4								
唐山市	2055	7	4	2215.0	46862	511	1	3		216.2								
秦皇岛市	1534		2	627.0	22797	303												
邯郸市	942	7	10	1898.7	234371	497												
邢台市	1147	5	1	2368.1	180627	219												
保定市	1025	6	4	4680.5	124416	381												
张家口市	823	6	2	1667.5	32275	355												
承德市	434	12	4	2173.8	37215	244	2	11		50.0								
沧州市	685	8	1	1193.6	66681	141												
衡水市	1021	8	7	1020.3	336967	473												
廊坊市	934	13	5	1027.6	56465	157	1	7	1	15.0								
华北油区	23		2	38.3	266	16												

山西省分地区火灾综合情况表

地区	火灾概况						较大火灾				重大火灾				特别重大火灾			
	起数	死人	伤人	损失			起数	死人	伤人	直接损失(万元)	起数	死人	伤人	直接损失(万元)	起数	死人	伤人	直接损失(万元)
				直接损失(万元)	烧毁建筑(平方米)	受灾户数												
合计	8153	24	43	16216.4	809419	1155	2	3		4840.4								
太原市	1465	12	8	843.2	42017	145	1	3		1.7								
大同市	1162	1		2182.7	68198	172												
阳泉市	365	2	1	424.4	4102	20												
长治市	534	3	20	2012.8	36304	16												
晋城市	312		1	433.9	6392	67												
朔州市	836	1	2	375.8	283873	46												
晋中市	553		5	917.3	39023	175												
运城市	503	1	5	1989.5	182372	237												
忻州市	654			468.1	55598	84												
临汾市	1368	4	1	5748.8	69229	152	1			4838.7								
吕梁市	401			819.9	22311	41												

内蒙古自治区分地区火灾综合情况表

地区	火灾概况						较大火灾				重大火灾				特别重大火灾			
	起数	死人	伤人	损失			起数	死人	伤人	直接损失(万元)	起数	死人	伤人	直接损失(万元)	起数	死人	伤人	直接损失(万元)
				直接损失(万元)	烧毁建筑(平方米)	受灾户数												
合计	11749	40	16	12634.7	1453107	1403	1	5	5	20.4								
呼和浩特市	2911	9	3	722.5	114480	26												
包头市	2341	4	4	614.6	98340	129												
乌海市	622			314.6	23325	10												
赤峰市	1171	6	5	358.2	68729	156	1	5	5	20.4								
通辽市	499	6		1307.3	556509	47												
鄂尔多斯市	1128	1		2024.1	220831	115												
呼伦贝尔市	1132	4	2	2552.5	59679	426												
巴彦淖尔市	454	3		402.7	37812	140												
乌兰察布市	698	2		1863.4	145427	167												
兴安盟	270		1	464.5	28282	77												
锡林郭勒盟	425	3		1380.6	86683	54												
阿拉善盟	87	1		568.0	6877	46												
大兴安岭林管局	11	1	1	61.6	6133	10												

辽宁省分地区火灾综合情况表

地区	火灾概况						较大火灾				重大火灾				特别重大火灾			
	起数	死人	伤人	损失			起数	死人	伤人	直接损失(万元)	起数	死人	伤人	直接损失(万元)	起数	死人	伤人	直接损失(万元)
				直接损失(万元)	烧毁建筑(平方米)	受灾户数												
小计	31655	94	50	21207.2	742770	2930	4	14	1	2217.9								
沈阳市	8861	30	4	9903.8	166730	369												
大连市	4813	10	5	3411.7	116403	113	1	4		697.0								
鞍山市	2028	5	1	2382.5	50393	187	1			1514.7								
抚顺市	1365	12	4	341.6	22839	121	1	5										
本溪市	835	3	4	324.0	11534	46												
丹东市	1265	3	3	521.7	21305	145												
锦州市	1863	3	4	509.2	31349	313												
营口市	1585	5	4	420.4	15554	239												
阜新市	1555	7	4	625.8	51321	20	1	5	1	6.2								
辽阳市	1437	3	5	421.9	31045	108												
盘锦市	1521	3	4	164.3	25980	13												
铁岭市	1622	5	1	1004.7	58170	854												
朝阳市	1904	2	4	715.4	94363	154												
葫芦岛市	1001	3	3	460.2	45784	248												

吉林省分地区火灾综合情况表

地区	火灾概况						较大火灾				重大火灾				特别重大火灾			
	起数	死人	伤人	损失			起数	死人	伤人	直接损失(万元)	起数	死人	伤人	直接损失(万元)	起数	死人	伤人	直接损失(万元)
				直接损失(万元)	烧毁建筑(平方米)	受灾户数												
合计	12370	138	85	24354.5	405806	1320	1	3	1	4.0					1	121	76	18200.0
长春市	2959	129	78	19844.7	123880	395	1	3	1	4.0					1	121	76	18200.0
吉林市	1888	3		408.6	27768	54												
四平市	1874	2	4	426.5	46102	36												
辽源市	913		1	318.6	19488	67												
通化市	830	1		308.7	28160	37												
白山市	404	2	2	273.8	9894	43												
松原市	1325			398.5	44509	28												
白城市	712			340.5	31389	45												
延边朝鲜族自治州	1435	1		2012.3	72519	596												
长白山市	30			22.4	2097	19												

黑龙江省分地区火灾综合情况表

地区	火灾概况						较大火灾				重大火灾				特别重大火灾			
	起数	死人	伤人	损　失			起数	死人	伤人	直接损失(万元)	起数	死人	伤人	直接损失(万元)	起数	死人	伤人	直接损失(万元)
				直接损失(万元)	烧毁建筑(平方米)	受灾户数												
合计	15395	45	54	14342.7	824169.6	2413	4	11	25	1654.2	1	11		16.6				
哈尔滨市	6192	12	11	5461.6	61052	273	3	8	9	1604.2								
齐齐哈尔市	2259	3	7	616.5	370075	270												
大庆市	1165	1	2	1294.8	28603.7	62												
牡丹江市	1241	2	1	966.3	25621	263												
佳木斯市	835		5	394.5	94189	137												
绥化市	962	17	7	928.1	54480	255					1	11		16.6				
伊春市	219	1	3	1374.8	10509	151												
鸡西市	550	4	17	1386.9	73297	84	1	3	16	50.0								
黑河市	330			419.9	17347	243												
双鸭山市	602	1		190.0	28938	104												
大兴安岭地区	158			260.9	13949	139												
鹤岗市	362		1	120.3	23327	165												
七台河市	448	1		279.8	12656	153												
林　业	27	1		215.6	5895	67												
垦　区	45	2		432.9	4231	47												

上海市分地区火灾综合情况表

地区	火灾概况						较大火灾				重大火灾				特别重大火灾			
	起数	死人	伤人	损失			起数	死人	伤人	直接损失(万元)	起数	死人	伤人	直接损失(万元)	起数	死人	伤人	直接损失(万元)
				直接损失(万元)	烧毁建筑(平方米)	受灾户数												
合计	9031	73	79	12417.4	122753	1475	4	15	17	2916.0								
黄浦区	119	1	2	278.8	1443	303												
徐汇区	147	4		71.4	657	27	1	4		0.5								
长宁区	192	1		45.1	1239	9												
静安区	55	1		15.5	115	10												
普陀区	871		1	478.5	2561	25												
闸北区	247		1	67.1	626	35												
虹口区	279	5		111.2	974	55												
杨浦区	349	5	1	659.8	3116	52												
闵行区	991	3	4	2190.0	15475	5												
宝山区	1060	6	5	239.8	8253	106	1	3	3	0.5								
嘉定区	474	5	9	1593.0	14698	211												
浦东新区	1693	20	27	3898.1	24998	347	1	5	14	2912.0								
金山区	293	1	7	199.2	5750	48												
松江区	775	1	8	570.1	9362	18												
青浦区	703	13	9	249.8	13633	21	1	3		3.0								
奉贤区	356	3	5	1328.4	13315	83												
崇明县	413	2		399.0	5985	114												
轨　道	3			9.8	326	1												
化工区	3			2.519	86													
市重点处	1			0.04	1													
水上支队	7	2		10.2	142	5												

江苏省分地区火灾综合情况表

地区	火灾概况						较大火灾				重大火灾				特别重大火灾			
	起数	死人	伤人	损失			起数	死人	伤人	直接损失(万元)	起数	死人	伤人	直接损失(万元)	起数	死人	伤人	直接损失(万元)
				直接损失(万元)	烧毁建筑(平方米)	受灾户数												
合计	30469	165	167	28583.5	612355	47492	5	22	4	56.4								
南京市	2474	13	15	1716.1	27927	1004												
无锡市	4920	19	26	2904.7	67265	42945												
徐州市	2140	10	8	1480.3	37060	292												
常州市	2845	14	16	1729.3	31509	514												
苏州市	2395	25	17	9743.4	47297	137	4	18	4	54.6								
南通市	3618	18	30	1964.1	36569	193												
连云港市	1949	7	5	1129.3	164102	147												
淮安市	1344	4	4	914.2	19444	486												
盐城市	2254	12	20	1576.6	38749	392												
扬州市	1503	17		1163.7	43504	344												
镇江市	2168	9	4	1820.6	29421	630	1	4		1.8								
泰州市	1469	6	6	772.3	19194	187												
宿迁市	1390	11	16	1668.8	50313	221												

浙江省分地区火灾综合情况表

地区	火灾概况						较大火灾				重大火灾				特别重大火灾			
	起数	死人	伤人	损失			起数	死人	伤人	直接损失(万元)	起数	死人	伤人	直接损失(万元)	起数	死人	伤人	直接损失(万元)
				直接损失(万元)	烧毁建筑(平方米)	受灾户数												
合计	46141	163	136	55865.7	1422309	12740	12	56	9	1813.6								
杭州市	8477	10	14	7027.8	234206	1780	1	3	2	850.0								
宁波市	6793	22	44	9005.4	193188	1183	2	6	1	246.4								
温州市	5346	34	37	7939.9	206168	1423	4	20	1	307.0								
嘉兴市	4811	13	6	6697.9	132250	410	1	8	5	153.0								
湖州市	2941			5785.3	106132	904												
绍兴市	4271	9	10	4938.4	150752	1426												
金华市	4243	10	5	4703.3	133431	1867												
衢州市	850	8	2	1463.7	53008	167												
舟山市	131	2	3	244.9	6070	62												
台州市	7164	38	8	4939.5	152537	3158	3	16		7.7								
丽水市	1114	14	5	3119.6	54567	360	1	3		249.5								

安徽省分地区火灾综合情况表

地区	火灾概况						较大火灾				重大火灾				特别重大火灾			
	起数	死人	伤人	损失			起数	死人	伤人	直接损失(万元)	起数	死人	伤人	直接损失(万元)	起数	死人	伤人	直接损失(万元)
				直接损失(万元)	烧毁建筑(平方米)	受灾户数												
合计	11671	61	56	16320.2	788171	1559	5	16		2206.9								
合肥市	2950	4	2	2304.7	31736	144												
芜湖市	524	1	6	723.6	51156	87												
蚌埠市	575	9	7	200.1	21435	165	1	5		50.0								
淮南市	362	1	6	219.9	9305	61												
马鞍山市	866	1	2	959.6	25019	56												
淮北市	835	4	2	542.8	317351	340												
铜陵市	149	2	1	399.6	4586	67												
安庆市	539	8	2	4125.3	36966	117	2	5		2123.0								
阜阳市	370	10	3	685.0	24637	59	2	6		33.9								
滁州市	1031	1		1928.1	43659	151												
宿州市	482	8	7	456.8	88596	84												
六安市	1139	2	2	823.9	57035	26												
宣城市	853	2		741.0	12349	72												
池州市	150	2	8	661.3	3798	28												
亳州市	583	3	4	901.5	52289	40												
黄山市	263	3	4	647.0	8255	62												

福建省分地区火灾综合情况表

地区	火灾概况						较大火灾				重大火灾				特别重大火灾			
	起数	死人	伤人	损失			起数	死人	伤人	直接损失（万元）	起数	死人	伤人	直接损失（万元）	起数	死人	伤人	直接损失（万元）
				直接损失（万元）	烧毁建筑（平方米）	受灾户数												
合计	11972	95	68	16526.3	420844	3596	2	9	4	323.0								
福州市	1838	8	3	2502.9	46726	216												
厦门市	1569	55	39	1962.0	57943	505												
莆田市	887	1		782.9	35299	191												
三明市	774	1		853.9	40131	330												
泉州市	4828	14	9	5300.7	96763	992	1	3		293.0								
漳州市	556		2	1122.6	26414	315												
南平市	514	2	9	1949.7	53719	385												
龙岩市	490			747.5	18530	243												
宁德市	454	13	6	1243.0	39560	374	1	6	4	30.0								
平潭综合实验区	62	1		61.0	5757	45												

江西省分地区火灾综合情况表

地区	火灾概况						较大火灾				重大火灾				特别重大火灾			
	起数	死人	伤人	损失			起数	死人	伤人	直接损失(万元)	起数	死人	伤人	直接损失(万元)	起数	死人	伤人	直接损失(万元)
				直接损失(万元)	烧毁建筑(平方米)	受灾户数												
合计	7207	61	22	19684.1	361639	1803	7	29		4980.4								
南昌市	1849	17	4	6909.4	45704	116	2	6		4664.1								
景德镇市	133	4		511.5	9823	45												
萍乡市	311		2	1062.2	10483	105												
九江市	598	3		709.2	20054	214												
新余市	418	1	2	488.1	39012	32												
鹰潭市	267		1	502.0	7796	37												
赣州市	1104	16	9	4203.3	75904	409	2	10		180.0								
吉安市	648	1		1807.5	36072	218												
宜春市	906	6	3	1054.0	47293	304	1	4		5.0								
抚州市	445	10		770.0	38632	97	1	6		30.0								
上饶市	528	3	1	1666.9	30867	226	1	3		101.3								

山东省分地区火灾综合情况表

地区	火灾概况						较大火灾				重大火灾				特别重大火灾			
	起数	死人	伤人	损失			起数	死人	伤人	直接损失(万元)	起数	死人	伤人	直接损失(万元)	起数	死人	伤人	直接损失(万元)
				直接损失(万元)	烧毁建筑(平方米)	受灾户数												
合计	32353	75	54	27338.2	1263901	2615	6	20	7	236.3								
济南市	2523	9	3	1509.4	61845	49	1	4		10.0								
青岛市	961	7	11	2457.6	54756	64												
淄博市	1503	6	4	371.4	22978	17	1	3	4	0.3								
枣庄市	1457	3	5	1129.4	46011	39												
东营市	1386	5	1	1497.0	25552	17	1	4	1	120.0								
烟台市	4042	8	3	3292.1	80986	331	1	3	2	1.0								
潍坊市	5016	3	5	3054.5	145920	1033												
济宁市	2147	2		1686.6	71602	266												
泰安市	1476	3	1	426.4	25341	34												
威海市	1690	5	5	874.7	133614	69												
日照市	440	2	2	1515.8	25724	98												
莱芜市	322	3	4	1113.3	20544	24												
临沂市	2130	5		1752.3	54677	42	1	3		100.0								
德州市	1433	6	4	2229.3	80391	48	1	3		5.0								
聊城市	933	2	1	836.6	158202	110												
滨州市	2132	4		1253.5	57138	356												
菏泽市	2762	2	5	2338.2	198622	18												

河南省分地区火灾综合情况表

地区	火灾概况						较大火灾				重大火灾				特别重大火灾			
	起数	死人	伤人	损失			起数	死人	伤人	直接损失(万元)	起数	死人	伤人	直接损失(万元)	起数	死人	伤人	直接损失(万元)
				直接损失(万元)	烧毁建筑(平方米)	受灾户数												
合计	13562	72	61	14850.2	1230950	4502	8	39	10	45.5								
郑州市	3381	18	10	1227.3	57991	1442	1	8	5	2.0								
开封市	1001	7	4	2193.8	31216	225	1	7	1	1.4								
洛阳市	822		2	1387.0	37422	187												
平顶山市	840		1	552.2	21928	208												
安阳市	945	3	2	1132.2	28653	218												
鹤壁市	254	1	2	152.8	14584	26												
新乡市	412		7	334.4	19749	62												
焦作市	511	9	1	376.3	28864	126	2	9		1.0								
濮阳市	803			1530.5	62869	190												
漯河市	365	2	4	262.8	10633	105												
三门峡市	308	2	6	757.2	8431	146												
济源市	134		1	283.7	2167	13												
许昌市	355	2	1	244.9	19136	250												
商丘市	425	2	4	822.3	22819	9												
周口市	579	7	2	1434.5	78309	213	1	4		20.0								
驻马店市	647	7		484.7	733495	75	1	4		2.3								
南阳市	793	5	14	1067.2	35464	652	1	3	4	15.0								
信阳市	987	7		606.4	17222	355	1	4		3.8								

湖北省分地区火灾综合情况表

地区	火灾概况						较大火灾				重大火灾				特别重大火灾			
	起数	死人	伤人	损失			起数	死人	伤人	直接损失(万元)	起数	死人	伤人	直接损失(万元)	起数	死人	伤人	直接损失(万元)
				直接损失(万元)	烧毁建筑(平方米)	受灾户数												
合计	11263	66	99	8020.8	258025	2124	3	9	1	348.9	1	14	47	186.9				
武汉市	3672	14	3	840.1	33679	608												
黄石市	870	3	1	803.9	25288	109												
十堰市	687	6	10	1118.3	13441	173	1	3	1	346.6								
荆州市	560	2	7	1361.2	42956	127												
宜昌市	473	4	10	473.2	13549	165												
襄阳市	1048	16	48	507.4	15185	187					1	14	47	186.9				
鄂州市	156	4		232.6	5683	87	1	3		0.3								
荆门市	327	2	4	80.3	17363	140												
黄冈市	769			622.7	17758	113												
咸宁市	291		4	188.2	7618	103												
恩施州	439	4	2	421.5	9747	187												
孝感市	1118	5		833.2	34471	65	1	3		2.0								
随州市	271	4	10	96.1	13515	32												
天门市	193			174.3	3740	13												
潜江市	120			40.3	1592													
仙桃市	252	2		223.5	1741	1												
神农架林区	17			3.9	700	14												

湖南省分地区火灾综合情况表

地区	火灾概况						较大火灾				重大火灾				特别重大火灾			
	起数	死人	伤人	损失			起数	死人	伤人	直接损失(万元)	起数	死人	伤人	直接损失(万元)	起数	死人	伤人	直接损失(万元)
				直接损失(万元)	烧毁建筑(平方米)	受灾户数												
合计	15611	80	59	28302.3	711557	3062	7	26		6399.9								
长沙市	4487	14	5	8063.7	63225	90	2	3		4678.8								
株洲市	1862	9	7	1130.7	25445	307	1	6		13.0								
湘潭市	955	5	7	2304.3	13448	7												
衡阳市	437	4	7	1575.2	21106	227												
邵阳市	684	2	3	2249.8	23166	377												
岳阳市	1127	1	1	1105.6	23955	371												
常德市	1118	2	1	2264.3	165707	175												
张家界市	228		2	351.5	7151	91												
益阳市	887	4	14	3436.1	30977	327	1	3		1658.0								
郴州市	1232	7	2	733.8	22359	284	1	5		30.0								
永州市	949	15	3	961.3	29390	178	2	9		20.1								
怀化市	1045	3		1744.6	65819	351												
娄底市	350	5	6	1604.8	9987	139												
湘西自治州	250	9	1	776.6	209823	138												

广东省分地区火灾综合情况表

地区	火灾概况						较大火灾				重大火灾				特别重大火灾			
	起数	死人	伤人	损失			起数	死人	伤人	直接损失(万元)	起数	死人	伤人	直接损失(万元)	起数	死人	伤人	直接损失(万元)
				直接损失(万元)	烧毁建筑(平方米)	受灾户数												
合计	21118	202	143	39525.8	686875	4133	16	69	12	4328.6	1	16	5	187.0				
广州市	2333	28	18	9969.3	46246	131	4	11		4002.8								
韶关市	302		5	1078.6	22586	119												
深圳市	1415	28	14	4213.0	41223	216					1	16	5	187.0				
珠海市	1414	3	15	1447.4	19791	237												
汕头市	497	15	6	922.8	15176	245	1	4		5.0								
佛山市	949	18	11	4791.5	87578	141	1	9		14.0								
江门市	749	1	3	1379.0	49885	275												
湛江市	1116	3	8	620.2	31560	176												
茂名市	286	7	5	634.8	10288	59	1	5	4	8.5								
肇庆市	491	9	5	1826.1	18454	224												
惠州市	1057	7		756.5	46218	14												
梅州市	374	5	4	662.5	7365	161	1	4	2	128.0								
汕尾市	284	3	2	1669.4	9909	54												
河源市	366		3	497.0	29945	40												
阳江市	445	2	4	643.0	12226	103												
清远市	517	6	4	1007.7	10399	165	1	6	1	45.0								
东莞市	3592	43	25	5072.6	105861	280	5	24	5	119.6								
中山市	2912	3	6	909.5	52450	502												
潮州市	543	9		423.0	36592	132	1	3		1.0								
揭阳市	1094	9	5	810.7	25476	671	1	3		4.7								
云浮市	382	3		191.2	7648	188												

广西壮族自治区分地区火灾综合情况表

地区	火灾概况						较大火灾				重大火灾				特别重大火灾			
	起数	死人	伤人	损失			起数	死人	伤人	直接损失(万元)	起数	死人	伤人	直接损失(万元)	起数	死人	伤人	直接损失(万元)
				直接损失(万元)	烧毁建筑(平方米)	受灾户数												
合计	3710	83	45	10964.5	543755	1707	3	10		30.6								
南宁市	672	10	5	1178.9	25963	205	1	3		0.04								
柳州市	580	20	5	1263.3	34363	183	1	3		0.8								
桂林市	417	3	4	938.3	29475	155												
梧州市	128	2	1	831.6	11883	143												
北海市	196	2	1	258.2	38889	270												
防城港市	123		2	249.0	4340	49												
钦州市	179	3	5	177.6	12261	47												
贵港市	188	5	4	362.3	132213	142												
玉林市	182	4	2	2343.6	12688	61												
百色市	280	4	1	760.6	32762	206												
贺州市	211	3	4	190.6	17742	57												
河池市	170	16	9	1749.5	5676	90												
来宾市	189	6	1	490.6	53355	36	1	4		29.8								
崇左市	195	5	1	170.3	132146	63												

海南省分地区火灾综合情况表

地区	火灾概况						较大火灾				重大火灾				特别重大火灾			
	起数	死人	伤人	损失			起数	死人	伤人	直接损失(万元)	起数	死人	伤人	直接损失(万元)	起数	死人	伤人	直接损失(万元)
				直接损失(万元)	烧毁建筑(平方米)	受灾户数												
合计	1285	13	21	2520.6	676153	116	1	3		5.7								
海口市	373	5	2	1219.1	27705	19	1	3		5.7								
三亚市	425	1		114.3	30410	6												
洋浦开发区	7			297.5	8359	2												
五指山市	13			2.3	247	1												
琼海市	27	1		50.3	7999	8												
儋州市	38	2	18	169.5	37795	11												
文昌市	44			26.5	1404	2												
万宁市	21	1		89.0	61579	8												
东方市	40			84.2	28942	4												
定安县	17			46.4	380	4												
屯昌县	17			25.5	506	9												
澄迈县	28			25.0	30762													
临高县	68		1	108.9	106720	32												
白沙县	11			42.5	1797	10												
昌江县	10			4.9	4278													
乐东县	95			112.2	319750													
陵水县	34	3		80.2	6808													
保亭县	7			1.0	42													
琼中县	10			21.5	674													

重庆市分地区火灾综合情况表

地区	火灾概况						较大火灾				重大火灾				特别重大火灾			
	起数	死人	伤人	损失			起数	死人	伤人	直接损失(万元)	起数	死人	伤人	直接损失(万元)	起数	死人	伤人	直接损失(万元)
				直接损失(万元)	烧毁建筑(平方米)	受灾户数												
合计	6049	52	47	5644.5	173650	2219	2	7		4.4								
万州区	342	1		136.7	7592													
涪陵区	342	4	3	96.5	2535	129	1	3		0.3								
渝中区	186	1	2	84.8	2751	126												
大渡口区	147	1		79.5	1627	2												
江北区	416	1		168.7	2186	33												
沙坪坝区	535			83.6	10466	415												
九龙坡区	458			107.2	4198	5												
南岸区	409	9	3	106.5	1911	89	1	4		4.1								
北碚区	117	2	5	528.9	4306	45												
万盛区	38			10.3	479	8												
双桥区	8			1.5	28	3												
渝北区	670	2		582.9	2200	139												
巴南区	141		3	496.0	7817	124												
黔江区	98			57.4	4649	39												
长寿区	169	3	1	93.7	7198	109												
高新区	250	2		25.8	632	13												
经开区	192	1		773.0	7878	55												
江津区	133			54.1	1561	12												
合川区	100	1	1	104.8	4982	69												
永川区	55	2		34.5	908	6												
南川区	102	2	1	73.2	1618	87												
綦江区	147		7	141.5	4778	35												
大足区	102	2	3	98.3	1733	80												
潼南县	32	1		303.3	2164	31												
铜梁县	129			58.7	3198	35												
荣昌县	85	2	1	275.9	59507	73												
璧山县	45	3		178.0	2460	49												
梁平县	54			35.7	1721	20												
城口县	15		1	41.5	637	13												
丰都县	44	3	4	73.6	4984	76												
垫江县	73			34.1	908	9												
武隆县	25		1	28.6	241	9												
忠　县	52	3		57.6	4705	35												
开　县	75	1		72.7	604	9												
云阳县	21		4	42.6	691	8												
奉节县	28	2	3	62.1	239	20												
巫山县	71			68.1	1755	72												
巫溪县	54		1	21.8	701	29												
石柱县	29	3	1	89.7	2099	38												
秀山县	31			68.1	1073	36												
酉阳县	8			83.2	1319	18												
彭水县	21		2	109.8	613	16												

四川省分地区火灾综合情况表

地区	火灾概况						较大火灾				重大火灾				特别重大火灾			
	起数	死人	伤人	损失			起数	死人	伤人	直接损失(万元)	起数	死人	伤人	直接损失(万元)	起数	死人	伤人	直接损失(万元)
				直接损失(万元)	烧毁建筑(平方米)	受灾户数												
合计	19765	51	62	11746.1	290507	3237	3	10	2	29.1								
成都市	6968	10	15	1918.7	68795	1016												
自贡市	354	1	5	190.1	4616	110												
攀枝花市	619	1		188.1	4706	67												
泸州市	779	7	4	358.9	6349	316	1	3		0.9								
德阳市	1722		1	463.8	14988	174												
绵阳市	591	4	3	1630.1	14934	231	1	3		27.2								
广元市	714	1		387.1	6261	157												
遂宁市	910	2	2	338.7	10137	35												
内江市	603	3		1112.6	28990	119												
乐山市	1229		1	209.3	9357	33												
南充市	1046	5	1	733.9	16947	177												
眉山市	162	5	1	295.7	4488	22												
宜宾市	603	2	1	373.0	7669	39												
广安市	661	4	5	237.1	5824	143	1	4	2	1.0								
达州市	571		9	471.5	10376	116												
雅安市	272		1	280.9	6222	72												
巴中市	1086	3	1	506.8	15791	53												
资阳市	595	2	6	237.3	9568	231												
阿坝藏族羌族自治州	34		4	590.7	7672	46												
甘孜藏族自治州	73	1	1	466.1	10080	27												
凉山彝族自治州	173		1	755.7	26738	53												

贵州省分地区火灾综合情况表

地区	火灾概况						较大火灾				重大火灾				特别重大火灾			
	起数	死人	伤人	损失			起数	死人	伤人	直接损失(万元)	起数	死人	伤人	直接损失(万元)	起数	死人	伤人	直接损失(万元)
				直接损失(万元)	烧毁建筑(平方米)	受灾户数												
合计	2900	66	41	11178.0	196452	2534	6	20	4	113.7								
贵阳市	1398	14	11	1571.3	21521	330												
遵义市	157	7	5	1589.9	15160	215	1	3		7.0								
安顺市	115	5	2	256.5	8100	94	1	3		0.1								
黔南州	108	4	1	517.2	16528	146												
黔东南州	410	17	9	2539.1	75859	976	3	11	4	98.7								
铜仁市	176	5	3	3380.9	41610	392												
毕节市	244	7	4	407.2	6337	148	1	3		7.9								
六盘水市	83	1	4	215.8	2784	71												
黔西南州	209	6	2	700.0	8555	162												

云南省分地区火灾综合情况表

地区	火灾概况						较大火灾				重大火灾				特别重大火灾			
	起数	死人	伤人	损失			起数	死人	伤人	直接损失(万元)	起数	死人	伤人	直接损失(万元)	起数	死人	伤人	直接损失(万元)
				直接损失(万元)	烧毁建筑(平方米)	受灾户数												
合计	8502	85	33	15059.4	550840	8253	3	9		34.8								
昆明市	2385	17	8	2821.7	38570	2611	1	3		20.8								
昭通市	310	8	3	570.5	8216	348												
曲靖市	1358	11	5	1334.3	35338	1496												
楚雄彝族自治州	307	5		447.3	13784	352	1	3		10.0								
玉溪市	505	8		474.2	15403	525												
红河哈尼族彝族自治州	1083	2		1866.8	72842	402												
文山壮族苗族自治州	554	4	8	1749.0	175110	624												
普洱市	137	5	5	541.0	7568	145												
西双版纳傣族自治州	245	1	1	453.7	9944	232												
大理白族自治州	679	6	2	1492.4	44417	614												
保山市	372	3		458.7	11875	299												
德宏傣族景颇族自治州	207	1		223.0	73712	221												
丽江市	210	6	1	1418.8	10500	114												
怒江傈僳族自治州	57	5		871.3	13551	152	1	3		4.0								
迪庆藏族自治州	26			127.1	4224	40												
临沧市	67	3		209.6	15788	78												

西藏自治区分地区火灾综合情况表

地区	火灾概况						较大火灾				重大火灾				特别重大火灾			
	起数	死人	伤人	损失			起数	死人	伤人	直接损失(万元)	起数	死人	伤人	直接损失(万元)	起数	死人	伤人	直接损失(万元)
				直接损失(万元)	烧毁建筑(平方米)	受灾户数												
合计	112	4		817.3	15890	156	1	3		1.7								
拉萨市	35	4		108.6	1215	39	1	3		1.7								
日喀则地区	15			141.8	2276	12												
山南地区	14			31.6	545	5												
林芝地区	15			417.6	9000	60												
昌都地区	23			63.2	2370	35												
那曲地区	5			50.9	422	4												
阿里地区	5			3.6	62	1												

陕西省分地区火灾综合情况表

地区	火灾概况						较大火灾				重大火灾				特别重大火灾			
	起数	死人	伤人	损失			起数	死人	伤人	直接损失(万元)	起数	死人	伤人	直接损失(万元)	起数	死人	伤人	直接损失(万元)
				直接损失(万元)	烧毁建筑(平方米)	受灾户数												
合计	11871	51	23	16223.0	806786	858												
西安市	4022	26	6	3245.4	136397	296												
铜川市	296	2	4	185.1	108698	16												
宝鸡市	1552	6	4	905.4	31526	163												
咸阳市	1879	4	6	1778.4	92784	106												
渭南市	1197	5		1695.0	215586	19												
延安市	555			980.2	10168	9												
汉中市	561		2	1772.9	25267	60												
榆林市	1280	4		4579.4	61772	131												
安康市	199	1	1	445.8	4197	18												
商洛市	248	3		413.2	13286	34												
杨凌示范区	82			222.1	107106	6												

甘肃省分地区火灾综合情况表

地区	火灾概况						较大火灾				重大火灾				特别重大火灾			
	起数	死人	伤人	损失			起数	死人	伤人	直接损失(万元)	起数	死人	伤人	直接损失(万元)	起数	死人	伤人	直接损失(万元)
				直接损失(万元)	烧毁建筑(平方米)	受灾户数												
合计	6455	22	35	7654.1	1034650	4408	2	3	2	2173.2								
兰州市	1761	8	6	1012.2	32163	122												
嘉峪关市	52	2		73.4	42920	56												
金昌市	56		1	290.5	4929	61												
白银市	216	1		63.6	33351	170												
天水市	201	1		999.6	5996	38												
武威市	1197	1	1	311.4	718038	788												
张掖市	544		3	226.8	48168	761												
平凉市	55			300.8	2047	72												
酒泉市	1352	1	1	670.3	80998	1503												
庆阳市	483	2	16	389.2	12404	349												
定西市	129		1	129.6	7962	45												
陇南市	100	2	4	296.5	3455	56												
临夏州	247	3	2	279.0	15548	241	1	3	2	6.2								
甘南州	62	1		2611.1	26673	146	1			2167.0								

青海省分地区火灾综合情况表

地区	火灾概况						较大火灾				重大火灾				特别重大火灾			
	起数	死人	伤人	损失			起数	死人	伤人	直接损失(万元)	起数	死人	伤人	直接损失(万元)	起数	死人	伤人	直接损失(万元)
				直接损失(万元)	烧毁建筑(平方米)	受灾户数												
合计	1511	10	6	2385.4	286610	432												
西宁市	868	3	5	941.4	164560	283												
海东地区	303	2		976.6	11744	71												
海北藏族自治州	48			29.7	4612	12												
黄南藏族自治州	43			92.0	63483	15												
海南藏族自治州	37	4		99.2	10865	16												
果洛藏族自治州	36			61.7	6383	9												
玉树藏族自治州	8			18.7	799	3												
海西蒙古族藏族自治州	110		1	97.9	23138	18												
格尔木市	58	1		68.2	1026	5												

宁夏回族自治区分地区火灾综合情况表

地区	火灾概况						较大火灾				重大火灾				特别重大火灾			
	起数	死人	伤人	损失			起数	死人	伤人	直接损失（万元）	起数	死人	伤人	直接损失（万元）	起数	死人	伤人	直接损失（万元）
				直接损失（万元）	烧毁建筑（平方米）	受灾户数												
合计	4161	9		2149.6	118217	510												
银川市	1342	2		567.9	29775	250												
石嘴山市	642	3		125.1	18541	30												
吴忠市	931	1		839.3	32896	72												
固原市	326			444.3	13408	130												
中卫市	901	3		169.8	22437	23												
宁东地区	19			3.3	1161	5												

新疆维吾尔自治区分地区火灾综合情况表

地区	火灾概况						较大火灾				重大火灾				特别重大火灾			
	起数	死人	伤人	损失			起数	死人	伤人	直接损失(万元)	起数	死人	伤人	直接损失(万元)	起数	死人	伤人	直接损失(万元)
				直接损失(万元)	烧毁建筑(平方米)	受灾户数												
合计	11895	32	26	8685.7	1170057	5022												
乌鲁木齐市	2349	11	7	552.0	23065	1097												
克拉玛依市	261			179.6	10513	67												
吐鲁番地区	677	1	1	186.4	11740	104												
哈密地区	379	1		844.6	20288	93												
昌吉回族自治州	1273	3		1064.7	39240	323												
博尔塔拉蒙古自治州	478			284.4	33221	123												
巴音郭楞蒙古自治州	1101	2	1	439.4	48196	355												
阿克苏地区	1546	4	13	802.1	59863	543												
克孜勒苏柯尔克孜自治州	245	2	1	225.1	14253	161												
喀什地区	1133	4	1	569.1	46852	852												
和田地区	258			1197.4	27415	146												
伊犁哈萨克自治州	861	3	1	345.3	776128	333												
塔城地区	704			1503.9	45761	414												
阿勒泰地区	189	1	1	418.9	10171	68												
石河子市	441			72.9	3349	343												

新疆生产建设兵团各师火灾综合情况表

项目	起数	死人	伤人	直接损失（万元）	火灾原因									
					放火	电气	违章操作	用火不慎	吸烟	玩火	燃放爆竹	自燃	原因不明	其他
一师	19	2	1	47.7		4	1	7		4			3	
二师	6			21.5		1		4			1			
三师	14	1	1	48.5		2	1	2					4	5
四师	16			47.4	4	4	1	3		1			2	1
五师	15	1		49.7		4	1	4		1		1	4	
六师	20	2		437.8	2	5		7	1	1		1		3
七师	25			88.5	5	2		8	2	2			6	
九师	6		2	32.4	1								1	4
十师	4			8.1		1		1			1		1	
十二师	8			21.0		4		1		2				1
十三师	16			23.5		5		5		1			4	1
十四师	2			2.0				1	1					
莫索湾垦区														
下野地垦区	1			5.3										1
合　计	152	6	4	833.5	12	32	4	43	4	12	2	2	25	16
其　中：														
家庭火灾	53	4	2	104.3	3	13	2	17		4			7	7
棉花火灾	5			19.1			2							

注：1. 1～12月份过火面积为 89985.8平方米；2. 受灾户162 户；3. 出动警力152人，警车35辆次，专兼职消防队员404人，消防车72辆次，挽回损失77.2万元。

第三节　森林、草原、铁路、交通港航火灾情况

森林火灾情况

一、**火灾次数情况**。2013年，全国共发生森林火灾3929起，比近3年（2010年～2012年）平均值下降1817起，下降幅度达31.6%。其中一般火灾2347起，较大火灾1582起，无重大、特大火灾发生。一般火灾和较大火灾分别比近3年平均值下降了30.9%和32.4%。与2012年相比，森林火灾次数减少0.9%，其中一般火灾减少2.1%，较大火灾增加0.9%。

二、**火灾损失情况**。2013年，全国森林火灾受灾森林面积13724.38公顷，比近3年平均值下降了15175公顷，下降幅度达52.5%。因森林火灾伤亡55人，比近3年平均值减少18人，减少幅度为25%。其中，轻伤、重伤和死亡人数分别为10人、7人和38人，分别比近3年平均值减少43.4%、52.3%和7.3%。2013年因森林火灾死亡的38人中，陕西省15人，四川省6人，河北省、山西省、福建省、湖北省、广西壮族自治区、重庆市和贵州省各2人，浙江省、江西省和湖南省各1人。与2012年相比，受灾森林面积减少1.6%，森林火灾伤亡人数增加161.9%，其中死亡人数增加192.3%，受伤人数比2012年增加112.5%。

三、**火灾扑救情况**。2013年，全国扑救森林火灾共出动79.6万个人工日，出动车辆5.7万辆（台）次，分别比近3年平均值减少6.9%和21.1%。共出动飞机255架次，比近3年平均值减少74.5%。投入扑救森林火灾经费0.9亿元，比近3年平均值减少了57.1%。

四、火灾原因分析。2013年，全国因雷击火引发的森林火灾次数为65起，其他自燃火引发的森林火灾次数为28起，分别比2012年增加了91.2%和833%。2013年因非生产性火源引发的森林火灾次数为1571起，分别比2012年减少了32.3%，因生产性火源引发的森林火灾次数为1505起，比2012年增加了34.3%。而未查明原因的森林火灾695起，比2012年增加了75.95%。

2013年，全国发生的森林火灾中，人为因素引发的森林火灾仍然占已查明火源的森林火灾总次数的96%以上。其中，上坟烧纸、烧荒烧炭和野外吸烟引发的森林火灾分别占已查明火源的森林火灾次数的18%、35.1%和6.4%。而小孩玩火以及痴呆人弄火引发的森林火灾各占已查明火源的森林火灾次数的3.2%和3.5%。

五、森林火灾“三率”情况。2013年森林火灾发生率（起火灾/10万公顷森林）为2.01，森林火灾控制率（公顷受灾森林面积/每起森林火灾）为3.49，森林火灾受害率（受灾森林面积/森林总面积）为0.07‰（按全国森林面积19545万公顷计算）。

草原火灾情况

一、总体情况。2013年，全国共发生草原火灾90起，其中一般草原火灾76起，较大草原火灾13起，重大草原火灾1起。受害草原面积35077.2公顷，经济损失759万元，受伤1人，无牲畜损失。火灾涉及内蒙古、吉林、黑龙江、四川、陕西、甘肃、青海、新疆8省（区）及新疆生产建设兵团。起火原因为电线短路3起、吸烟8起、烧荒10起、烧秸秆1起、上坟烧纸8起、机动车跑火3起、玩火6起、取暖做饭5起、野外作业失火4起、部队演习1起、越境火2起、未查明及其他39起。

二、草原火灾特点分析。与2012年相比，2013年全国草原火灾次数减少20起（减少重特大草原火灾6起），受灾草原面积减少92055.7公顷。

从时间看，3月、4月和10月全国草原火灾发生次数较多，共67起，占全国草原火灾发生次数的74.4%，受灾草原面积28542.3公顷，占全国草原火灾受灾面积的81.4%。

从区域看，火灾主要发生在内蒙古、四川和青海3省（区），共发生草原火灾69起，占全国草原火灾发生次数的76.7%，受灾草原面积为32698.7公顷，占全国草原火灾受灾面积的93.2%。

从起火原因看，烧荒和吸烟引起草原火灾的比例最高，分别占全国草原火灾发生次数的11.1%和8.9%，取暖做饭、野外作业失火等其他起火原因占全国草原火灾发生次数的36.7%，未查明原因的占43.3%。

2013年各省区草原火灾情况统计表

地区	火灾次数（次）			受灾草原面积(公顷)	伤亡人数(人)	烧死牲畜(头、只)	烧毁房舍(平方米)	参加扑火人工日(工日)	经济损失估算(万元)
	合计	其中							
		重大火灾	特别重大火灾						
合计	90	1		35077.2	1			7752	759.0
河北									
山西									
内蒙古	31	1		30650				2229	442.0
辽宁									
吉林	6			683				74	
黑龙江	2			10				20	2.0
山东									
四川	10			358.3				200	26.9
西藏									
陕西	1			147					
甘肃	6			180.4				1296	16.1
青海	28			1690.4				3176	79.2
宁夏									
新疆	5			832.1				709	119.3
新疆兵团	1			526				48	73.6
黑龙江省农垦									

注：以上为河北、山西、内蒙古、辽宁、吉林、黑龙江、山东、四川、西藏、陕西、甘肃、青海、宁夏、新疆14个省、自治区和新疆生产建设兵团、黑龙江省农垦总局统计数字。

铁路系统火灾情况

2013年，铁路公安消防机构认真贯彻落实公安部、铁路总公司的工作部署，切实加强消防监督检查，督促铁路单位层层落实消防安全责任制，大力整治火灾隐患。全年共检查旅客列车39314列668338辆，人员密集场所33887处，重点行车场所17456处，物资集中场所12823处，机车、车辆存放场所4971处，易燃易爆场所2757处，其他场所20458处。共发现隐患问题96243件，督促当场整改78539件，限期整改17704件。填发《消防监督检查记录》83257份、《责令立即改正通知书》4832份、《责令限期改正通知书》5221份、《重大火灾隐患整改通知书》31份、《临时查封决定书》283份。实施行政警告1401起、罚款6173起、拘留2起。在铁路公安机关共同努力下，2013年铁路消防安全形势总体上保持平稳。铁路共发生火灾事故25起，直接财产损失448万元。与去年同期相比起数持平，损失上升60.6%，未发生特别重大、重大和较大火灾事故。

一、**旅客列车火灾事故持平**。2013年旅客列车火灾事故共发生7起，占总数的28%，直接财产损失116万元。同比起数持平，损失下降5.7%。3月20日13时许，沈阳铁路局的Z62次列车RW554069车底在北京车辆段东库内起火，地方消防队出动消防车进行灭火，17时许将火扑灭。事故造成该车厢上部全部过火，车辆大破，直接财产损失47万元，起火原因系遗留烟头阴燃卧具所致。8月16日3时50分，成都铁路局拉萨至重庆北的T221次客车运行至安康至紫阳区间，1号车乘务员闻到车内有异味，经查，发电车发生火灾，随即通知“三乘”赶赴现场进行扑救，列车于4时5分停车施救，4时44分将火扑灭。火灾造成发电车2号机组部分、车顶及两侧内饰烧损，直接财产损失37万元。起火原因系内燃机高温引燃2号机组机油注油口喷溅出的机油所致。其他5起火灾的起火原因分别为：电气1起、吸烟2起、其他2起。

二、**机车火灾事故略有下降**。2013年机车火灾事故共发生2起，占总数的8%，直接财产损失118万元。同比起数下降33%，损失上升92%。11月12日2时36分，北京铁路局石家庄电力机务段担当12555次货车牵引的SS40406B电力机车运行到石太线测石至芹泉间，主变压器起火，司机使用灭火器扑救未能扑灭，向芹泉站报告，车站接报后拨打“119”报警，地方消防队出动消防车施救，7时30分将火扑灭。火灾造成机车过火18.6平方米，直接财产损失116万元。起火原因系主变压器X端子多股铜绞线断股放弧引燃主变压器泄漏的变压器油所致。另1起火灾系违反安全规定引起。

三、货物列车火灾事故有所下降。2013年货物列车火灾事故共发生8起，占总数的32%，直接财产损失1.4万元，同比起数上升1倍，损失下降95%。12月15日11时56分，郑州局伊川车站7道停留的一空自备罐车押运间（自押）发生火灾，车站组织派出所民警和职工扑救并报警，12时20分，地方消防队出动1辆消防车施救，13时将火扑灭，押运间内简易床及被褥被烧毁。起火原因系押运员违反规定，私带火种在押运间内吸烟，将未熄灭的烟头遗落在房间内的可燃物上引发火灾。其他7起火灾的起火原因分别为：自燃2起、吸烟1起、违反安全规定1起、其他3起。

四、车站、宿舍和其他部位火灾事故有所下降。2013年，车站、宿舍和其他部位火灾事故共发生8起，占总数的32%，直接财产损失213万元，同比起数下降27.3%，损失上升2.1倍。8月1日13时56分，上海铁路局徐州供电段东海县牵引变电所值班人员听到变压器异常响声，变压器一侧保护装置跳闸，发现1号变压器着火，立即报警，14时10分，地方消防大队出动2辆消防车到达现场扑救，16时40分将火扑灭。火灾造成1号主变压器被烧毁，直接财产损失149万元。起火原因系1号变压器二次侧A相因接线柱绝缘被击穿造成接地故障，产生电弧，致使油温急剧升高，迅速膨胀，高温高压油气从变压器箱顶部薄弱部位喷出，与空气摩擦接触后燃烧所致。其他7起火灾的起火原因分别为：放火1起、吸烟1起、违反安全规定1起、违反电器安装使用规定4起。

交通港航系统火灾情况

据交通公安消防部门统计，2013年，交通港航系统共发生火灾事故36起，死亡5人，受伤5人，直接财产损失1366.75万元。未发生较大以上火灾，火灾形势保持持续平稳。另外，受宁波市政府委托，对2013年10月12日，停靠在宁波市镇海船舶修造厂码头的“绪扬11号”油轮火灾进行调查，火灾造成7人死亡，1人受伤，直接财产损失8万余元。

一、**“长江观光7号”客运船火灾**。2013年4月20日11时30分，载有378名旅客和46名船员的“长江观光7号”客船航行至长江武汉水域时发生火灾。火灾发生后，该轮迅速冲滩停靠、疏散旅客、组织自救。长航公安局武汉分局“长公消1201”消防艇、海事巡逻艇以及武汉市公安消防支队青山中队的4辆消防车先后赶到，积极疏散乘客，同时实施灭火，14时38分将火扑灭。起火原因为：该轮前甲板四层4112房间吊顶夹层内电源线短路，产生高温电弧引燃吊顶夹层内木质可燃材料导致火灾。火灾造成直接财产损失225万元，无人员伤亡。

二、**“绪扬11号”油轮爆炸火灾**。2013年10月12日8时15分，停泊于宁波市镇海区洞桥路15号宁波市镇海船舶修造厂的宁波绪扬海运有限公司所属“绪扬11号”油轮发生爆炸起火。宁波市公安局消防支队、宁波港公安局消防支队接警后迅速到达现场实施救援，14时5分火灾被扑灭。经勘验，爆炸是因宁波市镇海船舶修造厂工人和“绪扬11号”油轮船员，对“绪扬11号”油轮右舷第四货油舱主甲板输油管法兰油轮闸阀漏油处进行维修，在使用钢锯、气割等方式拆卸阀门过程中，产生的火花引爆货油舱内爆炸性混合气体，导致右舷第四、第二货油舱相继爆炸起火。事故导致部分货油舱损毁，其中右舷第二、第四货油舱甲板呈敞开状向右舷掀起，油轮货油总管、管系阀件等船体构件损坏，驾驶室、生活区局部过火，造成7人当场死亡，1人重伤，直接财产损失8.2万元。

第二章　综合统计

全国消防队伍接警出动情况

2013年，全国消防队伍（含部分非现役消防队伍）共接警出动103.3万起（含虚警），出动车辆183.2万辆次，出动人员1102.6万人次，抢救被困人员175220人，抢救财产价值359.2亿元。

其中出动扑救火灾38.5万起，出动车辆84.5万辆次，出动人员488.4万人次，抢救被困人员19996人，抢救财产价值214.5亿元；出动抢险救援、社会救助等64.8万起（其中灾害事故26.3万起，公务执勤1.3万起，社会救助21.9万起，其他15.3万起），出动车辆98.7万辆次，出动人员614.2万人次，抢救人员155224人，抢救财产价值144.7亿元。

2013年，全国公安消防部队在灭火救援战斗中，共有14名消防官兵牺牲，28名消防官兵负伤；非现役消防队伍共有1名消防员牺牲，9名消防员负伤。

全国消防队伍接警出动情况统计表

地区	接警出动起数							参战人员			出动车辆			参战人员伤亡(人)				战斗成果		
														现役		其他				
	合计	火灾扑救	抢险救援	反恐排爆	公务执勤	社会救助	其他出动	小计	现役	其他	小计	现役	其他	死人	伤人	死人	伤人	救出人员(人)	疏散人员(人)	抢救财产价值(万元)
合计	1032513	384616	262514	410	12848	219107	153018	11026457	10398455	628002	1832476	1719025	113451	14	28	1	9	175220	918157	3592368.0
北京	28531	4114	5558	7	8	6436	12408	413176	413092	84	63581	63569	12	2				2619	12136	7984.0
天津	38865	4193	5782	4	194	11497	17195	521002	520877	125	78461	78438	23					1778	5204	21839.0
河北	31945	12522	8032	7	145	7433	3806	347294	248531	98763	63340	46429	16911			1		6955	22550	125920.0
山西	15306	8126	4060	2	136	1143	1839	157712	147473	10239	26956	25309	1647	2	4			4294	26944	81281.0
内蒙古	15647	11724	2894	7	52	662	308	141336	139340	1996	24222	23850	372		1			3856	17714	118402.0
辽宁	46372	31620	4575	10	48	8181	1938	397012	391925	5087	78727	77924	803					3935	9057	95880.0
吉林	17030	12366	2227	9	39	906	1483	131743	130585	1158	27649	27361	288	1				3282	6259	19397.0
黑龙江	24490	15369	4384	4	215	3032	1486	264754	252816	11938	56846	53903	2943		2		1	3994	11277	187857.0
上海	75974	9025	18899	221	107	26748	20974	1303615	1301010	2605	152136	151722	414		3			5359	8285	147690.0
江苏	85500	30402	15225		310	6441	33122	932022	740726	191296	171331	136305	35026	1	1		2	7146	23461	68921.0
浙江	80822	45402	25478	6	49	6398	3489	867145	847548	19597	142673	139171	3502	3			3	11697	25316	172833.0
安徽	25062	11590	7125	3	42	5631	671	217056	209100	7956	35948	34697	1251					4990	36371	81421.0
福建	30084	11963	10889	5	179	4567	2481	291553	282684	8869	48222	46796	1426		1			7236	21560	72389.0
江西	14628	7201	4704	7	70	2471	175	133591	133358	233	20445	20410	35	1	2			4816	30382	110937.0
山东	64738	32309	15124	3	171	12639	4492	670005	658574	11431	107069	105285	1784					9308	30561	349615.0
河南	45449	13500	22531	17	125	4782	4494	455979	403130	52849	78527	70101	8426					8112	39713	116648.0
湖北	50019	11256	16590	7	2990	15632	3544	456784	450775	6009	78647	77848	799	1				7169	49621	112985.0
湖南	28832	15591	7345	11	112	3530	2243	312755	309421	3334	48168	47641	527					7602	69276	502265.0
广东	85586	20929	27785	25	37	14894	21916	942227	857549	84678	172428	154486	17942				2	22939	117966	238129.0
广西	10047	3343	4215	6	235	2152	96	100383	98910	1473	17382	17149	233	1	2			5311	23165	149839.0
海南	3024	1280	888	1	108	697	50	33317	32787	530	5676	5592	84					1736	8757	63134.0
重庆	43706	5989	5403	9	25	24833	7447	418036	417701	335	63751	63693	58					5552	21932	58760.0
四川	78781	19669	21378	9	338	35910	1477	631778	531547	100231	113652	96084	17568					12262	56577	74029.0
贵州	11321	2508	3973	4	213	3330	1293	108137	108115	22	19376	19372	4					4353	89667	162751.0
云南	17567	7026	6025	7	271	3603	635	143847	142530	1317	26870	26635	235					6951	48064	147358.0
西藏	6376	112	189	8	5834	227	6	38801	38801		6982	6982						237	1902	3193.0
陕西	20966	11860	4631	4	18	2569	1884	230286	230225	61	38469	38458	11		6		1	4341	24377	129069.0
甘肃	9115	6336	1580		152	712	335	91261	88518	2743	13930	13432	498					2157	38851	21086.0
青海	2153	1493	496	2		92	70	23581	23508	73	3707	3689	18					859	20247	7748.0
宁夏	6821	4159	1287	2	1	1051	321	62794	62608	186	9398	9362	36					1056	6225	25968.0
新疆	17756	11639	3242	3	624	908	1340	187475	184691	2784	37907	37332	575	2	6			3318	14740	117040.0

全国消防队伍火灾扑救情况统计表

地区	起数	出动情况				参战人员			出动车辆			战斗结果		
		出动次数	中途返回	到场未实施处置	到场实施处置	小计	公安	其他	小计	公安	其他	抢救人员(人)	疏散人员(人)	抢救财产价值(万元)
合　计	384616	390536	96366	88987	227453	4884278	4619746	264532	845096	796351	48745	19996	399651	2145426.0
北　京	4114	4222	268	763	3868	114910	114875	35	18227	18222	5	328	9330	7707.0
天　津	4193	4246	311	1846	3454	106260	106220	40	16357	16351	6	260	4343	21246.0
河　北	12522	12544	1491	2043	9447	156071	105906	50165	28605	19904	8701	553	11471	36053.0
山　西	8126	8218	1017	1764	5677	92961	86726	6235	16005	14980	1025	561	14821	63032.0
内蒙古	11724	11799	1710	1936	8253	110067	108363	1704	19099	18765	334	397	8779	69607.0
辽　宁	31620	32583	4539	7108	21169	304146	300432	3714	60786	60195	591	494	5188	68683.0
吉　林	12366	12489	1775	1697	9091	101839	100699	1140	21770	21487	283	1374	4436	16656.0
黑龙江	15369	15395	2638	2506	10429	173928	167093	6835	37985	36263	1722	463	4281	149095.0
上　海	9025	9627	6177	8659	3036	350568	349469	1099	43931	43754	177	487	6731	133457.0
江　苏	30402	30458	9442	9351	12929	372129	305037	67092	70776	57826	12950	1064	15577	57597.0
浙　江	45402	45788	20075	8782	20849	546952	531503	15449	91452	88734	2718	1509	15098	137770.0
安　徽	11590	11629	1861	3022	7116	115651	112002	3649	19589	18979	610	537	19822	61731.0
福　建	11963	12042	3623	2096	6530	139806	133364	6442	23642	22591	1051	781	13483	63158.0
江　西	7201	7232	894	915	5580	78315	78153	162	12158	12134	24	766	19705	54609.0
山　东	32309	32974	7829	4031	21397	362347	355594	6753	57758	56703	1055	1316	19855	227563.0
河　南	13500	13544	2193	2949	8504	158420	144411	14009	28296	26012	2284	781	19660	60718.0
湖　北	11256	11310	1293	3190	7036	148198	146476	1722	26059	25823	236	766	27283	34521.0
湖　南	15591	16018	4851	4147	7952	199743	197078	2665	30973	30550	423	1059	25521	241979.0
广　东	20929	22281	5885	5600	12492	323949	285759	38190	61566	53325	8241	2526	33303	145895.0
广　西	3343	3348	195	442	2846	45123	44335	788	8047	7928	119	727	10052	86333.0
海　南	1280	1297	145	284	903	18635	18253	382	3221	3161	60	126	1716	55609.0
重　庆	5989	6123	1589	2289	2992	103613	103393	220	15432	15393	39	258	10227	42795.0
四　川	19669	19882	6856	5921	7195	252279	221302	30977	42476	37353	5123	822	18358	27242.0
贵　州	2508	2522	587	527	1483	35665	35643	22	6535	6531	4	414	22610	21114.0
云　南	7026	7044	2715	970	3488	65490	64341	1149	12572	12370	202	412	15486	108609.0
西　藏	112	116		6	120	2233	2233		393	393		2	320	2361.0
陕　西	11860	12116	3225	2345	6576	150862	150801	61	25499	25488	11	437	13527	23430.0
甘　肃	6336	6352	1016	951	4548	65112	63384	1728	10040	9733	307	293	8898	14342.0
青　海	1493	1497	84	319	1132	16850	16833	17	2644	2640	4	97	8431	4216.0
宁　夏	4159	4172	535	463	3198	41831	41764	67	6295	6280	15	125	3520	16176.0
新　疆	11639	11668	1547	2065	8163	130325	128304	2021	26908	26483	425	261	7819	92122.0

注：出动次数包括同一起接警中的增援出动。

全国消防队伍抢险救援等出警行动统计表

地区	起数	出动人员	出动车辆	灾害事故			公务执勤			社会救助			其他		
				起数	出动人员	出动车辆	起数	出动人员	出动车辆	起数	出动人员	出动车辆	起数	出动人员	出动车辆
合计	641976	6142173	987379	262514	2492628	402277	12848	85560	15449	219107	1549737	250669	147507	2014248	318984
北京	24309	298266	45354	5558	59620	9023	8	54	8	6436	48544	6932	12307	190048	29391
天津	34619	414742	62104	5782	54117	8281	194	1250	204	11497	83274	12692	17146	276101	40927
河北	19401	191223	34735	8032	78843	13705	145	1174	208	7433	66488	12337	3791	44718	8485
山西	7088	64751	10951	4060	39043	6250	136	1096	212	1143	7713	1264	1749	16899	3225
内蒙古	3848	31269	5123	2894	23759	3866	52	411	61	662	4613	746	240	2486	450
辽宁	13789	92866	17941	4575	35284	6811	48	334	67	8181	47134	9066	985	10114	1997
吉林	4541	29904	5879	2227	15711	3085	39	247	50	906	5072	999	1369	8874	1745
黑龙江	9094	90820	18860	4384	44724	8763	215	1662	394	3032	26187	5571	1463	18247	4132
上海	66347	953047	108205	18899	268293	29404	107	817	112	26748	264312	28924	20593	419625	49765
江苏	55042	559893	100555	15225	139774	24870	310	2271	413	6441	42463	7627	33066	375385	67645
浙江	35034	320193	51221	25478	239434	38157	49	343	51	6398	46343	7337	3109	34073	5676
安徽	13433	101405	16359	7125	57247	9275	42	290	47	5631	38257	6062	635	5611	975
福建	18042	151747	24580	10889	96497	15374	179	1778	328	4567	28381	4750	2407	25091	4128
江西	7396	55276	8287	4704	36813	5433	70	530	83	2471	16548	2567	151	1385	204
山东	31764	307658	49311	15124	142684	22844	171	1214	202	12639	122222	19211	3830	41538	7054
河南	31905	297559	50231	22531	210370	35632	125	1010	180	4782	38712	6146	4467	47467	8273
湖北	38709	308586	52588	16590	145740	24674	2990	20861	3749	15632	100629	17473	3497	41356	6692
湖南	12814	113012	17195	7345	65394	10007	112	822	128	3530	24385	3696	1827	22411	3364
广东	63305	618278	110862	27785	264687	47432	37	369	63	14894	104678	18317	20589	248544	45050
广西	6699	55260	9335	4215	39938	6553	235	1679	298	2152	12602	2299	97	1041	185
海南	1727	14682	2455	888	9188	1530	108	645	113	697	4443	740	34	406	72
重庆	37583	314423	48319	5403	48039	6921	25	246	35	24833	162179	25850	7322	103959	15513
四川	58899	379499	71176	21378	187335	32095	338	2597	449	35910	176271	36419	1273	13296	2213
贵州	8799	72472	12841	3973	32712	5579	213	1993	407	3330	19551	3553	1283	18216	3302
云南	10523	78357	14298	6025	50884	9165	271	1889	350	3603	20579	3859	624	5005	924
西藏	6260	36568	6589	189	2151	365	5834	33252	5992	227	1125	230	10	40	2
陕西	8850	79424	12970	4631	41590	6537	18	144	23	2569	15656	2635	1632	22034	3775
甘肃	2763	26149	3890	1580	15595	2328	152	1604	257	712	5845	822	319	3105	483
青海	656	6731	1063	496	5316	823				92	786	123	68	629	117
宁夏	2649	20963	3103	1287	10620	1596	1	7	1	1051	7707	1121	310	2629	385
新疆	6088	57150	10999	3242	31226	5899	624	4971	964	908	7038	1301	1314	13915	2835

全国消防队伍参战人员死亡情况表

项目	死亡（人）		死亡原因								
	现役	其他	烧	窒息	摔	砸	炸	中毒	触电	交通事故	其他
合计	14	1	4	3		3	1	2		2	
北　京	2					2					
天　津											
河　北		1						1			
山　西	2		1				1				
内蒙古											
辽　宁											
吉　林	1							1			
黑龙江											
上　海											
江　苏	1			1							
浙　江	3		3								
安　徽											
福　建											
江　西	1					1					
山　东											
河　南											
湖　北	1			1							
湖　南											
广　东											
广　西	1			1							
海　南											
重　庆											
四　川											
贵　州											
云　南											
西　藏											
陕　西											
甘　肃											
青　海											
宁　夏											
新　疆	2									2	

全国消防队伍参战人员受伤情况表

项目	受伤（人）		受伤原因									受伤部位			
	现役	其他	烧	窒息	摔	砸	炸	中毒	触电	交通事故	其他	头颈部	上肢	躯干	下肢
合计	28	9	5	2	7	7	5			4	7	8	6	15	8
北　京															
天　津															
河　北															
山　西	4		1				3					1		1	2
内蒙古	1				1									1	
辽　宁															
吉　林															
黑龙江	2	1									3			3	
上　海	3		1								2	1	1		1
江　苏	1	2			1		2					1	1		1
浙　江		3	1		1						1	2		1	
安　徽															
福　建	1					1									1
江　西	2					1					1		1		1
山　东															
河　南															
湖　北															
湖　南															
广　东		2				2						1	1		
广　西	2			2										2	
海　南															
重　庆															
四　川															
贵　州															
云　南															
西　藏															
陕　西	6	1	2		2	3						2	2	2	1
甘　肃															
青　海															
宁　夏															
新　疆	6				2					4				5	1

城乡消防规划统计表

地区	直辖市			地级								县级							
				地级市				其他				县级市				县（包括自治县、旗、自治旗）			
	已编制消防规划情况	当年新编制、修订消防规划情况	消防规划编制完成已超过10年的情况	地级市的数量	已编制消防规划的地级市数量	当年新编制、修订消防规划的地级市数量	消防规划编制完成已超过10年的数量	地区、自治州、盟的数量	已编制消防规划的地区、自治州、盟的数量	当年新编制、修订消防规划的地区、自治州、盟的数量	消防规划编制完成已超过10年的数量	数量	已编制消防规划的县级市数量	当年新编制、修订消防规划的县级市数量	消防规划编制完成已超过10年的数量	数量	已编制消防规划的县的数量	当年新编制、修订消防规划的县的数量	消防规划编制完成已超过10年的数量
全国	4	2	1	285	283	63	36	48	48	2	2	368	359	52	45	1728	1671	211	146
北京	1	1														2	2	2	
天津	1															3	3		
河北				11	11	3						22	22	4		119	119	18	
山西				11	11							11	11			85	85	2	
内蒙古				9	9	1		3	3			11	11			69	69	7	
辽宁				14	14	2						17	17	3		27	27	4	
吉林				8	8	1	1	1	1			20	20	1		21	21	5	1
黑龙江				12	12	1		1	1			18	18	1		48	46	2	2
上海	1		1													1	1		
江苏				13	13	13						23	23	10		22	22	3	
浙江				11	11	2	4					22	22	4	6	35	35	15	20
安徽				16	16	1						6	6			56	56	7	
福建				9	9	2	1					14	14	1		45	41		2
江西				11	11							11	11	1		70	70	1	
山东				17	17	5	2					30	30	5	5	60	60	5	7
河南				17	17	5						20	20	1	3	88	88	7	11
湖北				12	12	2		1	1			24	24			41	41	1	2
湖南				13	13	2	4	1	1			16	16	4		72	72	17	
广东				21	21	3	18					23	21	6	15	64	53	5	48
广西				14	14	1	2					7	7	1		68	68	4	6
海南				3	2							6	6	1	1	10	10	5	
重庆	1	1														19	19	1	
四川				18	18	5	1	3	3			14	14	3	14	183	183	54	13
贵州				6	6	2		3	3			7	7	1		68	68	10	5
云南				8	8			8	8			11	11			105	105		
西藏				1	1			6	6			1	1			72	47		
陕西				10	9	2	1					3	2			80	77	3	8
甘肃				12	12	7	1	2	2	2		4	4	4		82	70	33	4
青海				1	1			7	7		2	3	3	1		33	33		9
宁夏				5	5	1						2	2			11	11		
新疆				2	2	2	1	12	12			22	16		1	69	69		8

地区	乡镇												村		
	建制镇									乡（包括苏木、民族乡、民族苏木）			行政村		
	国家重点镇			一般建制镇			合计总数								
	数量	已编制消防规划或消防专篇的重点镇的数量	当年新编制、修订消防规划或消防专篇的重点镇的数量	数量	已编制消防规划或消防专篇的建制镇的数量	当年新编制、修订消防规划或消防专篇的镇的数量	总数	已编制消防规划或消防专篇的建制镇的数量	当年新编制、修订消防规划或消防专篇的镇的数量	数量	有消防规划或消防规划内容的乡的数量	当年新编制、修订消防规划或消防规划内容的乡的数量	数量	有消防规划或消防规划内容的行政村数量	当年新增有消防规划或消防规划内容的行政村数量
全国	1887	1708	166	18231	15382	1799	20118	17090	1965	13829	7128	1270	552927	129649	12485
北京	14	14		130	102	90	144	116	90	38	2		3950	48	
天津	13	12	1	109	110	21	122	122	22	11	11		3737		
河北	98	98	9	947	868	110	1045	966	119	947	81		30866	5523	323
山西	62	62		502	502		564	564		632	100		27591	1000	
内蒙古	50	50	3	443	440	12	493	490	15	264	86	10	9676	2875	42
辽宁	61	56	3	575	542	199	636	598	202	265	18	1	7692	1003	107
吉林	43	43	3	391	383	26	434	426	29	191	191	12	9012	9012	44
黑龙江	56	34	4	439	302	117	495	336	121	446	258	101	7067	3928	332
上海	14	14		94	94	7	108	108	7	2	2		1611	1556	30
江苏	94	94	33	703	741	81	797	835	114	96	96	23	15255	10211	208
浙江	87	66		552	525	80	639	591	80	421	165	54	28771	4258	564
安徽	91	88	7	836	832	21	927	920	28	331	331	12	12446	3885	327
福建	68	67	7	548	526	54	616	593	61	336	215	39	14415	1161	72
江西	82	69	8	725	362	20	807	431	28	596	345	44	18603	4865	848
山东	96	74	1	1011	998	56	1107	1072	57	113	65	11	63714	10274	513
河南	115	115	3	970	870	48	1085	985	51	759	759	53	46603	26881	150
湖北	74	74		683	671	25	757	745	25	188	110	18	26034	2589	58
湖南	98	98	26	1040	997	109	1138	1095	135	1085	768	187	44800	1096	45
广东	119	110	6	1009	473	92	1128	583	98	7	2		19702	2158	33
广西	61	61	7	661	582	141	722	643	148	424	39	7	14355	1458	153
海南	21	21	1	161	161	42	182	182	43	21	16	10	2542	988	291
重庆	56	56	1	555	545	1	611	601	2	213	213		8318	573	68
四川	124	100	23	1729	1518	212	1853	1618	235	2502	1399	278	46517	14326	5303
贵州	61	61	10	721	633	111	782	694	121	751	288	128	16653	6932	1104
云南	59	59		593	462		652	521		758	720		13020	4859	
西藏	11	9		129	68		140	77		542			5261		
陕西	68	17		1074	312	76	1142	329	76	95	3		23867	1263	558
甘肃	42	38	10	436	397		478	435	10	759	435	10	15696	3504	980
青海	12	12		125	125		137	137		366	167	91	4157	326	112
宁夏	11	11		90	87	3	101	98	3	92	8		2197	505	
新疆	26	25		250	154	45	276	179	45	578	235	181	8799	2592	220

注：1. 表中涉及的行政区划数量，请参照《中华人民共和国行政区划简册》《中华人民共和国行政区划手册》、民政部区划地名司网站（http://qhs.mca.gov.cn/index.shtml）以及当地民政部门等的权威资料确定。
2. 消防规划的内容，在国家未出台新的标准、规范前，按照公安部消防局关于印发《城市消防规划编制要点》的通知（公消〔1998〕164号）执行。
3. “直辖市”、“地级”指本级，不包括下辖市（区、县），“县级”指本级。
4. “直辖市”不填写“地级”一栏的内容，填写“县级”、“乡镇”、“村”的内容。
5. “县级”中不包括城市的市辖区。“县的数量”，包括县、自治县、旗、自治旗以及湖北省的1个林区（神农架林区）、贵州省的2个特区（六枝特区、万山特区）。
6. “乡镇”不包括城市街道，包括建制镇、乡、民族乡、苏木、民族苏木和3个区公所（河北省1个、新疆维吾尔自治区2个）。

城乡消防站建设情况统计表

地区	城市消防站 直辖市 应有	直辖市 实有 特勤消防站	直辖市 实有 一级普通消防站	直辖市 实有 二级普通消防站	直辖市 实有 战勤保障消防站	直辖市 实有 合计总数	直辖市 当年新增消防站	地级市 应有	地级市 实有 特勤消防站	地级市 实有 一级普通消防站	地级市 实有 二级普通消防站	地级市 实有 战勤保障消防站	地级市 实有 合计总数	地级市 当年新增消防站	县级市 应有	县级市 实有 特勤消防站	县级市 实有 一级普通消防站	县级市 实有 二级普通消防站	县级市 实有 战勤保障消防站	县级市 实有 合计总数	县级市 当年新增消防站	县 应有	县 实有	县 当年新增消防站	本省、自治区、直辖市合计 应有	合计 实有 特勤消防站	合计 实有 一级普通消防站	合计 实有 二级普通消防站	合计 实有 战勤保障消防站	合计 实有 合计总数	合计 当年新增消防站	消防培训基地 直辖市级 实有	直辖市级 当年新增	省、自治区级 实有	省、自治区级 当年新增	地级市级 实有	地级市级 当年新增	本省、自治区、直辖市合计（含地级市级） 实有	本省、自治区、直辖市合计（含地级市级） 当年新增
全国	504	37	273	103	2	415	14	3329	383	1134	885	153	2555	144	904	47	350	342	38	777	40	2462	1963	125	7199	475	1757	1447	195	3874	323	4		22	2	86	37	92	33
北京	153	4	53	66		123	2															24	9	1	177	4	53	66		123	3	1							
天津	115	5	65	8	2	80	3															10	8	3	125	5	65	8	2	80	6	1						1	
河北								126	24	78	5	11	118	3	30	6	14	11		31	1	137	137	3	293	30	92	16	11	149	7			1		8	2	9	2
山西								109	13	34	8	6	61		19		6	5	8	19		107	93		235	13	40	13	14	80				1	1	4		5	1
内蒙古								159	13	31	70	7	121	1	35	4		13		17	1	118	83	1	312	17	31	83	7	138	3			1			1	1	1
辽宁								212	19	74	74	11	178		60		22	28		50	3	53	41	8	325	19	96	102	11	228	11			1		6	1	7	1
吉林								111	11	48	26	6	91	7	45	1	24	16	1	42	1	44	44		200	12	72	42	7	133	8			1		3	1	11	1
黑龙江								205	15	66	45	4	130	1	24	1	12	11		24	1	87	58		316	16	78	56	4	154	2					3	1	1	
上海	122	10	85	27		122	2															6	6		128	10	85	27		122	2	1						1	
江苏								193	24	84	53	12	173	6	92	9	29	36	1	75	1	60	37	1	345	33	113	89	13	248	8			1					
浙江								93	13	71	43	7	134	4	62	2	24	25		51	4	61	49		216	15	95	68	7	185	8			1		7	2		
安徽								168	14	22	62	14	112	11	14		9	7		16	1	113	74	5	295	14	31	69	14	128	17					4	1	4	1
福建								94	12	28	26	5	71	8	32	1	19	20		40	1	97	72	12	223	13	47	46	5	111	21			1		4		5	
江西								108	10	29	16	7	62	1	31		13	22		35		103	108		242	10	42	38	7	97	1			1		3	2	4	2
山东								176	23	81	64	8	176	14	73	1	40	26	6	73	8	86	86	9	335	24	121	90	14	249	31					4		4	
河南								215	20	57	37	7	121	4	59	1	17	19	1	38	4	153	94		427	21	74	56	8	159	8			1		4	3	5	3
湖北								134	14	65	4	8	91	12	48		27	3		30	2	51	39		233	14	92	7	8	121	14			1					
湖南								91	22	44	48	5	119	15	17	1	18	9	8	36	2	103	87	2	211	23	62	57	13	155	19					7	18		17
广东								274	31	104	87	10	232	10	79	1	21	21	10	53		97	96	5	450	32	125	108	20	285	15			1		21	1	22	1
广西								103	15	51	10	6	82	5	15	1	5	7		13	3	68	68		186	16	56	17	6	95	8			1		1	1	2	1
海南								39	5	10	10	1	26	6	13	1	10	4		15		15	11		67	6	20	14	1	41	6			1		1		2	
重庆	114	18	70	2		90	7															39	22	1	153	18	70	2		90	8	1						1	
四川								209	26	40	43	5	114	10	53	3	15	20		38	1	190	120	13	452	29	55	63	5	152	24			1		2		3	
贵州								84	7	29	7	4	47	4	18	3	5	5		13	1	91	74	4	193	10	34	12	4	60	9			1		2	1	3	1
云南								106	10	6	77	1	94		12		1	11		12		170	155		288	18	7	139	3	167				1					
西藏								24	3	4	16	1	24	9	6	1		3	1	5	2	73	68	24	103	4	4	19	2	29	35			1				1	
陕西								88	12	28	22	2	64	1	3		2	1		3		95	76	8	186	12	30	23	2	67	9			1				1	
甘肃								73	9	14	22	2	47	6	14	1	5			6		63	66	14	150	10	19	88	2	119	20			1				1	
青海								41	3	15		1	19	1	9	3	5	1	1	10	1	51	21	1	101	6	20	1	2	29	3			1				1	
宁夏								48	9	6	7	1	23	1	3		2	1		3		24	14		75	9	8	8	1	26	1			1	1	1	1	2	2
新疆								46	6	15	3	1	25	4	38	6	5	17	1	29	2	73	47	10	157	12	20	20	2	54	16			1		1	1		

注：1. 直辖市不填写地级市一栏的内容。直辖市、地级市填写范围为市辖区，不包括县、县级市。

2. 消防站：由地方政府或街道办事处及村、屯建设，配备必要的灭火救援装备及设施，包括公安现役人员执勤的消防站、公安现役与地方人员混编执勤的消防站、地方人员单编执勤的消防站、专职与志愿人员联合执勤的消防站。

3. 城市消防站分类：特勤消防站、一级普通消防站、二级普通消防站、战勤保障消防站按照《城市消防站建设标准》的规定填写，消防培训基地包括总队、支队建立的消防培训基地；乡镇专职消防队：乡镇专职消防队应有、实有数量按照《乡镇消防队标准》（GA/T998–2012）分级标准填写，一级乡镇专职消防队执勤人员不少于15人、消防车不少于2辆（不含简易消防车、消防摩托车）、建筑面积不少于500平方米，二级乡镇专职消防队执勤人员不少于10人、消防车不少于1辆（不含简易消防车、消防摩托车）、建筑面积不少于300平方米。

城乡消防站建设情况统计表（续）

地区	乡镇专职消防队																																						
	建制镇																			乡										本省、自治区、直辖市合计									
	国家重点镇									一般建制镇									由公安消防部门管理的消防站总数																				
	应有			实有			当年新增消防站			应有			实有			当年新增				应有			实有			当年新增			由公安消防部门管理的消防站总数	应有			实有			当年新增			由公安消防部门管理的消防站总数
	一级乡镇专职消防队	二级乡镇专职消防队	总数	一级乡镇专职消防队	二级乡镇专职消防队	总数	一级乡镇专职消防队	二级乡镇专职消防队	总数	一级乡镇专职消防队	二级乡镇专职消防队	总数	一级乡镇专职消防队	二级乡镇专职消防队	总数	一级乡镇专职消防队	二级乡镇专职消防队	总数		一级乡镇专职消防队	二级乡镇专职消防队	总数	一级乡镇专职消防队	二级乡镇专职消防队	总数	一级乡镇专职消防队	二级乡镇专职消防队	总数		一级乡镇专职消防队	二级乡镇专职消防队	总数	一级乡镇专职消防队	二级乡镇专职消防队	总数	一级乡镇专职消防队	二级乡镇专职消防队	总数	
全国	783	384	1167	543	270	813	174	98	272	990	4315	5305	607	3210	3817	738	1561	2299	1768	302	1926	2228	1009	1702	2711	58	1768	1826	396	2075	6625	8700	2159	5182	7341	970	3427	4397	2164
北京	5		5	2		2				7	27	34	17	30	47		1	1		8	8	16	6	5	11		1	1		20	35	55	25	35	60		2	2	
天津														1	1																			1	1				
河北	25		25	25		25				11	49	60	11	47	58	12	23	35	85	1		1	1		1	1		1	1	37	49	86	37	47	84	13	23	36	86
山西	62		62	18		18	15		15	3	62	65		8	8		8	8	10	2	9	11								67	71	138	18	8	26	15	8	23	10
内蒙古	30	20	50	2	22	24				5	90	95	4	19	23		3	3	24		39	39		1	1				1	35	149	184	6	42	48		3	3	25
辽宁	51	10	61	7	8	15		2	2	29	34	63	8	19	27	3	3	6	42											80	44	124	15	27	42	3	5	8	42
吉林	26	17	43	6	39	45	2		2	27	274	301	13	293	306	4	1	5	22	43	353	396	44	401	445	1	13	14		96	644	740	63	733	796	7	14	21	22
黑龙江	33	8	41	15	5	20				11	247	258	1	153	154		9	9	12	8	282	290	1	181	182		4	4		52	537	589	17	339	356		13	13	12
上海										1	33	34	1	33	34				11											1	33	34	1	33	34				11
江苏	31	55	86	31	55	86	12	50	62	79	561	640	79	561	640	17	342	359	640		38	38		38	38		38	38	38	110	654	764	110	654	764	29	430	459	678
浙江	30	14	44	27	16	43	8	1	9	117	252	369	55	266	321	2	40	42	87	3	28	31	3	29	32				7	150	294	444	85	311	396	10	41	51	94
安徽	84		84	84		84	23		23	72	344	416	51	232	283	20	27	47	69	8	89	97	5	51	56	5	51	56		164	433	597	140	283	423	48	78	126	69
福建	30	14	44	13	13	26	2		2	65	120	185	25	16	41	3	4	7	36		3	3	2	7	9	1		1	17	95	137	232	40	36	76	6	4	10	53
江西	8	11	19	2	10	12		2	2	33	203	236	11	38	49	2	12	14	5											41	214	255	13	48	61	2	14	16	5
山东	52	22	74	52	22	74				154	335	489	154	335	489					8	93	101	6	78	84					214	450	664	212	435	647				
河南	29		29	29		29	29		29		227	227		227	227		227	227			51	51		51	51		51	51		29	278	307	29	278	307	29	278	307	
湖北	45		45	45		45				4	275	279	4	84	88		7	7	133		93	93		9	9		2	2	9	49	368	417	49	93	142		9	9	142
湖南	27	63	90	14	40	54	25	10	35	155	337	492	57	151	208	655	593	1248	288	201	432	633	919	472	1391	42	1403	1445	311	383	832	1215	990	663	1653	722	2006	2728	599
广东	55	64	119	37	19	56	13	14	27	98	207	305	33	114	147	1	12	13	49	12	55	67	12	16	28		1	1	1	165	326	491	82	149	231	14	27	41	50
广西	45	16	61	45	8	53	8	7	15	50	115	165	50	32	82		36	36	72		15	15		8	8		5	5		95	146	241	95	48	143	8	48	56	72
海南	9		9	7		7	3		3		5	5	1	28	29		15	15	13											9	5	14	8	28	36	3	15	18	13
重庆	21		21	10		10	10		10		81	81		55	55		30	30		3	30	33	3	17	20					24	111	135	13	72	85	10	30	40	
四川	30		30	30		30	9		9	40	51	91	16	8	24	8	4	12	54											70	51	121	46	8	54	17	4	21	54
贵州	19		19	18		18				4	39	43	5	101	106	3	36	39						12	12		12	12		23	39	62	23	113	136	3	48	51	
云南	20		20	20		20	12	4	16	12	195	207	8	268	276	5	102	107			80	80		220	220		155	155		32	275	307	28	488	516	17	261	278	
西藏	10	13	23	3	6	9	2	3	5	9	14	23	3	7	10	3	5	8	113	4	7	11	3	5	8	1	2	3		23	34	57	9	18	27	6	10	16	113
陕西																																							
甘肃		42	42		4	4		4	4		26	26		12	12		9	9			12	12									80	80		16	16		13	13	
青海											6	6		6	6		4	4	1												6	6		6	6		4	4	1
宁夏	2	5	7		2	2					34	34		52	52		8	8			76	76		76	76		20	20		2	115	117		130	130		28	28	
新疆	4	10	14	1	1	2	1	1	2	4	72	76		14	14				2	1	133	134	4	25	29	7	10	17	11	9	215	224	5	40	45	8	11	19	13

城乡市政消火栓（消防水鹤）统计表

地区	直辖市								地级市								县级市								县							
	市政消火栓				市政消防水鹤				市政消火栓				市政消防水鹤				市政消火栓				市政消防水鹤				市政消火栓				市政消防水鹤			
	应有	实有		当年新增	应有	实有		当年新增	应有	实有		当年新增	应有	实有		当年新增	应有	实有		当年新增	应有	实有		当年新增	应有	实有		当年新增	应有	实有		当年新增
		总数	完整好用数			总数	完整好用数			总数	完整好用数			总数	完整好用数			总数	完整好用数			总数	完整好用数			总数	完整好用数			总数	完整好用数	
全国	128444	117841	116057	3661		6	6	3	489268	429479	407718	25496	2789	2355	2099	213	114894	103122	99104	10248	908	652	537	120	223201	193925	184610	25439	1782	1688	1501	229
北京	48894	47117	46528	635		6	6	3																								
天津	26646	26059	25690	1598																					1752	939	928	54				
河北									24579	18813	18739	702	143	99	97	36	7626	6008	5577	450	42	27	27	17	21745	18432	17900	1436	145	126	124	54
山西									6645	6655	6557	200	117	117	117	16	666	665	655	22	17	17	17		1860	1862	1834	70	54	54	54	
内蒙古									17321	7296	5055	879	251	220	116		3002	1389	952	36	229	152	79	3	18271	5673	3549	33	88	86	46	5
辽宁									22848	21905	21356	1332	217	208	204	44	1955	1797	1756	193	62	59	58	13	2156	2062	1993	87	32	31	30	6
吉林									5647	1418	1335	25	649	558	530	49	1118	507	505	77	197	139	132	16	1109	260	239	43	148	138	114	23
黑龙江													1116	897	788	19					206	162	134	11					221	194	180	18
上海	40000	31979	31317	166																					1000	423	420	8				
江苏									39111	37620	36492	3366					19582	18987	18520	2244					15869	15672	15451	4488				
浙江									39460	39025	38595	198					21364	20872	20496	926					15773	15478	15184	642				
安徽									12450	11497	11375	422					1950	1102	975	182					8727	8123	7986	873				
福建									19365	14854	12797	1190					7610	6884	6159	558					6059	8469	7125	689				
江西									19627	15267	14460	349					2094	1724	1524	159					11219	9399	8698	834				
山东									31607	31607	31607	352	30	30	30	5	8376	8376	8376	467					6323	6323	6323	514	237	237	237	
河南									20163	19819	19656	2177	32	32	32	19	3196	3134	3086	282					9512	8696	8269	1209	3	3	3	3
湖北									17312	20515	20487	796					5306	4804	4761	307					5849	5821	5797	554				
湖南									27492	17840	16246	4830					4043	2606	2390	81					13055	9769	9006	3522				
广东									114476	100472	90821	3094					6638	4622	4411	264					9785	9434	8957	1183	99	39	39	
广西									11074	11821	11821	72					1414	1339	1339	407					6596	5759	5759	346				
海南									3301	3296	3283	292					2649	2413	2368	100					1849	1773	1705	46				
重庆	12904	12686	12522	1262																					4223	4017	3944	542				
四川									12459	12569	12363	1806					4005	4168	3924	1346					21471	22089	21833	2955	546	606	511	62
贵州									5245	5086	4463	553					1967	1852	1675	554					8166	7219	7048	474				
云南									9306	9002	8825	1626					4655	4501	4411	334					12076	11780	11545	2864				
西藏									1757	1670	1620	510	7	3	3	1	940	893	880	371					1247	1042	1036	473	8	6	6	2
陕西									13013	7616	6912	403					370	272	251	19					7268	3897	2869	226				
甘肃									4546	4404	4153	108					320	303	303	28					2695	2515	2428	156				
青海									3149	2927	2855			13	13										1643	1432	1515					
宁夏									4870	4157	3582						342	288	274						1663	1458	1232	14				
新疆									2445	2328	2263	214	227	178	169	24	3706	3616	3536	841	150	96	90	60	4240	4109	4037	1104	201	168	157	56

注：1. “直辖市”不填写“地级市”一栏的内容。“直辖市”、“地级市”填写范围为市辖区，不包括县、县级市。
2. “市政消火栓”、“市政消防水鹤”：不含机关、团体、企业、事业单位的室外消火栓、室外消防水鹤；“完整好用”：是指消火栓不存在漏水、破损、挤占、埋压、不易辨识等情况，可随时出水且水压充足，满足灭火救援需要。
3. 数据统计截止时间为2013年12月31日。

城乡市政消火栓（消防水鹤）统计表（续）

地区	建制镇																乡						本省、自治区、直辖市合计							
	国家重点镇								一般建制镇								市政消火栓			市政消防水鹤			市政消火栓				市政消防水鹤			
	市政消火栓				市政消防水鹤				市政消火栓				市政消防水鹤				实有		当年新增	实有		当年新增	应有	实有		当年新增	应有	实有		当年新增
	应有	实有		当年新增	应有	实有		当年新增	应有	实有		当年新增	应有	实有		当年新增														
		总数	完整好用数			总数	完整好用数			总数	完整好用数			总数	完整好用数		总数	完整好用数		总数	完整好用数			总数	完整好用数			总数	完整好用数	
全国	79532	70002	64239	5395	267	193	169	27	202087	172255	165032	11685	750	469	393	63	14524	13076	1402	66	57	25	1237426	1101148	1049836	83326	6496	5429	4762	680
北京																							48894	47117	46528	635		6	6	3
天津	1423	1316	1296	84					3574	3031	2909	414					581	566	60				33395	31926	31389	2210				
河北	4609	4113	3813	418	46	42	41	10	23151	18504	17336	1468	80	72	71	36	1798	1770		16	16	5	81710	67668	65135	4474	456	382	376	158
山西	1505	1501	1475	45	2	2	2		444	461	455	16											11120	11144	10976	353	190	190	190	16
内蒙古	11017	5732	2546		19	16	8		6155	2182	1266	33	74	32	15	5	312	59		2	2	1	55766	22584	13427	981	661	508	266	14
辽宁	1509	1443	1395	61	22	21	21	5	647	619	598	26	10	10	9	1							29115	27826	27098	1699	343	329	322	69
吉林	86	66	61	2	86	35	32	8	342	426	431	4	187	33	29	5	77	67	3	7	6	3	8302	2754	2638	154	1267	910	843	104
黑龙江					54	41	32	1					249	200	177	4											1846	1494	1311	53
上海	6000	4817	4784	207					22970	17773	17533	542											69970	54992	54054	923				
江苏	2618	2582	2505	224					12257	11900	11668	785					673	672	114				89437	87434	85308	11221				
浙江	9660	9525	9334	785					25266	24912	24536	1745					1021	998	135				111523	110833	109143	4431				
安徽	128	126	113						301	284	219	26											23556	21132	20668	1503				
福建	2408	1930	1680	164					4212	3438	2681	362					854	690					39654	36429	31132	2963				
江西	3732	3220	3004	226					1328	1193	1095	233					290	211	10				38000	31093	28992	1811				
山东	2807	2219	2199	107					7895	6625	6215	727					373	331	75				57008	55523	55051	2242	269	269	269	5
河南	128	118	105	100					688	595	586	111					130	80	40				33687	32492	31782	3919	35	35	35	22
湖北	5896	6876	6689	602					2403	3084	2831	254					488	451	49				36766	41588	41016	2562				
湖南	1841	1381	1332	98					2235	1350	1197	194					1884	1737	300				48666	34830	31908	9025				
广东	13537	13066	12493	417					41610	35223	33950	1872					1960	1638	51				186046	164777	152270	6881	99	39	39	
广西	439	423	423	33					1354	1329	1329	24					103	103	18				20877	20774	20774	900				
海南	84	79	75						486	473	470						42	40					8369	8076	7941	438				
重庆	627	597	579						2141	2037	1930						53	46					19895	19390	19021	1804				
四川	1625	1786	1700	215	22	26	26		18001	14956	14863	53	98	111	81	10	1339	1483	321	34	30	15	57561	56907	56166	6696	666	777	648	87
贵州	1403	1176	1083	214					9865	7737	7135	222					226	137	62				26646	23296	21541	2079				
云南	4539	4035	3955	1320					13255	12982	12723	2496					1997	1866	103				43831	44297	43325	8743				
西藏	75	57	42	12					57	47	41	25					45	37	30				4076	3754	3656	1421	20	9	9	3
陕西	260	238	198						448	252	218	15					178	20	16				21359	12453	10468	679				
甘肃	27	27	27						78	20	22												7666	7269	6933	292				
青海	860	797	662																				5652	5156	5032			13	13	
宁夏	90	178	118						110	43	40												7075	6124	5246	14				
新疆	599	578	553	61	16	10	7	3	814	779	755	38	50	9	9	2	100	74	15	7	3	1	11804	11510	11218	2273	644	468	435	146

企业事业单位专职消防队统计表

地区	支队		大队		中队		本年度单位经费投入(万元)	消防队员人数								消防装备数量									
								正式职工		合同制用工		公安行政编制		合计人数	本年新增总人数	消防车辆（辆）						其他装备			
	总数	本年新增	总数	本年新增	总数	本年新增		实有数量	本年新增	实有数量	本年新增	实有数量	本年新增			灭火消防车	举高消防车	专勤消防车	后援消防车	车辆总数	本年新购置车辆数量	三轮简易消防车	消防摩托车	消防船艇	机动消防泵
全国	70	2	290	6	2644	49	191888.0	26612	1028	37496	1912	1099	12	65207	2952	6771	473	505	345	8094	263	44	128	37	1170
北京	2		6		76		5000.0			1403				1403		136		25	3	164			8		20
天津	4		12		53	1	10753.0	699	56	1160	69	93		1952	125	155	17	14	11	197	22			7	20
河北	3		3		108	1	10216.0	1148	60	1407	25			2555	85	274	8	7	3	292	6	1			18
山西	1		16		78		9045.0	1935	52	544	25			2479	77	269	6	8		283	4			4	18
内蒙古	3		25		106		11397.0	851	19	1469		494		2814	19	361	24	31	17	433	42		1		22
辽宁	8		19		131		6874.0	1970		3609	268			5579	268	402	57	21	94	574	4			3	20
吉林	3		20		90	7	5401.0	1593	47	566	25	182		2341	72	278	19	21	14	332	2				32
黑龙江	5		45		73	6	4730.0	3542	137	663	20	163		4368	157	370	42	24	3	439	19			1	33
上海	3		2		116	1	5047.0	652	9	1694	54	7		2353	63	217	3	16	10	246	2				20
江苏	6		4	1	125		17435.0	206		2023		18		2247		271	11	11	4	297	19	1		5	80
浙江	1		14	1	93	1	7285.0	372	12	1328	126	18	5	1718	143	166	20	18	10	214	12				88
安徽			2		93	6	1781.0	516	21	805	81	2		1323	102	152	3	5		160	10	7	2		45
福建	1		8	1	74		6896.0	163	3	1041	31			1204	34	116	7	10	21	154	3		1	1	32
江西	1				65	1	1855.0	417	12	710	8			1127	20	142	3	2	2	149	10	12	9		65
山东	6		6		196		14062.0	1948		2886		76		4910		466	52	13	15	546	10			6	68
河南	3		15		104	2	8977.0	1326	58	1068	92			2394	150	272	20	27	18	337	5				30
湖北			4		110		1481.0	186		1205	37			1391	37	170		4		174					10
湖南	3		9		71	2	9960.0	1096	105	542	60			1638	165	179	21	16	8	224	12	1	1		33
广东	6		10	2	172	2	6532.0	869	105	2992	151	35	4	3896	260	363	20	23	15	421	3	21	48	6	130
广西			5		53	6	4101.0	435	58	552	101			987	159	141	11	9	4	165	3		6		24
海南			1		19		2560 .0	205		118				323		37	3	5	1	46	4				6
重庆			5		59		2574.0			1671				1671		133	2	7		142	10		30		38
四川	1	1	12		89		12867.0	1389		939				2328		256	8	17	61	342	17		10	4	106
贵州					46	1	3065.0	333	45	634	60			967	105	117	2	2	4	125	11		12		24
云南	1	1	5	1	144	5	4226.0	796	35	1515	173	2	2	2313	210	295	13	42	8	358	15				115
西藏					7		321.0	54	23	225	140			279	163	21		10	4	35	2				10
陕西			8		125	6	7097.0	1215	78	1335	139	7	1	2557	218	325	15	23		363	1				8
甘肃	3		5		51		1588.0	765	15	1020	24	1		1786	39	191	21	20	6	238	6				37
青海					29		2535.0	355		172				527		75	4	7		86					
宁夏			2		31		196.0	424	22	432	8			856	30	84	7	7	1	99	2				
新疆	6		27		57	1	6033.0	1152	56	1768	195	1		2921	251	337	54	60	8	459	7	1			18

注：1. “企业事业单位专职消防队”：是指企业事业单位按照《消防法》第三十九条规定成立的专职消防队，包括铁路、交通、民航、林业系统公安编制的专职消防队。
2. “中队”：隶属于支队、大队的中队；称谓为“××消防队”，属于遂行作战任务的实体力量，未再划分出独立管理的“队”、“站”等机构的消防队。
3. “企业消防人员分类”：（1）正式职工是指与企业签订无固定期限劳动合同的正式员工；（2）合同制用工是指与企业签订固定期限劳动合同的非正式员工；（3）公安行政编制是指铁路、交通、民航、林业系统专职消防队中具有公安编制的专职消防人员。
4. “消防车”：专门用于运输灭火剂、消防装备的机动车辆，其分类参照《城市消防站建设标准》第二十六条。“车辆总数”包括“灭火消防车”、“举高消防车”、“专勤消防车”、“后援消防车”4类，不包括“三轮简易消防车”和“消防摩托车”。
5. “机动消防泵”：可放置或固定在消防车上的手抬机动泵、潜水泵、浮艇泵等。
6. “出动次数”：扑救火灾、抢险救援等外出执勤次数。
7. “救人”：上述出动的救人数量。
8. 数据统计截止时间为2013年12月31日。

企业事业单位专职消防队统计表（续）

地区	灭火剂储量			灭火救援情况																				
				企业责任区内							企业责任区外							合计						
	泡沫（吨）	干粉（吨）	其他	出动次数	出动车次	出动人次	抢救人员	抢救财产(万元)	因工受伤人数	牺牲人数	出动次数	出动车次	出动人次	抢救人员	抢救财产（万元）	因工受伤人数	牺牲人数	出动次数	出动车次	出动人次	抢救人员	抢救财产(万元)	因工受伤人数	牺牲人数
全国	12419	3207	7205	17044	28946	144820	1671	74745.0	30	4	10518	18452	78110	1130	39875.0			27562	47398	222930	2801	114620.0	30	4
北京	176	10	641	188	456	2780		800.0			84	218	1015	2	180.0			272	674	3795	2	980.0		
天津	458	48	48	353	898	5330	58	604.0			51	99	687	2	83.0			404	997	6017	60	687.0		
河北	358	20	54	132	270	3098	12	495.0			692	750	3372	13	1327.0			824	1020	6470	25	1822.0		
山西	299	44		538	883	6098	93	1016.0			449	834	6743	41	409.0			987	1717	12841	134	1425.0		
内蒙古	381	111	94	383	832	3999	141	2078.0	8		270	443	1823	28	1618.0			653	1275	5822	169	3696.0	8	
辽宁	1265	66	3216	713	1478	9268	36	4877.0			367	602	3259	14	2361.0			1080	2080	12527	50	7238.0		
吉林	293	31	576	418	608	2539	33	689.0			384	604	2544	15	329.0			802	1212	5083	48	1018.0		
黑龙江	526	57	119	299	515	2003	22	2226.0			61	96	384	26	227.0			360	611	2387	48	2453.0		
上海	529	30	12	630	1738	11656	23	2181.0	8		101	126	613	3	27.0			731	1864	12269	26	2208.0	8	
江苏	523	27	58	706	1540	7870	48	4088.0			315	495	2180	11	1728 .0			1021	2035	10050	59	5816.0		
浙江	617	22	26	299	403	2280	15	638.0			2357	5109	17721	158	3107.0			2656	5512	20001	173	3745.0		
安徽	155	72	283	913	997	5291	53	1845.0			84	104	580	10	176.0			997	1101	5871	63	2021.0		
福建	115	26	312	120	168	1065	8	5243.0	1		22	31	166	13	123.0			142	199	1231	21	5366.0	1	
江西	324	115		131	203	893	1	422.0			65	86	410	2	322.0			196	289	1303	3	743.0		
山东	773	91	354	5111	7294	27519	64	11378.0	2	4	834	1298	6421	47	8113.0			5945	8592	33940	111	19491.0	2	4
河南	536	55	113	534	885	4709	146	4198.0			568	841	3603	190	8977.0			1102	1726	8312	336	13175.0		
湖北	327	71	29	284	285	1925	15	590.0			656	705	2899	31	820.0			940	990	4824	46	1410.0		
湖南	371	1600	10	470	826	5746	176	4735.0			216	327	1937	69	1578.0			686	1153	7683	245	6313.0		
广东	720	83	224	1908	3356	12996	351	14683.0	2		389	766	2940	65	1716.0			2297	4122	15936	416	16399.0	2	
广西	425	21	80	147	267	1665	5	682.0			21	36	179	2	349.0			168	303	1844	7	1031.0		
海南	80	14		109	220	801	53	458.0			7	19	52		2.0			116	239	853	53	460.0		
重庆	31	10		413	591	6014	32	1116.0			1503	3182	10851	203	2981.0			1916	3773	16865	235	4097.0		
四川	345	41		513	781	3899	27	1585.0	3		253	317	1677	42	794.0			766	1098	5576	69	2379.0	3	
贵州	110	18		17	22	150		92.0										17	22	150		92.0		
云南	219	39	470	497	768	3764	96	992.0			217	317	1762	40	626.0			714	1085	5526	136	1618.0		
西藏	45			25	48	312		16.0										25	48	312		16.0		
陕西	412	62	278	385	709	3908	59	709.0			188	295	1475	35	707.0			573	1004	5383	94	1416.0		
甘肃	646	200		216	413	2124	52	924.0			103	260	1017	16	717.0			319	673	3141	68	1641.0		
青海	151	26		44	84	339	6	1476.0			8	8	52		8.0			52	92	391	6	1484.0		
宁夏	186	30	161	119	238	813	4	455.0			32	67	273	1	85.0			151	305	1086	5	540.0		
新疆	1025	168	48	429	1170	3966	42	3456.0	6		221	417	1475	51	385.0			650	1587	5441	93	3841.0	6	

城区、县城政府专职消防队统计表

地区	中队										公安消防队员人数				政府专职消防队员人数									
	总数					本年新增					公安现役编制		公安行政编制		事业编制				合同制用工				合计人数	本年新增总人数
	机构属性		执勤模式		合计	机构属性		执勤模式		合计	实有人数	本年新增	实有人数	本年新增	实有人数	本年新增	因公受伤	牺牲人数	实有人数	本年新增	因公受伤	牺牲人数		
	已列入公安消防编制	未列入公安消防编制	编有公安现役人员的队伍	队员全部为政府专职消防队员的队伍		已列入公安现役编制	未列入公安现役编制	编有公安现役人员的队伍	队员全部为政府专职消防队员的队伍															
全国	317	730	403	644	1047	6	113	26	93	119	7782		305	84	1983	179	1		20816	4896			22799	5678
北京																								
天津																								
河北																								
山西		51	4	47	51						10				163	26			1099	195			1262	221
内蒙古	7	8	11	4	15	1	2	1	2	3	6		15	15	119	51			601	44			720	95
辽宁		42	31	11	42		3	3		3	136				52				1499	348			1551	348
吉林	1	2	2	1	3						22				93				30				123	
黑龙江	3	20		23	23		2		2	2			87		867		1		379	6			1246	533
上海																								
江苏	7	62	7	62	69		19		19	19	170		4		3				1155	374			1158	374
浙江	15	70	46	39	85	1	8	1	8	9	2226		7		11	6			1247	320			1258	326
安徽		4		4	4														82	13			82	13
福建																								
江西	2	21	12	11	23		4	4		4	30		22		100	22			416	100			516	122
山东	201	54	136	118	254		32		32	32	3155				7				6337	1760			6344	1760
河南	25	34	59		59	2	3	5		5	378				34	17			1402	539			1436	556
湖北																								
湖南	38	2	40		40	2		2		2	1552				78				601	79			679	79
广东	11	79	40	50	90		4	1	3	4	49				43				2371	83			2414	83
广西		11	5	6	11		11	6	5	11	12				5	5			139	119			144	131
海南																								
重庆																								
四川	7	105	7	105	112										199	17			1983	654			2182	671
贵州				1	1														10				10	
云南		94		94	94		18		18	18					45				387	50			432	50
西藏																								
陕西																								
甘肃		45	3	42	45		3	3		3	36		25		26				730	70			756	70
青海		4		4	4		4		4	4									39	39			39	39
宁夏																								
新疆		22		22	22								145	69	138	35			309	103			447	207

城区、县城政府专职消防队统计表（续）

地区	消防装备数量									灭火剂储量			出动情况							本年度各级政府经费投入（万元）
	消防车辆（辆）						其他装备			泡沫(吨)	干粉(吨)	其他	出动次数	出动车次	出动人次	抢救人员	抢救财产（万元）	因公受伤人数	牺牲人数	
	灭火消防车	举高消防车	专勤消防车	后援消防车	车辆总数	本年新购置车辆数量	消防摩托车	消防船艇	机动消防泵											
全国	2713	329	425	215	3682	377	250	89	955	1792.5	126.8	2745.4	109276	189716	1143484	22143	64644.2	8	1	146293.0
北京																				
天津																				
河北																				
山西	143	4	33	2	182	17	2	10	12	103.5	5.0		2528	4924	72617	686	2011.6			8660.5
内蒙古	50	9	2	3	64	25			2	19.0	6.0	16.0	104	180	918	22	923.0			2990.6
辽宁	141	28	29	49	247	36				171.0		706.0	3728	6648	22954	695	2298.0			8078.5
吉林	12				12				2				214	623	1258		500.0			230.0
黑龙江	130	17	2		149	17		1	34	97.0		30.0	752	1892	7196	85	6321.2	1		3069.9
上海																				
江苏	159	9	14		182	48	9	2	153	150.0	13.0	80.0	3770	6707	34449	102	2181.0	2		20145.0
浙江	197	12	16	4	229	17	2		133	147.0		407.0	16337	26319	152300	872	4084.0	1	1	10109.0
安徽	12	2		1	15								174	226	1224	21	232.0			740.0
福建																				
江西	22	2			24	5	6		21	5.1			25	30	150	2	151.1			231.0
山东	726	144	147	72	1089	74	11	20	88	513.2	31.3	1117.2	41677	72651	464776	11620	2007.0			37180.9
河南	160	44	54	14	272	29	3	9	30	163.2	5.5	182.0	11722	20925	119222	2459	2992.9			12952.1
湖北																				
湖南	133	9	13		155	18	6									309	8958.0			3763.0
广东	246	27	46	10	329	14	138	25	108	253.5	58.0	4.0	11942	26387	141068	2271	28280.6			18322.9
广西	11				11	9	9	8	18	8.0	1.0	7.0	19	31	156	7	1123.0			484.0
海南																				
重庆																				
四川	334	16	58	56	464	58	50	12	155	123.0	7.0	125.2	12734	16862	98073	2003	1105.0	4		17997.1
贵州	4				4				1				1	2	8		2.0			18.0
云南	101			1	102	2	14		57	2.0		17.0	126	173	593	1	218.9			540.5
西藏																				
陕西																				
甘肃	94	4	4	2	104	5			14	10.0			1583	2299	11122	948	672.0			462.2
青海	4			1	5								11	21	94	2	42.0			103.0
宁夏																				
新疆	34	2	7		43	3			19	7.0		53.0	428	646	3675	38	541.0			214.8

注：1. “城区、县城政府专职消防队”：是指城市（城区、郊区）、县城由政府组建的，队伍名称挂牌为××政府专职消防队，由政府专职消防队员单独编队执勤或与公安现役人员（民警）混编执勤的消防队，包括有公安现役编制和无公安现役编制的消防队。

2. “政府专职消防人员分类”：（1）事业编制是指队员身份为事业单位工作人员；（2）合同制用工是指与专职队主管单位签订固定或无固定期限劳动合同的非事业编制队员；（3）“公安行政编制”是指队员身份为公安机关公安民警。

3. “中队”：隶属于支队、大队的中队；称谓为“××消防队”，属于遂行作战任务的实体力量，未再划分出独立管理的“队”、“站”等机构的消防队。

4. 消防车：专门用于运输灭火剂、消防装备的机动车辆，其分类参照《城市消防站建设标准》第二十六条。“车辆总数”包括“灭火消防车”、“举高消防车”、“专勤消防车”、“后援消防车”4类，不包括“三轮简易消防车”和“消防摩托车”。

5. “机动消防泵”：可放置或固定在消防车上的手抬机动泵、潜水泵、浮艇泵等。

6. “出动次数”：扑救火灾、抢险救援等外出执勤次数。

7. “救人”：上述出动的救人数量。

8. 数据统计截止时间为2013年12月31日。

乡镇政府专职消防队伍统计表

地区	中队									消防队员人数							
	国家重点镇		一般建制镇		乡		合计总数	本年新增	纳入公安消防部门管理的队伍数量	事业编制		合同制用工		公安行政编制		合计人数	本年新增总人数
	总数	本年新增	总数	本年新增	总数	本年新增				实有人数	本年新增	实有人数	本年新增	实有人数	本年新增		
全国	862	146	3886	878	579	301	5327	1325	1755	2038	349	54798	15631	1153	520	57989	16500
北京	7		119		14		140					1828	175			1828	175
天津			2				2					18				18	
河北	25		60	34	1	1	86	35	86			541	211			541	211
山西	18	15	8	8			26	23	10			445	210			445	210
内蒙古	14		19	3	14		47	3	15	99		947	250	6		1052	250
辽宁	15	2	27	6			42	8	42	62		822	245			884	245
吉林	6	2	156	7	44	4	206	13	36	42		1231	406	1		1274	406
黑龙江	20		231	8	15		266	8	155	97	8	1617	434	89		1803	442
上海	1		33				34		11	188		329	2			517	2
江苏	86	29	640	262	38	30	764	321	764	15		6507	3859	4		6526	3859
浙江	60	1	368	16	28		456	17	4	138	61	4837	611	56		5031	672
安徽	84	23	283	47	56	56	423	126	69	78		2501	1013	419	269	2998	1282
福建	17	12	53	5	23	9	93	26	23	37		1123	176			1160	176
江西	10		49	22			59	22		302	48	1193	283			1495	331
山东	74	3	59	17	26	4	159	24	77			2969	350			2969	350
河南	29		479	101	121	35	629	136		157	31	6006	1169			6163	1200
湖北	45		88	7	9	2	142	9	142			1967	632	69		2036	632
湖南	60	15	214	17	34	14	308	46	76	96	3	2269	348	36		2401	351
广东	119	5	386	96	3		508	101	104	333	53	7265	1305	79	57	7677	1415
广西	51	11	82	32	24	4	157	47	72	17	5	1578	833			1595	838
海南	7	3	29	15			36	18	13			586	318			586	318
重庆	10	10	55	30	20		85	40		85	54	860	252			945	306
四川	32	8	20	12	2	1	54	21	54			968	379			968	379
贵州	18		106	39	12	12	136	51		40		1582	644	18	6	1640	650
云南	20		255	69	41	120	316	189		188	56	3123	768	299	184	3610	1008
西藏	13	2	4	3			17	5				125	65	27	4	152	69
陕西																	
甘肃	4	4	12	9			16	13				160	130			160	130
青海			2	2			2	2		20	20					20	20
宁夏	11	1	27	11	38	9	76	21				708	300			708	300
新疆	6		20		16		42		2	44	10	693	263	50		787	273

注：1.“乡镇政府专职消防队”：是指由乡、镇政府组建的专职消防队。应达到《乡镇消防队标准》（GA/T998-2012）二级以上乡镇专职消防队建设标准〔即消防人员不少于10人、消防车不少于1辆（不含简易消防车、消防摩托车），建筑面积不少于300平方米〕。
2.“乡镇政府专职消防人员分类”：（1）事业编制是指队员身份为事业单位工作人员；（2）合同制用工是指与专职队主管单位签订固定或无固定期限劳动合同的非事业编制队员；（3）“公安行政编制”是指队员身份为公安机关公安民警。
3.“中队”：隶属于支队、大队的中队；称谓为“××消防队”，属于遂行作战任务的实体力量，未再划分出独立管理的“队”、“站”等机构的消防队。
4.“消防车”：专门用于运输灭火剂、消防装备的机动车辆，其分类参照《城市消防站建设标准》第二十六条。“车辆总数”包括“灭火消防车”、“举高消防车”、“专勤消防车”、“后援消防车”4类，不包括“三轮简易消防车”和“消防摩托车”。
5.“机动消防泵”：可放置或固定在消防车上的手抬机动泵、潜水泵、浮艇泵等。
6.“出动次数”：扑救火灾、抢险救援等外出执勤次数。
7.“救人”：上述出动的救人数量。
8. 数据统计截止时间为2013年12月31日。

乡镇政府专职消防队伍统计表（续）

地区	消防装备数量										灭火剂储量			出动情况							本年度各级政府经费投入(万元)
	消防车辆（辆）						其他装备														
	灭火消防车	举高消防车	专勤消防车	后援消防车	车辆总数	本年新购置车辆数量	三轮简易消防车	消防摩托车	消防船艇	机动消防泵	泡沫（吨）	干粉（吨）	其他	出动次数	出动车次	出动人次	抢救人员	抢救财产（万元）	因工受伤人数	牺牲人数	
全国	5777	104	804	155	6840	1567	1083	1124	27	3583	1078	126	4175	111293	169538	786300	11815	136406.0	21		134440.0
北京	150		4	45	199		12	6		88				305	380	1988		400.0			4800.0
天津	2				2					1			6								36.0
河北	133				133	47				86	37		399	253	326	1485	3	170.0			3500.0
山西	54	2	4	3	63	10		3	4	2	74	12		353	370	2744	42	188.0			1049.0
内蒙古	64	11	8	3	86	4	5			5	25	10	16	260	490	2165	90	1590.0			1148.0
辽宁	78	1	4	8	91	16					33		503	2535	2960	14967	202	7793.0			3114.0
吉林	240	2		1	243	18	5	4		47	9	4	112	7331	8501	29381	108	4112.0			3858.0
黑龙江	287		3	2	292	9	182			225	1		655	1787	1941	5882	75	5482.0			1012.0
上海	38		2	1	41		7			20	7			1080	1297	8526	43	5864.0			3240.0
江苏	299	14	681		994	560	42		1	220	172	5	32	12306	21911	111348	766	10053.0			15967.0
浙江	564	10	20	22	616	56	17	6	4	506	128	1	91	29099	38164	183323	997	17601.0	10		15509.0
安徽	468	1			469	156	42	59		225	32		242	3840	4417	19513	493	2303.0			3100.0
福建	59	5	5		69	5	3		4	60	8		627	3339	7662	15034	1969	6018.0			2560.0
江西	74	2	1	1	78	25	12	6		64	13	6		85	97	405	14	124.0			322.0
山东	159	3	14		176	23	2	22		7	50	2	394	7230	8887	49768	511	10255.0			9394.0
河南	219		12	2	233	27	448	337		101	34	8	184	6881	9048	37194	589	12627.0			7858.0
湖北	263	4	1		268	13	12	186		104	25	13		956	1253	6736	31	1300.0			5044.0
湖南	212		3	12	227	25	36	1		292		6	1	1246	1358	8587	106	4109.0			2743.0
广东	735	11	26	3	775	49	32	243		238	330	54	80	20928	40800	202076	2152	33204.0	11		19516.0
广西	321	38	3	6	368	56	132	147	1	125	21	5		486	1168	10146	201	7329.0			8419.0
海南	29		2	2	33	10	14	5		12	3		30	112	142	698	32	383.0			1750.0
重庆	109				109	40		32		52	2			503	471	3266	503	1021.0			1787.0
四川	60		9	30	99	32	32	32	13	92	23			7241	9939	54460	1940	1683.0			7243.0
贵州	148		1		149	52	1			119				77	123	734	31	1097.0			1710.0
云南	860			14	874	310	19	35		766	7		792	2565	7312	12225	858	1252.0			8083.0
西藏	14				14					16	40			35	46	288		25.0			
陕西																					
甘肃	17				17		4			18				35	35	220	3	82.0			320.0
青海	2				2	2												3.0			16.0
宁夏	76				76	20				76	6		11	301	306	2145	42	192.0			1010.0
新疆	43		1		44	2	24			16				124	134	996	14	146.0			332.0

2013 年批准发布的消防类国家标准目录

序号	标准编号	标准名称	修订或替代	批准日期	实施日期
1	GB 3446-2013	消防水泵接合器	GB 3446-1993	2013年9月18日	2014年8月1日
2	GB/T 18294.1-2013	火灾技术鉴定方法　第一部分：紫外光谱法	GB/T 18294.1-2001	2013年9月18日	2014年3月1日
3	GB 19572-2013	低压二氧化碳灭火系统及部件	GB 19572-2004	2013年9月18日	2014年8月1日
4	GB/T 24572.5-2013	火灾现场易燃液体残留物实验室提取方法 第五部分：吹扫捕集法		2013年12月17日	2014年5月1日
5	GB 29415-2013	耐火电缆槽盒	GA 479-2004	2013年9月18日	2014年8月1日
6	GB 29837-2013	火灾探测报警产品的维修保养与报废		2013年11月12日	2014年8月7日
7	GB 30051-2013	推闩式逃生门锁通用技术要求		2013年12月17日	2014年11月1日
8	GB 30122-2013	独立式感温火灾探测报警器		2013年12月17日	2014年12月14日
9	GB 50116-2013	火灾自动报警系统设计规范	GB 50116-98	2013年9月6日	2014年5月1日
10	GB 50313-2013	消防通信指挥系统设计规范	GB 50313-2000	2013年3月14日	2013年10月1日
11	GB 50898-2013	细水雾灭火系统技术规范		2013年6月8日	2013年12月1日

2013年批准发布的消防类公共安全行业标准目录

序号	标准编号	标准名称	修订或替代	批准日期	实施日期
1	GA/T 110–2013	建筑构件用防火保护材料通用试验方法	GA/T 110–1995	2013年3月11日	2013年4月1日
2	GA 124–2013	正压式消防空气呼吸器	GA 124–2004	2013年7月26日	2013年9月1日
3	GA/T 536.1–2013	易燃易爆危险品火灾危险性分级及试验方法 第一部分：火灾危险性分级	GA/T 536.1–2005	2013年8月12日	2013年8月12日
4	GA/T 536.7–2013	易燃易爆危险品火灾危险性分级及试验方法 第七部分：易燃气雾剂分级试验方法		2013年8月16日	2013年8月16日
5	GA 602–2013	干粉灭火装置	GA 602–2006	2013年12月17日	2014年3月1日

公安消防部队在用消防车辆装备统计表

总队	合计（不含摩托车）	水罐车	泡沫车	压缩空气泡沫车	高倍泡沫车	泵浦车	干粉车	干粉泡沫联用车	干粉水联用车	涡喷车	二氧化碳车	细水雾车	干粉二氧化碳联用车	其他灭火车	登高平台车	云梯车	举高喷射车	抢险救援车	排烟车	照明车	排烟照明车	高倍泡沫排烟车	远程供水系统	水带敷设车
全国	29634	9872	4399	1710	5	205	165	170	18	36	8	241	17	47	1578	1126	1710	3636	195	190	64	4	44	60
北京	718	230	59	82	2	62		7				2		1	16	46	19	46	11	14				4
天津	601	160	67	64		1	19	6		1		2	1		12	20	21	81	5	4	4			3
河北	1692	710	107	29		1	4	11	2			11	1	3	143	61	66	273	8	1	6		3	4
山西	955	349	136	46		3	6	13	1			6		8	43	23	44	145	2	6			2	2
内蒙古	853	422	102	11			16	15		4					59	12	35	90	2	3	1			
辽宁	1742	541	207	104	1	1	11	4	1	1	2	41	4	2	49	111	128	116	7	14	3	2	6	11
吉林	900	310	118	16		1	1	3	1	1				6	52	40	39	72	4	7	9			
黑龙江	1197	604	131	18		6	3	8	2			18			105	17	37	114	1	5	5			
上海	749	40	156	240		35	10				2				4	51	12	34	1	18				
江苏	1785	505	437	142	1	60	3	10	1	2		41			83	73	63	167	4	14	3		7	3
浙江	1294	324	196	193			2	7	2	1			1		46	63	126	182	6	7	1		4	5
安徽	1047	431	122	17			3	6	1				1		47	10	101	143	5	4	3			
福建	872	314	110	70		1	2	6	1	1	1	2		2	79	35	46	108	2	6	1		5	1
江西	800	309	91	6		6	3	8	2			6		1	19	38	89	125	21					
山东	1597	511	316	71			13	4		4		4	2		107	55	124	186	6	11	1		3	5
河南	1519	462	193	73		1	9	4		2		6		1	77	30	167	201	3	5	1			
湖北	1026	373	203	43		9	6	7		1		11			85	28	71	128	4	5				
湖南	987	326	111	77			5	1		1		3			29	94	48	144	25	13	2			1
广东	1901	311	491	195		5	20	24		1	1	1	2		145	81	87	248	9	21	7		3	17
广西	747	297	109	1			3	1	1	3		3	3	2	51	33	53	121	1	7	3		2	
海南	263	74	11	7				5		1		28	1		16	8	7	39	2	1	1		3	3
重庆	761	212	156	51			3	1	1						57	19	15	107		1	1			
四川	1175	469	206	25	1	7	8	5	1		1	2			61	15	29	200	4	4	4		4	1
贵州	789	251	97	19		2	1			1		5		3	51	40	48	103	6	11	3		1	
云南	1194	405	150	32		1	3	4		6		1		2	59	52	67	189	1	2				
西藏	278	127	46	5				1							2	9	4	28						
陕西	662	252	87	23		2	5	1	1	4	1	17	1	3	19	26	38	76	8				1	
甘肃	376	180	33	4		1	2	3				2			10	9	33		37		3	2		
青海	213	71	27	7			3	1				2			10	6	15	29	1	2	1			
宁夏	219	70	24	8				3		1					14	2	21	37		2	1			
新疆	722	232	100	31			1	1				27		13	28	19	57	104	9	2				

公安消防部队在用消防车辆装备统计表（续）

总队	化学事故抢险救援车	化学洗消车	核生化侦检车	勘察车	通讯指挥车	宣传车	其他专勤	器材车	供水车	供液车	供气车	自卸式车	加油车	饮食保障车	宿营车	发电车	淋浴车	救护车	装备抢修车	其他后援车	机场快速调动车	机场主力泡沫车	其他机场车	防爆车	轨道车	其他类车	灭火摩托车	抢险救援摩托车	其他摩托车
全国	120	250	15	48	411	452	173	633	153	105	226	101	156	197	81	14	13	36	179	477		1	4	22	12	255	418	16	63
北京	2	7	2	1	42	3	7	23		1	2		9	2		1	1	2	4						6	2	62		
天津	3	12			30	22		23		3	1		3	3				2	2	26							25		
河北	2	13	1		6	73	4	57	9	3	8	6	7	7		1		2	7	25						17	13		11
山西	12	9			13	11	3	14	12	3	10	2	4	8	1			2	7	9							11		
内蒙古	8	12			7	1		15	5		6		3	9					5	9			1				4		
辽宁	5	11	1	2	20	19	2	140	27	12	16	7	14	18		1		6	11	62					1				2
吉林		9			15	26	6	47	16	1	9	2	7	12	18				8	28				1		15	10	4	1
黑龙江		5			10	3	1	17	12	1	2	1	4	13	1		1	1	4	46						1	4		5
上海	6	1	1	32	20		9	28		11		2	7	5			1	4	5	3				10	1		26		
江苏	10	17	3		20	27	4	11	7	9	13	7	6	9				1	12	6					2	2	11		12
浙江	4	7			10	14	15	15	4	8	10	1	6	4	1			1	7	18						3	1		
安徽	3	5			14	12	2	15	1	12	16	2	4	13				2	14	31						7	2		
福建	1	7	1		8			8	10	2	5	6	4	4		1			6	13						3	8		
江西	1	11			8	6	3	3		1	4		3	6				1	6	12						11			
山东	5	15			20	11	13	9	6	5	10		9	11					10	22						28	12	1	8
河南	6	6		8	16	148	5	7	6	5	17	2	9	7	4			1	8	7						22	24	2	5
湖北		6	1		2	1		6	6	1	3	3	2	2				1	2	12						4	19	3	9
湖南	5	9		1	15	15	4	11	2	1	8	2	7	4		1		2	8	8						4	3		
广东	16	19	1		26	4	3	39	12	18	29	25	8	6		1		1	7	13			2		2		10	2	
广西	2	9			11		2	9			2		2	2					3	5						6	21		2
海南	5	3			3		2	2		2	2	2	3	8	1				3	6						14	4		2
重庆	4	4	1		25	30	16	15		1	9	3	3	3		2	1		2	9				1		8		2	
四川	7	16	1		9	1	1	8	2	1	16	4	4	4	12	1	1		8	12			1	1		18	6		1
贵州	2	3		2	20	7	31	8			9	9	6	6				3	5	4		1				31	64		
云南	1	12			19	13	15	22	1		7	1	6	9	19	2	6	2	9	44						32	21		
西藏			1		2		5	10	1		1		3	6	19	1			4	1				2			20		
陕西	2	4		1	5	2	7	38	3		2	1	2	3				1	3	17						6			5
甘肃	1	7			1	1		24	5	1	2	1	3	1	1	1	1			7							10		
青海	1	4			2		1	1	4	1	1		1	2	3				1	15						1	6		
宁夏	3	3		1	3	1	2	2		1	2	4	3	5					3	2						1	12		
新疆	3	4	1		9	1	10	6	2	1	4	8	4	5	1	1	1	1	5	5				7		19	9	2	

公安消防部队在用抢险救援器材统计表

总队	合计	侦检器材																	警戒器材				
		有毒气体探测仪	军事毒剂侦检仪	可燃气体检测仪	水质分析仪	电子气象仪	无线复合气体探测仪	视频生命探测仪	音频生命探测仪	雷达生命探测仪	消防用红外热像仪	漏电探测仪	核放射探测仪	电子酸碱测试仪	测温仪	移动式生物快速侦检仪	激光测距仪	便携危险化学品检测片	小计	警戒标志杆	锥型事故标志柱	隔离警示带	出入口标志牌	危险警示牌
全国	335596	3669	238	2831	135	818	84	652	417	459	2716	1451	122	398	3401	53	570	1089	19103	8896	26131	22902	2206	7557
北京	14681	81	43	134	8	14	13	39	36	32	121	79	37	19	159	16	27	38	896	479	857	777	128	239
天津	13976	85	9	83	3	39	1	24	10	5	76	64	3	8	131		6	48	595	596	445	2840	52	213
河北	23838	246	9	234	4	84	4	37	18	20	140	83	2	7	236	2	31	98	1255	393	1544	1271	78	614
山西	9939	156	9	96	1	19		20	33	26	73	20	1	20	74	1	14	26	589	480	784	672	103	293
内蒙古	8067	53	4	58		11		17	14	6	54	34		12	64		14	43	384	208	479	524	33	219
辽宁	16569	139	9	145	5	18	1	23	16	13	142	44	4	12	168	6	75	38	858	398	1021	1141	130	335
吉林	7957	80	12	89	5	9	2	10	11	12	75	20	2	19	85	3	10	56	500	188	518	363	48	81
黑龙江	8660	82	2	64	3	25	5	10	6	9	74	27		4	74	2	25	101	513	163	400	481	48	217
上海	14350	199	12	132	9	63	31	79	37	34	184	155	16	22	219	4	43	175	1414	369	663	854	117	185
江苏	17097	181	19	179	9	37	4	30	16	22	163	80	7	33	288	7	19	26	1120	334	924	969	142	356
浙江	15877	123	10	107	5	20		28	24	29	138	94	8	14	164		34	16	814	517	1502	974	134	434
安徽	9005	80	3	73	1	16		19	12	12	63	34	2	5	92		17	36	465	244	690	489	122	440
福建	10529	56	4	47	1	8		19	9	9	71	19	3	3	92		9	28	378	255	996	656	18	300
江西	8507	85	2	76	4	33		2	6	12	75	66	2	6	58	1	28	33	489	224	615	354	51	121
山东	15156	91	10	91	3	18	5	19	15	5	77	31	1	13	116	2	17	37	551	330	1216	704	108	279
河南	13829	131	1	116	1	23	4	31	4	16	94	35	1	10	134		35	19	655	267	1101	877	92	256
湖北	12695	112	9	106	3	47	1	12	9	19	108	51	3	10	159		27	11	687	254	918	826	129	348
湖南	11193	81	6	68	1	11		13	8	12	108	15	3	7	94		2	11	440	201	2877	662	36	240
广东	24116	490	18	173	7	74	1	44	19	20	170	129	7	32	217	2	16	25	1444	586	1696	1500	123	378
广西	11863	103	5	83	4	36	1	12	13	7	76	35		13	126		12	33	559	84	928	802	43	290
海南	3728	23	1	23		18		12	13	1	40	26	1	9	39		6	13	225	88	277	250	22	108
重庆	11977	105	5	89	11	18		10	7	15	94	43	1	18	79		20	32	547	622	1130	764	121	274
四川	11828	289	11	104	14	21	4	15	16	20	97	41	7	16	62	2	8	4	731	312	934	907	47	220
贵州	11392	87		80	3	39		23	23	21	61	58		26	107		8	31	567	160	1066	712	44	204
云南	14158	118	8	114	2	45		18	4	26	111	69	2	10	128	2	10	22	689	229	882	855	57	285
西藏	4256	28	2	34	3	9		18	11	12	9	25	1	10	28		14	9	213	122	129	175	14	99
陕西	4352	54	3	62		4	3	16	4	10	37	17	1	2	42		15	11	281	129	281	192	21	105
甘肃	3412	72	1	29	16	8		7	4	6	24	12	1	9	17		3	17	226	132	299	159	30	99
青海	2589	44	2	25	2	10	1	9	9	4	31	11		10	23		5	11	197	79	197	174	14	30

公安消防部队在用抢险救援器材统计表（续一）

总队	警戒器材			救生器材																						
	闪光警示灯	手持扩音器	小计	躯体固定气囊	肢体固定气囊	婴儿呼吸袋	消防过滤式自救呼吸器	救生照明线	折叠式担架	伤员固定抬板	多功能担架	消防救生气垫	救生缓降器	灭火毯	医药急救箱	医用简易呼吸器	气动起重气垫	救援支架	救生抛投器	水面漂浮救生绳	机动橡皮舟	敛尸袋	救生软梯	自喷荧光漆	电源逆变器	小计
全国	7416	4642	79750	1340	1035	638	18987	4526	2826	1783	4324	2685	9579	2626	5461	506	4209	2988	3304	1575	751	6678	3107	997	397	80322
北京	189	98	2767	58	52	70	444	430	82	107	149	69	234	367	100	1	93	91	73	43	22	263	119	3	29	2899
天津	397	266	4809	56	33	25	753	131	60	111	99	23	258	109	140	4	92	66	79	43	42	605	66	70	5	2870
河北	538	380	4818	31	29	5	1813	275	151	102	284	196	600	89	259	57	303	228	196	83	55	180	208	88	14	5246
山西	242	102	2676	36	21	12	597	145	68	59	193	75	329	16	185		145	118	107	39	17	114	55	20		2351
内蒙古	145	92	1700	33	22	2	420	109	63	29	102	52	293	20	188	5	110	84	82	21	5	66	66	7	2	1781
辽宁	437	119	3581	116	24	12	1123	207	79	42	193	118	449	53	175	8	224	140	115	34	42	194	175	49	7	3579
吉林	124	191	1513	19	16	74	483	119	69	31	105	79	202	63	93	20	97	81	92	31	34	171	112	37	199	2227
黑龙江	147	108	1564	32	36	7	352	122	104	23	136	65	268	15	137	5	138	77	97	47	5	216	92	10	1	1985
上海	289	181	2658	65	56	45	1598	225	145	128	137	64	366	222	193	25	129	77	73	43	6	1197	65	100	2	4961
江苏	344	205	3274	72	69	49	1062	281	149	108	212	121	370	140	266	33	205	151	115	38	14	314	183	20	66	4038
浙江	287	237	4085	71	68	26	867	184	187	78	213	153	495	159	509	28	164	114	103	62	15	278	130		7	3911
安徽	194	129	2308	32	24	7	304	103	48	37	130	89	257	53	145	12	138	93	87	58	8	114	114		5	1858
福建	235	110	2570	56	35	20	498	110	107	41	120	65	318	60	244	14	168	80	176	41	11	144	94	8		2410
江西	104	125	1594	28	25	37	432	94	65	93	130	101	271	61	152	12	134	90	126	36	37	99	153	14	1	2191
山东	286	181	3104	84	72	18	789	199	153	62	159	126	457	78	302	27	197	132	107	25	26	95	92	5	9	3214
河南	326	118	3037	26	22	9	908	169	128	14	164	136	446	48	202	8	177	160	125	81	28	87	160	1	3	3102
湖北	261	425	3161	51	45	47	506	175	105	69	169	154	448	104	170	31	135	114	143	70	79	124	198		1	2938
湖南	144	55	4215	38	28	7	330	140	81	46	152	88	269	49	149	23	130	115	110	42	3	54	75		1	1930
广东	553	351	5187	109	82	25	676	295	287	107	304	263	898	128	543	74	302	186	203	137	49	377	200	128	12	5385
广西	231	123	2501	23	17	6	884	145	71	53	150	101	366	40	173	7	138	94	117	69	30	112	112	15	8	2731
海南	70	63	878	19	9	4	188	35	27	23	42	26	83	82	86	3	37	27	37	38	29	53	39	10	1	898
重庆	530	130	3571	33	31	15	632	121	117	35	124	83	195	36	169	25	105	94	123	64	10	160	120	199	5	2496
四川	273	121	2814	53	42	27	369	139	53	52	166	84	382	37	153	37	150	120	336	74	35	301	110	20	2	2742
贵州	215	216	2617	36	34	18	792	120	41	75	158	78	247	29	139	6	150	75	104	95	59	114	93	21		2484
云南	225	161	2694	33	37	22	946	142	101	102	174	107	350	160	180	15	202	111	136	34	34	298	100	48	11	3343
西藏	47	61	647	16	19	9	182	47	51	14	45	14	89	209	55	3	40	19	25	4	6	351	9	18	2	1227
陕西	87	56	871	17	12	7	166	52	50	10	61	41	100	27	85	11	77	46	58	51	8	18	22	10	1	930
甘肃	58	30	807	15	12	9	81	38	37	10	52	16	106	9	43	3	52	38	22	24		155	16			738
青海	51	31	576	22	14	4	178	30	19	14	36	11	81	46	23	1	38	29	27	17	7	64	13	14		688
宁夏	165	91	1615	13	13	9	493	63	44	76	77	33	132	96	69		52	43	42	41	19	113	41	82	3	1554
新疆	222	86	1538	47	36	11	121	81	84	32	88	54	220	21	134	8	87	95	68	90	16	247	75			1615

公安消防部队在用抢险救援器材统计表（续二）

总队	破拆器材																					堵漏器材		
	电动剪扩钳	液压破拆工具组	液压万向剪切钳	双轮异向切割锯	机动链锯	无齿锯	气动切割刀	重型支撑套具	冲击钻	凿岩机	玻璃破碎器	手持式钢筋速断器	多功能刀具	混凝土液压破拆工具组	液压千斤顶	便携式汽油金属切割器	手动破拆工具组	便携式防盗门破拆工具组	毁锁器	多功能挠钩	绝缘剪断钳	小计	内封式堵漏袋	外封式堵漏袋	捆绑式堵漏袋
全国	1628	4226	1344	2404	4999	5977	679	500	713	767	632	3542	2856	572	4638	168	3318	1681	1259	3151	8135	53189	863	1151	1248
北京	23	113	22	128	149	176	20	24	17	31	23	165	42	5	25		106	15	70	57	80	1291	16	14	21
天津	16	111	17	34	119	123	14	7	5	28	19	106	212	62	44	5	75	35	64	96	124	1316	12	22	18
河北	55	272	73	102	315	333	29	19	39	31	22	234	211	48	399	5	242	121	73	208	577	3408	93	81	63
山西	75	63	28	60	165	185	22	23	32	36	9	99	41	8	40		64	41	28	93	133	1245	38	50	37
内蒙古	14	116	42	50	132	171	9	5	10	18	4	98	35	26	171	3	98	35	35	101	300	1473	23	29	31
辽宁	63	255	48	86	214	250	66	28	19	62	21	142	60	10	129	1	149	106	78	136	517	2440	69	38	50
吉林	24	117	24	44	133	123	18	13	70	30	16	107	93	45	125	19	81	58	47	115	353	1655	19	13	22
黑龙江	44	101	33	86	139	179	14	7	25	39	10	140	72	15	112	12	89	29	33	66	198	1443	19	32	48
上海	90	182	53	109	158	266	33	17	22	3	35	113	46	5	39	2	184	92	75	377	408	2309	20	41	34
江苏	29	237	67	86	230	269	34	26	31	37	46	129	171	22	309	13	178	110	85	146	371	2626	60	60	66
浙江	45	210	63	140	207	244	11	12	12	28	55	146	56	16	366	4	138	39	27	143	425	2387	100	87	112
安徽	57	143	41	111	143	205	14	3	4	18	13	109	49	14	184	8	103	30	36	68	283	1636	23	26	42
福建	7	182	46	76	198	253	17	24	22	24	20	113	94	11	347	8	129	66	30	84	289	2040	17	22	34
江西	102	132	52	104	110	177	15	3	13	9	52	111	105	8	197	11	104	34	39	124	211	1713	10	50	40
山东	39	238	89	152	232	263	34	17	32	16	16	152	113	33	393	3	164	66	50	143	553	2798	36	38	70
河南	54	194	41	110	212	230	15	12	18	19	11	143	36	12	268	16	152	82	42	122	409	2198	28	23	52
湖北	36	183	33	119	144	191	34	18	47	37	27	162	114	9	197	3	129	49	58	139	223	1952	34	67	60
湖南	19	123	46	32	144	188	13	6	5	11	31	117	103	17	133	13	81	63	11	105	273	1534	12	17	22
广东	278	248	156	169	450	536	74	47	124	33	59	224	128	9	236	4	222	131	55	127	563	3873	39	100	91
广西	48	177	37	76	142	182	18	14	14	15	18	108	195	26	195	10	120	86	58	126	223	1888	23	36	28
海南	32	44	8	33	67	78	13	8	13	12	7	41	19	6	36		30	21	21	39	95	623	6	12	22
重庆	96	121	70	79	173	193	20	15	13	19	30	92	86	7	73	1	102	66	44	98	282	1680	32	38	42
四川	157	52	42	63	246	279	25	19	33	23	15	136	58	6	71	1	76	37	25	54	149	1567	22	46	45
贵州	43	155	20	59	124	120	15	6	27	36	7	110	130	48	134	4	101	44	56	99	246	1584	14	41	30
云南	19	180	58	67	174	214	12	65	14	30	14	153	225	43	225	6	128	95	52	121	276	2171	14	50	51
西藏	9	68	22	32	88	93	9	23	13	12	11	37	39	11	49	2	73	8	6	16	61	682	7	11	11
陕西	23	48	31	71	86	83	26	7	13	17	4	75	59	17	64	8	27	23	4	17	125	828	30	20	29
甘肃	67	17	13	23	59	92	10	12	2	13	7	45	13	1			17	11		20	32	454	10	31	20
青海	9	24	21	26	41	51	14	4	9	9	4	24	5		6	1	20	6	9	8	45	336	14	17	20
宁夏	17	59	17	12	80	84	8	3	4	10	6	39	158	25	28	4	56	39	19	70	177	915	10	13	17
新疆	38	61	31	65	125	146	23	13	11	61	20	72	88	7	43	1	80	43	29	33	134	1124	13	26	20

公安消防部队在用抢险救援器材统计表（续三）

总队	堵漏器材												输转器材									洗消器材					
	下水道阻流袋	金属堵漏套管	堵漏枪	阀门堵漏套具	注入式堵漏工具	粘贴式堵漏工具	电磁式堵漏工具	木制堵漏楔	气动吸盘式堵漏器	无火花工具	强磁堵漏工具	小计	手动隔膜抽吸泵	防爆输转泵	粘稠液体抽吸泵	排污泵	有毒物质密封桶	围油栏	吸附垫	集污袋	小计	公众洗消站	单人洗消帐篷	简易洗消喷淋器	强酸、碱洗消器	强酸、碱清洗剂	生化洗消装置
全国	489	1840	548	277	2413	2280	1000	3877	291	3697	594	20568	669	382	296	246	393	297	4654	953	7890	261	652	156	372	1146	49
北京	13	31	10	8	58	69	35	113	23	103	10	524	7	3	8	4	11	3	15	20	71	5	7	5	4	105	1
天津	24	29	10	1	69	66	15	90	3	93	19	471	18	8	7	3	9	12	725	27	809	12	25	6	8	28	5
河北	9	153	25	18	199	171	106	278	34	261	74	1565	111	20	26	19	23	18	1744	195	2156	13	105	22	28	104	6
山西	26	66	12	5	112	99	38	153	20	136	4	796	22	14	8	10	9	4	30	26	123	7	12	2	9	33	
内蒙古	15	51	15	3	65	64	27	110	4	106	10	553	22	17	20	8	18	16	31	26	158	11	24	8	9	16	1
辽宁	18	95	42	12	118	94	17	204	10	147	55	969	32	13	10	8	11	10	54	15	153	9	17	8	11	39	
吉林	14	52	12	12	84	73	26	93	9	85	53	567	6	85	7	11	4	4	3	4	124	7	8	3	3	12	
黑龙江	7	71	14	8	77	68	45	89	6	79	18	581	4	1	1	2	1	1	7	2	19	1	6	2	1	17	
上海	28	37	22	22	30	32	31	111	5	103	4	520	15	7	4	7	12	9	25	19	98	6	11	1	25	127	3
江苏	52	95	41	16	124	126	47	208	7	274	27	1203	44	30	27	26	32	24	291	68	542	34	45	18	96	85	4
浙江	25	120	57	12	66	67	30	172	6	190	17	1061	16	11	8	8	13	7	25	24	112	9	16	3	7	91	1
安徽	7	41	11	11	78	77	13	138	6	122	10	605	4	1	5	1	4	2	1	5	23	2	11	3	13	2	
福建	16	42	15	20	77	80	22	122	4	106	11	588	14	11	14	6	23	9	79	25	181	8	15	4	7	56	11
江西	9	58	12	10	62	54	38	139	4	102	17	605	22	3	3	6	8	6	30	31	109	7	38	1	9	8	1
山东	11	87	37	10	90	85	36	214	18	163	47	942	63	11	6	16	36	15	322	19	488	15	14	10	5		
河南	11	47	20	7	101	107	37	174	4	159	30	800	12	9	6	4	10	5	12	15	73	7	11	9	3	7	4
湖北	18	65	21	17	101	104	67	169	71	134	21	949	35	10	52	8	13	19	52	34	223	13	36	7	7	20	2
湖南	8	42	14	6	92	100	19	119	3	110	17	581	8	4	6	2	7	7	5	26	65	4	7	2	2	1	1
广东	34	154	50	29	167	133	83	255	15	283	16	1449	44	23	17	16	30	41	339	59	569	16	39	6	13	81	3
广西	9	60	8	4	83	76	17	129	1	133	24	631	16	11	10	10	6	9	144	70	276	6	17	4	8	26	
海南	9	26	5	4	19	18	16	31	2	36	10	216	6	5	4	3	5		13	15	51	5	11	9	5	42	1
重庆	21	66	4	1	75	71	34	108	3	121	17	633	14	11	9	6	16	10	327	20	413	9	14	5	17	27	1
四川	16	52	18	4	84	92	15	128	5	150	5	682	18	11	5	7	12	7	25	23	108	7	18	3	6	65	1
贵州	6	52	4	2	75	75	47	97	6	97	22	568	27	15	5	6	7	5	23	46	134	2	24	2	26	38	
云南	16	95	19	8	129	114	62	136		133	22	849	39	9	6	6	17	9	178	63	327	8	46	6	13	23	
西藏	6	15	7	3	16	11	11	26	2	27	7	160	3	6	2	4	8	6	25	6	60	4	7	1	1	25	
陕西	12	20	10	8	23	29	6	53	2	59	10	311	9	4	2	18	27	18	29	3	110	8	13	3	6	3	
甘肃	4	18	4	4	18	21	12	29	2	28	1	202	5	7	4	5	4	5	7	11	48	6	8		3	15	
青海	8	14	14	1	19	19	12	24	6	26	1	195	10	2	4	3	4	2	18	6	49	6	5		5	6	
宁夏	10	39	8	7	36	33	6	66		50	6	301	10	10	7	5	8	7	24	34	105	5	26	3	5	12	
新疆	27	47	7	4	66	52	30	99	10	81	9	491	13	10	3	8	5	7	51	16	113	9	16		17	32	3

公安消防部队在用抢险救援器材统计表（续四）

总队	洗消器材					照明排烟器材						其他器材														
	“三合一”强氧化洗消粉	三合二洗消剂	有机磷降解酶	消毒粉	小计	移动式排烟机	坑道小型空气输送机	移动照明灯组	移动发电机	消防排烟机器人	小计	大流量移动消防炮（拖车式）	空气充填泵	防化服清洗烘干器	折叠式救援梯	水幕水带	消防灭火机器人	高倍数泡沫发生器	消防移动储水装置	多功能消防水枪	直流水枪	移动式细水雾灭火装置	消防面罩超声波清洗机	灭火救援指挥箱	无线视频传输系统	小计
全国	688	272	164	499	4259	4114	564	3640	2709	40	11067	617	1663	224	445	8994	67	743	243	23768	29999	1149	147	2223	748	71030
北京	14	81	16	12	250	121	9	89	97	1	317	7	38	2	22	344		20	12	906	728	80	6	52	23	2240
天津	411	31	24	12	562	88	15	83	93		279		35	5	2	252	3	30	3	772	1044	49	15	53	2	2265
河北	57	51	51	103	540	272	30	222	190	3	717	50	158	17	15	268	2	41	12	1220	1891	149	10	158	142	4133
山西	1	3			67	134	17	141	69	1	362		61	8	9	148	1	3	24	484	975	11	2	4		1730
内蒙古	3	5	4	3	84	126	9	79	66		280	6	40	2	7	108		10		406	984	10	6	60	15	1654
辽宁	2	4	6	14	110	164	28	163	112	2	469	21	82	7	25	732	1	36	7	1472	1783	88	6	140	10	4410
吉林	3	4	4	4	48	107	36	89	62	10	304	9	38	9	20	121		14	55	771	865	26	21	86	5	2040
黑龙江				5	32	120	19	78	64		281	4	39	5	4	146		8		444	1503	19	3	61	6	2242
上海				3	176	106	28	148	78	2	362	55	10	2	14	701	3	55		1537	173	18	1	69	16	2654
江苏	18	46	17	12	375	194	51	147	117	7	516	112	56	16	41	414	18	89	16	1185	1105	54	37	147	95	3385
浙江	7	1		1	136	195	16	155	125		491	47	65	5	26	287		49	2	1092	1064	34		118	91	2880
安徽					31	143	19	128	80		370	25	55	7	17	134	1	13	4	857	676	7		99	8	1903
福建	2				103	118	12	152	89	2	373	17	43	10	14	96		35	5	677	821	39	2	94	33	1886
江西			2	9	75	118	8	79	62	1	268	24	66	13	10	112	4	37	4	516	824	10	2	102	27	1751
山东	1	1	5	8	59	200	41	143	98	2	484	58	50	4	18	125	16	21		1158	1663	174	1	199	37	3524
河南	4	7	6	17	75	224	19	169	147	1	560	43	73	6	17	322	4	17	10	854	1723	92	1	140	27	3329
湖北	41	2	1	67	196	212	19	153	99	3	486	21	76	16	36	325	5	94	1	786	979	58	9	72	57	2535
湖南	3	1	1		22	112	16	81	99		308	19	42	8	6	122		15		677	1119	26		54	10	2098
广东	18	4	5	31	216	335	34	339	242	1	951	8	105	9	26	495	2	27	6	1992	2235	24	3	44	25	5001
广西	10	16	5	66	158	129	10	93	84	1	317	22	38	3	13	1053		23		674	826	26		104	20	2802
海南	4	4	4	4	89	47	7	30	18	1	103	12	22	4	6	82		9		257	207	7	2	29	8	645
重庆	1	2	9	37	122	118	10	155	101		384	5	62	11	14	322		27	1	931	700	1	4	28	25	2131
四川				2	102	130	23	138	96		387	6	37	6	7	320	2		58	942	1363	27		15	1	2784
贵州				9	101	106	12	70	51	1	240	11	71	2	19	295	1	24	10	593	765	22	2	81	15	1911
云南	6	6	3	29	140	147	20	168	135		470	11	108	11	9	1130		13	2	846	1155	8	6	126	50	3475
西藏	61	1			100	43	7	56	57		163	1	60	5	4	127		2	2	263	476	48		16		1004
陕西	5			5	43	69	8	79	38		194	11	38	8	33	37	1	3	1	279	436	11	2	25		885
甘肃					32	44	10	44	30		128		21	8	1	44	1	1	3	213	490					782
青海	3	2	1	1	29	34	4	24	10		72		12	1	1	96		2		146	179	5		5		447
宁夏	13			43	107	65	14	44	37	1	161	9	28	6	2	124	1	15	2	412	515	24	6	34		1178
新疆				2	79	93	13	101	63		270	3	34	8	7	112	1	10	3	406	732	2		8		1326

公安消防部队在用个人防护装备统计表

总队	合计	基本防护装备																	
		消防头盔	消防员灭火防护服	消防手套	消防安全腰带	消防员灭火防护靴	正压式消防空气呼吸器	佩戴式防爆照明灯	消防员呼救器	方位灯	消防轻型安全绳	消防腰斧	防静电内衣	消防员灭火防护头套	消防护目镜	抢险救援头盔	抢险救援手套	抢险救援服	抢险救援靴	小计
全国	1813160	120340	120934	138371	110827	124650	87114	86096	91237	25975	93787	95253	40552	54100	38938	59878	57063	61701	63686	1470502
北京	63096	3826	4042	4845	3977	4369	3223	3174	3019	145	2743	3366	848	2326	1275	1575	2165	1697	1580	48195
天津	95088	6857	5866	10035	3496	6508	3491	3115	3465	220	3577	2950	4917	4436	2653	3472	4356	3205	3469	76088
河北	104124	6704	7452	7396	6097	6887	4705	5146	5957	2067	6865	5851	1924	1841	2634	2464	2620	2558	6724	85892
山西	73683	5194	5045	6059	5199	4943	3210	2914	3525	793	3574	3961	2427	2597	1496	2751	2979	3351	2960	62978
内蒙古	42626	3082	3088	3408	2544	3216	2133	2192	2234	514	2094	2075	440	2046	1353	1188	976	1224	1197	35004
辽宁	92849	6072	7250	6713	5585	7032	4056	4298	4271	1958	5054	5328	1791	2862	1503	3604	2191	3429	3068	76065
吉林	44496	3002	3446	3590	2571	3540	2149	2190	2264	440	2407	2217	977	2226	939	1175	1038	1183	1120	36474
黑龙江	46715	3007	3537	3664	2812	3558	2627	2414	2554	927	2625	2674	777	2688	938	1160	1152	1245	1194	39553
上海	51710	3001	3079	3271	3250	3593	3272	1293	2908	361	2447	2516	1777	2864	437	339	1562	450	666	37086
江苏	69525	5150	5030	4907	4695	5297	3637	4544	4024	1119	3888	3917	1129	1379	881	1637	1308	1803	1546	55891
浙江	76580	5195	5428	5063	5269	5119	3534	4036	4317	546	4284	4352	1740	1115	1082	2906	1992	3040	2829	61847
安徽	42974	3181	2715	2798	2686	3243	2282	2264	2434	897	2250	2326	375	640	925	1414	1119	1442	1353	34344
福建	64140	3927	4050	3927	3820	4016	2654	3718	3341	1291	3279	3255	1377	1662	1577	2510	2647	2721	2434	52206
江西	41341	3133	2884	2967	2619	2876	1958	2289	2174	498	2315	2213	653	1283	673	1423	1191	1417	1352	33918
山东	77366	5198	5447	5153	5353	5436	3716	3238	4683	2188	4646	4787	407	1936	870	2067	1696	2345	2188	61354
河南	61167	4224	4089	4499	4138	4429	3203	2996	3321	925	3152	3444	1046	1344	1164	2004	1681	1907	1755	49321
湖北	64589	5345	4023	8607	3920	4707	1965	2560	3061	171	2839	3788	1897	2668	942	2375	1897	2084	2847	55696
湖南	53956	3819	3505	3539	3919	3937	2849	3819	3267	698	3195	3135	813	740	1384	1814	1740	1931	1887	45991
广东	135973	9914	9218	10859	9910	9463	7358	6849	6508	2271	7895	7660	2338	2201	2488	4799	3695	3752	2936	110114
广西	62019	3743	3895	4617	3750	4042	2549	2765	3022	1334	2967	3116	1792	1677	1278	2026	1901	2192	2197	48863
海南	15954	953	961	892	972	966	955	904	875		874	855	209	206	371	688	455	477	593	12206
重庆	52329	2775	2820	3149	2907	2809	2852	2755	2654	710	2684	2706	1558	1788	1332	1555	1691	1597	1551	39893
四川	67500	4403	4871	4987	4380	4616	3778	3381	3583	1043	3632	3631	1694	1464	1454	1847	1801	2270	1990	54825
贵州	49165	2524	2666	2828	2669	2719	2282	2374	2161	729	2291	2348	1021	1712	1243	2381	1919	2256	2256	38379
云南	64924	3731	3657	4215	3420	3814	3112	2389	2979	1582	2965	3101	1535	1869	2020	2632	2886	2976	2878	51761
西藏	40509	2144	2873	3809	2049	2727	1357	1039	1723	865	1859	1881	1066	1536	1133	2045	2126	2469	2212	34913
陕西	31263	2449	2091	2322	2194	2445	1739	1730	1888	561	1734	1916	329	229	560	1085	1044	1177	1289	26782
甘肃	21168	1664	1505	1566	1392	1588	1487	1316	1133	215	1079	1164	212	549	423	837	545	886	843	18404
青海	21201	1274	1212	2149	943	1439	1017	841	1020		1015	1009	715	520	574	745	1118	896	1146	17633
宁夏	39386	2157	2499	3742	1638	2725	1359	1407	1329	6	1281	1450	1447	1785	1303	1342	1471	1720	1638	30299
新疆	45744	2692	2690	2795	2653	2591	2605	2146	1543	901	2277	2261	1321	1911	2033	2018	2101	2001	1988	38527

公安消防部队在用个人防护装备统计表（续一）

总队	特种防护装备																	
	消防员隔热防护服	消防员避火防护服	二级化学防护服	一级化学防护服	特级化学防护服	核沾染防护服	防蜂服	防爆服	电绝缘装具	防静电服	内置纯棉手套	消防阻燃毛衣	防高温手套	防化手套	消防通用安全绳	消防Ⅰ类安全吊带	消防Ⅱ类安全吊带	消防Ⅲ类安全吊带
全国	30717	7424	22265	6869	626	235	5127	364	4157	7571	7559	14112	8927	8968	23382	5514	10188	9487
北京	1001	425	967	217	49	43	424	8	95	273	682	761	380	493	418	134	658	703
天津	1534	250	1181	215	18	36	122	2	160	578	577	2271	598	390	1071	158	436	698
河北	1443	378	1161	230	20	28	75	24	163	376	303	604	319	392	1310	313	621	597
山西	1240	256	736	235			104	13	146	269	204	528	426	385	508	225	402	429
内蒙古	688	167	635	157	4		40	2	120	131	109	170	168	115	565	107	221	216
辽宁	1478	415	1259	378	44	9	143	35	198	367	712	340	394	274	1262	268	499	392
吉林	666	220	470	172	5	2	51		137	169	110	69	156	248	564	114	255	314
黑龙江	670	177	412	213	14		50		101	126	171	157	158	99	494	100	214	205
上海	934	90	1152	186	10	33	162		250	381	796	364	482	534	1221	158	148	119
江苏	1187	297	1111	424	52	21	191	1	245	329	313	263	309	450	982	264	399	338
浙江	892	343	965	373	52	13	263	3	197	250	54	256	385	613	928	271	341	316
安徽	580	189	502	182	28	3	286	1	111	182	69	130	257	205	696	109	179	116
福建	790	210	552	202	56	2	149	10	165	217	104	261	442	367	1086	213	386	314
江西	636	201	367	188	12	3	198	1	115	100	130	365	120	97	697	92	150	116
山东	2059	448	1711	531	40		77		134	177	122	100	380	372	1069	179	318	212
河南	1093	367	773	329	7	6	446	9	149	308	233	251	267	274	1023	158	267	257
湖北	865	286	355	105	6		411	18	68	334	612	1948	195	330	492	85	321	264
湖南	914	202	436	206	8	6	150	3	185	291	57	133	99	72	603	254	265	373
广东	2491	547	1879	586	32	8	473	19	262	437	449	483	928	1237	1465	324	769	693
广西	1383	241	576	207	18	1	169	3	148	288	203	592	234	338	880	185	476	429
海南	273	57	244	85	5		58		40	77	41	62	83	72	240	30	74	58
重庆	791	229	697	196	12		208	2	108	326	353	610	273	348	632	256	391	351
四川	1438	311	940	255			360	4	153	282	254	309	205	330	1001	299	522	339
贵州	680	163	438	136	12		146		124	268	97	682	138	149	805	145	274	250
云南	883	232	746	243	26	4	93		177	315	285	571	289	331	1025	294	533	391
西藏	348	98	240	70					75	117	51	559	94	111	437	85	236	160
陕西	458	138	212	73	59	12	179		35	70	82	2	167	94	368	99	94	82
甘肃	261	83	260	61			26		40	69	44	175	55	26	230	55	83	44
青海	308	72	257	70	1				44	82	61	206	133	29	278	124	107	175
宁夏	2072	164	613	132	18	5	27		78	115	92	562	224	117	479	222	280	299
新疆	661	168	418	212	18		46	206	134	267	189	328	569	76	553	194	269	237

公安消防部队在用个人防护装备统计表（续二）

总队	特种防护装备														
	消防防坠落辅助部件	长管空气呼吸器(移动供气源)	正压式消防氧气呼吸器	强制送风呼吸器	消防过滤式综合防毒面具	潜水装具	消防专用救生衣	手提式强光照明灯	消防员降温背心	消防用荧光棒	消防员呼救器后场接收装置	头骨振动式通信装置	防爆手持电台	消防员单兵定位装置	小计
全国	10648	1951	4770	1177	17306	1162	40307	25861	8150	27103	1830	4617	22134	2150	342658
北京	601	78	240	120	922	10	1440	1321	315	631	114	89	385	904	14901
天津	511	121	247	39	848	36	2061	961	907	2190	88	477	214	5	19000
河北	492	108	193	179	1025	321	2065	942	538	1517	122	459	995	919	18232
山西	389	52	260	58	600	32	682	752	206	835	27	105	600	1	10705
内蒙古	145	54	84	14	390	10	940	601	149	658	43	115	798	6	7622
辽宁	611	106	277	92	655	33	1906	1280	309	1289	199	203	1270	87	16784
吉林	191	55	129	22	253	15	1033	575	305	680	84	180	775	3	8022
黑龙江	237	40	186	45	303	7	843	315	94	1119	35	113	452	12	7162
上海	954	38	70	80	1098	8	607	3162	357	182	34	89	925		14624
江苏	331	120	304	42	654	38	1010	931	373	884	113	395	1199	64	13634
浙江	258	114	105	24	1394	33	2173	1816	222	964	40	41	1030	4	14733
安徽	101	49	84	13	400	17	1295	639	149	715	29	90	1222	2	8630
福建	398	52	252	18	366	28	2597	678	166	305	8	71	1465	4	11934
江西	173	71	82	18	305	32	1307	622	85	166	64	131	775	4	7423
山东	226	94	290	31	950	18	1846	924	158	1139	69	301	1983	54	16012
河南	288	135	152	21	619	27	1555	632	340	446	38	95	1270	11	11846
湖北	301	23	155	17	359	28	684	436	30	19	5	23	118		8893
湖南	175	38	67	2	245	7	1127	662	106	369	70	117	722	1	7965
广东	1144	101	229	75	1564	57	3576	2165	388	1753	67	203	1432	23	25859
广西	345	68	171	17	574	22	1475	895	455	1900	91	166	590	16	13156
海南	55	90	8	19	182	20	802	307	124	395	23	33	191		3748
重庆	340	27	171	31	465	14	1697	678	254	2207	57	211	501		12436
四川	464	23	123	26	609	55	1899	1018	375	531	27	106	416	1	12675
贵州	320	34	73	32	527	84	1895	721	426	1333	73	95	660	6	10786
云南	399	80	208	15	567	21	1120	1051	489	1686	77	200	803	9	13163
西藏	86	12	197	7	198	55	677	381	164	877	24	64	173		5596
陕西	134	30	91	57	254	22	543	271	124	354	29	52	291	5	4481
甘肃	179	39	38	5	100	3	339	182	20	60	19	70	198		2764
青海	107	12	16	5	150	2	301	236	84	397	13	108	190		3568
宁夏	245	50	133	32	344	56	433	320	315	1124	126	141	261	8	9087
新疆	448	37	135	21	386	51	379	387	123	378	22	74	230	1	7217

第三章　附录

1950 ~ 2013 年火灾情况表

年 度	起数	直接损失（万元）	死人	伤人	火灾发生率(起/十万人口)	火灾死亡率(人/百万人口)	火灾伤人率(人/百万人口)	次均损失（元）	人均损失（元）	火灾损失率（元/万元国内生产总值）
合计	2179088	457545.4	120342	240574						
1950	19692	1778.8	908	1873	3.6	1.6	3.4	903.3	0.03	
1951	19740	4420.1	754	2526	3.5	1.3	4.5	2239.2	0.1	
1952	36585	7321.3	741	2967	6.4	1.3	5.2	2001.2	0.1	
1953	37766	8077.2	1180	4292	6.4	2.0	7.3	2138.7	0.1	
1954	43849	3962.6	1414	2773	7.3	2.3	4.6	903.7	0.1	
1955	89703	4158.6	1865	5210	14.6	3.0	8.5	463.6	0.1	
1956	89680	6141.9	3408	14454	14.3	5.4	23.0	684.9	0.1	
1957	75579	5818.2	2929	9742	11.7	4.5	15.1	769.8	0.1	
1958	73315	8173.9	5310	11352	11.1	8.0	17.2	1114.9	0.1	
1959	114880	11616.9	10131	14617	17.1	15.1	21.7	1011.2	0.2	
1960	90845	17886.3	10843	13809	13.7	16.4	20.9	1968.9	0.3	
1961	103485	23009.2	6989	10597	15.7	10.6	16.1	2223.4	0.4	
1962	105064	17389.6	4990	8555	15.6	7.4	12.7	1655.1	0.3	
1963	106468	16691.2	4798	8939	15.4	6.9	12.9	1567.7	0.2	
1964	63301	9724.0	3441	6646	8.9	4.9	9.4	1536.2	0.1	
1965	76859	9588.2	4179	8283	10.6	5.8	11.4	1247.5	0.1	
1966	85377	19695.0	5386	12171	11.5	7.2	16.3	2306.8	0.3	
1967	36861	6403.4	1912	4199	4.8	2.5	5.5	1737.2	0.1	
1968	25940	5538.9	1114	2484	3.3	1.4	3.2	2135.3	0.1	
1969	35205	9651.2	1348	3615	4.4	1.7	4.5	2741.4	0.1	
1970	39925	9904.9	2167	5658	4.8	2.6	6.8	2480.9	0.1	
1971	75593	30428.4	4362	12368	8.9	5.1	14.5	4025.3	0.4	
1972	88417	26625.7	4629	10437	10.1	5.3	12.0	3011.4	0.3	
1973	84966	22141.9	4337	9095	9.5	4.9	10.2	2606.0	0.3	
1974	86614	27527.8	4348	8799	9.5	4.8	9.7	3178.2	0.3	
1975	82221	21343.0	4818	8674	8.9	5.2	9.4	2595.8	0.2	
1976	81634	25418.9	5673	9865	8.7	6.1	10.5	3113.8	0.3	
1977	85442	33519.4	5583	8699	9.0	5.9	9.2	3923.1	0.4	
1978	81667	22743.4	4046	7990	8.5	4.2	8.3	2784.9	0.2	6.3
1979	88082	23236.2	3696	6175	9.0	3.8	6.3	2638.0	0.2	5.8
1980	54333	17609.3	3043	3710	5.5	3.1	3.8	3241.0	0.2	3.9

1950～2013年火灾情况表（续）

年 度	起数	直接损失（万元）	死人	伤人	火灾发生率(起/十万人口)	火灾死亡率(人/百万人口)	火灾伤人率(人/百万人口)	次均损失（元）	人均损失（元）	火灾损失率（元/万元国内生产总值）
1981	50034	23130.6	2643	3480	5.0	2.6	3.5	4623.0	0.2	4.8
1982	41541	18926.3	2249	2929	4.1	2.2	2.9	4556.1	0.2	3.6
1983	37026	20398.0	2161	2741	3.6	2.1	2.7	5509.1	0.2	3.4
1984	33618	16086.4	2085	2690	3.3	2.0	2.6	4785.1	0.3	2.2
1985	34996	28421.9	2241	3543	3.3	2.1	3.3	8121.5	0.3	3.2
1986	38766	32584.4	2691	4344	3.6	2.5	4.0	8405.4	0.3	3.2
1987	32053	80560.8	2411	4009	2.9	2.2	3.7	25133.6	0.7	6.7
1988	29852	35424.4	2234	3206	2.7	2.0	2.9	11866.7	0.3	2.4
1989	24154	49125.7	1838	3195	2.1	1.6	2.8	20338.5	0.4	2.9
1990	58207	53688.6	2172	4926	5.1	1.9	4.3	9223.7	0.5	2.9
1991	45167	52158.8	2105	3771	3.9	1.8	3.3	11548.0	0.5	2.4
1992	39391	69025.7	1937	3388	3.4	1.7	2.9	17523.2	0.6	2.6
1993	38073	111658.3	2378	5937	3.2	2.0	5.0	29327.4	0.9	3.2
1994	39337	124391.0	2765	4249	3.3	2.3	3.5	31621.9	1.0	2.7
1995	37915	110315.5	2278	3838	3.1	1.9	3.2	29095.5	0.9	1.9
1996	36856	102908.5	2225	3428	3.0	1.8	2.8	27921.8	0.9	1.5
1997	140280	154140.6	2722	4930	11.4	2.2	4.0	10988.1	1.3	2.1
1998	142326	144257.3	2389	4905	11.4	1.9	3.9	10135.7	1.2	1.8
1999	179955	143394.0	2744	4572	14.4	2.2	3.7	7968.3	1.2	1.8
2000	189185	152217.3	3021	4404	14.9	2.4	3.5	8046.0	1.2	1.8
2001	216784	140326.1	2334	3781	17.0	1.8	3.0	6473.1	1.1	1.5
2002	258315	154446.4	2393	3414	20.1	1.9	2.7	5979.0	1.2	1.5
2003	253932	159088.6	2482	3087	19.7	1.9	2.4	6265.0	1.2	1.4
2004	252804	167357.0	2562	2969	19.5	2.0	2.3	6620.0	1.3	1.2
2005	235941	136603.4	2500	2508	18.0	1.9	1.9	5789.7	1.0	0.8
2006	231881	86044.0	1720	1565	17.6	1.3	1.2	3710.7	0.7	0.4
2007	163521	112515.8	1617	969	12.4	1.2	0.7	6880.8	0.9	0.5
2008	136835	182202.5	1521	743	10.3	1.1	0.6	13315.5	1.3	0.7
2009	129382	162392.4	1236	651	9.7	0.9	0.5	12551.4	1.2	0.5
2010	132497	195945.2	1205	624	9.9	0.9	0.5	14788.7	1.5	0.5
2011	125417	205743.4	1108	571	9.3	0.8	0.4	16404.8	1.5	0.4
2012	152157	217716.3	1028	575	11.2	0.8	0.4	14308.7	1.6	0.4
2013	388821	484670.2	2113	1637	28.6	1.6	1.2	12465.1	3.6	0.9

注：1. 1979年以前的火灾数据均按照《中国火灾大典》中的统计数据填写；2. 1980年以后的火灾数据均按照每年的《火灾年报》或《中国火灾统计年鉴》中的统计数据填写。

1979 ~ 2013 年全国一次死亡 30 人以上火灾情况表

序号	起火日期	起火单位名称或地址	死人	伤人	直接损失（万元）	火灾类别	火灾原因
1	1979年12月18日	吉林省吉林市煤气公司液化石油气厂	32	54	539.0	石油气厂	泄漏的液化气遇明火
2	1982年3月9日	福建省福鼎县制药厂冰片车间	65	35	35.0	车间	违章操作
3	1985年1月18日	上海飞往北京的5109航班	38	3	280.0	飞机	着陆与地面摩擦
4	1986年3月28日	云南省安宁县青龙区山林	56	3		山林	不明
5	1986年4月11日	山东省德州市第二运输公司一客车	35	17	2.4	汽车	司机违章携带汽油
6	1987年3月15日	黑龙江省哈尔滨市亚麻纺织厂	58	177	650.4	工厂	粉尘爆炸
7	1987年4月15日	内蒙古自治区库都尔林业作业区	49	31		草原	不明
8	1987年5月6日	黑龙江省大兴安岭林区	193	171	52666.1	森林	违章用火
9	1988年1月7日	广州开往西安的272次列车	34	30	16.3	列车	旅客违章携带化学物品
10	1990年5月8日	黑龙江省鸡西矿务局小恒山矿	80		567.0	矿井	违章切割
11	1990年7月7日	乌鲁木齐开往库尔勒市的一客车	38	13	9.0	汽车	侧翻起火
12	1990年10月23日	福建省福清县一油罐车	31	22		汽车	翻车漏油
13	1991年5月30日	广东省东莞市兴业雨衣制造厂	72	47	116.0	“三合一”厂房	吸烟
14	1993年2月14日	河北省唐山市林西百货大楼	81	54	401.2	商场	违章电焊
15	1993年11月19日	广东省深圳市致丽玩具厂	84	40	260.0	合资企业	电气
16	1993年12月13日	福建省福州市高福纺织有限公司	61	7	600.0	合资企业	放火
17	1994年6月16日	广东省珠海市前山纺织城	93	156	9500.0	高层，厂房	违章操作
18	1994年11月27日	辽宁省阜新市艺苑歌舞厅	233	20	12.8	歌舞厅	玩火
19	1994年12月8日	新疆自治区克拉玛依市友谊馆	325	130	210.9	礼堂	电气
20	1995年3月13日	辽宁省鞍山商场	35	18	866.0	商场	电气

1979 ~ 2013 年全国一次死亡 30 人以上火灾情况表（续）

序号	起火日期	起火单位名称或地址	死人	伤人	直接损失（万元）	火灾类别	火灾原因
21	1995年4月24日	新疆自治区乌鲁木齐市凤凰时装城	52	6	41.6	录像厅	电气
22	1996年7月17日	广东省深圳市端溪酒店	30	13	13.0	酒店	电气
23	1996年8月9日	河南省濮阳至汤阴的输油管道	43	54	1.6	管道	犯罪分子盗油
24	1996年11月27日	上海市四川中路401号居民楼	36	19	178.0	居民楼	精神病患者用火取暖
25	1997年1月5日	黑龙江省哈尔滨市长林子打火机厂	93	15	4.1	打火机厂	违章操作
26	1997年1月29日	湖南省长沙市燕山酒家	40	79	97.2	高层，酒店	违反安全规定
27	1997年2月12日	广深高速公路一客车	40	6	11.2	汽车	违反安全规定
28	1997年4月12日	福建省晋江市陈埭裕华鞋厂	32	4	80.4	“三合一”厂房	放火
29	1997年12月12日	黑龙江省哈尔滨市汇丰大酒店	31	17	61.9	酒店	放火
30	2000年3月29日	河南省焦作市天堂音像俱乐部	74	2	20.0	录像厅	电气
31	2000年4月22日	山东省青州市一肉鸡加工车间	38	20	95.2	车间	电气
32	2000年12月25日	河南省洛阳市东都商厦	309	7	275.3	歌舞厅	电焊
33	2003年2月2日	黑龙江省哈尔滨市天潭大酒店	33	10	15.8	商住楼	违反操作规程
34	2004年2月15日	吉林省吉林市中百商厦	54	70	426.4	商场	吸烟
35	2004年2月15日	浙江省海宁市黄湾镇五丰村	40	3	0.1	农村	用火不慎
36	2005年6月10日	广东省汕头市华南宾馆	31	28	81.0	娱乐场所	电气
37	2005年12月15日	吉林省辽源市中心医院	37	46	821.9	医院	电气
38	2007年10月21日	福建省莆田市秀屿区笏石镇飞达鞋面加工场	37	19	30.1	“三合一”场所	放火
39	2008年9月20日	广东省深圳市龙岗区舞王俱乐部	44	64	27.1	歌舞厅	室内发射烟花弹
40	2010年11月15日	上海市静安区胶州路高层公寓大楼	58	71	15800.0	高层住宅楼	违章电焊
41	2013年6月3日	吉林省长春市德惠市宝源丰禽业有限公司	121	76	18200.0	厂房	电线短路

2004～2013年人员密集场所特大火灾分布情况表

项目		起数	死人	伤人	直接损失（万元）	典型火灾案例					
						时间	火灾发生单位及名称	死人	伤人	损失（万元）	起火原因
2004年	小　计	5	69	131	21215.2						
	商场市场	2	58	71	666.4	2.15	吉林吉林市中百商厦	54	70	426.4	吸烟
						6.9	北京市朝阳区京民大厦	11	37	81.9	电气
	宾馆饭店	2		23	20466.8	5.13	陕西潼关县纪元大厦家福乐超市	4		249.0	电气
						10.21	江苏常熟市交通商厦			1708.8	电气
	歌厅舞厅					12.21	湖南常德市鼎城区桥南市场		23	18758.0	电焊
	其　他	1	11	37	81.9						
2005年	小　计	10	112	154	2534.5	2.3	广西柳州市红光批发市场			367.3	放火
						2.12	海南海口市新琼华兴海绵店	1	1	245.2	敬神祭祖
	商场市场	5	18	20	1102.6	3.5	河南郑州市敦睦路针织商品批发市场	12		23.2	电气
						3.30	河北廊坊市国美电器有限公司			193.7	违章操作
						5.21	广西南宁市南国明珠歌剧院			187.5	电气
	宾馆饭店					6.10	广东汕头市华南宾馆	31	28	81.0	电气
						9.26	湖南长沙市晓园电器城	1	15	347.0	用火不慎
	歌厅舞厅	3	57	39	242.7	12.15	吉林辽源市中心医院	37	95	821.9	电气
						12.18	湖南新化县国商大厦	4	2	293.1	违章操作
	其　他	2	37	95	1189.2	12.25	广东中山市檀岛西餐厅酒吧	26	11	11.6	电气
2006年	小　计	7	15	2	4456.6						
						1.7	江西耐火材料厂建材市场			291.9	用火不慎
	商场市场	4	15	2	2887.4	4.3	上海市浦东新区黎明工贸有限公司			295.2	违章操作
						5.10	新疆华凌工贸集团有限公司综合市场铝材一条街			500.0	其他
	宾馆饭店					6.5	安徽省天长市天正购物广场			1702.9	电气
						9.14	浙江省湖州市织里福音大厦	15	2	736.0	电气
	歌厅舞厅					12.14	安徽省巢湖市第一人民医院			786.3	电气
						12.15	广东省信宜市兆康百货广场			153.2	电气
	其　他	3			1578.2						

2004 ~ 2013 年人员密集场所特大火灾分布情况表（续一）

<table>
<tr><th rowspan="2" colspan="2">项目</th><th rowspan="2">起数</th><th rowspan="2">死人</th><th rowspan="2">伤人</th><th rowspan="2">直接损失（万元）</th><th colspan="6">典型火灾案例</th></tr>
<tr><th>时间</th><th>火灾发生单位及名称</th><th>死人</th><th>伤人</th><th>损失（万元）</th><th>起火原因</th></tr>
<tr><td rowspan="5">2007年</td><td>小 计</td><td>5</td><td>65</td><td>32</td><td>875.2</td><td rowspan="5">5.26
9.25
11.14
12.12
12.12</td><td rowspan="5">辽宁省朝阳市百姓楼大酒店
江西省抚州市本色精英酒吧
河北省承德市承德县歌都歌厅
浙江省温州市人民西路温州市朵朵鲜园艺有限公司
广东省东莞市樟木头镇名典咖啡语茶厅</td><td rowspan="5">11
12
11
21
10</td><td rowspan="5">16
6

1
9</td><td rowspan="5">85.0
29.6
6.8
725.8
28.0</td><td rowspan="5">用火不慎
燃放烟花
放火
照明线路短路
空调电源线短路</td></tr>
<tr><td>商场市场</td><td>1</td><td>21</td><td>1</td><td>725.8</td></tr>
<tr><td>宾馆饭店</td><td>2</td><td>21</td><td>25</td><td>113.0</td></tr>
<tr><td>歌厅舞厅</td><td>2</td><td>23</td><td>6</td><td>36.4</td></tr>
<tr><td>其 他</td><td></td><td></td><td></td><td></td></tr>
<tr><td rowspan="5">2008年</td><td>小 计</td><td>3</td><td>60</td><td>65</td><td>30031.9</td><td rowspan="5">1.2
2.15
9.20</td><td rowspan="5">新疆乌鲁木齐市德汇国际广场批发市场
浙江省义乌市义亭镇成帅酒店
广东省深圳市龙岗区舞王俱乐部</td><td rowspan="5">5
11
44</td><td rowspan="5">
1
64</td><td rowspan="5">30000.0
4.8
27.1</td><td rowspan="5">外来火源
电脑故障
室内发射烟花弹</td></tr>
<tr><td>商场市场</td><td>1</td><td>5</td><td></td><td>30000.0</td></tr>
<tr><td>宾馆饭店</td><td>1</td><td>11</td><td>1</td><td>4.8</td></tr>
<tr><td>歌厅舞厅</td><td>1</td><td>44</td><td>64</td><td>27.1</td></tr>
<tr><td>其 他</td><td></td><td></td><td></td><td></td></tr>
<tr><td rowspan="5">2009年</td><td>小 计</td><td>2</td><td>26</td><td>26</td><td>277.7</td><td rowspan="5">1.31
9.6</td><td rowspan="5">福建省福州市长乐市拉丁酒吧
吉林省通化市梅河口市中心农贸市场</td><td rowspan="5">15
11</td><td rowspan="5">22
4</td><td rowspan="5">100.0
177.7</td><td rowspan="5">室内燃放烟花
电线短路</td></tr>
<tr><td>商场市场</td><td>1</td><td>11</td><td>4</td><td>177.7</td></tr>
<tr><td>宾馆饭店</td><td></td><td></td><td></td><td></td></tr>
<tr><td>歌厅舞厅</td><td>1</td><td>15</td><td>22</td><td>100.0</td></tr>
<tr><td>其 他</td><td></td><td></td><td></td><td></td></tr>
<tr><td rowspan="5">2010年</td><td>小 计</td><td>3</td><td>31</td><td>34</td><td>11369.1</td><td rowspan="5">4.24
8.28
11.5</td><td rowspan="5">重庆市北部新区石桥铺赛博数码广场
辽宁省沈阳市铁西万达广场售楼处
吉林省吉林市船营区商业大厦</td><td rowspan="5">12
19</td><td rowspan="5">10
24</td><td rowspan="5">9793.6
9.0
1560.0</td><td rowspan="5">焊割
电线接触不良
电线短路</td></tr>
<tr><td>商场市场</td><td>2</td><td>31</td><td>34</td><td>1575.5</td></tr>
<tr><td>宾馆饭店</td><td></td><td></td><td></td><td></td></tr>
<tr><td>歌厅舞厅</td><td></td><td></td><td></td><td></td></tr>
<tr><td>其 他</td><td>1</td><td></td><td></td><td>9793.6</td></tr>
</table>

2004 ~ 2013 年人员密集场所特大火灾分布情况表（续二）

项目		起数	死人	伤人	直接损失（万元）
2011年	小 计	5	49	8	10094.2
	商场市场	1	14		591.1
	宾馆饭店	3	20	7	9452.1
	歌厅舞厅				
	其 他	1	15	1	51.0
2012年	小 计	1	10	7	2696.8
	商场市场	1	10	7	2696.8
	宾馆饭店				
	歌厅舞厅				
	其 他				
2013年	小 计	3	41	52	390.5
	商场市场	1	16	5	187.0
	宾馆饭店				
	歌厅舞厅				
	其 他	2	25	47	203.5

年份	典型火灾案例					
	时间	火灾发生单位及名称	死人	伤人	损失（万元）	起火原因
2011年	1.13	湖南省长沙市岳麓区西娜湾宾馆	10	4	60.4	使用电烤炉不慎
	1.17	湖北省武汉市侨康副食批发市场	14		591.1	无法排除电气
	2.3	辽宁省沈阳市皇朝万鑫国际大厦			9384.0	燃放烟花爆竹
	5.1	吉林省通化市东昌区胜利路1号如家快捷酒店	10	3	7.7	刑事放火
	8.23	广东省佛山市盛丰陶瓷有限公司办公综合楼	15	1	51.0	电线短路
2012年	6.30	天津市蓟县莱德商厦	10	7	2696.8	空调电源线短路
2013年	4.14	湖北省襄阳市迅驰星空网络会所	14	47	186.9	
	7.26	黑龙江省绥化市海伦市联合敬老院	11		16.6	
	12.11	广东省深圳市光明新区荣健农副产品批发市场	16	5	187.0	

注：2007年以后为重大、特别重大火灾，指一次造成10人以上死亡，或者50人以上重伤，或者5000万元以上直接财产损失的火灾。

2004 ~ 2013 年起火原因情况表

年度	火灾概况				起火原因																	
	起数	死人	伤人	直接损失(万元)	放火		电气		违反安全规定		吸烟		生活用火不慎		玩火		自燃		其他		不明	
					起数	所占比例（%）	起数	所占比例（%）	起数	所占比例（%）	起数	所占比例（%）	起数	所占比例（%）	起数	所占比例（%）	起数	所占比例（%）	起数	所占比例（%）	起数	所占比例（%）
合计	1949256	16610	12812	1951190.2	50115		463045		74603		112501		367902		92116		40307		305625		148890	
2004	252804	2562	2969	167357.0	8740	6.1	29448	20.7	6104	4.3	10593	7.4	42991	30.2	11148	7.8	2156	1.5	20105	14.1	11283	7.9
2005	235941	2500	2508	136603.4	7342	5.1	31380	21.9	6130	4.3	10075	7.0	43883	30.6	8117	5.7	2373	1.7	10993	7.7	22941	16.0
2006	231881	1720	1565	86044.0	5961	4.2	32431	23.1	5392	3.8	9676	6.9	41165	29.3	7623	5.4	3161	2.2	11952	8.5	23311	16.6
2007	163521	1617	969	112515.8	4952	3.0	46246	28.3	9137	5.6	12783	7.8	37237	22.8	12278	7.5	3470	2.1	23841	14.6	13577	8.3
2008	136835	1521	743	182202.5	3618	2.6	40599	29.7	7403	5.4	9906	7.2	30925	22.6	9520	7.0	2881	2.1	20992	15.3	10991	8.0
2009	129382	1236	651	162392.4	3280	2.5	39102	30.2	6636	5.1	9073	7.0	27202	21.0	9336	7.2	3072	2.4	21489	16.6	10192	7.9
2010	132497	1205	624	195945.2	3249	2.5	41237	31.1	7722	5.8	7586	5.7	25878	19.5	7094	5.4	3504	2.6	25285	19.1	10942	8.3
2011	125417	1108	571	205743.4	2832	2.3	37960	30.3	6742	5.4	7091	5.7	22248	17.7	8247	6.6	3533	2.8	26764	21.3	10000	8.0
2012	152157	1028	575	217716.3	3052	2.0	49043	32.2	6291	4.1	9492	6.2	27293	17.9	5771	3.8	4610	3.0	35608	23.4	10997	7.2
2013	388821	2113	1637	484670.2	7089	1.8	115599	29.7	13046	3.4	26226	6.7	69080	17.8	12982	3.3	11547	3.0	108596	27.9	24656	6.3

注：1. 2004～2006年的“所占比例”为各类原因火灾占公安消防部门调查火灾的比例，单位为百分比（%）；2. 2007年以后的“所占比例”为各类原因火灾占火灾总数的比例。

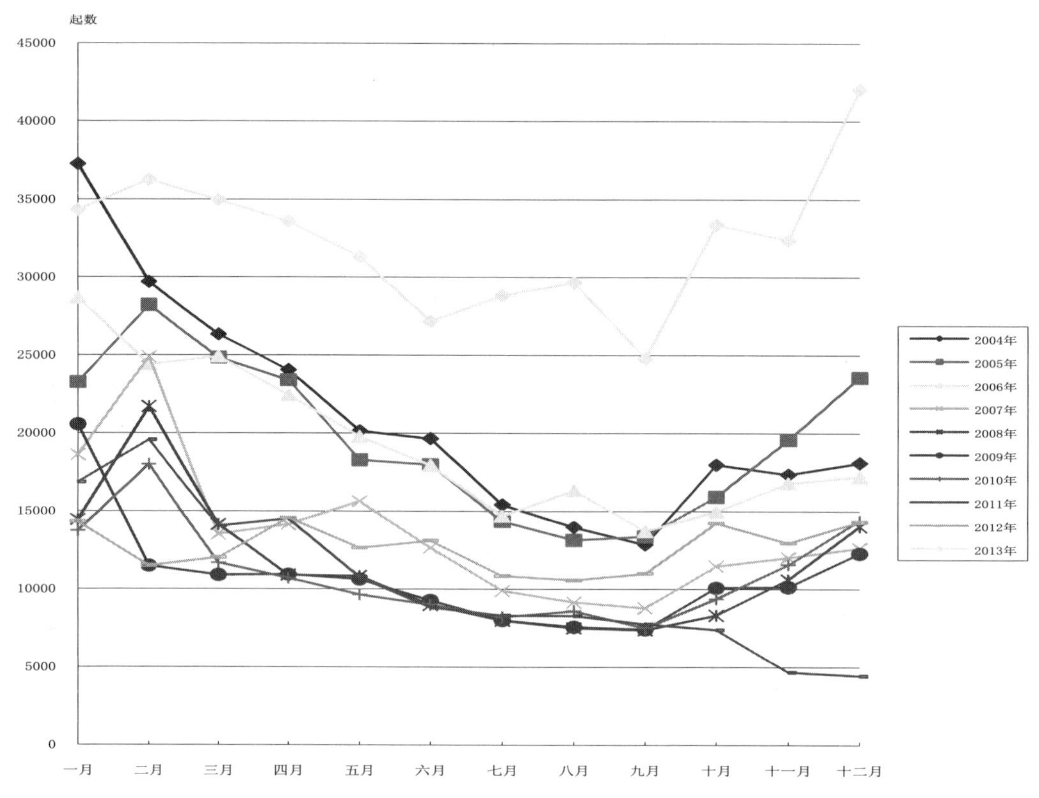

2004 ~ 2013 年火灾分月综合分布图

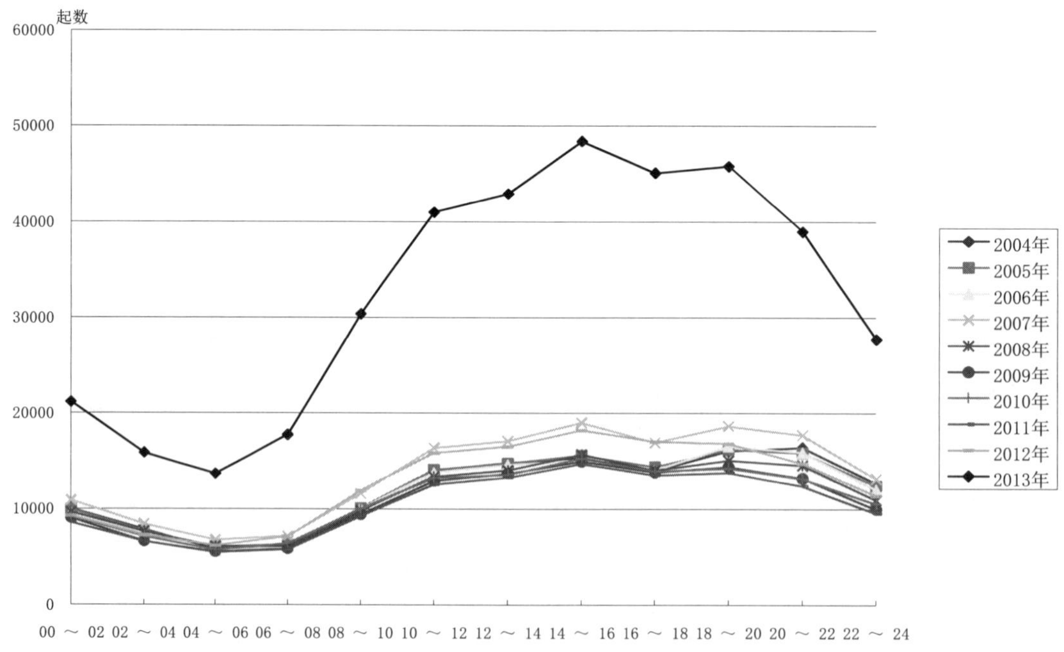

2004 ~ 2013 年火灾 24 小时分布图

1990～2013年春节期间火灾情况表

年度	起数	燃放烟花爆竹		死人	伤人	直接损失（万元）
		起数	所占比例（%）			
合计	174354	73006	41.9	1444	1192	97313.5
1990	3442	2120	61.6	32	74	840.3
1991	4160	2797	67.2	39	94	1132.1
1992	3389	2360	69.6	48	37	1842.9
1993	3621	2492	68.8	62	70	2223.9
1994	3688	2439	66.1	45	37	4247.1
1995	3512	1823	51.9	60	70	3174.8
1996	4540	2259	49.8	76	61	3231.8
1997	4968	2113	42.5	39	86	2717.2
1998	6301	2625	41.7	77	91	3376.6
1999	12711	6808	53.6	97	98	7660.7
2000	7682	3282	42.7	109	76	3051.3
2001	6493	2315	35.7	86	57	2140.0
2002	19041	11130	58.5	57	55	3298.8
2003	11197	4722	42.2	109	62	3138.9
2004	14150	2763	35.8	136	78	6177.8
2005	10238	1752	29.5	90	45	4971.9
2006	10201	1913	30.7	55	38	2754.2
2007	9634	4230	43.9	34	11	2567.5
2008	7494	3143	41.9	50	17	2798.1
2009	7972	3419	42.9	55	7	3723.7
2010	6638	2357	35.5	36	15	4629.5
2011	8654	3242	37.5	38	11	15538.4
2012	4628	902	19.5	14	2	3825.2
2013	11554	2010	17.4	34	27	8250.8

注：2004～2006年燃放烟花爆竹起数所占的比例均为此类火灾占公安消防部门调查火灾的比例。

2000 ~ 2013 年国庆节期间火灾情况表

年度	火灾概况				起火原因																			
	起数	死人	伤人	直接损失(万元)	放火		电气		违反安全规定		生活用火不慎		吸烟		玩火		自燃		雷击		其他		不明	
					起数	所占比例(%)	起数	所占比例(%)	起数	所占比例(%)	起数	所占比例(%)	起数	所占比例(%)	起数	所占比例(%)	起数	所占比例(%)	起数	所占比例(%)	起数	所占比例(%)	起数	所占比例(%)
合计	28473	310	439	45576.2	1147		8035		1573		7037		1913		1220		680		13		4700		2155	
2000	1603	22	68	1409.1	113	7.0	468	29.2	108	6.7	414	25.8	121	7.5	89	5.6	28	1.7	7	0.4	150	9.4	105	6.6
2001	1931	29	68	1449.0	113	5.9	520	26.9	87	4.5	555	28.7	142	7.4	106	5.5	27	1.4	1	0.1	256	13.3	124	6.4
2002	2466	37	51	2077.3	153	6.2	578	23.4	134	5.4	757	30.7	212	8.6	176	7.1	37	1.5	2	0.1	257	10.4	160	6.5
2003	1783	42	74	1989.1	79	4.4	488	27.4	128	7.2	526	29.5	104	5.8	60	3.4	22	1.2			249	14.0	127	7.1
2004	2265	54	46	5690.1	129	5.7	507	22.4	104	4.6	756	33.4	153	6.8	103	4.5	40	1.8	2	0.1	267	11.8	204	9.0
2005	2024	28	32	1229.7	98	4.8	473	23.4	111	5.5	634	31.3	153	7.6	67	3.3	39	1.9			297	14.7	152	7.5
2006	2248	16	34	1391.4	101	4.5	525	23.4	91	4.0	706	31.4	146	6.5	82	3.6	61	2.7			349	15.5	187	8.3
2007	2456	23	14	1991.8	75	3.1	777	31.6	161	6.6	505	20.6	180	7.3	115	4.7	70	2.9			388	15.8	185	7.5
2008	1734	13	11	2123.0	50	2.9	588	33.9	106	6.1	351	20.2	109	6.3	41	2.4	51	2.9			305	17.6	133	7.7
2009	2604	10	13	3952.2	65	2.5	741	28.5	126	4.8	598	23.0	190	7.3	126	4.8	73	2.8			457	17.5	228	8.8
2010	1984	14	14	4498.6	43	2.2	674	34.0	137	6.9	331	16.7	114	5.7	71	3.6	61	3.1			400	20.2	153	7.7
2011	1703	6	11	3227.9	35	2.1	565	33.2	114	6.7	250	14.7	101	5.9	53	3.1	52	3.1	1	0.1	430	25.2	102	6.0
2012	3672	16	3	5912.8	93	2.5	1131	30.8	166	4.5	654	17.8	188	5.1	131	3.6	119	3.2			895	24.4	295	8.0
2013	7661	22	16	8634.2	161	2.1	2221	29.0	252	3.3	1375	17.9	466	6.1	217	2.8	237	3.1	1	0.01	2247	29.3	484	6.3

注：1. 2009年10月1日～8日，2008年9月29日～10月5日，2012年9月30日～10月7日，其余年份指10月1日～10月7日；2. 表内2000～2006年数据指公安消防部门调查的火灾。

2000 ～ 2013 年全国消防队伍接警出动综合情况表

年份	出动情况（万起）						参战人员（万人次）	出动车辆（万辆次）	参战人员伤亡			战斗结果	
	起数	虚警及其他	火灾扑救	抢险救援	重大活动执勤	社会救助			小计	死亡	受伤	抢救人员(人)	抢救财产价值(亿元)
2000	20.9	1.3	17.6	0.7	0.1	1.2	488.4	73.8	494	11	483	12527	134.1
2001	24.5	1.3	20.3	0.9	0.2	1.9	293.6	44.8	189	6	183	11596	141.3
2002	37.7	0.8	24.3	2.8	1.5	8.2	407.9	64.1	753	7	746	10196	169.7
2003	40.2	0.8	24.3	4.5	1.5	9.1	412.3	68.7	254	28	226	13666	236.4
2004	42.5	3.3	24.1	3.8	1.3	10.0	397.9	65.5	105	16	89	20414	323.4
2005	44.5	4.8	23.9	6.1	0.2	9.5	424.8	72.6	53	6	47	114877	350.2
2006	49.8	4.4	20.9	6.9	0.9	12.6	435.9	72.0	119	14	105	33651	303.2
2007	50.4	6.0	16.7	11.6	0.5	15.5	522.7	83.8	104	11	93	71690	1656.0
2008	51.4	10.0	13.5	13.3	1.1	13.6	542.4	86.4	122	14	108	88534	550.2
2009	53.6	10.0	12.8	15.0	1.4	14.4	566.8	89.6	64	8	56	79086	261.0
2010	58.9	11.6	13.1	18.3	1.0	14.8	615.2	96.7	28	7	21	159834	367.0
2011	65.6	14.2	12.5	20.9	0.9	17.1	733.4	117.1	55	6	49	128893	644.1
2012	75.5	15.4	15.1	23.3	1.5	20.2	811.0	131.6	31	8	22	143342	330.7
2013	103.3	15.3	38.5	26.3	1.3	21.9	1102.6	183.2	52	15	37	175220	359.2

注：为统一口径，部分年份的数据根据各地通过火灾统计软件（系统）上报的数据进行了修正。

第九篇

大事记

2013年大事记

一月

1月1日～4日，公安部消防局于建华副局长带领工作组，赴浙江省杭州市指导“1·1”友成机工有限公司火灾扑救和善后工作，传达中央和公安部领导重要指示精神，看望负伤消防员，慰问牺牲官兵家属，并参加3名烈士的遗体告别仪式。

1月4日，公安部消防局召开全国紧急视频调度会，传达学习公安部郭声琨部长和刘金国副部长重要批示，部署加强冬季防火工作，杨建民政委主持会议，陈伟明局长讲话。

1月4日，公安部消防局下发《关于命名表彰全国消防监督执法示范单位和2012年度优秀消防监督员的通报》，命名62个“全国消防监督执法示范单位”，表彰88名“2012年度全国优秀消防监督员”。

1月4日，公安部消防局下发《关于大城市制定更加严格的消防安全标准试点工作开展情况的通报》，对北京、上海、广州、武汉、深圳、大连等6个大城市试点工作提出要求。

1月5日～20日，公安部消防局由局、处领导带队组成10个工作组，分赴21个重点省份检查督导“除火患、保平安”冬春消防安全专项行动。

1月8日，公安部办公厅和教育部办公厅联合下发《关于命名2012年度全国消防安全教育示范学校的决定》，对第三批共538所全国消防安全教育示范学校进行命名。2011年以来，共命名三批1220所全国消防安全教育示范学校、100个中小学消防安全教育社会实践基地。

1月17日，公安部科技信息化局和消防局联合召开消防GIS与PGIS平台对接及数据共享应用试点视频调度会，听取天津市、辽宁省和浙江省公安消防总队的试点工作情况汇报，观看试点成果演示，并对下步试点工作提出要求。

1月17日，公安部消防局在北京召开《注册消防工程师资格考试辅导教材大纲》编审会，组织对《消防安全技术实务》《消防安全技术综合能力》和《消防安全案例分析》等考试辅导教材大纲进行编辑审核。

1月22日，公安部消防局印发《“除火患、保平安”冬春专项行动考评办法》，明确“除火患、保平安”冬春专项行动的考评组织、考评分值和考评要求。

1月24日，公安部消防局召开注册消防工程师制度宣传贯彻电视电话会议。陈伟明局长主持会议，陈飞和单于广副局长就做好注册消防工程师制度宣传贯彻工作提出要求。注册消防工程师制度的颁布实施，是我国消防事业发展史上的一项进步，它确立了我国社会消防专业技术人员的职业地位，对加强社会消防专业人才队伍建设、保证消防技术服务质量、提高社会消防专业化管理水平、促进社会消防管理创新、推动我国消防工作社会化、增强全社会综合抗御火灾的能力具有重要意义。

1月25日，公安部消防局组织召开消防安全监管司局级联席会议，各成员单位介绍本行业系统消防工作开展情况和下步措施，研究部署2013年消防安全监管司局级联席会议重点工作，中央综治办综治三室等13个成员单位的司局级领导和联络员参加会议。公安部消防局陈飞副局长主持会议。

二月

2月1日，公安部消防局陈伟明局长、杨建民政委分别到河北省廊坊市公安消防支队开发区大队、新华路中队和北京市西城区公安消防支队、东经路中队及东城区公安消防支队故宫中队，慰问坚守一线的消防官兵，勉励广大消防官兵牢记使命，再接再厉、枕戈待旦，为人民群众欢度新春佳节创造良好的消防安全环境。

2月1日～5日，公安部消防局联合警务督察局组成10个督察组，对北京、天津、河北、山西、内蒙古、辽宁、上海、福建、河南、山东等10个省（区、市）开展“除火患、保平安”冬春专项行动第二轮集中督察。

2月6日，公安部、国家工商总局、国家质检总局联合印发《关于开展消防产品质量专项整治工作的通知》（公通字〔2013〕5号），部署从2013年3月至2016年，在全国范围内集中开展消防产品质量专项整治工作。

2月7日，公安部办公厅下发《关于春节期间严防因燃放烟花爆竹引发重特大火灾事故的紧急通知》，部署做好春节期间的火灾防控工作。

2月7日，公安部消防局下发《关于切实做好春节期间消防安全的通知》，对做好春节期间消防工作、组织开展除夕夜“零点夜查”行动、实行等级战备等提出要求。当日上午，公安部消防局召开全国视频调度会，对加强春节期间消防安全保卫工作进行再部署。

2月9日，公安部党委书记、部长郭声琨到北京市公安消防总队机关检查指导春节安保工作，看望慰问坚守岗位的公安消防官兵，刘金国副部长及北京市委、市政府、市公安局有关同志陪同。

2月9日，中共中央政治局委员、上海市市委书记韩正到市应急联动中心消防指挥区和市公安消防总队北京中队视察春节消防安全保卫工作，向消防官兵致以节日的问候，市委、市政府及市公安局有关负责同志陪同。

2月14日，公安部消防局在局指挥中心召开视频调度会，于建华副局长通报前期全国火灾和部队安全管理情况，对春节后期工作提出要求，31个省（区、市）公安消防总队带班领导和值班干部参加会议。

2月16日，国家发展和改革委员会印发产业结构调整指导目录，将消防产品产业政策纳入其中。

2月18日，公安部消防局召开视频调度会，贯彻落实2月16日公安部党委扩大会议精神，传达学习中央和部领导重要批示，通报春节消防安保情况，部署元宵节、全国“两会”消防安保工作，局长陈伟明主持会议，政委杨建民讲话。

2月18日～24日，公安部消防局联合警务督察局派出7个工作组，对14个省（区、市）元宵节及全国“两会”消防安保落实情况开展第三轮专项督导。

2月22日，公安部消防局印发《全国“两会”期间消防安全保卫工作方案》，对全国“两会”期间消防安全保卫工作作出部署。

三月

3月1日，公安部办公厅下发《关于开展一级注册消防工程师资格考核认定工作的通知》，对做好一级注册消防工程师资格考核认定工作作出部署。

3月1日，公安部消防局印发《2013年度消防执法质量考核评议工作方案》，部署在全国开展执法质量考核评议活动。

3月7日，公安部消防局印发《火灾高危单位消防安全评估导则（试行）》，建立火灾高危单位消防安全评估制度，规范各地火灾高危单位消防安全评估工作。

3月8日，出席第十二届全国人大一次会议的山东代表团孙伟、宋文新、尚瑞芬3位女性代表到中国消防博物馆视察指导工作，高度评价中国消防博物馆的工作和作用。

3月11日，公安部政治部批准山西省公安消防总队忻州支队轩岗大队副大队长阳军（临时代任原平中队中队长）为革命烈士，并颁发献身国防金质纪念章。阳军同志在扑救3月8日忻州市原平市中阳乡小南章山山林火灾中英勇牺牲。

3月11日，公安部消防局召开全国“两会”消防安保工作视频调度会，陈飞副局长通报全国“两会”消防安保工作整体情况，指出存在的问题，提出下步工作要求，31个省（区、市）公安消防总队带班领导和值班干部参加会议。

3月12日，全国消防标准化技术委员会在北京召开2013年消防标准制修订计划项目论证会，对各单位申报的国家标准和行业标准项目逐一进行审查和讨论，研究确定2013年拟向国家标准化管理委员会和公安部科技信息化局申报的国家标准和行业标准计划项目。

3月14日，公安部消防局部署开展规章和行政执法规范性文件清理工作，提出保留、废止的意见。

3月14日，公安部消防局召开全国视频调度会，局长陈伟明传达公安部郭声琨部长、刘金国副部长有关做好“两会”安保工作、加强火灾防范的指示精神，通报近期全国火灾情况，就进一步做好全国“两会”消防安保工作提出要求。政委杨建民主持会议。

3月19日～22日，为期4天的上海合作组织联合救灾演练第一次实战拉动训练在浙江省绍兴市国家陆地搜寻与救护基地举行，来自上海市、浙江省和江苏省公安消防总队的3支重型搜救队和2支医疗队，共160名官兵参加训练。

3月20日，中央电视台举办“寻找最美消防员”大型公益活动启动仪式，采用社会推荐、自我推荐和记者寻找相结合的方式征集“寻找最美消防员”事迹，活动官网为候选人开设事迹展播专题，最后评选出10名“最美消防员”。

3月21日，人力资源和社会保障部与公安部联合印发《关于公布经考核认定取得一级注册消防工程师资格人员名单的通知》（人社部函〔2014〕43号），向社会公告147人通过考核认定，取得一级注册消防工程师资格。

3月21日～22日，公安部消防局在北京组织召开2013年度消防科研计划项目评审会，对部属消防研究所、基层公安消防部队、相关科研单位申报的88项消防科研项目进行立项论证评审，副局长兼总工程师杜兰萍讲话。

3月26日～4月12日，公安部消防局派工作组赴北京、上海、湖北、广东、重庆、辽宁等地调研督导大城市制订更加严格的消防安全标准试点工作，并分别召开工作推进座谈会。

3月27日，公安部消防局召开注册消防工程师制度实施视频调度会，就有关问题进行集中答疑，并提出下步工作要求，江苏省、广东省、福建省公安消防总队作交流发言。

3月29日，公安部科信局和消防局组成联合工作组，赴浙江省温州市调研指导消防地理信息平台和警用地理信息系统平台对接及数据共享应用试点工作。

四月

4月1日～2日，《建筑材料及制品燃烧性能分级》（GB8624-2012）强制性国家标准宣传贯彻会议在四川省都江堰市召开。

4月2日，中国科学技术协会公布“2012年度优秀全国科普教育基地”，中国消防博物馆榜上有名。“2012年度优秀全国科普教育基地”是中国科协从全国507家全国科普教育基地中，通过材料申报、实地考核、复评等程序最终确定的，并颁发获奖证书和科普宣传教育活动补助资金。

4月5日，国务委员、公安部部长郭声琨在公安部常务副部长杨焕宁、部长助理刘彦平等陪同下，到博鳌亚洲论坛2013年年会三亚消防指挥部检查消防安保工作，看望执勤消防官兵，勉励消防官兵恪尽职守、扎实工作，确保论坛年会消防安全。

4月9日，公安部消防局组织西南4省模拟跨区域应急救援通信拉动演练，重庆、四川、贵州、云南4个省（市）公安消防总队分别在本辖区选择演练场地，出动8支应急通信保障分队共100余名官兵携带卫星、无线通信设备进行了模拟跨区域应急救援通信科目演练，检验跨区域应急通信保障能力。

4月9日，公安部印发《关于建立建设工程消防质量终身负责制的指导意见》，明确建设工程消防质量终身负责的范围、建设工程消防质量责任追究程序，并对建立建设工程消防质量终身负责制档案等提出要求。

4月15日，公安部消防局印发《社会单位消防安全户籍化管理系统使用规则》，进一步加强和规范社会单位消防安全户籍化管理系统的使用和管理。

4月15日，公安部消防局下发《关于

湖北省襄阳市樊城区一景酒店发生重大亡人火灾的紧急通报》，通报湖北省襄阳市“4·14”一景酒店火灾情况，部署各地举一反三，分析研判本地区消防安全形势，立即开展消防安全专项检查行动。陈飞副局长率工作组赶赴现场指导火灾调查和善后工作。

4月16日，公安部消防局召开视频通报会，通报湖北省襄阳市“4·14”一景酒店火灾情况，要求各地认真汲取火灾事故教训，结合本地实际，开展有针对性的火灾隐患排查整治活动。杨建民政委主持会议，陈伟明局长讲话。

4月18日，公安部消防局召开社会单位消防安全户籍化管理系统应用培训视频会，研发单位讲解系统功能和使用方法，陈飞副局长对各地使用和管理系统提出要求。

4月18日～27日，公安部消防局派出由局、处领导带队的11个工作组，赴重点省市开展督导检查，督促各地落实各项消防安全措施，确保“五一”期间消防安全。

4月20日，四川省雅安市芦山县发生7.0级强烈地震后，公安消防部队坚决贯彻落实公安部党委决策部署，全力投入抢险救援。公安部消防局陈飞副局长带领工作组赴地震灾区指导救援和灾后重建工作。截至24日8时，共搜救遇险被困人员166人，其中生还150人，转移和疏散群众6983人。

4月21日，中共中央政治局委员、国务院副总理汪洋深入雅安芦山“4·20”地震重灾区太平镇察看灾情，指挥抗震救灾工作，并亲切慰问了奋战在抗震救灾一线的公安消防部队官兵。

4月22日，受国务委员、公安部部长郭声琨同志的委托，公安部黄明副部长率工作组到四川省芦山县公安消防大队看望奋战在抗震救灾一线的消防官兵。

4月23日～24日，公安部消防局在河北省石家庄市召开全国公安消防部队“消防信息化、作战规范化、管理正规化”工作会议，总结近几年来“三化”建设取得的成果，部署以“三化”建设为载体，打造一支信息时代能打胜仗的现代化公安消防铁军。副局长朱力平出席会议并讲话。

4月23日～26日，公安部消防局杜兰萍副局长率代表团赴澳门参加澳门消防局成立130周年系列活动。

4月25日，公安部消防局在辽宁省沈阳市召开国家陆地搜寻与救护基地建设工作会议。辽宁、河北、浙江、广东、重庆、新疆等6个搜救基地所在公安消防总队的有关负责同志共20余人参加会议，杨建民政委出席会议并讲话。

4月26日，公安部消防局下发《关于认真贯彻落实消防安全不良行为公布制度的通知》，要求各地制订具体实施办法，全面实行消防安全不良行为公布制度。

4月27日，公安部消防局下发《关于切实做好地震灾区消防安全工作的通知》，就严格落实消防工作责任、发动群众实行消防安全群防群治、切实做好灾区灭火救援准备工作等提出要求。

4月28日，公安部消防局召开全国视频会，传达国务委员、公安部部长郭声琨同志和刘金国副部长关于切实做好消防安保工作的重要指示精神，部署

"五一"期间消防安保工作，杨建民政委主持会议，陈伟明局长讲话。

五月

5月8日，公安部消防局于建华副局长出席中国消防协会举办的首届中国消防行业高峰论坛，并作题为"装备、产品、人才与消防"的主旨报告。

5月9日，公安部、共青团中央联合召开电视电话会议，命名表彰2011年至2012年度全国公安系统青年文明号集体。全国公安系统共84个集体受到命名表彰，公安消防部队有7个单位受到命名表彰。

5月14日，公安部消防局印发《公安消防行政执法证据规则》，规范执法活动中证据的收集要求、程序及审查标准。

5月14日～15日，公安部消防局在重庆市召开9个试点省份参加的建审验收机制改革研讨会，总结各地开展建设工程消防设计审核、验收技术审查与行政审批分离的工作情况，研究推进建立消防技术审查与行政审批分离的工作机制，陈飞副局长出席会议并讲话。

5月15日，全国消防标准化技术委员会消防通信分技术委员会在辽宁省沈阳市组织召开消防物联网标准体系研讨会，讨论消防物联网标准体系技术架构、消防物联网标准参考模型、消防物联网标准体系表等内容。

5月16日～18日，由国家文物局主办，中国博物馆协会、中国文物报社承办的第十届（2011～2012年度）全国博物馆十大陈列展览精品评选终评会暨颁奖仪式在山东省济南市举行，"中国消防博物馆基本陈列"荣膺2011年度优秀奖。

5月21日，中共中央总书记、国家主席、中央军委主席习近平专程赶赴四川省芦山"4·20"地震灾区，看望慰问受灾群众，指导部署下一步抗震救灾工作。期间，习近平总书记亲切看望慰问了在灾区开展消防安全"驻守巡防"行动的四川公安消防部队官兵，中共中央政治局常委、国务院副总理张高丽等领导陪同。

5月22日，公安部消防局召开视频会，部署全国集中开展违章彩钢板建筑及人员密集场所门窗设置影响逃生灭火障碍物专项整治行动，陈伟明局长讲话，杨建民政委主持会议。

5月23日，国务委员、公安部部长郭声琨签署嘉奖命令，对成功处置济南章丘市"5·20"爆炸事故的山东省公安消防总队全体参战单位和官兵予以通令嘉奖。

5月24日，公安部消防局下发《关于广东省佛山市南海区一汽修店发生较大亡人火灾的通报》，部署各地汲取火灾事故教训，开展有针对性的火灾隐患排查整治。

5月24日～29日，公安部消防局派出4个督查组对天津、内蒙古、辽宁、福建、河南、广东、陕西等7个省（区、市）开展违章搭建彩钢板临时建筑及人员密集场所门窗设置影响逃生灭火障碍物专项整治行动情况进行督察，实地检查14个支队、14个大队、48家单位和场所。

5月30日，公安部消防局下发《关于深刻吸取火灾教训深入贯彻国家标准〈消防控制室通用技术要求〉的通知》，要求各地深刻汲取火灾事故教训，落实国家标准《消防控制室通用技术要求》的各项规定，切实加强消防控制室管理。

5月，科技部下发《科技部关于公布2012年创新人才推进计划入选名单的通知》，公安部天津消防研究所研究员宋波，公安部上海消防研究所研究员薛林入选中青年科技创新领军人才。

六月

6月3日，公安部消防局召开紧急视频调度会，通报黑龙江大庆“6·2”中储粮林甸直属库火灾、辽宁大连“6·2”中石油七厂爆炸、吉林德惠“6·3”宝源丰禽业有限公司厂房火灾爆炸3起事故情况，对全力做好社会面火灾防控工作进行再部署，并派工作组赴吉林省参加火灾事故调查及相关后续工作。

6月5日，公安部消防局开展“十二五”国家科技支撑计划“城市火灾防治关键技术研究及应用示范”项目财务中期检查。

6月7日，公安部消防局下发《关于各地贯彻落实消防安全不良行为公布制度情况的通报》，通报各地制订消防安全不良行为公布制度实施办法和公布情况，提出下步工作要求。

6月9日，公安部转发《深入开展消防安全大排查大整治活动工作方案》，认真贯彻落实中央领导同志重要指示精神，深刻汲取近期重特大火灾事故教训，按照国务院常务会议和全国安全生产电视电话会议部署要求，部署从6月10日～10月15日，在全国范围内深入开展消防安全大排查大整治。同日，公安部召开深入开展消防安全大排查大整治活动电视电话会议，刘金国副部长出席会议并讲话。

6月11日～16日，公安部会同外交部、民政部在浙江绍兴消防训练基地举办了代号“救援协作—2013”的上合组织救灾演练，哈萨克斯坦、吉尔吉斯斯坦、俄罗斯、塔吉克斯坦等4个国家的救援队与浙江、上海、江苏公安消防总队的3支搜救队、2支医疗队，共计260人参演，检验各国救援队搜救技能，磨合各国协同救灾应急机制。塔吉克斯坦政府紧急状态和公民保卫委员会主席阿布都拉希莫夫专门给陈伟明局长发来感谢信，并称赞参演队伍训练有素，给其留下深刻印象。

6月13日，中共中央政治局委员、中央政法委书记孟建柱，国务委员、公安部部长郭声琨在京接见“最美消防员”代表，要求把公安消防英雄的感人事迹和崇高品质传遍神州大地，弘扬社会正气，传播社会主义核心价值观，为平安中国建设凝聚起更加强大的精神力量。

6月14日，全国人大常委会原副委员长布赫同志到中国消防博物馆视察指导工作。

6月14日，中央电视台举行“最美消防员”大型公益活动颁奖典礼。中央电视台“寻找最美消防员”大型公益活动持续两个多月，多个栏目展播了20名候选人先进事迹。在网络评选、媒体寻找、群众推荐的基础上，活动评委会评选出黑龙江双鸭山消防支队特勤中队中队长助理杨伦等10名“最美消防员”和湖南常德消防支队汉寿中队特勤班班长杨水福等10名“特别关注消防员”。同时，设立“公益基金”，对近年来在灭火救援中牺牲、负伤的消防官兵和他们的家庭进行抚恤。

6月17日，中共中央政治局委员、北京市委书记郭金龙带队深入中国石化北京石油公司长辛店油库、北京地铁10号线角门西站、草桥300路公交场站等重点单位调研指导消防安全及安全生产工作。

6月26日，公安部消防局召开社会消防培训和职业技能鉴定工作视频推进会，贯彻落实国务院关于加强从业人员安全培训教育的部署要求，明确社会消防安全培训和职业技能鉴定工作目标要求和责任落实。陈伟明局长主持会议，单于广副局长讲话，北京、云南、广东、江苏等4个省（市）公安消防总队作经验介绍。

6月30日，中共中央政治局委员、中央政法委书记孟建柱，国务委员、公安部部长郭声琨在新疆和田检查指导工作期间，看望慰问消防官兵代表，了解和田消防工作情况，并做出重要指示。

七月

7月4日，全国消防标准化技术委员会向国际标准化组织提交的两项泡沫灭火系统国际标准制定项目提案，经ISO/TC21各成员国网上电子投票表决，获得通过。两项新国际标准分别为《泡沫灭火系统第3部分：中倍数泡沫设备》（ISO7076-3）和《泡沫灭火系统第4部分：高倍数泡沫设备》（ISO7076-4）。

7月9日，公安部消防局印发《关于改革建设工程消防行政审批的指导意见》，出台《建设工程施工图消防设计技术审查规则（试行）》《建设工程竣工消防验收规则（试行）》《建设工程施工图审查机构从业条件》《消防设施检测机构资质参考条件》，为建设工程消防监督管理改革打下制度基础。

7月10日，公安部召开深刻汲取吉林“6·3”特别重大火灾爆炸事故教训，全力推进消防安全大排查大整治活动电视电话会议，刘金国副部长讲话，部消防局陈伟明局长主持会议。

7月16日，公安部消防局在广东省东莞市召开全国建设工程消防行政审批改革工作现场会，推广广东、上海等地经验，部署从2013年7月开始在全国推行建设工程消防设计审核、消防验收技术审查检测与行政审批分离制度，要求各地公安消防部门积极稳妥地推进改革，直辖市、省会市、计划单列市等条件成熟的城市要率先实行，陈飞副局长作动员部署讲话。

7月22日，甘肃省定西市岷县、漳县交界处发生6.6级地震。当地公安消防部队快速反应，全力投入地震救援。截至25日，共救出29名被埋压人员，其中22人生还，疏散转移群众3926人。

7月27日，共青团中央书记处第一书记秦宜智到北京市密云县十里堡公安消防中队出席北京市“新青年城市体验营”进消防密云分会场活动。共青团北京市委书记常宇，北京市公安消防总队等有关单位负责同志，与来自社会各界的200多名优秀青年参加活动。

八月

8月8日，财政部国防司在北京召开武警部队“十一五”信息化项目最终验收总结会，公安消防部队在综合评估量化考核中名列前茅，顺利通过验收。财政部国防司及武警处，内卫、边防、消防、警卫、黄金、森林、水电、交通等警种部队，武警学院以及财政部项目监督单位中国电子科技集团公司电子科学研究院等有关单位领导及同志共70余人参加会议。

8月12日，公安部消防局下发通知，部署开展2013年度消防科研成果试点应用工作，5项装备类科研成果批量生产279台（套），配发到6个总队的71个中队进行为期3个月的试点应用。

8月25日，国务委员、公安部党委书记、部长郭声琨视察被国务院、中央军委授予“英勇善战的消防铁军”荣誉称号的沈阳市公安消防支队启工中队，并看望慰问坚守在第十二届全运会安保一线的消防官兵，部消防局局长陈伟明等陪同视察。

8月27日，公安部办公厅、教育部办公厅联合下发《关于进一步加强中小学消防安全宣传教育工作的通知》，明确中小学消防安全宣传教育工作的组织领导、职责分工和督导考核内容，对课时教育、消防演练、家庭消防作业等提出量化要求。

8月31日，国务委员、公安部部长郭声琨一行在辽宁省沈阳市检查第十二届全运会开幕式安全保卫工作，并接见消防执勤官兵，部消防局副局长杜兰萍等陪同检查。

九月

9月9日～13日，全国消防标准化技术委员会代表中国组团赴英国伦敦，参加ISO/TC21全会、SC2．SC3．SC5．SC8分委会年会及相关工作组会议，我国专家主持ISO/TC21/SC6年会，本年度ISO/TC21全会及分委会年会由英国标准研究院（BSI）承办。

9月17日，公安部召开全国电视电话会议，学习贯彻习近平总书记关于加强安全生产工作的重要指示，部署中秋、国庆“两节”消防安全保卫工作，并就进一步推进消防事业发展、全力维护火灾形势稳定提出要求，刘金国副部长出席会议并讲话。

9月17日，公安部消防局下发通知，部署开展2013年度消防产品质量监督抽查工作。

9月22日～24日，公安部消防局在四川省召开2013年度消防产品监督抽查工作部署会，并举办消防产品现场检查判定方法业务培训班。

9月23日，公安部党委委员、政治部主任夏崇源视察被国务院、中央军委授予“英勇善战的消防铁军”荣誉称号的沈阳市公安消防支队启工中队，看望慰问官兵，辽宁省省长助理、公安厅厅长王大伟等有关单位负责同志陪同视察。

9月23日～27日，公安部消防局陈伟明局长，于建华、杜兰萍、牛跃光副局长分别带队，对北京、吉林、四川、湖北等省市消防安全大排查大整治活动推进情况及国庆消防安保工作开展督导检查。

9月25日～29日，公安部消防局在山东搜救犬培训基地举办全国公安消防部队第二届搜救犬技术比武，31个省（区、市）公安消防总队的133名训导员及搜救犬参加比赛。

9月27日，公安部消防局召开消防安全大排查大整治活动暨国庆消防安保工作视频调度会，会上播放各地暗访督察发现的火灾隐患和消防违法行为视频，北京、浙江、广东、湖南等省（市）公安消防总队主官表态发言，陈伟明局长讲话，杨建民政委主持会议。

9月，公安部消防局派工作组赴新疆、辽宁、四川、广西检查指导亚欧博览会、第十二届全国运动会、第十二届世界华商大会和第十届中国—东盟博览会消防安保工作。

十月

10月13日，国务委员、公安部部长郭声琨同志在青海省考察调研期间，专程到西宁市湟中县公安消防大队，亲切看望慰问消防官兵，青海省委书记骆惠宁、公安部副部长陈智敏等陪同调研。

10月14日～16日，国务委员、公安部部长郭声琨同志在西藏自治区调研期间，到布达拉宫、大昭寺、哲蚌寺等检查安防工作，亲切看望慰问公安消防官兵，西藏自治区党委书记陈全国，公安部副部长陈智敏等陪同调研。

10月15日，公安部消防局于建华副局长会见以处长李树荣为团长的香港民安处代表团一行，双方进行了诚挚友好的会谈。

10月17日，中共中央政治局委员、广东省委书记胡春华带队看望广东公安现役部队。在听取消防工作汇报后，充分肯定近年来消防工作成效，勉励努力建设让党放心让人民满意的忠诚卫士，争做捍卫幸福广东、平安广东的维稳尖兵，打造敢打必胜、服务人民的过硬队伍。

10月18日，公安部第八次部长办公会议审议通过《社会消防技术服务管理规定》。

10月30日，公安部消防局印发《今冬明春火灾防控工作方案》，部署从2013年11月1日至2014年3月全国“两会”结束，在全国开展今冬明春火灾防控专项工作。

10月29日，人力资源和社会保障部与公安部联合召开一级注册消防工程师资格考核认定复审会，人力资源和社会保障部专业技术人员管理司吴剑英副司长出席会议，一级注册消防工程师资格考核认定领导小组成员以及人力资源和社会保障部专业技术人员管理司职称处、公安部消防局有关人员参加会议。受考核认定领导小组组长委托，考核认定领导小组办公室主任、公安部消防局单于广副局长主持会议。

10月30日，公安部消防局印发《今冬明春火灾防控工作方案》。10月31日，召开今冬明春火灾防控动员部署电视电话会议，部署各地从2013年11月1日至2014年3月全国“两会”闭幕，深入开展今冬明春火灾防控工作，全力维护火灾形势稳定，陈伟明局长讲话，牛跃光副局长主持会议。

10月31日，公安部党委委员、政治部主任夏崇源到江西省瑞金市公安消防支队调研指导工作，看望慰问消防官兵。

十一月

11月7日，公安部消防局在北京市召开《社会消防技术服务管理规定》（公安部令第129号）配套文件研讨会，杜兰萍副局长出席会议并讲话。

11月9日，全国公安消防部门集中组织“119消防日”宣传活动，围绕“认识火灾，学会逃生”的主题，广泛开展社会宣传活动，掀起全民普及消防知识的高潮。

11月11日，公安部消防局召开消防安全监管司局级联席会议，中央综治办综治三室等13个成员单位的领导和联络员参加会议，陈伟明局长主持会议，牛跃光副局长通报全国消防安全大排查大整治工作开展情况以及公安部部署今冬明春火灾防控工作情况。

11月15日，公安部消防局召开今冬明春火灾防控工作视频调度会，并举办消防监督业务大讲堂第二期讲座，牛跃光副局长讲评今冬明春火灾防控工作部署阶段情况，并对下步工作提出要求。

11月18日，中共中央政治局委员、重庆市市委书记孙政才主持召开市委常委会议，审议通过《重庆市政府专职消防队伍管理办法》，并对贯彻工作提出要求。

11月26日，公安部消防局、教育部基础教育一司联合在广西壮族自治区南宁市召开消防知识进学校工作推进会，深入贯彻落实《全民消防安全宣传教育纲要》和公安部、教育部办公厅《关于进一步加强中小学消防安全宣传教育工作的通知》要求，总结推广广西等地消防知识进学校工作经验做法，强力推进学校消防宣传教育工作。

十二月

12月3日～17日，公安部消防局派出3个工作组，对北京市、天津市、河北省的部分消防行政审批窗口单位进行明察暗访，共检查窗口单位47个（次），询问办事群众132人，回访已办结的审批项目30个。

12月5日，公安部消防局召开科研计划项目验收会，对一溴三氟丙烯手提式灭火器、大流量高低压车用消防泵等9个项目进行集中验收，杜兰萍副局长出席会议。经专家质询和集体审议，9个项目全部通过验收。

12月5日，公安部消防局召开2013年消防执法质量专项考评视频点评会，总结分析消防执法质量专项执法检查情况，传达和贯彻全国公安机关深化执法规范化建设推进会精神，部署下一步加强消防执法规范化建设任务。河北省、河南省、四川省公安消防总队介绍经验做法，杜兰萍副局长出席会议并讲话。

12月10日～13日，公安部消防局组织北京市、河北省、山西省、内蒙古自治区公安消防总队和警官培训基地在张家口地区开展模拟地震救援跨区域应急通信拉动演练，共调集200余名通信、宣传、战训和后勤官兵参加演练，检验部队跨区域应急通信保障能力。

12月12日，在北京举行的“微政道·2013新浪政法微博年度高峰论坛”上，公安部消防局“生命通道体验活动”官方微博获“全国政法机构微博影响力飞跃奖”。

12月19日，公安部召开认真贯彻落实中央领导同志重要指示进一步加强今冬明春消防工作电视电话会议，刘金国副部长出席会议并讲话。

12月19日～20日，公安部消防局召开2013年公安部消防局科学技术奖评审会议。

12月19日，公安部召开认真贯彻落实中央领导同志重要指示进一步加强今冬明春消防工作电视电话会议。北京市公安局、广东省公安厅分管领导发言，公安部刘金国副部长讲话。

12月20日，公安部传发《今冬明春第二次“清剿火患”战役工作方案》，部署从12月19日～2014年全国“两会”结束，在全国集中开展今冬明春第二次“清剿火患”战役。

12月24日，国家标准化管理委员会在其官方网站上对拟筹建的全国消防标准化技术委员会电器防火分技术委员会进行公示，并对筹建方案公开征求意见。

12月24日，公安部消防局召开今冬明春“清剿火患”战役暨圣诞、元旦消防安保工作视频调度会，牛跃光副局长出席会议并讲话。按照公安部统一部署，12月24日8时～24时，各地公安机关集中开展圣诞消防安全“零点夜查”行动。据统计，全国公安机关共派出检查组4.5万多个，出动警力14万人，检查各类活动场所15.9万余家，督促整改隐患18.9万余处。当晚，全国未发生较大以上火灾。

12月29日，国务委员、公安部部长郭声琨在河南省调研公安工作期间，到郑州市阿卡迪亚社区视察了社区警务和消防工作情况，河南省委常委、政法委书记刘满仓等陪同。

12月30日，公安部消防局公布2013年18个项目获公安部消防局科学技术奖。

12月31日，公安部消防局组织全国统一开展元旦消防安全“零点夜查”行动。据统计，12月31日晚至次日凌晨，全国公安机关共派出检查组4.7万多个，出动警力14.3万人，检查大型节庆活动场所、小单位、小场所14.9万余家，督促整改隐患16.1万余处。